बन्द रास्तों के बीच

(नाटक)

बन्द रास्तों के बीच

ज्याँ पॉल सार्त्र

अनुवादक

विवेकानन्द एवं ऋतु शर्मा

वाणी प्रकाशन

प्रकाशन के उत्कृष्टतम 63 वर्ष

सजिल्द पहला संस्करण : 2006
सजिल्द दूसरा संस्करण : 2023
सजिल्द तीसरा संस्करण : 2026

vaniprakashan.com

वाणी प्रकाशन

4695, 21-ए, दरियागंज, नयी दिल्ली-110 002

फ़ोन : + 91 11 23273167, 23275710

शाखाएँ

अशोक राजपथ, पटना-800 004, बिहार

कॉफ़ी हाउस कैम्पस, महात्मा गांधी मार्ग, प्रयागराज-211 001, उत्तर प्रदेश

महात्मा गांधी अन्तरराष्ट्रीय हिन्दी विश्वविद्यालय, वर्धा-442 001, महाराष्ट्र

sales@vaniprakashan.in
vaniprakashan@gmail.com

Band Rastoan Ke Beech
Translated By Vivekanand and Ritu Sharma

ISBN : 978-81-8143-524-8
Play

मूल्य : ₹ 295

जी.एस. ऑफ़सेट, दिल्ली-110 095 में मुद्रित

वाणी प्रकाशन का लोगो मक़बूल फ़िदा हुसैन की कूची से

समर्पित

देवेन्द्रराज अंकुर
के नाम

(पर्दा उठता है। मंच पर प्रकाश होते ही एक पुराने जमाने की बैठक दिखती है, जिसमें सुन्दर नक़्काशी वाली काँस्यकृति रखी हुई है। नेपथ्य से दो लोग आपस में बातें करते हुए वहाँ आते हैं।)

गार्सिन : (**कमरे को सरसरी निगाहों से देखते हुए**) तो यह है वह जगह, जहाँ हम लोग आ गए हैं।

नौकर : (**हँसते हुए**) जी हाँ, सोब!

गार्सिन : लेकिन यह जगह बड़ी निराली है, विशेषकर देखने में।

नौकर : जी हाँ, जी हाँ! ये तो है ही।

गार्सिन : यह साज़ोसामान, कुर्सी-मेज़, और वो पुराने ज़माने की आराम कुर्सी बड़ी अजीब-सी दीखती है। लेकिन समय के साथ इन सबकी आदत भी पड़ जाती होगी।

नौकर : जी, कुछ-एक को पड़ जाती है और कुछ को नहीं भी पड़ती।

गार्सिन : क्या यहाँ बने सभी कमरे इसी तरह के हैं?

नौकर : ऐसा कैसे हो सकता है सोब! हमें तो सबकी पसन्द का ख़्याल रखना पड़ता है; चाहे वो चीनी हो या फिर हिन्दुस्तानी! यूँ सभी की पसन्द एक-सी कैसे हो सकती है? हो सकता है, किसी को पुराने ज़माने की कुर्सी अच्छी न लगे!

गार्सिन : हाँ, मेरे जैसे व्यक्ति के लिए भी इसकी भला क्या उपयोगिता है? तुम जानते हो? मैं कौन था? ख़ैर छोड़ो...यह कोई महत्वपूर्ण

बात नहीं है। सच कहूँ तो मुझे झूठी प्रतिष्ठा में जीने की और इस तरह के दिखावटी सामान की आदत-सी पड़ गई है। हालाँकि शुरू-शुरू में ये चीज़ें मुझे पसन्द नहीं थीं, पर धीरे-धीरे मैं इनका गुलाम हो गया। तुमने तो 'लुईसफ़िलिप्स' के दस्तरख़ान के दिखावे के बारे में सुना ही होगा! लेकिन चलो, वह भी अपने-आप में कुछ अहमियत तो रखता ही है, चाहे कितना भी उपहासपूर्ण क्यों न हो?

नौकर : इतना तो आप मानेंगे ही कि मध्यकालीन शासकों की बैठक की अपनी विशेषताएँ हैं।

गार्सिन : हाँ, ये तो है ही। (**कमरे का फिर से मुआयना करता है।**) फिर भी मुझे यह बिल्कुल उम्मीद नहीं थी कि यह जगह ऐसी होगी। जानते हो, वहाँ नीचे, यहाँ के बारे में वे लोग कैसी बातें करते हैं?

नौकर : किस विषय में?

गार्सिन : क्या मतलब! (**नौकर पर सरसरी नज़र डालकर**) यहाँ के बारे में।

नौकर : सचमुच! आप इस तरह की बेतुकी बातों पर कैसे विश्वास कर सकते हैं और वो भी उन लोगों की बातों पर जो यहाँ कभी आए ही नहीं।

गार्सिन : यह हुई न, लाख टके की बात! (**दोनों एक साथ ठहाका लगाकर हँसते हैं**) (**गार्सिन अचानक रुककर गम्भीर स्वर में**...) अरे हाँ, यह तो बताओ, वह मौत का कोल्हू कहाँ है?

नौकर : जी, क्या कहा आपने? क्या चीज़?

गार्सिन : यातना देनेवाला शिकंजा, गर्म लोहे की सुर्ख़ सलाख़ें और अन्य सामान।

नौकर : आप ज़रूर कोई मज़ाक कर रहे हैं, श्रीमान्।

गार्सिन : मज़ाक! नहीं-नहीं, मैं कोई मज़ाक नहीं कर रहा था। (**खामोशी से कमरे का चक्कर लगाते हुए**...) यहाँ कोई आईना नहीं है, न कोई खिड़की, न ही कोई टूटनेवाली चीज़...(**उत्तेजित स्वर में**...) पर यह सब भाड़ में जाए, कम-से-कम मेरा टुथब्रश तो छोड़ दिया होता!

नौकर : (**उपहासपूर्ण ढंग से मुस्कराते हुए**...) अच्छा, तो आप अभी तक

अपने तथाकथित इंसानी अहं के भाव से मुक्त नहीं हो पाए हैं! (**ठहाका लगाता है, फिर एकदम गम्भीर होते हुए...**) मुझे माफ़ कीजिएगा।

गार्सिन : (**आरामदेह कुर्सी के हत्थे पर हाथ मारकर खीज़ उतारते हुए कहता है।**) मैं चाहता हूँ कि तुम ज़रा सलीके से पेश आओ। मैं इस तरह की बातों को बर्दाश्त नहीं कर सकता...।

नौकर : (**बात काटकर**) मैं शर्मिन्दा हूँ, मेरा इरादा आपको अपमानित करने का क़तई नहीं था। पर मैं भी क्या करूँ! यहाँ जो भी आता है, इसी तरह के बेतुके सवाल पूछता है। आप कृपया मुझे माफ़ करें, मुझसे उनका सबसे पहला सवाल आमतौर पर यही होता है—(**लहजा बदलकर नकल करते हुए**) यदि तुम बुरा न मानो तो मुझे यह बताओ कि 'यन्त्रणा-कक्ष' कहाँ है? (**सामान्य स्वर में, कुछ देर चुप्पी के बाद**) वे टुथब्रश आदि के बारे में पूछना शुरू कर देते हैं।...

गार्सिन महोदय! आप ज़रा अपना दिमाग़ खर्च करके देखिए, मैं पूछता हूँ कि यहाँ दाँत माँजने का प्रश्न ही कहाँ है?

गार्सिन : (**नरम पड़कर**) हाँ! तुम बिल्कुल ठीक कहते हो। (**चारों तरफ नज़र दौड़ाकर**) यहाँ आ चुकने के बाद भला कोई आईने में अपने को क्यों देखना चाहेगा? यह बात दूसरी है कि काँस्यकृति की नक़्काशी के बहाने यहाँ सुन्दरता अब भी विद्यमान है। मैं समझता हूँ कि एक समय ऐसा भी आएगा, जब मेरी आँखें उस पर टिकी रह जाएँगी। तुम समझ रहे हो ना, मेरी बात! अच्छा चलो, मैं तुम्हारी बात मान लेता हूँ और तुम्हें यकीन दिलाता हूँ कि मैं अपनी स्थितियों को अच्छी तरह समझ रहा हूँ। मैं तुम्हें बताऊँ, कि यहाँ आकर कैसा महसूस होता है! (**शून्य में आँखें टिकाकर**) मुझे ऐसा लग रहा है कि जैसे एक आदमी गहरे पानी में, इंच-दर-इंच धँसता हुआ डूब रहा है और पानी के सर से ऊपर आने-भर की देर-मात्र है; और ऐसे में वह उस काँस्यप्रतिमा को देखता है जो उसे फूहड़, पाशविकता की मिसाल लगती है। उफ्! कैसा बुरा सपना है! जैसे—रचनाकार 'बर्बेडाइन' का फूहड़ संग्रह हों...

(**सामान्य होकर नौकर से**) क्यों भई, यही योजना है ना!

(**उपहासपूर्ण ढंग से**) मैं जानता हूँ तुम इसका उत्तर नहीं दोगे, लेकिन मैं तुम्हारे साथ कोई ज़ोर-ज़बर्दस्ती नहीं करूँगा क्योंकि तुम्हें ऐसा ही आदेश मिला है, पर यह मत भूलो मेरे दोस्त! कि यह कोई बहुत ख़ुश होने की वजह नहीं है कि तुमने मुझे फँसा लिया है और मैं यह जानता नहीं कि मेरे साथ क्या होनेवाला है! फिर भी मैं सब-कुछ झेल रहा हूँ। (**उत्तेजित होकर कमरे का एक चक्कर लगाता है।**) कुल मिलाकर यह कि यहाँ न तो टुथब्रश मिलेगा, न ही बिस्तर! मैं इस निष्कर्ष पर पहुँचा हूँ कि यहाँ कभी कोई सोता नहीं होगा...

नौकर : हाँ! यह तो है ही।

गार्सिन : मुझे यही उम्मीद थी। भला कोई यहाँ सोए भी तो क्यों? एक अज़ीब-सा उनींदापन आप पर सवार होता है। कानों में एक घनघनाहट-सी होती रहती है और आप जगे होने पर भी, अपनी आँखें मुँदी हुई-सी पाएँगे। आप सोफ़े पर लेट जाते हैं और आप आँखें मलते हुए उठ खड़े होते हैं। और फिर से वही तमाशा। कभी न ख़त्म होनेवाला, अनवरत तमाशा, फिर से शुरू हो जाता है, हर बार...

नौकर : वाह! कितने रोमांटिक हैं आप...

गार्सिन : बराए-मेहरबानी, क्या आप चुप रहेंगे? मैं अब कोई तमाशा नहीं खड़ा करूँगा। न ही, अपने कहे पर पछताऊँगा। बल्कि सारी परिस्थितियों का सामना करूँगा, जैसा कि मैंने अभी कहा था कि मैं सब-कुछ चुपचाप सह लूँगा। लेकिन यदि मुझे मौक़ा मिले तो पीठ-पीछे वार करनेवालों को, मैं छोड़ूँगा भी नहीं। और तुम मुझे रोमेंटिक कह रहे हो! खैर, मतलब यह कि यहाँ किसी को आराम की ज़रूरत नहीं है, जब किसी को नींद ही न आए तो फिर सोने की क्या चिन्ता? क्यों? मेरी बात में दम तो है न? पर ज़रा रुको! कहीं कोई खामी रह गई है, कुछ ऐसा है जिससे तुम सहमत नहीं हो। पर अब असहमति का प्रश्न ही कहाँ है...? क्योंकि वह तो बिना अड़चनोंवाली ज़िन्दगी है, अगर इसे ज़िन्दगी मानें तो!

नौकर : ज़िन्दगी से आपका मतलब क्या है?

गार्सिन : मेरा मतलब! (**सशंक निगाहों से घूरते हुए**) जो मैंने सोचा, बता

दिया। लेकिन तुम मुझे यूँ ही बेहूदगी से मत घूरो। जो मुझे घूरते हैं, उनकी आँखों में लकवा मार जाता है।

नौकर : आपका तात्पर्य क्या है, श्रीमान्?

गार्सिन : (**अपनी ही रौ में बहकर कमरे का चक्कर काटते हुए**) अब तुम्हारी पलकों को ही लें, जो निरन्तर ऊपर-नीचे होती रहती हैं और इसे हम पलक झपकना कहते हैं। ये पलकें झपकना ही आँखों को क्षणिक आराम देता है। एक काला शटर है जिसके बन्द होते ही सब-कुछ अँधेरे में डूब जाता है और आँखों को राहत-सी मिलती है। लेकिन तुम यह कभी नहीं समझ सकते कि ऐसा करना कितना सुकूनदायी होता है। कितनी स्फूर्ति पैदा होती है, ऐसा करने से! ज़रा सोचो, एक घण्टे में कुल चार हज़ार बार आराम और राहत...और यहाँ आलम यह है कि मुझे बिना पलकों को झपकाए और बिना सोचे ही यहाँ रहना है। मेरी बात तुम्हारी समझ में आ रही है, कि मैं अब दोबारा कभी नहीं सो पाऊँगा! और तब मैं ख़ुद के साथ कैसे रह पाऊँगा! तुम मुझे समझने की कोशिश करो कि किसी को सताना मेरी आदत में शुमार है। दरअसल यह मेरे व्यक्तित्व का दूसरा पक्ष है, और शायद यही कारण है कि मैं अपने को सताने से भी बाज़ नहीं आता और यदि तुम चाहो कि मैं तुम्हें नहीं, अपने को ही लगातार सताता रहूँ; तो यह सम्भव नहीं। मैं बिना रुके ऐसा नहीं कर पाऊँगा, और अपने को नहीं, तो दूसरों को सताऊँगा, (**चलता हुआ सोफ़े पर जाकर बैठ जाता है और आँखें दीवार पर टिका देता है।**) वहाँ मेरी रातें ज़मीन पर होती थीं और मैं चैन की नींद सो जाता था। मेरी रातें पुरसुकून हुआ करती थीं जो थकान के बाद ईनाम के रूप में, मीठे-मीठे सपने दिया करती थीं—हरी-भरी घासों से भरा मैदान और उस मैदान में लगभग तैरते-से मेरे पाँव...आह! लगता है बीच में ही सपना टूट गया और सवेरा हो गया, हमेशा-हमेशा के लिए।

नौकर : क्या तुम्हें जलती हुई बत्तियाँ दिखाई नहीं देती हैं?

गार्सिन : ओह! हाँ! मेरी समझ में आ गया कि आपके दिन का समय है यह। और बाक़ी जगहों पर?

नौकर : बाक़ी जगह?

गार्सिन : भाड़ में जाओ तुम! तुम अच्छी तरह से जानते हो कि मेरा मतलब दीवार के उस पार की जगहों से है।

नौकर : (**भोलेपन से**) जी! वहाँ तो एक गलियारा है।

गार्सिन : और उस गलियारे के बाद! (**चुटकी लेता है और हँसता है**)

नौकर : इसके बाद फिर ढेर सारे कमरे, ढेर सारे गलियारे और सीढ़ियाँ...

गार्सिन : और इन सबके परे और क्या है?

नौकर : बस इतना ही है।

गार्सिन : ठीक है। तुम्हें मैं किसी और ढंग से समझाता हूँ। अच्छा यह बताओ कि तुम्हारी हफ़्ते में कोई एक दिन छुट्टी भी होती होगी, तो तुम अपनी छुट्टी बिताने कहाँ जाते हो?

नौकर : अपने चाचा के घर, जो यहाँ के सदर नौकर हैं और उनका कमरा तीसरी मंज़िल पर है।

गार्सिन : यह तो मुझे पहले ही समझ लेना चाहिए था। छोड़ो इसे और यह बताओ बत्ती जलाने का स्विच कहाँ है?

नौकर : वह तो है ही नहीं।

गार्सिन : क्या बत्ती बुझाई नहीं जा सकती?

नौकर : यह प्रबन्धकों की मर्ज़ी पर है, वह जब चाहें लाइट काट सकते हैं। लेकिन मैंने पहले कभी ऐसा होते हुए नहीं देखा, हमें जितनी बिजली चाहिए उतनी मिलती है।

गार्सिन : तो इसका मतलब यह हुआ कि यहाँ आदमी को खुली पलकों के साथ जीना होगा!

नौकर : (**आश्चर्य से**) जीना पड़ेगा? क्या आपने जीने की बात कही?

गार्सिन : मेरे शब्दों को पकड़ने की कोशिश मत करो, ज़रा सोचो एक आदमी की आँखें हमेशा-हमेशा के लिए खुली रहें और हर समय उसके दिल-ओ-दिमाग़ पर दिन की रोशनी छाई रहे। यह कितनी बुरी बात है। (**क्षणिक ख़ामोशी**) और मान लो कि मैं उस सामने वाले टेबल लैम्प को ज़मीन पर दे मारूँ तो क्या तब भी वह जलता रहेगा?

नौकर : आप इसे हिला भी नहीं सकते। यह बहुत भारी है।

गार्सिन : (**काँस्य की प्रतिमा को उठाने की कोशिश करता है पर वह नहीं उठती।**) हाँ, तुम शायद ठीक कहते हो, यह बहुत भारी है।

(कुछ देर की ख़ामोशी)

नौकर : तो ठीक है श्रीमान्, यदि आपको मेरी बहुत ज़्यादा ज़रूरत न हो तो क्या मैं जा सकता हूँ?

गार्सिन : क्या तुम जाना चाहते हो?

(नौकर दरवाज़े तक पहुँचता ही है कि पुनः आवाज़ लगाते हुए)

गार्सिन : रुको।

(नौकर मुड़कर देखता है।)

गार्सिन : ये घण्टी है ना? अगर मैं इसे बजाऊँ तब तो तुम्हें आना ही पड़ेगा।

नौकर : जी हाँ, आप ठीक कहते हैं, अगर वो बज जाए तो!

गार्सिन : क्या मतलब?

नौकर : मतलब साफ़ है कि यह घण्टी कुछ समय से गड़बड़ चल रही है। कई बार बज जाती है, कई बार नहीं बजती; पूरी बिगड़ैल है।

(घण्टी बजाता है और घण्टी की आवाज़ गूँज उठती है।)

गार्सिन : (**आश्चर्य से**) अरे! यह तो ठीक काम कर रही है।

नौकर : (**दुगने आश्चर्य से**) अरे हाँ! पर मेरी अभी भी यह सलाह है कि इस घण्टी पर यक़ीन नहीं किया जा सकता। बड़ी मनमौज़ी है। तो क्या मैं अब जा सकता हूँ?

गार्सिन : नहीं रुको, एक मिनट। (**लपककर टेबल पर रखे पेपर-नाइफ़ को उठाता है।**) यह क्या है?

नौकर : यह तो आप खुद भी देख सकते हैं, यह तो एक साधारण-सा 'पेपर-नाइफ़' है।

गार्सिन : इसकी यहाँ ज़रूरत क्या है? क्या कुछ किताबें हैं यहाँ?

नौकर : नहीं।

गार्सिन : ठीक है, तुम जा सकते हो।

(नौकर चला जाता है। गार्सिन कुछ देर यूँ ही ख़्यालों

में खोए रहने के बाद घण्टी बजाता है, लेकिन उससे कोई आवाज़ नहीं आती। कई बार नौकर को आवाज़ लगाता है पर कोई जवाब नहीं आता। जवाब न पाकर चिल्लाते हुए दरवाज़ा पीटता है और थक-हारकर काँस्य-प्रतिमा के पास सोफ़े पर बैठ जाता है। ठीक उसी समय दरवाज़ा खुलता है और नौकर एक महिला अतिथि 'इनेज़' को लेकर अन्दर आता है।)

नौकर : क्या आपने मुझे बुलाया था, सर!

गार्सिन : (**तपाक से**) हाँ, (**तभी उसकी नजर इनेज़ पर पड़ती है**) नहीं तो!

नौकर : (**इनेज़ की तरफ मुड़कर**) मैडम, यह आपका कमरा है। (**इनेज़ कुछ नहीं कहती है**) यदि आपको और अधिक जानकारी की ज़रूरत हो तो...(**इनेज़ अभी भी चुप है तथा नौकर को थोड़ा सकपकाकर देखती है।**) हमारे अधिकांश मेहमान हमसे ढेर सारे प्रश्न पूछते हैं, किन्तु आप ख़ामोश हैं, लेकिन मैं आपको प्रश्न पूछने के लिए बाध्य नहीं करूँगा। ख़ैर, जहाँ तक टुथब्रश और कॉलबेल का सवाल है, और साथ ही सामने रखी काँस्य-प्रतिमा का रहस्य! (**गार्सिन की तरफ इशारा करते हुए**) ये सज्जन आपको सब-कुछ बता देंगे। यूँ आप जानना चाहें तो किसी भी चीज़ के बारे में मैं भी बता सकता हूँ। हालाँकि अभी-अभी हमारी इनसे इस बारे में बातचीत हो चुकी है।

(नौकर चला जाता है।)

(गार्सिन इनेज़ को उपेक्षाभरी निगाहों से देखकर मुँह फेर लेता है। इनेज़ कमरे का मुआयना करती है और अचानक गार्सिन की ओर मुड़ती है।)

इनेज़ : फ्लोरेन्स कहाँ हैं? (**गार्सिन कोई जवाब नहीं देता**) क्या तुमने सुना नहीं? मैं फ्लोरेन्स के बारे में पूछ रही हूँ कि वो कहाँ हैं?

गार्सिन : मुझे नहीं पता।

इनेज़ : ओह! तो यह तरीक़ा है, यहाँ काम का? अलग करो और यातना दो। ख़ैर! जहाँ तक मेरा प्रश्न है, मुझे कोई फ़र्क़ नहीं पड़ता। फ्लोरेन्स वैसे भी कुछ-कुछ बुद्धू-सी थी और मुझे उसे खोने

का कोई दुःख नहीं है।

गार्सिन : मैं क्षमाप्रार्थी हूँ। मैं सचमुच कुछ नहीं जानता।

इनेज़ : तुम! मुझे सता रहे हो।

गार्सिन : (**इनेज़ की बातों पर चौंकते हुए ज़ोर से ठहाका लगाता है।**) ख़ैर, यह भी एक अच्छा मज़ाक है। अद्‌भुत शब्द-चित्रों वाली कहानी। मैं आततायी हूँ (**हँसता है**) तो मैडम, आप अन्दर आईं, मुझे देखा और सोच लिया कि मैं यहाँ का कोई कर्मचारी हूँ। लेकिन इसमें आपका कोई क़सूर नहीं। बल्कि उस अहमक़ की ग़लती है जिसने हमारा आपस में परिचय नहीं करवाया। मैडम, जिसे आप जल्लाद समझ रही हैं, वह जानती हैं क्या है! पेशे से एक पत्रकार और लेखक है। और मेरा नाम है 'जोसफ़ गार्सिन'। अब चूँकि हम दोनों एक ही नाव के सहयात्री हैं, इसलिए अब हमें आपस में बातें तो करनी ही पड़ेंगी।

इनेज़ : (**तुनककर**) मैं श्रीमती नहीं, कुँआरी हूँ।

गार्सिन : ठीक है चलिए, एक शुरुआत तो हुई। अब जबकि हम आपस में बातचीत की पहल कर चुके हैं, आपको क्या लगता है, मैं कोई ज़ालिम आदमी हूँ? चलिए, मैं आप ही से पूछता हूँ, क्या शक्ल देखकर किसी के स्वभाव का पता लगाया जा सकता है? इस बारे में आपके क्या विचार हैं?

इनेज़ : वे डरे हुए-से दीखते हैं।

गार्सिन : डरे हुए! बड़ी बेतुकी-सी बात है, वह किससे डरेंगे? क्या उनसे, जिन्हें वे डराते रहते हैं? (**हँसता है**)

इनेज़ : तुम भले ही इस बात को हँसी में उड़ा दो, लेकिन मैं क्या सोचती हूँ, यह मैं ही जानती हूँ। मैने अक्सर अपने चेहरे को आईने में निहारा है।

गार्सिन : (**चौंककर**) आईने में! (**चारों तरफ नजरें दौड़ाकर आईना ढूँढ़ता है।**) कितने क्रूर हैं ये! आईने-जैसी हर ऐसी चीज़ को उन्होंने यहाँ से हटा दिया है जिसमें चेहरा देखा जा सके। (**क्षणिक चुप्पी**) चाहे जो हो, मैं आपको भरोसा दिलाता हूँ कि मैं बिल्कुल डरा हुआ नहीं हूँ। आप ये न समझें कि मैं अपनी स्थिति की गम्भीरता को समझ नहीं रहा हूँ। बल्कि मैं उसके परिणाम से भी पूरी तरह वाक़िफ़ हूँ। लेकिन फिर भी कह सकता हूँ कि मैं क़तई

डरा हुआ नहीं हूँ।

इनेज़ : (**कन्धा उचकाकर**) यह तुम्हारा सिरदर्द है। (**ख़ामोशी**) क्या आप यहीं बैठे रहेंगे? क्या कुछ देर के लिए बाहर जाकर टहल नहीं सकते!

गार्सिन : दरअसल हम बन्द रास्तों के बीच आ फँसे हैं, दरवाज़ा बाहर से बन्द है।

इनेज़ : ओह! यह तो बहुत बुरी बात है।

गार्सिन : मैं यह बात अच्छी तरह समझता हूँ कि मेरे यहाँ रहने से आपको बहुत बोरियत महसूस हो रही है। और साफ़ कहूँ तो मैं भी ऐसा ही महसूस कर रहा हूँ। मैं भी बिल्कुल एकाकी रहना चाहता हूँ। और अकेले में बैठकर वो सब सोचना चाहता हूँ जिससे मैं अपनी ज़िन्दगी को सलीकेदार बना सकूँ। और यह सब मुझे अकेले ही करना होगा। मैं आपको भरोसा दिलाना चाहता हूँ कि हम दोनों किसी-न-किसी तरह से आपस में निभा ही लेंगे। मैं बहुत बातूनी या घुम्मकड़ नहीं हूँ। बल्कि सच्चाई तो ये है कि मैं एक बेहद शान्तिप्रिय-प्रकृति का व्यक्ति हूँ। मैं तुमको एक सलाह देना चाहता हूँ कि हमें एक-दूसरे के प्रति नम्रतापूर्वक पेश आना चाहिए। इससे हम दोनों को सुविधा होगी।

इनेज़ : मैं विनम्र हूँ ही नहीं।

गार्सिन : तब तो मुझे और भी विनम्र होना पड़ेगा। (**लम्बी चुप्पी! गार्सिन सोफ़े पर बैठा है और इनेज़ कमरे का चक्कर लगा रही है।**)

इनेज़ : (**गार्सिन के चेहरे पर आँखें टिकाकर**) यह तुम्हारा थोबड़ा!

गार्सिन : (**स्वप्न से जागते हुए**) क्या कहा आपने मैडम!

इनेज़ : क्या तुम अपने थोबड़े को हिलाना बन्द नहीं कर सकते! मैं देख रही हूँ तुम इसे लगातार हिलाए जा रहे हो। यह बहुत भद्दी आदत है।

गार्सिन : क्षमा कीजिएगा, मुझे इसका पता ही नहीं था।

इनेज़ : (**तपाक से**) इसीलिए मैंने तुमसे शिक़ायत की।

(**इसी बीच गार्सिन का थोबड़ा फिर हिलता है।**)

देखो-देखो, तुम्हारा थोबड़ा फिर हिल रहा है। तुम अभी किस विनम्रता की बात कर रहे थे! तुम तो अपने हिलते थोबड़े को

रोकने की भी कोशिश नहीं कर रहे हो। ध्यान रहे, तुम अकेले नहीं हो! साथ ही तुम्हें कोई हक़ नहीं है कि इस तरह से अपना थोबड़ा हिलाकर मुझे डराओ।

(गार्सिन उठकर इनेज़ के पास जाता है और उसकी आँखों में अपनी आँखें डाल देता है।)

गार्सिन : कहो, अब तुम्हें कैसा लग रहा है! क्या डर लग रहा है?

इनेज़ : **(मुँह फेरते हुए)** अब डरने का क्या फायदा! पहले डरी होती तो उसका कुछ अर्थ था। तब तो थोड़ी-सी आशा शेष थी।

गार्सिन : **(सहमे स्वर में)** अभी भी बहुत उम्मीद नहीं है क्योंकि हमें यातना देने की शुरुआत नहीं हुई। इसलिए यह शुरुआत की स्थिति है।

इनेज़ : हाँ, यह तो है ही। **(क्षणिक चुप्पी)** अच्छा! अब हमारे साथ क्या होने जा रहा है?

गार्सिन : मुझे नहीं मालूम। मैं इन्तजार कर रहा हूँ। **(पुनः चुप्पी)**

(गार्सिन पुनः सोफे पर बैठ जाता है और इनेज़ फिर से कमरे का चक्कर लगाने लगती है। गार्सिन का थोबड़ा पहले की तरह ही हिलने लगता है। इनेज़ उसे घूरकर देखती है और वह घबरा कर अपनी हथेलियों से अपना चेहरा ढक लेता है। तभी नौकर के साथ स्टेला कमरे में प्रवेश करती हे। स्टेला गार्सिन को देखती है जिसने अपना चेहरा अपनी हथेलियों के पीछे अभी भी छुपा रखा है।)

स्टेला : **(गार्सिन से)** नहीं, इधर नहीं देखना! मैं जानती हूँ तुम अपने हाथों के पीछे क्या छिपा रहे हो! यह मैं जानती हूँ कि तुम्हारा चेहरा देखने लायक नहीं रहा। **(तभी गार्सिन चेहरे से अपने हाथ हटाता है और स्टेला चौंक जाती है।)** अरे! कौन? **(मानो सबको साँप सूँघ गया हो)**
तुम हो कौन?

गार्सिन : मैं कम-से-कम वह नहीं हूँ मैडम, जो आप समझ रही हैं। यानी यातना देनेवाला जल्लाद!

स्टेला : मैंने ऐसा नहीं सोचा! मैं...तो सोच रही थी कि कोई मेरे साथ

भद्दा मज़ाक कर रहा है। (**नौकर से**) क्या अभी किसी और का भी आना बाक़ी है?

नौकर : नहीं मैडम, अब और कोई नहीं आएगा।

स्टेला : ओह! तो इसका मतलब यह हुआ कि अब हम दोनों को ही यहाँ रहना है—यह सज्जन, वह महिला और मैं। (**हँसने लगती है।**)

गार्सिन : (**क्रोध से**) इसमें हँसने की क्या बात है?

स्टेला : (**उसी तरह हँसते हुए**) इन सोफ़ों को देखो, कितने जर्जर हो चुके हैं। ठीक वैसे ही, जैसे मैंने एक बार नये साल पर, अपनी बूढ़ी-खूँसट चाची यानी 'आंट मैरी' के घर देखे थे। वे सोफ़े ऐसे ही भद्दे दीखते थे। तो हम तीनों के लिए ये तीन अलग-अलग सोफ़े हैं। (**नौकर की तरफ मुड़कर**) और तुम समझते हो कि मैं ऐसे सोफ़े पर बैठूँगी! यह मेरे लिए बहुत कष्टप्रद स्थिति है। क्योंकि मेरी हल्की नीली खूबसूरत पोशाक़ से, सोफ़े का गहरा हरा रंग बिल्कुल मेल नहीं खाता।

इनेज़ : क्या तुम मेरे वाले सोफ़े पर बैठना पसन्द करोगी?

स्टेला : तुम्हारा मतलब उस सुर्ख़ सोफ़े से है! तुम कितनी अच्छी हो! लेकिन मैं सोचती हूँ कि इससे कोई फ़र्क़ नही पड़नेवाला। अब चिन्ता करने से क्या फ़ायदा! अब तो जो भी होगा, हमें झेलना ही पड़ेगा। मैं अपने हरे सोफ़े पर ही बैठ जाऊँगी (**रुककर**) सिर्फ़ यह सज्जन ही मुझे खटक रहे हैं। (**पुनः चुप्पी**)

इनेज़ : आपने सुना, श्रीमान् गार्सिन?

गार्सिन : (**चौंककर**) ओह! तो आपको यह सोफ़ा चाहिए! माफ़ कीजिएगा (**अपने सोफ़े से उठ खड़ा होता है।**) कृपया इसे आप ले लें, मैडम!

स्टेला : जी, शुक्रिया! (**वह अपना कोट उतारकर सोफ़े पर रख देती है।**) (**क्षणिक चुप्पी**) ख़ैर! अब हमें एक साथ रहना है। बेहतर होगा कि हमारा एक-दूसरे से परिचय हो जाए। मेरा नाम रिगॉट स्टेला है। (**गार्सिन अपना नाम बताने के लिए आगे झुकता है कि तभी इनेज़ आगे बढ़कर अपनी ओट में ले लेती है।**)

इनेज़ : और मैं हूँ—इनेज़ सिरानो। तुमसे मिलकर बहुत ख़ुशी हुई।

गार्सिन : (**इनेज़ गार्सिन के सामने से हट जाती है, गार्सिन झुककर आगे**

आते हुए) और मैं—जोसफ़ गार्सिन...।

नौकर : क्या आपको मेरी ज़रूरत है?

स्टेला : नहीं! तुम जा सकते हो। जब मुझे तुम्हारी ज़रूरत होगी, मैं घण्टी बजा दूँगी। (**नौकर तीनों को झुककर सलाम करके चला जाता है।**)

इनेज़ : (**स्टेला से**) तुम बहुत प्यारी हो! काश, मैं तुम्हारे स्वागत में, अगर यहाँ फूल होते, तुम्हें दे देती।

स्टेला : फूल! सच, मुझे फूलों से बेहद प्यार है। लेकिन वह बहुत जल्द मुरझा जाते हैं। क्यों, है ना ऐसा! कितनी बुरी बात है। ख़ैर, सबसे बड़ी बात यह है कि हमें यहाँ भरसक ख़ुश रहने की कोशिश करनी चाहिए। क्यों तुम सहमत नहीं हो? मेरा ख़्याल है कि राज़ी हो। ख़ैर! छोड़ो, तुम यहाँ कब आईं?

इनेज़ : पिछले हफ़्ते। और तुम?

स्टेला : मैं तो अभी-अभी आई हूँ, कल ही की बात है। सचाई यह है कि वहाँ धरती पर क्रिया-कर्म की रस्में अभी पूरी नहीं हुई हैं। (**वह शून्य में आँखें टिकाकर धीमे स्वर में इतने स्वाभाविक ढंग से फुसफुसा रही है कि मानो वह अपनी आँखों से सब कुछ देख रही हो।**) वो देखो, हवा का झोंका मेरी बहन के दुपट्टे को किस तरह उड़ा रहा है। और वह बुक्का फाड़कर रोने की कोशिश कर रही है, किन्तु आँसू नहीं गिर रहे। एक बार और कोशिश करो, शायद बात बन जाए। हाँ अब ठीक है, दो बूँद आँसू उसके काले दुपट्टे पर आ टिके हैं। (**कटाक्ष से**) क्या दृश्य है! सुबह-सुबह ओल्गा अजीब लग रही है। उसने मेरी बहन की बाँहें थाम रखी हैं और उसे सहयोग दे रही है। लेकिन वह रो नहीं रही है। फिर भी मैं उसे दोष नहीं दूँगी। वैसे भी आँसू चेहरे को बदशक़्ल बना देते हैं। जानती हो तुम! ओल्गा मेरी घनिष्ठ सहेली थी।

इनेज़ : क्या तुम्हें पीड़ा पहुँची?

स्टेला : नहीं, मैं लगभग अर्द्धचेतन स्थिति में थी।

इनेज़ : तुम्हें क्या हुआ था?

स्टेला : 'निमोनिया'। (**पहले वाले अन्दाज में दृश्यांकन करते हुए**) अब सब कुछ ख़त्म हो गया है, और वे क़ब्रिस्तान से वापस लौट

रहे हैं। अलविदा! अलविदा! अच्छी ख़ासी भीड़ है। मेरे पति घर ही रुक गए हैं। वह गहरे शोक में डूबे हैं। बेचारे! (**इनेज़ से**) तुम्हें क्या हुआ था?

इनेज़ : गैस का चूल्हा फटने से मेरी मौत हुई थी!

स्टेला : और श्रीमान् गार्सिन, आपकी मौत कैसे हुई थी?

गार्सिन : सीने पर एक दर्जन गोलियाँ खाने से। (**स्टेला भयभीत हो जाती है।**) मुझे माफ़ करना, मैं मृतकों का अच्छा साथी नहीं बन सकता।

स्टेला : प्लीज़-प्लीज़, ऐसा न कहें! मैं यह शब्द सहन नहीं कर पाऊँगी। इससे मेरे मुँह का स्वाद कड़वा हो जाता है। वैसे भी, यह बात अब बेमानी है कि हम सब मुर्दे हैं। चाहे जो हो, मुझे लगता है कि अब से पहले कभी हम इतने 'ज़िन्दा' थे ही नहीं। अगर यह कहना बहुत ज़रूरी ही है, तो मैं इन हालात में, इसे 'ग़ैरहाज़िर होने' की संज्ञा दूँगी। क्या आप एक अर्से से ग़ैरहाज़िर नहीं हैं?

गार्सिन : हाँ, लगभग एक महीने से।

स्टेटा : आप कहाँ से आए हैं?

गार्सिन : 'रियो' से।

स्टेला : मैं 'पेरिस' की हूँ। क्या वहाँ आपका कोई और सगा-सम्बन्धी भी है?

गार्सिन : हाँ, मेरी धर्मपत्नी। (**स्टेला के ही स्वर में**) देखो, वह वहाँ बैरक की दहलीज़ पर खड़ी आज भी मेरी राह देख रही है। वह रोज़ ही वहाँ आती है, लेकिन वो लोग उसे अन्दर नहीं आने देते।

(**रुककर**)

अब वह सलाखों के बीच में बैरक़ के अन्दर झाँकने की कोशिश कर रही है। वह अभी तक नहीं जानती कि मैं 'स्वाहा' हो चुका हूँ। लेकिन उसे, इस बात की आशंका है। अब वह वापस लौट रही है। उसने 'मातमी काली पोशाक़' पहन रखी है। चलो, अच्छा ही है। अब उसे कपड़े बदलने के झंझट से मुक्ति मिली। वह रो नहीं रही है। ख़ैर, वह पहले भी कभी नहीं रोती थी। उसे देखकर ऐसा लग रहा है, मानो सुनहरी धूप में, एक काली छाया; गली में होकर गुज़र रही हो। उसकी बड़ी-बड़ी आँखों

में करुणा और क़ुर्बानी है। ओह, मानो मेरी नसों में उतर आई हो! (**क्षणिक चुप्पी। गार्सिन अपने सर को दोनों हाथों से थामकर बैठ जाता है।**)

इनेज़ : स्टेला ऽ ऽ!

स्टेला : प्लीज़, मिस्टर गार्सिन!

गार्सिन : क्या है?

स्टेला : आप मेरे सोफ़े पर बैठे हैं, जनाब!

गार्सिन : (**उठते हुए**) मुझे माफ़ कीजिएगा।

स्टेला : माफ़ कीजिएगा, आप अपने ख़्यालों में खोए थे और मैंने आपको डिस्टर्ब किया।

गार्सिन : मैं अपनी ज़िन्दगी को एक रूप दे रहा था। (**इनेज़ हँस पड़ती है।**) आप हँस सकती हैं। किन्तु यदि आप मेरी ज़िन्दगी से सीख लेतीं तो वह और ज़्यादा अच्छी हो जाती।

इनेज़ : इसकी ज़रूरत नहीं है। मेरी ज़िन्दगी वैसे ही सही रास्ते पर है। बल्कि वह स्वतः एक सुव्यवस्थित और साफ-सी ज़िन्दगी है। इसलिए मुझे इसकी चिन्ता करने की अब कोई ज़रूरत नहीं है।

गार्सिन : (**उपहास करते हुए**) सचमुच? क्या तुम्हारी नज़र में वह इतनी मामूली है!
(**अपने सिर पर हाथ फेरकर**) उफ़! यहाँ कितनी गर्मी है! अगर आप बुरा न मानें तो...(**अपना कोट उतारने की कोशिश करता है।**)

स्टेला : आपकी हिम्मत कैसे हुई? (**क्रोधित नज़रों से देखने के बाद नरम पड़ते हुए**) नहीं, प्लीज़ कोट मत उतारिए। मुझे आधे-अधूरे लिबासवाले व्यक्तियों से सख़्त चिढ़ होती है।

गार्सिन : (**पुनः कोट पहनते हुए**) अच्छी बात है। (**थोड़ा रुककर**) यह सच है कि मेरी अधिकांश रातें, अख़बार के दफ़्तर में ही कटीं। वह तहख़ाने की तरह घुप्प-अँधेरी कोठरी थी। इसलिए हम लोग, कभी कोट नहीं पहनते थे। वहाँ जानलेवा गर्मी थी। (**क्षणिक विराम। पुनः उसी स्वर में**) और यहाँ भी वैसी ही है। एक दमघोटू काली रात है।

स्टेला : आप ठीक कहते हैं। (**शून्य में आँखें टिकाकर**) देखो, ओल्गा

कपड़े उतार रही है। इसका अर्थ हुआ, कि यह निश्चय ही, आधी रात का वक़्त है। धरती की तो बात ही कुछ और है! वहाँ समय कितनी ज़ल्दी कट जाता है!

इनेज़ : (**शून्य में आँखें टिकाकर**) हाँ, आधी रात के बाद का समय है यह! उन लोगों ने मेरा कमरा सीलबन्द कर दिया है। कितना घना अँधेरा है, कि हाथ-को-हाथ नहीं सूझ रहा है!

गार्सिन : अब उन लोगों ने अपने-अपने कोट उतारकर अपनी-अपनी कुर्सियों पर लटका दिए हैं और अपनी आस्तीनें चढ़ा ली हैं। वातावरण में मर्दाना-गन्ध और सिगार का धुआँ मानो तैर रहा है! (**क्षणिक चुप्पी**) मैं इसी तरह के आधे-अधूरे कपड़ेवाले लोगों के बीच जीने का आदी हो चुका था।

स्टेला : तो ठीक है, इस मामले में हमारी रुचियाँ आपस में मेल नहीं खातीं। इसका अर्थ है, बात यहीं ख़त्म होती है। (**इनेज़ की तरफ़ मुड़कर**) तुम इस बारे में क्या सोचती हो? क्या तुम्हें इस तरह के लोग पसन्द हैं, जो पूरे कपड़े नहीं पहनते!

इनेज़ : ओह! मैं मर्दों की ज़्यादा परवाह नहीं करती।

स्टेला : (**एक-दूसरे को दोनों अवाक् देखती हैं।**) सच! मैं समझ नहीं सकती कि हम तीनों को एक साथ क्यों रखा गया है। इस बात का कोई अर्थ नहीं है कि अलग-अलग विचारों के लोगों को एक साथ रखा जाए।

इनेज़ : (**खिसियानी हँसी के साथ**) तुमने अभी-अभी क्या कहा?

स्टेला : मैं तुम दोनों को देख रही हूँ और सोच रही हूँ कि यह कितनी बेतुकी-सी बात है कि हम तीनों को एक साथ रहना है। मुझे उम्मीद थी कि मुझे यहाँ, मेरे सगे-सम्बन्धी या पुराने साथी मिलेंगे।

इनेज़ : हाँ-हाँ क्यों नहीं! एक बूढ़ा खूबसूरत मित्र! जिसके चेहरे के बीचोबीच एक सुराख़ है।

स्टेला : हाँ! वह भी। जो 'टैंगो' की धुन पर मस्त होकर नाचता था। बिल्कुल पेशेवर नर्तक की तरह...! पर क्यों! इतने सारे मृत लोगों के बीच से, हम तीनों को ही एक साथ रखा गया है?

गार्सिन : यह एक इत्तफ़ाक़ है। मैं समझता हूँ कि वे अधिक-से-अधिक लोगों को एक साथ रखना चाहते हैं। जैसे-जैसे लोग आते जाएँगे,

इसी कमरे में भरते जाएँगे। (**इनेज़ से**) आप क्यों हँस रही हैं?

इनेज़ : क्योंकि आपने सोच लिया कि यह एक इत्तफ़ाक़ है। इसका अर्थ यह हुआ कि उन्होंने सब कुछ संयोग पर ही छोड़ दिया। लेकिन मैं यह मानकर चल रही हूँ कि चाहे जो हो, आप अपने-आप को व्यवस्थित कर लें।

स्टेला : (**हिचकिचाहट से**) मुझे आश्चर्य हो रहा है। क्या आप लोग नहीं सोचते कि हम लोग आपस में, कहीं-न-कहीं अपनी ज़िन्दगी में, ज़रूर मिले होंगे।

इनेज़ : कभी नहीं! अगर मिलते तो मैं तुम्हें भूल नहीं जाती।

स्टेला : या फिर, हो सकता है कि हमारे मित्र आपस में परिचित हों! हो सकता है कि तुम, डिबोईस-सेम्युर्स को जानती होंगी।

इनेज़ : शायद नहीं।

स्टेला : लेकिन उन्हें तो वे सभी जानते हैं जो उनकी पार्टियों में जाया करते थे।

इनेज़ : उनका पेशा क्या है?

स्टेला : वे कुछ नहीं करते। पर उनका गाँव में एक ख़ूबसूरत बँगला है और वहाँ मेहमानों का मेला लगा रहता है।

इनेज़ : लेकिन मैं तो वहाँ कभी नहीं गई! मैं पोस्ट-ऑफ़िस की क्लर्क-मात्र थी।

स्टेला : (**थोड़ा झेंपते हुए**) अरे हाँ!...तुम ठीक कह रही हो। (**रुककर**) और आप मिस्टर गार्सिन?

गार्सिन : हम लोग कभी नहीं मिले हैं। मैं हमेशा 'रियो' में ही रहा।

स्टेला : तब आप बिल्कुल ठीक कह रहे हैं। यह एक महज़ इत्तफ़ाक़ ही है कि हम तीनों को एक जगह लाया गया है।

इनेज़ : महज़ इत्तफ़ाक़! तब तो यह भी इत्तफ़ाक़ ही है कि यह कमरा, जैसा कि हम देख रहे हैं, पूरी तरह सुसज्जित है। फिर तो यह भी इत्तफ़ाक़ है कि हमारी दाईं तरफ़ का सोफ़ा, गहरे हरे रंग का है और बाईं तरफ़ का, लाल रंग का। यह भी मात्र संयोग ही है। ठीक है, मान लिया कि यह, महज़ इत्तफ़ाक़ है, तो ज़रा इन सोफ़ों को हटाने की कोशिश तो कीजिए! आपको तुरन्त फ़र्क़ पता चल जाएगा। अरे! मैं कहती हूँ कि क्या मैटलपीस पर रखी यह मूर्ति, अपने-आप यहाँ आ गई? और यहाँ इतनी

गर्मी क्यों है? अब इस बारे में आपका क्या कहना है? (**क्षणिक चुप्पी**) मैं तुम्हें बताऊँ कि उन्होंने सुनियोजित ढंग से यह इन्तज़ाम किया है। यहाँ कुछ भी इत्तफ़ाक़ नहीं है। यह कमरा भी हमारे लिए पहले से ही तय था।

स्टेला : क्या सचमुच ऐसा है! अगर हाँ, तो यह कितना दुर्भाग्यपूर्ण है! हर तरफ से बेहद कष्टदाई! मैं इन कोनों से तंग आ चुकी हूँ।

इनेज़ : (**कन्धे उचकाकर**) और, क्या तुम सोचती हो कि मैं पहले कभी, ऐसे आलीशान कमरे में रही नहीं हूँ?

स्टेला : तो हम, इस निष्कर्ष पर पहुँचते हैं कि यह सब-कुछ, पूर्व नियोजित था।

इनेज़ : हाँ। और उन्होंने हमें जानबूझकर यहाँ रखा है।

स्टेला : तब तो यह महज़ इत्तफ़ाक़ नहीं है कि आप दोनों ठीक सामने बैठे हैं। लेकिन इसके पीछे क्या बात हो सकती है?

इनेज़ : अरे, मुझसे पूछो! सिर्फ़ मैं जानती हूँ कि वे हमसे क्या चाहते हैं?

स्टेला : हाय! मैं तो सोच भी नहीं सकती कि कोई मुझसे कुछ चाहेगा! ऐसे में तो मैं, ठीक उल्टा करने लग पड़ती हूँ।

इनेज़ : ठीक है, तुम्हारे जो जी में आए करो। लेकिन तुम यह कभी नहीं जान सकतीं कि वे तुमसे क्या चाहते हैं?

स्टेला : (**पाँव पटककर**) यह शर्मनाक है! न जाने तुम दोनों मेरे साथ क्या करना चाहते हो! (**दोनों को बारी-बारी से देखते हुए**) शायद कोई घिनौनी हरकत तुम लोग करना चाहते हो! कुछ ऐसे चेहरे होते हैं जिन्हें मैं तुरन्त पढ़ लेती हूँ, पर तुम दोनों के चेहरे पर तो कोई भाव ही नहीं है!

गार्सिन : (**झटके से इनेज़ की ओर मुड़कर क्रोधित स्वर में**) देखिए, हम लोग यहाँ एक साथ क्यों हैं, आपने हमें काफी-कुछ संकेत दे दिया है। अब आप चाहें तो पूरी तरह स्पष्ट कर सकती हैं।

इनेज़ : (**आश्चर्यजनक स्वर में**) पर मैं इस बारे में कुछ भी नहीं जानती। रत्तीभर भी नहीं! मैं भी उतने ही अँधेरे में हूँ जितने कि आप लोग!

गार्सिन : लेकिन हमें पता लगाना ही होगा। (**क्षणभर को सोचता है।**)

इनेज़ : अगर हम सभी में इतना साहस हो तो!

गार्सिन : हमें क्या करना होगा?

इनेज़ : स्टेला!

स्टेला : हाँ, बोलो!

इनेज़ : तुम्हारा अपराध क्या है? मेरा मतलब है, तुम्हें यहाँ क्यों भेजा गया है?

स्टेला : (**हड़बड़ाकर**) मेरी भी समझ में यह बात नहीं आती! मुझे तो ज़रा भी ध्यान नहीं है कि मैंने क्या ग़लती की है! मैं ख़ुद बहुत हैरान हूँ कि मुझसे अनजाने में ही कोई भारी भूल हो गई है। (**इनेज़ से**) तुम मुस्कराओ मत! बल्कि ज़रा उन लोगों के बारे में सोचो जो एक दिन अचानक चल बसते हैं! उनकी संख्या हज़ारों में होती है। जिन्हें उठाकर कुछ नाकारे लोग, यहाँ ले आते हैं। तुम समझ रही हो न! मेरा मतलब, उस बेवकूफ़ नौकर से है, जो अपना काम ठीक से करना भी नहीं जानता। तो उनसे, ग़लतियाँ होना अवश्यम्भावी है। (**गार्सिन से**) आप इस तरह से मुझे न देखें और कुछ कहें। अगर मेरे मामले में उनसे भूल हुई है तो निश्चय ही, आपके मामले में भी हुई होगी। (**इनेज़ से**) और तुम्हारे मामले में भी। चाहे जो हो यह सोचना बेहतर नहीं होगा कि हम इत्तफ़ाक़ से नहीं, बल्कि उनकी ग़लतियों से यहाँ आए हैं।

इनेज़ : क्या तुम कह चुकीं?

स्टेला : मैं और क्या कहूँ, मेरे पास छुपाने को कुछ भी नहीं है। जब मैं बच्ची थी, मेरे माता-पिता का देहान्त हो गया और मुझे अपने छोटे भाई की परवरिश की ज़िम्मेदारी उठानी पड़ी। हम बहुत ग़रीब थे। और जब मेरे बुज़ुर्ग पारिवारिक मित्र ने मुझसे शादी का प्रस्ताव रखा, तो मैंने 'हाँ' कर दी। वह काफी सम्पन्न और अच्छा व्यक्ति था। मेरा भाई, बहुत ही नाज़ुक बच्चा था और उस पर ध्यान देने की ज़रूरत थी, अतः मेरे लिए यही उचित था। क्या आप सहमत नहीं हैं? मेरे पति, मेरे पिता की उम्र के थे। फिर भी, लगभग छह सालों तक हमारा वैवाहिक जीवन सुखी रहा। फिर दो साल पहले की बात है कि मुझे एक ऐसा व्यक्ति मिला जिसे देखते ही मुझे प्रेम हो गया। उसने मुझसे भाग चलने को कहा, और मैंने मना कर दिया। उसके बाद

मुझे निमोनिया हो गया और मैं चल बसी। बस यही मेरी पूरी कहानी है। इसमें शक़ नहीं कि मैंने अपनी ज़रूरतों के लिए अपनी जवानी की क़ुर्बानी दे दी और अपने से तिगुनी उम्र के व्यक्ति के साथ ख़ुद को बाँध लिया। (**गार्सिन से**) क्या तुम इसे पाप कहोगे?

इनेज़ : बिल्कुल नहीं। (**क्षणिक चुप्पी**) तुम्हीं बताओ क्या तुम सोचती हो कि एक आदमी के लिए अपने कर्तव्यों को निभाना, क्या कोई गुनाह है?

स्टेला : बिल्कुल नहीं। निश्चय ही ऐसे व्यक्ति को, कोई भी दोषी करार नहीं देगा।

गार्सिन : ठीक है। मैं एक 'समन्वयवादी' क़िस्म का अख़बार चलाता था कि तभी अचानक युद्ध छिड़ गया। सबकी निगाहों में कौतूहल था कि ऐसे में मैं कितना साहस दिखा पाता हूँ। और मैंने साहस दिखाया। मैंने अपनी आस्तीनें चढ़ा लीं और इसके एवज़ में मुझे गोली मार दी गई। क्या मैंने कोई ग़लती की?

स्टेला : (**उसकी बाँहों पर हाथ रखकर**) गलती? बल्कि मैं तो, इसके बरक़्स कहूँगी कि आपने जो किया...(**सम्मोहन से एकटक देखती है।**)

इनेज़ : (**बात काटते हुए**) महानायक का काम था। (**व्यंग्य से**) और आपकी श्रीमती जी कहाँ गईं, श्रीमान् गार्सिन!

गार्सिन : यह तो बहुत आसान सवाल है। मैंने मरकर उसे जहन्नुम से उबार दिया।

स्टेला : (**इनेज़ से अनुरोध करती हुई**) प्लीज़-प्लीज़ देखो-देखो! ऐसा न करो!

इनेज़ : अब समझी मैं! (**अन्तराल**) देखो, नाटक करने का अब कोई फ़ायदा नहीं! भला एक-दूसरे की आँखों में धूल झोंककर हमें क्या मिलेगा! हम सभी एक ही थैली के चट्टे-बट्टे हैं।

स्टेला : (**नाराज़गी से**) तुम्हारी इतनी हिम्मत!

इनेज़ : हाँ। हम अपराधी हैं और हत्यारे भी हैं। इसीलिए हम तीनों-के-तीनों नरक में हैं। बरख़ुरदार, वे कभी ग़लती नहीं करते और बिना बात के किसी को नरक में नहीं झोंका जाता।

स्टेला : ख़ामोश! भगवान् के लिए बस करो।

इनेज़ : इस नरक में हम तीनों पापात्माएँ हैं।

स्टेला : चुप रहो, मैं इस तरह के गन्दे शब्दों पर प्रतिबन्ध लगाती हूँ।

इनेज : हम सभी पापात्माएँ ही हैं। मेरे मिट्टी के देवता! और आप भी वही हैं। मेरे शान्तिप्रिय दोस्त! हम लोगों ने अपने अच्छे समय काट दिए। क्या ऐसा नहीं है? कुछ ऐसे भी लोग हैं, जिन्होंने हमारे लिए, अपने जीवन का उत्सर्ग कर दिया और जिनके बूते पर हम, ऐश करते रहे। हमें अब उसी का हिसाब चुकाना है।

गार्सिन : (**मुक्का तानकर**) क्या भगवान् के लिए आप चुप रहेंगी! हद है...

इनेज़ : (**आश्चर्यचकित आँखों से गार्सिन को घूरती हुई उसके बिल्कुल पास जाकर**) ठीक है—ठीक है। मैं समझ चुकी हूँ कि उन्होंने हम तीनों को एक साथ क्यों रखा है!

गार्सिन : इससे पहले कि आप कुछ कहें, मेरी सलाह है कि आप बोलने से पहले पुनर्विचार कर लें।

इनेज़ : जनाब, रुकिए, आप ख़ुद देखेंगे कि यह बात, कितनी स्पष्ट है। इतनी सरल है कि एक बच्चा भी समझ जाए। यह तो ज़ाहिर ही है कि यहाँ कोई शारीरिक यातना नहीं दी जा रही। आप मानते हैं कि नहीं, कि मैं ठीक कह रही हूँ! और बावजूद इसके कि हम नरक में हैं। (**थोड़ा रुककर**) अब यहाँ और कोई नहीं आएगा। हम लोग इस कमरे में एक साथ रहेंगे; बस, हम तीनों! हमेशा-हमेशा के लिए। कुल मिलाकर यह कि यहाँ हमें यातना देनेवाला, नामुराद यमदूत भी नहीं है।

गार्सिन : (**फुसफुसाकर**) मैंने भी यही ग़ौर किया।

इनेज़ : यह तो स्पष्ट है कि वे हमसे क्या चाहते हैं! आप चाहें तो इसे 'मानवी और आसुरी शक्तियों का व्यापार' कह सकते हैं। जहाँ आदमी को अपना 'सलीब' स्वयं ढोना पड़ता है।

स्टेला : तुम्हारा तात्पर्य क्या है?

इनेज़ : मेरा मतलब है कि हम तीनों, बारी-बारी से, एक-दूसरे को यन्त्रणा देने की भूमिका निभाएँगे।

(क्षणिक चुप्पी छा जाती है। मानो सभी इस 'सूचना-विस्फोट' को हज़म करने की कोशिश कर रहे हों।)

गार्सिन : (**विनम्रता से**) नहीं! मैं आप लोगों को यन्त्रणा देनेवाला, कभी नहीं हो सकता। और ना ही, मैं आप दोनों का कोई नुक़सान करना चाहता हूँ। बिल्कुल ही नहीं। इसका हल बहुत ही सरल है कि हम सभी अपना-अपना एक कोना तलाश लें और एक-दूसरे से कोई सम्पर्क न रखें। (**उँगली से इशारा करते हुए**) आप इधर चली जाएँ और आप उधर। और मैं, यहाँ बैठ जाता हूँ। चौकी पर तैनात सैनिक की तरह हम सभी एक-एक कोने में जम जाएँ और यह भी ज़रूरी है कि आपस में कोई बातचीत न करें। यहाँ तक कि एक शब्द भी नहीं। यह कोई मुश्किल काम नहीं है। हम सभी के पास आत्मविश्लेषण के लिए बहुत सारी बातें हैं। जहाँ तक मेरा प्रश्न है, मैं दस हज़ार साल तक, बिना किसी से बोले, अपने आप में डूबा रह सकता हूँ।

स्टेला : क्या मुझे भी चुप रहना पड़ेगा?

गार्सिन : हाँ, इस तरह से हम यह विचार कर सकते हैं कि हमारी मुक्ति का मार्ग क्या हो? सर झुकाए, अपने-आप में डूबे हुए हों हम, क्यों? सहमत हैं ना, आप दोनों?

इनेज़ : हाँ, मैं सहमत हूँ।

स्टेला : (**थोड़ी हिचकिचाहट के साथ**) और मैं भी।

गार्सिन : तो ठीक है 'गुडबाय'।

(उठकर अपने सोफ़े पर जाता है और अपने हाथों से सर थामकर बैठ जाता है। एक लम्बी चुप्पी छा जाती है, जिसे तोड़ते हुए इनेज़ एक गीत गुनगुना उठती है।)

इनेज़ : (**गाते हुए**)

भीड़ लगी है कितनी—
इस साफ़-शफ़्फ़ाक कूचे में ॥
इसके नीचे वधस्थल है,
और हैं, कटारें, तेज़ धार की।
आओ भाई, हम चलें—
इस साफ़-शफ़्फ़ाक कूचे में ॥

देखो-देखो भाई–
रौनक़ इस बाज़ार की।
बड़े सवेरे, मुँह अँधेरे
उठा गया जल्लाद है।
हाथों में लिये कटार–
काम पर जाने को तैयार है ॥

क्या राजा और क्या भिखारी,
क्या नायक और क्या सिपाही।
एक झटके में धड़ से
सर को, अलग करेगा वह।
क्या अकिंचन, क्या सामन्त,
क्या पुजारी, क्या महंत।
सबका बध करेगा वह ॥

भीड़ लगी है, कितनी ज़्यादा–
इस साफ़-शफ़्फ़ाक कूचे में
आओ भाई, आओ चलें–
इस साफ़-शफ़्फ़ाक कूचे में ॥

सजी-धजी सभी महिलाएँ,
वहाँ खड़ी हैं सर झुकाए।
बाँध कतार, करतीं इन्तज़ार,
जाने किसकी बारी आए ॥
देखो-भाई-देखो,
रौनक़ इस बाज़ार की।
भीड़ लगी है कितनी,
इस साफ़-शफ़्फ़ाक कूचे में–
रौरव-कुम्भीपाक है यह–
जिनका नाम नरक है।

(इस बीच स्टेला अपने पर्स से मेकअप का सामान

निकालती है और पर्स के भीतर हाथ डालकर कुछ क्षण आईना तलाशती है।)

स्टेला : (**गार्सिन से**) माफ़ कीजिएगा, क्या आपके पास आईना है? (**गार्सिन कोई उत्तर नहीं देता।**) किसी भी तरह का आईना चलेगा। यहाँ तक कि जेबी-आईना भी। (**किन्तु गार्सिन ख़ामोश बैठा रहता है।**) अगर आप मुझसे बात करना नहीं चाहते तो भी चलेगा। क्योंकि आप चुप रहकर भी, मुझे आईना दे सकते हैं।

(गार्सिन स्टेला की उपेक्षा करता है और उसी तरह हथेलियों में सर झुकाए बैठा रहता है।)

इनेज़ : (**व्यग्रतापूर्वक**) तुम चिन्ता मत करो, मेरे पास मेरे पर्स में आईना है। (**वह अपना पर्स खोलती है**) अरे, कहाँ ग़ायब हो गया! (**क्रोध से**) उन्होंने ज़रूर प्रवेश द्वार पर निकाल लिया होगा! (**क्षणिक विराम के पश्चात्**) तुम्हारी तबीयत ठीक तो है ना?

स्टेला : (**पलकें खोलकर मुस्कराते हुए**) मुझे अजीबो-ग़रीब-सा महसूस हो रहा है। (**अपने गाल पर चिकौटी काटती है।**) क्या तुम्हें, ऐसा महसूस नहीं हो रहा है! मैं जब तक अपने-आपको देख न लूँ, मैं असमंजस में रहती हूँ कि सचमुच मेरा अस्तित्व है भी, या नहीं! मैं अपने-आपको थपथपाकर महसूस करना चाहती हूँ। हालाँकि इससे बहुत अन्तर नहीं पड़ता।

इनेज़ : तुम नसीबवाली हो! हमेशा; मुझे तो हमेशा घबराहट-सी होती रहती है, बहुत बुरी तरह घबराहट!

स्टेला : हाँ, तुम अपनी जगह ठीक हो। लेकिन मानव-मस्तिष्क पर बनने वाली छवियाँ इतनी अस्पष्ट होती हैं कि कुछ भी निश्चित रूप से नहीं कहा जा सकता। क्यों, ऐसा नहीं है? (**क्षणिक चुप्पी**) जानती हो, मेरे 'बेडरूम' में छह आदमक़द आईने लगे हैं। वे वहीं-के-वहीं हैं, जिन्हें मैं अब भी देख सकती हूँ। पर वे, बेख़बर हैं। (**शून्य में खोकर एकटक देखते हुए**) उनमें क़ालीन, सोफ़े और खिड़कियाँ झलक रही हैं लेकिन बावजूद इसके, मेरे बिना, सारा मंज़र कितना सूना-सूना-सा है! जब भी मैं लोगों से बातें

करती थी, उनमें से एक आईने के सामने मैं खड़ी हो जाती थी ताकि मैं अपने-आपको निहार सकूँ और बातें करते हुए अपने-आप पर नज़र रख सकूँ। और इस तरह से मैं, सजग रहकर बात करने के अपने ढंग को, अन्य लोगों की नज़रों से देखा करती थी—ओह! डियर, कहीं मेरी लिपस्टिक फैल न गई हो, मेरे मुँह के चारों तरफ! मैं बिना आईने के रह ही नहीं सकती, बिल्कुल नहीं।

इनेज़ : आओ प्रिय! मेरे पास बैठो और मेरी आँखों में झाँककर अपने-आपको देखो। आओ यहाँ, तुम्हारे लिए मैंने जगह बना दी है।

स्टेला : (**झिझकते हुए गार्सिन की ओर इशारा करती है।**) वह।

इनेज़ : ओह, वो! 'वह न तीन में है, ना तेरह में।' उसकी क्या परवाह करनी है?

स्टेला : पर इस तरह से तो (**गार्सिन को कनखियों से देखते हुए**) हम एक-दूसरे को आघात नहीं पहुँचाएँगे! जैसा कि तुमने ही कहा था।

इनेज़ : क्या, मुझे देखकर तुम्हें ऐसा लगता है कि मैं तुम्हें आघात पहुँचाना चाहती हूँ?

स्टेला : कुछ भी नहीं कहा जा सकता।

इनेज़ : ज़्यादा सम्भावना तो इस बात की है कि तुम मुझे आघात पहुँचाओगी। फिर भी क्या फ़र्क़ पड़ता है! अगर मैं तुम्हारे हाथों घायल भी होती हूँ तो भी, वे हाथ हैं तो, तुम्हारे ही कोमल हाथ न? आओ मेरे पास बैठो, बिल्कुल पास। और मेरी आँखों में झाँककर देखो कि कहाँ क्या है?

स्टेला : ओह! इसमें तो मैं दीखती हूँ। पर इतनी छोटी कि ठीक से दीख भी नहीं पा रही।

इनेज़ : पर मैं सब कुछ देख सकती हूँ, तुम्हारा पोर-पोर। चाहो तो तुम मुझसे कोई भी प्रश्न पूछ सकती हो। और मैं तुम्हें एक साफ़ आईने की तरह सब-कुछ बता सकती हूँ।

(स्टेला कुछ झिझकती है और गार्सिन की तरफ पलटकर ऐसे देखती है, मानो उससे सहायता माँगना चाहती हो।)

स्टेला : प्लीज़, मिस्टर गार्सिन! कहीं आप हमारी आपस की बातों से

बोर तो नहीं हो रहे! (**गार्सिन कोई जवाब नहीं देता।**)

इनेज़ : तुम उसकी चिन्ता छोड़ो। जैसा कि मैंने तुमसे कहा था कि उसकी कोई गिनती नहीं है। हमें सिर्फ़ अपनी चिन्ता करनी चाहिए। चलो पूछो...।

स्टेला : (**झिझकते हुए अपने को इनेज़ की आँखों में निहारकर**) क्या मेरे होंठों की लिपस्टिक ठीक-ठाक है?

इनेज़ : दिखाओ तो! नहीं, वो थोड़ी फैल गई है।

स्टेला : मुझे भी ऐसा ही लग रहा था। यह तो अच्छा हुआ कि....(**चोर निगाहों से एक झलक गार्सिन की तरफ देखकर गर्दन मोड़ते हुए**) कि किसी की नज़र नहीं पड़ी। मैं फिर से ठीक कर लेती हूँ।

इनेज़ : अब बेहतर है। नहीं, नहीं, अपने होंठों की रेखाओं की सीध में लगाओ। रुको। मैं तुम्हारे हाथ पकड़कर तुम्हारी सहायता करती हूँ। हाँ अब ठीक है। सुन्दर लग रही हो।

स्टेला : क्या उतनी ही, जितनी आते समय थी?

इनेज़ : उससे भी बेहतर; सच कहूँ तो एकदम भड़काऊ और उत्तेजक!

स्टेला : भगवान का शुक्र है! तुम कहती हो कि मेरे होंठ तुम्हें अच्छे लग रहे हैं, मैं ख़ुद तो देख नहीं सकती तो मेरी खिंचाई छोड़ो और मुझे सच-सच बताओ कि क्या, मिस सिरानो! मैं सचमुच ठीक-ठाक लग रही हूँ।

इनेज़ : तुम मुझे 'मिस सिरानो' की जगह, क्या इनेज़ कहकर नहीं बुला सकतीं!

स्टेला : क्या तुम दावे से कह सकती हो कि मैं वाक़ई ठीक-ठाक लग रही हूँ!

इनेज़ : तुम कितनी प्यारी हो स्टेला!

स्टेला : पर मैं तुम्हारी पसन्द पर कैसे भरोसा करूँ! क्या वह मेरी पसन्द से मेल खाती है? हाय, तेरी ऐसी बातों से तो कोई भी पागल हो जाए!

इनेज़ : मेरी पसन्द बिल्कुल तुम्हारी जैसी ही है। इसीलिए मैं तुम्हें बहुत पसन्द करती हूँ। मेरी आँखों में झाँककर देखो और मुस्कराओ। ठीक वैसे ही, जैसे तुम अपने घर के आईने को देखा करती थीं। क्या मैं उन आईनों से भी भद्दी हूँ, नहीं ना?

स्टेला : मुझे नहीं पता, बल्कि मुझे तो तुमसे डर लगता है; जब भी मैं तुम्हारी आँखों में अपना प्रतिबिम्ब देखती हूँ। जबकि आईने में देखते हुए ऐसी अनुभूति पहले कभी नहीं थी क्योंकि उनकी मैं अभ्यस्त हो चुकी थी और उन्हें अच्छी तरह से समझती थी। अगर मैं मुस्कराती हूँ तो मेरी मुस्कान तुम्हारी आँखों की पुतलियों में गुम हो जाएगी और भगवान ही जानता है कि उनका क्या हस्र होगा!

इनेज़ : तुम मेरी ही अभ्यस्त क्यों नहीं हो जातीं? (**दोनों एक-दूसरे को घूरती हैं। स्टेला की आँखों में हल्का-सा भय व्याप्त है।**) सुनो, मैं चाहती हूँ कि मुझे मेरे फर्स्टनेम 'इनेज़' कहकर ही पुकारो। हमें बहुत अच्छी सहेली बन जाना चाहिए।

स्टेला : मैं महिलाओं के साथ इतनी आसानी से दोस्ती नहीं करती।

इनेज़ : क्यों? मेरे क्लर्क होने की वजह से. तुम ऐसा कह रही हो! अरे, यह क्या है! तुम्हारे गाल पर भद्दा-सा लाल धब्बा! शायद कोई मुँहासा है।

स्टेला : मुँहासा! छी-छी, कहाँ है?

इनेज़ : (**इशारा करते हुए**) वहाँ। तुम्हें पता है कि वे, आईने की मदद से, भोले पक्षियों का शिकार कैसे करते हैं! क्या मैं भी शिकार करनेवाले आईनों में से एक हूँ। अगर हाँ, तो अब तुम मुझसे बच नहीं सकतीं। सच तो यह है कि तुम्हारे चेहरे पर कहीं कोई मुँहासा नहीं है। लेकिन अब इस बात का क्या! मान लो, आईना ही झूठ बोलने लगे तो! और मान लो, जैसा मैंने कहा कि मैं तुम्हारे प्रति आँखें मूँद लूँ, तो सोचो कि क्या होगा! क्या तुम्हारी सारी सुन्दरता धरी-की-धरी नहीं रह जाएगी! पर घबराने की ज़रूरत नहीं क्योंकि मैं तुम्हें देखे बिना रह नहीं सकती। बल्कि मैं तुमसे कभी आँख भी नहीं फेरूँगी और मैं तुम्हारे प्रति बहुत अच्छी बनी रहूँगी। लेकिन यह तभी सम्भव है जबकि तुम भी मेरे प्रति उतनी ही अच्छी बनी रहो।

(**ख़ामोशी**)

स्टेला : क्या सचमुच तुम्हें मुझसे लगाव हो गया है?

इनेज़ : हाँ, बहुत ज़्यादा।

(**चुप्पी**)

स्टेला : (**गार्सिन को इंगित कर हल्के से सर हिलाते हुए**) लेकिन मैं चाहती हूँ कि वह भी मेरे तरफ देखे।

इनेज़ : हाँ-हाँ, क्यों नहीं! आख़िर वो मर्द जो ठहरा! (**गार्सिन से**) आप जीत गए श्रीमान्! (**गार्सिन पर कोई प्रतिक्रिया नहीं होती**) पर आप इधर मत देखिए और भाड़ में जाइए।

(**गार्सिन फिर भी प्रतिक्रियाहीन है**) ज़्यादा बनने की ज़रूरत नहीं है। हम लोगों ने जो कुछ भी कहा, आपने सब सुन लिया है।

गार्सिन : हो सकता है कि मैंने एक-एक शब्द सुना हो। यूँ मैंने अपनी उँगलियाँ कान में डाल रखी थीं, फिर भी आप लोगों के शब्द मेरे दिमाग़ में धमाके करते रहे तो इसमें मेरा क्या क़सूर है! लेकिन सब बकवास थी, अब कृपया आप दोनों मुझे चैन से बैठने दें! मुझे आप दोनों में से किसी से भी, कोई रुचि नहीं है।

इनेज़ : शायद मुझमें न हो, पर इस बच्ची में तो है ही। क्या सचमुच तुम उसे नहीं चाहते! मैं तुम्हारी चालें, ख़ूब समझती हूँ। तुम उसे प्रभावित करने के लिए ही इस क़दर अकड़ रहे हो।

गार्सिन : मैंने आप लोगों से कहा था कि मुझे कृपया अकेला छोड़ दें। (पलकें मूँद लेता है) हाँ, वह देखो। वहाँ मेरे अख़बार के दफ़्तर में कोई मुझसे कुछ कह रहा है और मैं उसे सुनना चाहता हूँ। यदि आप मेरे मुँह से सुनना ही चाहती हैं तो कृपया कान खोलकर सुन लें कि आपकी इस 'तथाकथित बच्ची' में, मेरी कोई रुचि नहीं है।

स्टेला : शुक्रिया! (**व्यंग्यात्मक ढंग से होंठ हिलाती है और उसकी पुतलियाँ नाच उठती हैं।**)

गार्सिन : (**सकपकाकर**) ओह! मैं इतनी रुखाई से पेश आना नहीं चाहता था।

स्टेला : आप बड़े ओछे हैं। (**कुछ देर के लिए दोनों ख़ामोशी के साथ एक-दूसरे को घूरते हैं।**)

गार्सिन : तो यह बात है। (**रुककर**) मैंने आप लोगों से चुप रहने का

अनुरोध किया था।

स्टेला : यह उसकी ग़लती है, मेरी नहीं। क्योंकि शुरुआत उसने की। मैंने उससे कुछ भी नहीं माँगा था। फिर भी वह मेरे पास आई और अपना आईना पेश कर दिया। ...बल्कि ख़ुद ही आईना बन गई।

इनेज़ : अब तुम्हारे जो जी में आए, कहो। पर सच तो यह है कि तुमने उसे हर तरह से रिझाने की भरपूर कोशिश की।

स्टेला : रिझाऊँ क्यों नहीं!

गार्सिन : तुम दोनों सनक गई हो, इसका नतीजा पता है? अब दया करके अपने मुँह बन्द रखो। (**क्षणिक रुककर**) चलो, हम सभी फिर वहीं नीचे बैठ जाएँ और बिल्कुल ख़ामोश रहें। हम लोग अपनी निगाहें फ़र्श पर गड़ाएँगे और यह भूलने की कोशिश करेंगे कि यहाँ आस-पास और भी कोई है। (**एक लम्बी चुप्पी। गार्सिन फ़र्श पर जा बैठता है। दोनों औरतें भी हिचकिचाती हुईं अपने-अपने कोने के फ़र्श पर जा बैठती हैं। अचानक इनेज़, गार्सिन की ओर घूमती है।**)

इनेज़ : कैसे भूल जाऊँ! यह बिल्कुल वाहियात बात है। आप लोग मेरे रोम-रोम में विद्यमान हो। बल्कि आपकी चुप्पी भी मेरे कानों में गूँजती रहती है। आप चाहे अपने होंठों को 'सी' लें, या जीभ काट डालें; पर हर हाल में अपने अस्तित्व को तो नहीं नकार सकते ना?

क्या आदमी अपने विचारों को रोक सकता है? बिल्कुल नहीं। विचार तो घड़ी की टिक्-टिक् की तरह दिमाग़ में बजते रहते हैं। आप चाहें तो मेरी तरह आप भी, मेरे विचारों की टिक्-टिक् सुन सकते हैं। आप बेशक़ अपने कोने में दुबके बैठे हों, पर सच तो यह है कि आप यहाँ के कण-कण में व्याप्त हैं। मुझ तक आनेवाला हर शब्द, आपकी ख़ुशबू में सराबोर है। ऐसा लगता है कि किसी ने मेरा चेहरा भी ग़ायब कर दिया हो। जिसका सिर्फ़ आप लोगों को पता है और मुझे नहीं। इस स्टेला को क्या कहूँ! इसे भी आपने मुझसे चुरा लिया है। अगर मैं और स्टेला यहाँ अकेली होतीं और आप ना होते, तो क्या तब भी यह मुझसे ऐसा ही व्यवहार करती? नहीं! अपने हाथों को

अपने चेहरे से खिसकाइए। मैं आपको चैन से नहीं बैठने दूँगी। आपके साथ तो यही बर्ताव होना चाहिए। आप अपने आप में डूबे 'योगी' की तरह अपनी जगह बैठे रहेंगे और इधर यह लड़की बैठी होगी, तो भी, मैं कुछ भी ना देखूँ, फिर भी, अपनी धमनियों में आप दोनों को महसूस करती रहूँगी। अगर स्टेला के कपड़ों की सरसराहट भी सुनाई पड़ेगी तो मुझे यही लगेगा कि वह आपके लिए है, उसकी हर अदा और मुस्कान शायद आपके लिए ही है। जिसे आप देख नहीं रहे। लेकिन अब मुझसे यह सब बर्दाश्त नहीं होगा। मुझे अपना नरक ख़ुद ही भोगना है। इसीलिए मैं आँखों में आँखें डालकर आमने-सामने फ़ैसला कर लेना चाहती हूँ।

गार्सिन : जो चाहे करो। मुझे लगता है कि तुम लोगों का यही हस्र होना था। वे जानते थे कि वे क्या कर रहे हैं! और हम तो उनके लिए, चुटकी का खेल हैं। काश! कि मुझे उन लोगों ने मर्दोंवाले कमरे में रखा होता! कम-से-कम मर्द मुँह बन्द रखना तो जानते हैं। लेकिन अब क्या फ़ायदा! जो असम्भव है, उसके बारे में सोचना बेकार है। (**स्टेला के पास जाता है और उसकी गर्दन सहलाता है।**) तो मैं तुमको बहुत पसन्द हूँ! मुन्नी, (**इनेज़ की ओर इशारा करके**) इनका कहना है कि तुम मुझे देखकर आँखें नचा रही थीं।

स्टेला : मुझे हाथ मत लगाओ।

गार्सिन : क्यों नहीं? हमें हर हाल में अपनी स्वाभाविकता नहीं खोनी चाहिए। तुम जानती हो, मैं कभी, औरतों का दीवाना हुआ करता था और उनमें से कुछ-एक मुझे पसन्द भी करती थीं...ख़ैर, हम ढोंग करना छोड़ दें तो बेहतर हो। क्योंकि यहाँ अब होने को, कुछ भी नहीं। तो फिर शिष्टता और शालीनता का ढोंग क्या करना! अब तो ले-देकर हम तीन ही हैं और नवजात शिशु की तरह एक-दूसरे के सामने बिल्कुल नग्न हैं।

स्टेला : ओह! प्लीज़, मैं जीना चाहती हूँ।

गार्सिन : (**उसी रौ में**) हाँ, नवजात शिशु की तरह हमें बिल्कुल अनावृत्त होना होगा। (**स्टेला पर आँखें टिकाकर**) मैंने तो तुम्हें पहले ही सावधान कर दिया था। ख़ैर, मैंने तो एक छोटी-सी विनती की

थी कि आप लोग शान्त रहें और मुझे थोड़ी-सी शान्ति दें। मैंने अपनी उँगलियाँ अपने कानों में डाल ली थीं और अपनी दुनिया में खो गया था...वहाँ गोमेज़ सदा की तरह कमरे के बीचोबीच खड़े होकर अपनी हाँक रहा था और प्रेस के सभी लोग, अपनी-अपनी आस्तीनें चढ़ाए हुए उसे सुन रहे थे। मैंने भी सुनने की कोशिश की। लेकिन यह सम्भव नहीं हो सका। आपको पता होना चाहिए कि धरती पर बहुत तेज़ी से घटनाक्रम बदलते हैं। क्या आप लोग कुछ देर के लिए चुप नहीं हो सकती थीं? (**निराश स्वर में**) अब उसका बोलना ख़त्म हो चुका है। वह पूरी तरह ख़ामोश है मानो वह जो कुछ भी मेरे बारे में सोचता था, वह सब बातें उसके दिमाग में वापस जा घुसी हैं...बिल्कुल नवजात शिशु की तरह नग्न...यह सब तो ठीक है, पर मैं यह जानना चाहता हूँ कि आखिर हमें किससे निपटना है!

स्टेला : आपको ख़ूब पता है अब और कुछ बताने को नहीं है।

गार्सिन : आप ग़लत सोच रही हैं। जब तक हम सभी लोग खुलकर अपनी बातें एक-दूसरे से नहीं कर लेते, हमारे यहाँ होने का क्या अर्थ है! आख़िर उन्होंने हमें इस नरक में क्यों भेजा है? यहाँ आकर भी हम एक-दूसरे के बारे में कुछ भी जान न सके तो यहाँ आने का फ़ायदा क्या? (**स्टेला की तरफ इंगित कर**) तो तुम से शुरू करते हैं मिस! पहले तुम अपनी राम कहानी सुनाओ। हम लोगों को बताओ कि आख़िर तुम्हें क्यों यहाँ लाया गया? लेकिन शर्त यह है कि तुम सच-सच बोलोगी और तभी हम सभी अपने भीतर के मैल-धब्बे को बाहर ला सकेंगे और बर्बादी से बच सकेंगे। तो चलो शुरू हो जाओ।...क्यों?

स्टेल : सच कहती हूँ, मुझे कुछ भी नहीं मालूम। वह पूछने पर भी हमें नहीं बताते थे कि मैंने क्या किया है! और यहाँ क्यों लाई गई हूँ!

गार्सिन : यही तो बात है। उन्होंने मुझे भी नहीं बताया। पर मुझे एक कारण दिखाई पड़ता है...शायद पहले बताने में तुम्हें शर्म महसूस हो, तो लो, मैं ही शुरुआत करता हूँ। (**ठहरकर**) और फिर मैं भी तो कोई, बहुत 'गणमान्य' व्यक्ति नहीं हूँ।

इनेज़ : हमें यह सब बताने की ज़रूरत क्या है? हम जानते हैं कि आप भगोड़े रहे हैं।

गार्सिन : ठीक है, यही सही। पर यह तो एक उपसमस्या है, मैं यहाँ इसलिए लाया गया हूँ कि मैंने अपनी ज़िन्दगी में, अपनी बीवी के साथ बहुत बुरा सलूक किया था। बस, इतना ही काफ़ी है। पाँच सालों तक मैंने उसे सताया था। यह उसी का फल है। ज़ाहिर है कि वह वहाँ, अब भी बेचारी भुगत रही होगी। वो वहाँ है और मैं यहाँ। उसका नाम लेते ही उसकी छवि सामने आ जाती है। मेरी दिलचस्पी तो गोमेज़ में है और आँखों के सामने 'वह' चली आती है। गोमेज़ कहाँ गया? पाँच सालों तक यही होता रहा है, मेरे साथ।... वहाँ देखो, मेरी सारी चीज़ें उन लोगों ने उस औरत को दे दी हैं।... वह खिड़की के पास बैठी है, मेरे कोट को अपने मुड़े हुए घुटनों पर रखे हुए। कोट, जिसमें बारह गोलियों के छेद हैं और उनके घेरों के चारों ओर जंग की तरह खून जम गया है। यह कोट तो म्यूज़ियम में रखने लायक़ है, जिस पर एक पूरा इतिहास लिखा है और मज़े की बात यह है कि उसे मैं पहना करता था।...ख़ैर मेरी प्रिय, क्या तुम अपने आँसू की एक बूँद नहीं टपका सकतीं? मुझे विश्वास है कि तुम निश्चय ही कम-से-कम एक बूँद तो दोगी ही मुझे। शायद तुम यह नहीं कर सकोगी।...हर रात नशे में धुत, शराब और शबाब की गन्ध लिये, जब मैं देर रात घर लौटता था; उसे अपनी राह देखते हुए पाता था। कभी इस बात पर उसने शिकवा-शिक़ायत नहीं की। ना ही, झगड़ा किया। सिर्फ़ उसकी बड़ी-बड़ी आँखें बोलती थीं। बड़ी-बड़ी और डबडबाई आँखें। मुझे यहाँ आने का कतई अफ़सोस नहीं क्योंकि मुझे अपने किए का मूल्य तो चुकाना ही था न! नीचे गली में हिमपात हो रहा है, क्या तुम अब भी नहीं रोओगी! पत्थर-दिल औरत! तुम तो जन्मजात त्याग की प्रतिमूर्ति थीं! किन्तु आप लोग इसका कारण नहीं जान सकेंगीं। यह तो परिस्थितियों की लीला है।

इनेज़ : (**विनीत स्वर में**) तुम उसे इस क़दर सताते क्यों थे?

गार्सिन : यह बहुत मामूली-सी बात थी। उसे रुलाने के लिए, एक शब्द ही काफ़ी हुआ करता था। छुईमुई के पौधे की तरह थी वह।

लेकिन कभी भी उसने मुझे कोसा नहीं। मुझे उसे सताने में मज़ा आता था। मैं शगूफ़ा छोड़कर इन्तज़ार किया करता था। लेकिन नहीं, न कोई आँसू, न कोई विरोध। मैंने उसे नाबदान से उठाया और अपनाया था। समझ रही हैं न!...अब वह मेरा कोट सहला रही है। उसकी पलकें मुँदी हैं और वह अपनी उँगलियों के पोरों को गोलियों के छेद पर घुमा रही है। पर ऐसा करके तुम मुझसे क्या चाहती हो? मुझसे क्या उम्मीद है तुम्हें? मैं तुम्हें बता दूँ कि मुझे अपने किए का कोई अफ़सोस नहीं है। सच्चाई तो यह है कि वह मेरा बहुत सम्मान करती थी। लेकिन इससे आपको क्या फ़र्क़ पड़ता है!

इनेज़ : नहीं। क्योंकि मेरा कभी किसी ने सम्मान नहीं किया।

गार्सिन : चलो, यह अच्छा है। बल्कि यह कहूँ कि तुम्हारे लिए यही बेहतर है। जो कुछ भी मैंने बताया, मैं समझता हूँ कि वह एक धुँधली तस्वीर है। चलो, मैं कुछ और बताता हूँ, जिसे सुनने पर तुम्हें मुझे पिन चुभोने का मौक़ा मिलेगा। मैंने एक नीच जाति की छोकरी को रखैल बना लिया था। मेरी पत्नी ऊपर के कमरे में सो रही थी और सम्भवतः उसने हमारी सारी बातें सुन ली थीं। वह बहुत सवेरे उठ जाती थी और मैं तथा वह लड़की, देर तक सोते रहते थे। ऐसे में सुबह की कॉफी हमें वही दिया करती थी।

इनेज़ : तुम कैसे दरिन्दे हो?

गार्सिन : हाँ! तुम चाहो तो दरिन्दा कह सकती हो। लेकिन एक ऐसा दरिन्दा, जो सलीके से पेश आता है। (**शून्य में आँखें टिकाए**) नहीं, यह कुछ भी नहीं है। केवल गोमेज़ है...और वह मेरे बारे में नहीं बतिया रहा...तुम क्या कह रही थीं मुझे, कि मैं एक खूँखार दरिन्दा हूँ? निश्चय ही। वर्ना मैं यहाँ क्यों लाया जाता? (**इनेज़ से**) चलो, अब तुम्हारी बारी है, तुम बताओ।

इनेज़ : मैं तो ऐसी थी कि कुछ लोग वहाँ मुझे, 'गन्दी गली की कुतिया' कहा करते थे। मैं थी ही इतनी गन्दी। इसलिए यहाँ लाए जाने पर मुझे कोई हैरत नहीं हुई।

गार्सिन : बस इतना ही।

इनेज़ : नहीं! फ़्लोरेन्स के साथ मेरा चक्कर था, वह बताना अभी रहता

है। एक मरे हुए मर्द के साथ, गुज़रे वक़्त की कहानी। जिसमें तीन क़िस्से जुड़े हुए हैं। पहले वह आदमी, जिसके बारे में मैंने बताया। उसके बाद वह औरत, और फिर मैं। अब तो कोई बचा ही नहीं है और न ही मुझे इसकी कोई चिन्ता है। क्योंकि सबका सफाया हो चुका था। अब तो वह ख़ाली कमरा बचा है जिसे मैं देख सकती हूँ, एक ख़ाली कमरा जिसके दरवाज़े बन्द हैं।...नहीं, उन्होंने अभी-अभी उसे खोला है। वहाँ 'ख़ाली है' का बोर्ड लगा है। दरवाज़े पर ख़ाली होने का नोटिस भी लगा है। कितनी अजीब बात है!...

गार्सिन : तीन-तीन मौतें! यही कहा न तुमने?

इनेज़ : हाँ, तीन।

गार्सिन : एक मर्द और दो औरतें?

इनेज़ : हाँ।

गार्सिन : अच्छा-अच्छा। (**रुककर**) क्या उसने आत्महत्या की थी?

इनेज़ : उसने! नहीं तो? उसमें तो इतनी हिम्मत ही नहीं थी। हालाँकि उसके पास इसकी वजह थी। क्योंकि हमने उसे एक कुत्ते से भी बदतर ज़िन्दगी अता की थी। सच तो यह है कि वह, एक ट्रॉम के नीचे दबकर मर गया। यह एक बेहूदा अन्त था।...मैं उन लोगों के साथ रह रही थी। वह मेरे रिश्ते में भाई लगता था।

गार्सिन : क्या फ़्लोरेन्स गोरी थी?

इनेज़ : गोरी? (**स्टेला पर दृष्टि डालकर**) मुझे इस बात का कतई अफ़सोस नहीं है और न ही मुझे अपनी कहानी सुनाने का कोई शौक है।

गार्सिन : ठीक है...तो तुम उससे ऊब गई थीं?

इनेज़ : हाँ, उत्तरोत्तर। और छोटी-छोटी बातों से मैं चिढ़ गई थी। मसलन, वह जब भी कोई चीज़ पीता था तो एक अजीब-सी सुड़सुड़ की आवाज़ उठती थी। जैसे कि वह पीने की बजाए, गरारे कर रहा हो। इसी तरह की घटिया हरकतें। सच तो यह है कि वह बहुत दयनीय और क्षमा का पात्र था। लेकिन तुम मुस्करा क्यों रहे हो?

गार्सिन : क्योंकि मैं किसी भी रूप में दया का पात्र नहीं हूँ।

इनेज़ : इतना गुरूर ठीक नहीं। दरअसल मैं उसकी नस-नस में बसी हुई थी। वह मेरी आँखों से ही दुनिया देखता था। जब फ़्लोरेन्स ने उसे छोड़ा, मैंने उसे हथिया लिया। हम शहर के दूसरे छोर पर 'एक बेडरूमवाले फ़्लैट' में रहते थे।

गार्सिन : और फिर?

इनेज़ : और इसके बाद का काम ट्रॉम ने तमाम कर दिया। मैं हर रोज़ उसे याद दिलाती थी कि प्रिय! तुम दोनों ने उसे पीसकर मार डाला। (**रुककर**) सचमुच मैं कितनी क्रूर हूँ।

गार्सिन : और शायद मैं भी उतना ही क्रूर हूँ।

इनेज़ : नहीं! तुम क्रूर नहीं बल्कि तुम तो कुछ और ही हो।

गार्सिन : वह क्या?

इनेज़ : मैं तुम्हें बाद में बताऊँगी। जब मैं कहती हूँ कि मैं क्रूर हूँ तो मेरी मुराद यह है कि मैं लोगों को सताए बिना, रह नहीं सकती। जलते अंगारे की तरह, जैसे किसी के हृदय पर कोई जलता अंगारा रख दे। जब मैं अकेली होती हूँ तो मानो बुझ जाती हूँ। छह महीनों तक मैं उसके दिल को दहकाती रही। अब वहाँ सिवा राख के कुछ नहीं बचा है। एक रात वह अचानक उठी और उसने गैस का चूल्हा जलाया। तब मैं सो रही थी। इसके बाद वह वापस बिस्तर पर आकर सो गई। तो आप लोग आगे की कहानी समझ गए होंगे!

गार्सिन : हाँ! हाँ! ठीक है।

इनेज़ : हाँ! तुम्हारे मन में क्या है?

गार्सिन : कुछ भी नहीं, बस इतना ही कि यह कोई मनोहारी कहानी नहीं है।

इनेज़ : यह तो है ही, लेकिन इससे क्या फ़र्क़ पड़ता है!

गार्सिन : जैसा कि तुमने कहा कि इससे क्या फ़र्क़ पड़ता है, (**स्टेला से**) अब तुम्हारी बारी है। तुमने क्या किया था?

स्टेला : जैसा कि मैं बता चुकी हूँ, मुझे बिल्कुल आभास नहीं था। मैंने अपने दिमाग़ पर बहुत ज़ोर डाला, फिर भी कुछ याद नहीं आ रहा।

गार्सिन : ठीक है। हम तुम्हारी सहायता करते हैं। कुचले हुए चेहरेवाला वह व्यक्ति कौन था?

स्टेला : कौन? तुम्हारा मतलब किससे है?

इनेज़ : तुम अच्छी तरह जानती हो। वही आदमी जिसे देखते ही, अन्दर आते समय, तुम्हारे होश उड़ गए थे।

स्टेला : ओह! उसकी बात कर रही हो! वह तो मेरा दोस्त था।

गार्सिन : लेकिन तुम उससे डरी हुई क्यों थीं?

स्टेला : वह मेरा निजी मामला है, श्रीमान् गार्सिन!

इनेज़ : क्या उसने तुम्हारे चक्कर में ख़ुद को गोली मार ली थी?

स्टेला : बिल्कुल नहीं। तुम कितनी बेतुकी बातें करते हो!

गार्सिन : तो फिर इसमें इतना डरने की क्या बात थी? उसने अपना भेजा उड़ा लिया था। क्यों? ठीक कह रहा हूँ न? इसीलिए उसका चेहरा छितरा गया था।

स्टेला : नहीं! नहीं! कृपया यह सब न कहें।

गार्सिन : तुम्हारी वजह से! सिर्फ़ तुम्हारी वजह से।

इनेज़ : उसने तुम्हारी वजह से अपने-आपको गोली मारी थी।

स्टेला : मुझे अकेली छोड़ दो। यह ठीक नहीं है, मुझे इस तरह से धमकाना ठीक नहीं है। मैं यहाँ से चली जाना चाहती हूँ। (**वह दौड़कर दरवाज़े की तरफ़ जाती है और उसे हिलाना शुरू कर देती है।**)

गार्सिन : अगर तुम जा सकती हो, तो तुम जाओ। किन्तु मेरी व्यक्तिगत राय यह है कि मैंने जो कुछ भी कहा, तुम्हारे भले के लिए कहा। फिर भी तुम जाना चाहती हो, तो जाओ। लेकिन दुर्भाग्यवश दरवाज़ा भी बन्द है। (**स्टेला घण्टी बजाती है, पर घण्टी नहीं बजती। इनेज़ और गार्सिन ठहाके लगाकर उसका उपहास करते हैं। स्टेला घूमकर उन पर झपटती है।**)

स्टेला : (**फुसफुसाकर**) तुम दोनों से मुझे घिन् आती है।

इनेज़ : घिन्! शायद यही कहा तुमने! अपने शब्दों को याद रखना। वह आदमी जिसने तुम्हारे चक्कर में ख़ुदकुशी कर ली, तुम उसकी रखैल थीं; है ना?

गार्सिन : हाँ! वह तो थी ही। और वह तुम्हें हमेशा के लिए अपनाना चाहता था। क्यों, यही बात नहीं है क्या?

इनेज़ : वह एक पेशेवर नर्तक की तरह 'टैगों' नृत्य में माहिर था। लेकिन ग़रीब था, चर्च में घूमनेवाले चूहों की तरह! क्यों, यही बात है ना? (**क्षणिक चुप्पी**)

गार्सिन : क्यों, वह ग़रीब था या नहीं? मुझे सीधा जवाब चाहिए।

स्टेला : (**बौखलाकर**) हाँ। वह ग़रीब था। तो?...

गार्सिन : लेकिन तुम्हें अपनी प्रतिष्ठा की रक्षा करनी थी। और एक दिन वह तुम्हारे पास आया और अपने साथ भाग चलने का अनुरोध किया और तुमने उसके मुँह पर ही उसकी हँसी उड़ाई।

इनेज़ : बिल्कुल यही! चूँकि तुमने उसकी हँसी उड़ाई, इसलिए उसने आत्महत्या कर ली।

स्टेला : शायद इसी तरह तुमने भी फ़्लोरेन्स की हँसी उड़ाने की कोशिश की होगी।

इनेज़ : हाँ तो?

(**ठहाका मारकर हँसती है**)

स्टेला : (**अपने कन्धे चौड़े करके अभी भी दरवाज़े के सहारे खड़ी उन्हें घूरती हुए कर्कश अन्दाज में**) यह पूरा क़िस्सा मनगढ़न्त है। मैं बताती हूँ कि सच क्या है? दरअसल वह मुझसे एक बच्चा चाहता था, समझे!

गार्सिन : और तुम नहीं चाहती थीं।

स्टेला : हाँ! मैं बिल्कुल नहीं चाहती थी। लेकिन दुर्भाग्यवश बच्चा ठहर गया था। इसलिए मैं पाँच महीनों के लिए स्विट्ज़रलैण्ड भाग गई थी। किसी को, कुछ भी पता नहीं चला। वह एक बच्ची थी। जब वह पैदा हुई रोज़र मेरे साथ था। उसे लड़की पाकर असीम प्रसन्नता हुई। लेकिन मैं ख़ुश नहीं थी।

गार्सिन : फिर क्या हुआ?

स्टेला : वहाँ एक बालकनी थी, जो झील की तरफ़ खुलती थी। मैं एक बड़ा-सा पत्थर उठा लाई। वह समझ गया कि मेरी मंशा क्या है! और उसने चिल्ला-चिल्लाकर मुझे रोकना चाहा, "स्टेला! भगवान के लिए ऐसा मत करो।" पर मुझे उससे नफ़रत हो चुकी थी। उसने यह सब देख लिया था। उसने अपनी कोहनी बालकनी पर टिका ली थी और झील के पानी से उठनेवाली तरंगों और बुलबुलों को देखता रहा था।

गार्सिन : हाँ! फिर क्या हुआ?

स्टेला : बस इतना ही! मैं पेरिस लौट आई। और उसने जैसा चाहा,

वैसा ही किया।

गार्सिन : तुम्हारा मतलब उसने अपना भेजा उड़ा लिया?

स्टेला : सच! कितनी बेहूदा हरकत है यह। मेरे पति को बिल्कुल शक़ नहीं था। (**अन्तराल**) और एक तुम हो, कितने घिनौने लोग! (**वह बग़ैर आँसू बहाए सुबकने लगती है।**)

गार्सिन : कोई फ़ायदा नहीं रोने का! क्योंकि यहाँ आँसू नहीं गिरते।

स्टेला : मैं कायर हूँ! कायर! (**रुककर**) काश! कि तुम लोग जान पाते कि मेरे भीतर तुम लोगों के लिए कितनी नफ़रत भरी है!

इनेज़ : (**स्टेला को बाँहों में भरकर**) बेचारी यह बच्ची! (**गार्सिन से**) तो सुनवाई ख़त्म हुई। अब फाँसी की सज़ा सुनानेवाले जज की तरह घूरने की ज़रूरत नहीं है।

गार्सिन : फाँसी की सज़ा सुनानेवाला जज! (**वह अपने आस-पास एक नज़र मारता है।**) काश! कि मैं अपने-आपको आईने में देख पाता! (**रुककर**) यहाँ कितनी ज़्यादा गर्मी है। (**बेख़ुदी में अपना कोट उतारने लगता है।**) ओह! क्षमा कीजिएगा (**पुनः पहनने लगता है**)

स्टेला : कोई बात नहीं। आप चाहें तो सिर्फ़ कमीज़ में भी रह सकते हैं। अब पहले जैसी कोई बात नहीं है।

गार्सिन : हाँ यह तो है ही। (**वह अपना कोट उतारकर सोफ़े पर रख देता है**) स्टेला, मुझे विश्वास है कि तुम मुझसे नाराज़ नहीं होंगी!

स्टेला : हाँ, मैं तुमसे नाराज़ नहीं हूँ।

इनेज़ : और मुझसे? क्या तुम मुझसे नाराज़ हो?

स्टेला : हाँ। (**क्षणिक चुप्पी**)

इनेज़ : हाँ! श्रीमान् गार्सिन, अब आपने हम लोगों को एक-दूसरे के सामने नग्न कर दिया है। क्या इससे हमें एक-दूसरे को समझने में ज्यादा मदद मिलेगी?

गार्सिन : कह नहीं सकता। हाँ, शायद कुछ बेहतर ढंग से समझने में मदद मिल सकती है। (**कातरता से**) और समझ लो कि हम एक-दूसरे की मदद करने की कोशिश करना चाहते हैं।

इनेज़ : मुझे किसी की सहायता नहीं चाहिए।

गार्सिन : इनेज़, उन्होंने मकड़े की तरह यहाँ नरक में अपना जाल बिछाया है। तुम कोई भी हरकत करोगी, जैसे हाथ उठाकर पंखा झलना

शुरू करो तो भी, मुझे और स्टेला दोनों को एक झटका-सा लगेगा। अकेले हम में से कोई भी, अपने आपको बचा नहीं सकता; हमें एक-दूसरे के साथ इस क़दर बाँध दिया गया है! अब यह तुम पर निर्भर है कि तुम क्या करना चाहती हो? (**रुककर**) बोलो, क्या सोचती हो?

इनेज़ : (**अतीत में खोकर**) उन्होंने मेरा मकान किराए पर चढ़ा दिया है। खिड़कियाँ पूरी तरह खुली हुई हैं और मैं देख सकती हूँ कि मेरे बिस्तर पर एक आदमी बैठा है। मेरा बिस्तर! आप चाहें तो 'मेरा' कह सकते हैं। शायद वह भी किराए पर उठा दिया गया है। अरे ओ क्रूर! अपना घर समझकर जमा रह तू। वहाँ एक औरत भी है। वह उसके पास जा रही है। उसने उसके कन्धे पर अपने हाथ रख दिए हैं। कितनी बेहूदा बात है! वह बत्ती क्यों नहीं जला रहे हैं? इतना अँधेरा छा रहा है। अब वह उसका चुम्बन ले रहा है। लेकिन वह मेरा कमरा है! मेरा कमरा है! अब बिल्कुल घना अँधेरा छा चुका है। मैं कुछ भी नहीं देख पा रही। लेकिन उनकी फुसफुसाहट सुनाई पड़ रही है। क्या वह मेरे बिस्तर पर उसके साथ सहवास करने जा रहा है? उसने क्या कहा?...अब दोपहर हो चुकी है और सूरज चमक रहा है। मुझे लगता है मेरी आँखें चौंधियाँ रही हैं। (**रुककर**) नीम अँधेरा! मैं कुछ भी देख या सुन नहीं सकती। क्या देखने से ऐसा लगता है कि मेरा धरती से, अब कोई सम्बन्ध नहीं रहा? अब मेरे पास अपने को बचाने का कोई रास्ता नहीं है। (**स्वर में कम्पन**) मैं अपने को ख़ाली-ख़ाली-सी महसूस कर रही हूँ। एक लाश की तरह निर्जीव। जबकि मैं इस कमरे में पूरी तरह, सदेह खड़ी हूँ। (**रुककर**) तुम क्या कह रहे थे? शायद मेरी सहायता करने के बारे में, क्यों?

गार्सिन : हाँ!

इनेज़ : किस विषय में मेरी सहायता करने के लिए कह रहे थे?

गार्सिन : उनके शैतानी इरादों को परास्त करने के विषय में।

इनेज़ : बदले में तुम मुझसे क्या अपेक्षा करते हो?

गार्सिन : सहायता! बस थोड़ी-सी कोशिश की ज़रूरत है, इनेज़! इंसानी जज़्बों की चिंगारी जलाने के लिए।

इनेज़ : इंसानी जज़्बे? वह मेरे बूते की बात नहीं है।

गार्सिन : 'क्योंकि मैं भीतर तक सड़ चुकी हूँ।' (**रुककर**) मैं भी तुम्हारे जैसा ही हूँ। फिर भी कोशिश करने में, हर्ज़ ही क्या है?

इनेज़ : कोई फ़ायदा नहीं। मेरा अन्तर सूख चुका है। न मैं किसी को कुछ दे सकती हूँ, न मैं किसी से कुछ ले सकती हूँ। फिर मैं किसी की सहायता कैसे कर सकती हूँ? मैं वो सूखी टहनी हूँ जो कभी भी जलकर राख हो जाएगी। (**वह चुप हो जाती है और अपने हाथों से मुँह ढककर बैठी स्टेला को घूरने लगती है। पुनः खोकर**) ...फ़्लोरेन्स गोरी और ख़ूबसूरत थी।

गार्सिन : क्या तुम्हें अब भी नहीं लगता कि उस औरत की ख़ूबसूरती ही तुम्हारे लिए जानलेवा साबित हुई होगी?

इनेज़ : सम्भवतः मैंने इसका अनुमान लगा लिया है।

गार्सिन : अब वे उसके माध्यम से तुम तक पहुँच जाएँगे। जहाँ तक मेरा प्रश्न है, मैं बिल्कुल अलग और अकेला हूँ। मैं उस औरत पर बिल्कुल ध्यान नहीं दूँगा। तुम चाहो तो आज़मा सकती हो।

इनेज़ : क्या?

गार्सिन : यह एक जाल है, वे तुम्हें फँसाने के लिए घात लगाए बैठे हैं।

इनेज़ : मुझे पता है। और तुम, एक दूसरे जाल हो। तुम क्या सोचते हो कि जो कुछ भी तुमने कहा, इसका एक-एक शब्द, उन्हें पहले से मालूम नहीं था? सच तो यह है कि यहाँ क़दम-क़दम पर गड्ढे हैं, जिन्हें हम चाहकर भी देख नहीं पाते। हर चीज़ यहाँ छलावा है। पर मैं इसकी परवाह क्यों करूँ? मैं ख़ुद उस औरत के लिए, ज़ाहिर है कि, एक ऐसा गड्ढा हूँ जिसमें गिराकर उसे निश्चय ही फँसा लूँगी।

गार्सिन : तुम किसी को भी फँसा नहीं पाओगी। दरअसल हम तीनों एक-दूसरे के पीछे भाग रहे हैं; घोड़े की तरह गोल-गोल घूमते हुए, एक कुचक्र का शिकार बने। सच कहता हूँ इनेज़, कि यह भी उनकी योजनाओं का एक हिस्सा है। तुम सब-कुछ छोड़ दो। मुट्ठी खोलकर सब-कुछ बिखेर दो। वरना तुम हम तीनों पर कहर बरपा दोगी।

इनेज़ : क्या मैं तुम्हें ऐसी औरत लगती हूँ जो सब-कुछ यूँ ही छोड़ देगी! मैं जानती हूँ कि मेरा क्या होगा? मैं तो जल जाऊँगी

पर मेरी राख के भीतर भी एक चिंगारी सुलगती रहेगी। हाँ, मैं सब-कुछ जानती हूँ। लेकिन तुम क्या सोचते हो कि मैं इसके बाद भी इसे छोड़ दूँगी? मैं उसे पकड़ लूँगी। वो मेरी आँखों से तुम्हें देखेगी, जैसे फ़्लोरेन्स पराए मर्द को देखा करती थी। हाँ, मेरी नज़रों से मेरी सहानुभूति पाने की कोशिश बेकार है। मुझे सब-कुछ पता है। और पक्का विश्वास है कि ऐसा ही होगा। लेकिन मुझे इस हस्र का कोई दुःख नहीं, क्योंकि मैं ख़ुद एक फन्दा हूँ जो गले तक जाकर फँस जाएगा। और इस बारे में कुछ भी नहीं किया जा सकता। और यदि यही होना लिखा है, तो यही सही।

गार्सिन : (**इनेज़ को कन्धे से पकड़कर**) ठीक है, मुझे तुम पर दया आती है। मेरी तरफ देखो, हम सभी नग्न हैं, सर से पाँव तक नग्न। और मैं तुम्हारे 'हृदय' में झाँककर देख सकता हूँ। हमारे बीच एक-दूसरे को जानने की बस यही एक कड़ी शेष है। तुम्हें क्या लगता है कि मैं तुम्हारा कुछ बिगाड़ना चाहता हूँ? मुझे किसी भी बात का अफ़सोस नहीं है। मैं भी पूरी तरह शुष्क हो चुका हूँ। किन्तु तुम पर मुझे दया आ रही है।

इनेज़ : (**जिसने अपने कन्धे पर गार्सिन के हाथों का दबाव महसूस कर भी कोई आपत्ति नहीं की; अचानक कन्धे झटककर स्वयं को छुड़ाते हुए**) मत करो! मुझे कोई पकड़े तो चिढ़ होती है। अपनी दया अपने पास ही रखो और यह मत भूलो गार्सिन! कि इस कमरे में तुम्हें फँसाने के लिए भी जाल बिछे हुए हैं। सब कुछ बहुत सलीके से किया गया है। बेहतर होगा कि तुम अपने भीतर झाँककर देखो। (**रुककर**) अगर तुम मुझे और इस बच्ची को चैन से रहने दो तो मैं तुम्हारा कुछ भी नहीं बिगाड़ूँगी।

गार्सिन : (**घूरकर क्षणभर देखता है और, अपने कन्धे झटककर**) अच्छी बात है!

स्टेला : (**अपना स्वर उठाते हुए**) प्लीज़, गार्सिन साहब! प्लीज़।...

गार्सिन : अब तुम मुझसे क्या चाहती हो?

स्टेला : (**उठकर उसके पास जाती है**) तुम चाहो तो मेरी सहायता कर सकते हो।

गार्सिन : अगर तुम मेरी सहायता चाहती हो तो इनेज़ से अनुरोध करो।

(इनेज़ उठकर स्टेला के पीछे थोड़ा फ़ासला रखकर खड़ी है, जिस समय गार्सिन अपनी बात कह रहा था वह स्टेला के कान में कुछ कहती है। लेकिन स्टेला अपनी आँखें गार्सिन पर टिकाए रहती है जो चुपचाप उसे घूर रहा होता है। स्टेला गार्सिन को सम्बोधित कर अपना जवाब ऐसे देती है, मानो वही प्रश्नकर्ता हो।)

स्टेला : गार्सिन! मैं तुमसे विनती करती हूँ, क्योंकि तुमने मुझसे वायदा किया है। है ना? जल्द-से-जल्द मेरी सहायता करो। मैं अकेली छूट जाना नहीं चाहती। **(खोकर शून्य में देखते हुए)** देखो, ओल्गा उसे अपने साथ 'कैबरे' में ले गई है।

इनेज़ : किसे लेकर गई है?

स्टेला : पीटर!...ओह! अब वह साथ-साथ जा रहे हैं।

इनेज़ : कौन पीटर? यह पीटर कौन है?

स्टेला : निहायत बेवक़ूफ़ क़िस्म का लड़का है वह! वह मुझे 'झिलमिल चमचमाते झरने-सी खूबसूरत' कहा करता था। वह मेरे प्रेम में बुरी तरह पागल था। उसने ज़रूर पीटर को आज रात बाहर निकलने को बाध्य किया होगा।

इनेज़ : क्या तुम उससे प्रेम करती हो?

स्टेला : अब वे दोनों बैठ गए हैं। वह मोटी व्हेल मछली की तरह मुँह फाड़कर हाँफ रही है। ऐसी लड़की को नृत्य के लिए आमन्त्रित करना कैसी बेवक़ूफ़ी है। लेकिन मैं मानती हूँ कि वह अपना मोटापा कम करने के लिए नाचती है।...नहीं, सचमुच मैं उससे प्रेम नहीं करती। वह महज 18 साल का बच्चा है और मैं कोई बच्चा चुरानेवाली तो हूँ नहीं।

इनेज़ : तो उनके बारे में चिन्तित होने की क्या ज़रूरत है! और इससे क्या फ़र्क पड़ता है!

स्टेला : वह मेरा था।

गार्सिन : अब धरती का कुछ भी तुम्हारा नहीं है।

स्टेला : मैं कहती हूँ, वह मेरा था। पूरी तरह मेरा।

इनेज़ : हाँ, कभी वह तुम्हारा ज़रूर था, लेकिन अब, तुम उसे सुनने को कहो, उसे छूने की कोशिश करके देखो!...ओल्गा उसे छू सकती है और जितनी चाहे बातें कर सकती है। बोलो, ऐसा

है कि नहीं? वह उसके साथ गा सकती है, उससे लिपट सकती है।

स्टेला : हाँ देखो, उसने अपने मोटे वक्षस्थलों के बीच उसे चिपका लिया है...गर्म साँसें उसके चेहरे पर पड़ रही हैं, पर मेरे प्यारे मेमने! क्या तुम इतना भी नहीं देख सकते कि वह कितनी भौंडी है! तुम उस पर हँसते क्यों नहीं! ओह! मुझे एक नज़र उन्हें घूरने-भर की ज़रूरत है कि वह छिटककर दूर जा गिरेगी।...पर क्या सचमुच, मेरा अब कुछ भी वहाँ नहीं बचा है?

इनेज़ : शायद कुछ भी नहीं। तुम्हारा कुछ भी धरती पर अब नहीं बचा है—तुम्हारी परछाईं तक नहीं। अब जो कुछ भी है, तुम्हारा यहीं है। अब चाहे तुम्हें पेपर नाइफ़ की जरूरत हो या फिर, वहाँ सामने कार्निश पर रखी कलाकृति की। बस, वह नीला सोफ़ा तुम्हारा है। और प्रिय! मैं सदा के लिए तुम्हारी हूँ।

स्टेला : तुम! और मेरी? अच्छा चलो, यह ठीक है। अब यह बताओ कि तुम दोनों में से कौन मुझे अपना 'ख़ूबसूरत चमचमाता झरना' कहने की हिम्मत करेगा? अपनी 'शीशे की हसीना' मानेगा? तुम लोग मेरे बारे में हद से ज़्यादा जान गए हो, पर मैं बता दूँ कि मैं सर से पाँव तक सड़ चुकी हूँ। प्यारे पीटर, मेरे बारे में सोचो, अपना ध्यान मुझ पर केन्द्रित करो और मुझे बताओ कि क्या तुम हमेशा सोचते हो—उसी रूप में, कि मैं एक 'खूबसूरत चमचमाते झरने-सी' हूँ या फिर एक 'पारदर्शी शीशे की हसीना' हूँ। पर अब मैं यहाँ मात्र अधूरी हूँ। बिल्कुल आधी-अधूरी और बुरी हूँ जिसका आधा हिस्सा तुम्हारे पास है, ख़ूबसूरत चमचमाते प्रवहवान झरने के पारदर्शी जल की तरह।

ओह, उस लड़की का चेहरा देखा, लाल टमाटर जैसी सुर्ख़! नहीं, यह सब फालतू बातें हैं। हम दोनों उस पर कभी हँसा करते थे। तुम और मैं! अक्सर और हमेशा। यह कैसी अनुगूँज है? मैं हमेशा इसे सुनना चाहती थी। हाँ! यह तो 'सेंट लुइस ब्लूज़' है। ठीक है, नाचो, और नाचो। गार्सिन! काश कि तुम उसे देख सकते होते तो तुम उस छोकरी को देखकर हँसते-हँसते मर जाते। बात सिर्फ़ इतनी है कि वह कभी जान नहीं पाएगी कि मैं उसे देखा करती हूँ। ओल्गा, मैं तुम्हें देख सकती हूँ और

मुझे लगता है कि तुम नशे में हो...ओह! अब तो तुम उसके पंजों पर चढ़ रही हो। अरे, ये चीख कैसी! जल्दी करो—जल्दी करो! वह उसे घसीट रहा है, गोल-गोल चक्कर काटता। कैसी भयानक अदा है यह। वह हमेशा कहा करता था कि मैं बहुत हल्की-फुल्की हूँ। मेरे साथ नाचने में उसे बहुत मज़ा आता था। **(बोलते-बोलते स्वयं नाचने लगती है)** मैं बता दूँ ओल्गा, कि मैं तुम्हें देख सकती हूँ। नहीं, उसे इसकी चिन्ता नहीं है। वह मेरी नज़रों के सामने नाच रही है। यह क्या हुआ? क्या तुमने कुछ कहा? 'हमारी प्यारी और बेचारी स्टेला' ओह! नहीं यह तो एक भ्रम-मात्र है। तुम तो मेरी मृत्यु पर भी नहीं रोये थे, ना ही मेरी लाश पर एक बूँद आँसू तक टपकाया था। और अब उसकी इतनी हिम्मत कि वह अपनी पुरानी मित्र 'बेचारी स्टेला' की चर्चा उससे करे! पीटर से मेरे बारे में बातें करने की उसकी हिम्मत कैसे हुई! अब और तब की बातें। कभी मैं, नाचना और बातें करना, एक साथ निभा नहीं पाती थी। पर अब वह बात नहीं है। नहीं, पीटर को मत बताना प्लीज़। तुम उससे जैसी मर्ज़ी, व्यवहार कर सकती हो। या तो तुम उसे अपना बना लो या जैसी जी में आए वैसे रखो। पर भगवान के लिए उसे, वह बात मत बताना। **(स्टेला नाचना बन्द कर देती है)** अच्छी बात है, वो अब तुम्हारा हुआ। गार्सिन, क्या यह दग़ाबाजी नहीं? कि उसने मेरे बारे में सब-कुछ बता दिया?...रोज़र के बारे में, मेरी स्विटजरलैंण्ड यात्रा के सन्दर्भ में और उस बच्ची के बारे में भी! बेचारी स्टेला, ऐसी तो न थी...नहीं मैं वाकई ऐसी नहीं थी। देखो, वह बहुत गम्भीर हो गया है। अपना सिर हिला रहा है पर बहुत आश्चर्यचकित नहीं है। मुझे उससे यही उम्मीद थी। तुम उसे अपने पास ही रखो—अब मैं उसके नारी-सुलभ मुखड़े और सीपिया पलकोंवाली आँखों के साथ उसे अपने पास नहीं रख पाऊँगी। तुम्हीं उसे अपने पास रखो। वह तुम्हारा हुआ। उसका झिलमिलाते ख़ूबसूरत झरने जैसा पारदर्शी शीशे का चेहरा! क्योंकि अब वह शीशा चूर-चूर हो गया है। बेचारी प्यारी स्टेला! नाचो-नाचो! खूब नाचो! पर ताल और लय का ध्यान रखना। एक-दो-एक-दो।

कितना अच्छा होता कि मैं एक बार, सिर्फ़ एक बार धरती पर जाकर नाच पाती!...(**कुछ क्षणों के लिए पुनः नाचने लगती है**) संगीत धीमा पड़ रहा है। उन लोगों ने बत्तियाँ बुझाकर रोशनी हल्की कर दी है। जैसा कि 'टैंगो डांस' में वो किया करते हैं। पर संगीत इतना धीमा क्यों है? थोड़ा तेज़ करो न! मुझे सुनाई नहीं दे रहा। शायद इतना दूर है कि मैं कुछ भी नहीं सुन पा रही हूँ। (**नाचना बन्द कर देती है**) ख़त्म। ख़त्म हो गया, सब-कुछ! अब कुछ भी शेष नहीं है। धरती ने मुझे हमेशा के लिए छोड़ दिया—अकेली! (**गार्सिन से**) तुम मुझसे मुँह मत मोड़ना। मुझे तुम अपनी बाँहों में ले लो! (**स्टेला के पीछे खड़ी इनेज़ गार्सिन को इशारा करती है कि वो वहाँ से हट जाए**)

इनेज़ : (**आदेश के स्वर में**) गार्सिन, अब बोलो!

(**गार्सिन एक क़दम पीछे हटता है और स्टेला पर एक नज़र डालकर इनेज़ की ओर इशारा करते हुए**)।

गार्सिन : यह तो तुम्हें उससे कहना चाहिए।

स्टेला : (**गार्सिन से चिपटते हुए**) तुम मुझसे मुँह मत मोड़ना। तुम एक मर्द हो, हो कि नहीं? मैं कोई इतनी डरावनी भी नहीं, जितनी तुम सोचते हो। सब कहते हैं, मेरे बाल बहुत ख़ूबसूरत थे और शायद इसीलिए एक आदमी ने मेरे लिए ख़ुदकशी तक कर ली थी। आख़िर, कुछ तो देखा ही होगा उसने मुझमें। तुम मेरी आँखों में झाँककर देखो। तुम्हें कुछ-न-कुछ तो देखना ही है और फिर यहाँ देखने को है ही क्या! सिवा इस सोफ़े और रद्दी-से फर्नीचर के! मैं इनसे देखने में निश्चय ही अच्छी ही हूँ। सुनो! मैं उनके मन से ऐसे उतर चुकी हूँ, जैसे घोंसले से गिरी नन्ही गौरैया! तो प्रिय तुम मुझे अपनी बाँहों में भर लो। अपने हृदय में छुपा लो। तुम महसूस करोगे कि मैं कितनी अच्छी हूँ।

गार्सिन : (**अपने को हल्के से झटककर स्टेला से छुड़ाते हुए**) बेहतर हो कि यह सब बातें तुम उस औरत से कहो। (**इनेज़ की ओर इशारा करता है।**)

स्टेला : उससे! वो बीच में कहाँ से आती है? वह तो एक औरत है।

इनेज़ : अच्छा! तो मेरी कोई गिनती नहीं है। यही तुम्हारे सोचने का ढंग है? लेकिन मेरी प्यारी, बेचारी नन्ही गौरैया, बल्कि घोंसले से गिरी नन्ही सोनचिरइया! तुम तो एक अर्से से मेरे दिल में फड़फड़ा रही हो, एक मुद्दत से, एक युग से। हालाँकि तुम्हें इसका एहसास नहीं है। मैं एकटक तुम्हें अनन्तकाल तक देखती रहूँगी और तुम मेरी निगाहों में सूरज की किरणों की तरह डूबते-उतराते प्रकाशपुंज की तरह बसी रहोगी।

स्टेला : सूर्य की किरण! फ़ालतू की बकवास बन्द करो। तुम पहले भी मेरे साथ ऐसी ही चालबाज़ियाँ कर चुकी हो और यह जानती हो कि तुम कामयाब नहीं हो सकतीं।

इनेज़ : स्टेला! चमकदार झिलमिलाते झरने-सी बच्ची! मेरी पारदर्शी काँच की गुड़िया!

स्टेला : **(खीजकर)** हुँ; सूर्य किरण! काँच की गुड़िया? वाह-वाह! फ़ालतू की बकवास बन्द करो। कैसी बेतुकी बदतमीज़ी है। तुम सोचती हो, फ़ालतू की बातें करके तुम मुझे उल्लू बना लोगी! अब सब जान चुके हैं कि तुमने अपनी कोखजायी बच्ची के साथ क्या किया था! मेरा शीशा चकनाचूर हो गया है। लेकिन मैं इसकी परवाह नहीं करती। क्योंकि मैं ख़ुद ही एक खोखले छलावे की प्रतिमूर्ति हूँ। मेरा सिर्फ़ बाह्य अस्तित्व ही शेष है, लेकिन उस पर भी तुम्हारा कोई अधिकार नहीं है।

इनेज़ : मेरे पास आओ स्टेला! तुम जैसा चाहोगी, वैसा ही होगा! पारदर्शी चमकदार ख़ूबसूरत झरना। या फिर, मटमैला चश्मा! मेरी आँखों की गहराई में तुम अपने को जैसा देखना चाहोगी, वैसा देख सकोगी!...

स्टेला : **(हवा में हाथ मारकर)** भगवान के लिए मुझे अकेला छोड़ दो और चैन से बैठने दो। तुम्हारे पास आँखें हैं ही कहाँ, जिनमें मैं देखूँ। ओह! कोई मुझे इससे पिण्ड छुड़ाने की तरक़ीब बताए। **(उसके मुँह पर थूकती है)** ये लो! तुम इसी के लायक हो।

इनेज़ : गार्सिन! इसका नतीजा तुम्हें भुगतना पड़ेगा!

(क्षणिक विराम। गार्सिन कन्धे उचकाता हुआ उठकर स्टेला के पास जाता है।)

गार्सिन : तो तुम्हें एक मर्द की ज़रूरत है?

स्टेला : किसी और की नहीं, सिर्फ़ तुम्हारी।

गार्सिन : बेकार की बकवास बन्द करो। किसी भी मर्द से तुम्हारा काम चल सकता है। तुम मुझे महज़ इसलिए पाना चाहती हो क्योंकि परिस्थितियों-वश मैं यहाँ हूँ। ठीक कह रहा हूँ ना! (**उसके कन्धे पकड़कर**) पर यह ध्यान रहे कि मैं तुम्हारे मनोनुकूल नहीं हूँ। मैं कोई 'मजनूँ' या 'छैला' नहीं। और मैं 'टैंगो डांस' भी नहीं जानता।...

स्टेला : तुम जैसे भी हो, मुझे पसन्द हो। और सम्भवतः मैं तुम्हें अपने अनुरूप ढाल लूँगी।

गार्सिन : लेकिन मुझे इसमें सन्देह है। मैं तुम्हारा ख़्याल नहीं रख पाऊँगा। मेरे पास अपने और भी धन्धे हैं।

स्टेला : कैसे धन्धे?

गार्सिन : उनसे तुम्हारा कोई मतलब नहीं है।

स्टेला : मैं तुम्हारे सोफ़े पर बैठ जाऊँगी और इस बात की प्रतीक्षा करूँगी कि तुम कब मुझ पर ध्यान देते हो। मैं वायदा करती हूँ कि इससे अधिक मैं तुम्हें और तंग नहीं करूँगी।

इनेज़ : (**उपहासपूर्ण हँसी के साथ**) ये भी ख़ूब रहा! तो जा मर, उसके पीछे! कुतिया कहीं की! नाक रगड़...घिघिया! अरे, देखने में भी यह कोई इतना सुन्दर नहीं कि इस पर कोई इस क़दर मर मिटे।...

स्टेला : (**गार्सिन से**) उसकी बातें मत सुनो। उसके पास न आँख है, न कान। बल्कि मैं कहूँगी कि कुछ भी नहीं है।

गार्सिन : मेरे पास जो कुछ भी है, वह मैं तुम्हें दूँगा, हालाँकि देने के लिए ज्यादा-कुछ नहीं है मेरे पास! हाँ, मैं तुम्हें प्यार नहीं कर पाऊँगा क्योंकि मैं तुम्हें अच्छी तरह जान चुका हूँ।

स्टेला : फिर भी तुम मुझे चाहते हो?

गार्सिन : हाँ।

स्टेला : अब मुझे कुछ भी नहीं पूछना।

गार्सिन : तो फिर क्यों न...(**उसकी तरफ़ झुकता है।**)

इनेज़ : (**हड़बड़ाकर उठते हुए लगभग चिल्लाकर**) क्या करते हो गार्सिन! स्टेला! तुम लोग दीवाने मत बनो, तुम दोनों यहाँ अकेले नहीं

हो, मैं भी यहीं मौजूद हूँ।

गार्सिन : हाँ, वो तो ठीक है, लेकिन इससे क्या फ़र्क़ पड़ता है।

इनेज़ : मेरी आँखों के सामने तुम लोग ऐसा नहीं कर सकते।

स्टेला : क्यों नहीं, मैंने अपनी नौकरानी के सामने कई बार कपड़े उतारे हैं!

इनेज़ : **(गार्सिन की बाँह पकड़कर)** उसे छोड़ दो। अपने मर्दाना हवस के नाखूनों से उसे मत नोंचो।

गार्सिन : **(झटकते हुए रूखे स्वर में)** ध्यान रहे कि मैं कोई भला आदमी नहीं हूँ और किसी औरत को शिकार बनाने में, मैं हिचकिचाता भी नहीं हूँ।

इनेज़ : लेकिन तुमने मुझसे वायदा किया था, एक वायदा; जिसे महज़ निभाने को कह रही हूँ मैं!

गार्सिन : लेकिन मैं ऐसा क्यों करूँ! सबसे पहले वायदा तुम्हीं ने तोड़ा था। **(इनेज़ मुड़कर कमरे के दूसरे सिरे पर चली जाती है।)**

इनेज़ : ठीक है। जैसा अच्छा लगे, करो। मैंने पराजय स्वीकार कर ली है। तुम दो हो और मैं अकेली हूँ। लेकिन यह मत भूलो कि मैं यहीं हूँ और सब-कुछ देख रही हूँ।

गार्सिन! मैं सब-कुछ देखकर भी अनदेखा नहीं कर सकती। जब तुम उसका चुम्बन लोगे, मेरी निगाहें तुम्हें अपने भीतर तक देखती हुई महसूस होंगी। हाँ-हाँ, जैसा चाहो करो। काम करो और छुट्टी करो। हम लोग यातनादायी नरक में हैं, लेकिन कभी मेरा समय भी आएगा। **(वह शून्य में आँखें टिका देती है।)**

गार्सिन : **(स्टेला के पास जाकर उसे कन्धे से पकड़ता है।)** और अब तुम अपने होंठ मुझे चूमने दो। **(क्षणिक चुप्पी। चूमने के लिए स्टेला की तरफ झुकता है और अचानक हटते हुए तनकर खड़ा हो जाता है।)**

स्टेला : **(गुस्से से)** सच! **(चुप्पी)** मैंने तुमसे कहा ना कि उस पर कोई ध्यान मत दो।

गार्सिन : तुम गलत समझ रही हो। **(रुककर)** वो गोमेज़ है, प्रेस-ऑफिस में वापस आया है।...उन्होंने सारी खिड़कियाँ बन्द कर रखी हैं।...बाहर बहुत ठण्ड होगी। छह माह गुजर गए, मुझे यहाँ

आए।...ख़ैर, मैंने तो पहले ही हिदायत दे दी थी कि मैं रह-रहकर खो जाता हूँ। नहीं कहा था मैंने? वे लोग ठण्ड से काँप रहे हैं।...उन्होंने अपने कोट पहन रखे हैं, बड़ी विचित्र बात है कि उन्हें इतनी सर्दी लग रही है। जबकि मैं यहाँ गर्मी से मरा जा रहा हूँ। अ-हा, इस समय वह मेरे बारे में ही बातें कर रही है।

स्टेला : क्या बातें काफ़ी देर तक चलती रहेंगी? (**क्षणिक चुप्पी**) मुझे भी बताओ कि आखिर वह क्या कह रहा है?...

गार्सिन : नहीं, कोई ख़ास नहीं, फिर से सुनाने लायक़ कुछ भी नहीं। बस इतना ही कि वह एक नम्बर का कमीना है। (**उनकी बातों को ग़ौर से सुनता है।**) साला, कमीने का बच्चा! (**स्टेला की ओर मुड़कर**) चलो, हम अपनी बातें फिर से शुरू करें। क्या तुम मुझसे प्यार करोगी!

स्टेला : (**मुस्कुराकर**) अब मुझे शक़ है...।

गार्सिन : क्या तुम्हें मुझ पर भरोसा नहीं है?

स्टेला : तुम भी कैसी विचित्र बातें करते हो; पक्का भरोसा है। जब तक तुम मेरी आँखों के आगे रहोगे, मुझे इनेज़ से कोई डर नहीं है।

गार्सिन : यह ज़ाहिर ही है। (**क्षणिक विराम। वह स्टेला के कन्धों से अपने हाथ हटा लेता है।**) मैं तो किसी और भरोसे की बात कह रहा था। (**ध्यान से सुनता है।**) जितना जी करे, बकवास करो उल्लू के पट्ठे। मैं वहाँ आकर अपना बचाव तो कर नहीं सकता! (**स्टेला से**) तुम्हें मुझ पर पूरा यक़ीन करना चाहिए।

स्टेला : तुम भी कितने फ़िज़ूल आदमी हो। मैं तुम्हें अपना चुम्बन, अपना बाहुपाश तथा अपनी देह ही नहीं बल्कि, सर्वस्व देने को सहज ही तैयार हूँ, फिर भी तुम इतने विचलित क्यों हो! रहा सवाल विश्वास का, तो जो मेरे पास है ही नहीं, वह तुम्हें कैसे दे सकती हूँ? और तुम मुझे धर्म-संकट में क्यों डालना चाहते हो? तुम्हारे मन में ज़रूर कोई दुर्भावना पल रही है। तभी तुम बार-बार मेरे विश्वास का सवाल उठा रहे हो!...

गार्सिन : उन्होंने मुझे गोली मार दी।...

स्टेला : मुझे पता है। क्योंकि तुमने लड़ने से इंकार कर दिया। ख़ैर,

तुमने क्यों इंकार किया?

गार्सिन : मैं-मैंने, दरअसल इंकार नहीं किया था। (**जैसे आवाज दूर-दराज़ से आ रही हो**) मैं मानता हूँ कि वह एक अच्छा वक्ता है और उसने मेरे ख़िलाफ़ पुख़्ता केस बनाया था, पर उसने यह कभी नहीं बताया कि मुझे इसके बदले क्या करना चाहिए था! क्या मुझे सीधे जनरल के पास जाकर कहना चाहिए था कि 'जनरल में लड़ने में असमर्थ हूँ?' एक सुनियोजित षड्यन्त्र के तहत यह सब हुआ। उन्होंने मुझे तुरन्त पकड़कर बन्द कर दिया। पर मैं उन्हें अपना रंग, दिखाना चाहता था; अपना असली रंग! तुम समझ रही हो ना? मुझे किसी भी तरह से चुप नहीं कराया जा सकता था! (**स्टेला से**) अतः मैंने उनके शिकंजों से निकलकर ट्रेन पकड़ी और भाग निकला। किन्तु मैं सीमान्त पर जाकर पकड़ा गया।

स्टेला : तुम कहाँ जाना चाहते थे?

गार्सिन : मैक्सिको! मैं वहाँ से शान्तिप्रिय अख़बार निकालना चाहता था। (**क्षणिक सन्नाटा**) तुम कुछ बोलतीं क्यों नहीं?

स्टेला : मैं क्या कहूँ? लड़ना न चाहकर तुमने बिल्कुल ठीक किया।

गार्सिन : (**गार्सिन खिसियानी-सी मुद्रा बनाता है।**) किन्तु प्रिय! मैं वहाँ रहते हुए यह कैसे अनुमान लगा सकता था कि वह मुझसे क्या जवाब सुनना चाहता था?

इनेज़ : क्या तुम अन्दाज़ा नहीं लगा सकते हो? लेकिन मैं लगा सकती हूँ। वह चाहता था कि तुम कहो कि उन्होंने एक शेर को पिंजरे में बन्द कर रखा था। वह 'बन्द करना' और तुम्हारा 'भाग निकलना' ही उन्हें अखर गया।

गार्सिन : 'कैदी', 'भगोड़ा' जैसे शब्दों पर मैं झमेला नहीं करना चाहता।

स्टेला : लेकिन तुम भगोड़े थे। अगर नहीं भागते तो वे तुम्हें ज़्यादा-से-ज़्यादा जेल भेज देते! क्यों, वे ऐसा ही करते ना?

गार्सिन : हाँ, (**रुककर**) स्टेला, क्या मैं कायर हूँ?

स्टेला : मैं क्या जानूँ? प्रिय, इतने निष्ठुर न बनो, भला मैं तुम्हारे भीतर कैसे समा सकती हूँ, तुम्हारा फ़ैसला, तुम्हारा था।

गार्सिन : (**मरे स्वर में**) मैं निर्णय नहीं कर सकता!

स्टेला : ख़ैर, तुम्हें पता होगा कि ऐसा करने के पीछे क्या कारण था!

गार्सिन : हाँ, मुझे पता था।

स्टेला : फिर?

गार्सिन : सवाल तो यह है कि, क्या वे कारण, वाक़ई असली थे?

स्टेला : तुम्हारी समस्या यह है कि तुम बिल्कुल औंधी खोपड़ी के इंसान हो! और इसीलिए इन छोटी-छोटी बातों से, अपने को परेशान करते रहते हो।

गार्सिन : मैंने हर पहलू पर विचार किया और मैं चाहता था कि मेरा पक्ष मज़बूत हो। लेकिन क्या सचमुच मेरा यही उद्देश्य था?

इनेज़ : बिल्कुल!...यही तो प्रश्न है। क्या तुम्हारा वास्तविक उद्देश्य यही था? इसमें सन्देह नहीं कि तुमने अपने-आपसे, पक्ष और विपक्ष में काफ़ी तर्क-वितर्क किया होगा और तुम्हारे पास अपने किए के पक्ष में, बहुत-सारे तर्क भी होंगे। पर घृणा और भय आदि ही मानव-मन की तुच्छ दुष्प्रवृत्तियाँ हैं जो अँधेरे में रखती हैं। यह भी एक उद्देश्य ही है। तो इसलिए श्रीमान गार्सिन, आप अपनी बात जारी रखिए और कम-से-कम एक बार, अपने प्रति ईमानदारी बरतने की कोशिश कीजिए।

गार्सिन : क्या यह बात समझने के लिए, मुझे तुम्हारी ज़रूरत पड़ेगी? मैं रात-दिन उस कोठरी के भीतर चक्कर लगाता था! खिड़की से दरवाज़े तक और दरवाज़े से खिड़की तक! मैंने अपने मन में झाँका। जासूस की तरह अपना भेद टटोलता रहा और अन्ततः मुझे यह अहसास हुआ कि मैंने अपना पूरा जीवन आत्मविश्लेषण में ही स्वाहा कर डाला! पर हमेशा मैंने इस बात का अहसास किया कि मैंने वही किया, जो मुझे करना चाहिए था। मैंने अन्त में सोचा कि शायद मृत्यु इस बात का निर्णय कर देगी। अगर मैं बहादुरी के साथ मौत का सामना कर सका तो! और तब यह सिद्ध हो जाएगा कि मैं कायर नहीं हूँ।

इनेज़ : और तुमने मौत का सामना कैसे किया?

गार्सिन : बहुत दयनीय और घृणित ढंग से! (**इनेज़ हँसती है।**) ओह, यह तो मात्र तन्त्र की कमज़ोरी थी—जो किसी के साथ भी घटित हो सकती थी। मुझे यह कहने में कोई शर्म नहीं है कि सारी बातें अधर में लटकी रह गईं! (**स्टेला से**) यहाँ आओ स्टेला, मेरी ओर देखो! मैं चाहता हूँ कि जब वे लोग धरती पर मेरे

बारे में बातें कर रहे हों, मैं महसूस करूँ कि कोई मुझे क़रीब से देख रहा है...मुझे तुम्हारी झील-सी नीली आँखें बेहद पसन्द हैं।

इनेज़ : झील-सी नीली आँखें! स्टेला, ज़रा इसकी बातें तो सुनो, क्या तुम्हें कायर पसन्द है?

स्टेला : तुम्हें पता होना चाहिए कि मुझे इन बातों की तनिक भी परवाह नहीं। मेरी नज़र में कोई कायर हो या वीर, कोई फ़र्क़ नहीं पड़ता! बस, उसे अच्छा चुम्बन लेना आना चाहिए!...

गार्सिन : वहाँ वे लोग अपनी कुर्सियों पर अधलेटे हैं...सिगार पीते हुए कितने ऊबे-से दीख रहे हैं। और वे ऊँघ रहे हैं...एक धुँधले सपने-सी सोच उनके दिमाग़ में कि...'गार्सिन कितना कायर था!'...और भाग्यशाली हो तुम दोनों। क्योंकि तुम दोनों के बारे में धरती पर कोई कुछ भी नहीं सोच रहा। किन्तु मैं—मेरी मौत की दास्तान बहुल लम्बी है।

इनेज़ : गार्सिन। अपनी बीवी के बारे में भी तो कुछ बताओ?

गार्सिन : ओह! मैंने तुम्हें बताया नहीं था, वह मर चुकी है।

इनेज़ : मर गई?

गार्सिन : हाँ, वो अभी मरी है, करीब दो महीने पहले।

इनेज़ : क्या सदमे से?

गार्सिन : और किस वजह से वह मरती? जो हुआ, अच्छे के लिए हुआ। देखो, युद्ध समाप्त हो चुका है। मेरी पत्नी मर चुकी है और मैंने इतिहास में अपने लिए जगह बना ली है। (**हल्की कराह के साथ अपना चेहरा सहलाता है। स्टेला उसकी बाँह थाम लेती है।**)

स्टेला : ओह, मेरे प्यारे-बेचारे! मेरी ओर देखो प्लीज़! देखो ना, मुझे छुओ, और मेरा स्पर्श करो! (**स्टेला उसका हाथ पकड़कर अपने कन्धे पर रखती है।**) यहीं अपना हाथ रखे रखना। (**गार्सिन खीझता हुआ-सा अपने को हटाता है।**) नहीं-नहीं, ऐसा मत करो। वे लोग क्या सोच रहे होंगे, इस बात से तुम क्यों परेशान होते हो। एक-के बाद-एक सब मर जाएँगे, उन्हें भूल जाओ! अब तो केवल मैं हूँ।

गार्सिन : पर वे मुझे नहीं भूलेंगे, कभी नहीं! वे मर जाएँगे तो कुछ और

लोग इस कहानी को आगे बढ़ाने के लिए पैदा हो जाएँगे। मैंने तो अपना भाग्य उनके हाथों में सौंप दिया है।

स्टेला : तुम्हारी दिक़्क़त यह है कि तुम बहुत ज़्यादा सोचते हो!

गार्सिन : यहाँ करने को और है भी क्या? एक समय था जब मैं वहाँ सक्रिय था...ओह, काश! कि मैं उनके साथ दुबारा होता! केवल एक दिन के लिए तो उनके झूठ को वापस उनके मुँह पर दे मारता! लेकिन मुझे बन्दी बना दिया गया है और वो लोग मेरी ज़िन्दगी के फ़ैसले कर रहे हैं, बिना सोचने का कष्ट किए। यह ठीक भी है, क्योंकि मैं मर चुका हूँ—मृत और अतीत का एक हिस्सा है। (**अपने पर हँसता है**) (**क्षणिक चुप्पी**)।

स्टेला : (**प्यार से**) गार्सिन!

गार्सिन : अच्छा सुनो! क्या तुम मेरा एक काम कर दोगी? नहीं, तुम पीछे मत हटना। यह जानकर तुम्हें अजीब लगा होगा कि मैं जानता हूँ कि मैं तुमसे कोई सहायता चाहता हूँ जो तुम शायद कभी कर नहीं पाओगी। पर अगर तुम कोशिश करो, पूरी निष्ठा, इच्छाशक्ति व परिश्रम के साथ, तो मैं कहूँगा कि हम दोनों सचमुच ही एक-दूसरे से परस्पर प्रेम कर सकते हैं। इसे इस रूप में समझो कि हज़ारों लोगों का कहना है कि मैं कायर हूँ पर हज़ारों के कहने से क्या होता है! अगर एक आदमी, सिर्फ़ एक हो जो डंके की चोट पर यह कह सके कि मैं भगोड़ा नहीं हूँ। मैं उन लोगों में से नहीं हूँ जो मैदान छोड़कर भाग खड़े होते हैं। और यह भी कि मैं एक बहादुर और सच्चा देशभक्त हूँ और इसके अतिरिक्त कुछ भी नहीं। केवल एक आदमी के विश्वास के कारण ही मैं बच पाऊँगा! क्या तुम्हें मुझमें इतना विश्वास है? अगर हाँ, तो मैं तुम्हें पूर्ण विश्वास और आस्था के साथ हमेशा के लिए अपना लूँगा—स्टेला...क्या तुम वह विश्वास दे पाओगी?

स्टेला : (**हँसकर**) ओह, मेरे प्यारे बुद्धूराम! तुम समझते हो कि मैं एक कायर व्यक्ति से प्रेम करूँगी?

गार्सिन : पर तुमने तो अभी-अभी कहा था कि...

स्टेला : वो तो मैं तुमसे मज़े ले रही थी। मैं ऐसे आदमी को पसन्द करती हूँ, प्रिय! जो सही मायने में मर्द हो। सख़्त चमड़ी और

मज़बूत हाथोंवाला मर्द! लेकिन सच तो यह है कि तुम्हारी ठुड्डी से लेकर मुँह तक, आवाज़ से लेकर बाल तक, कुछ भी कायरों जैसा नहीं है, फिर भी मैं तुम्हारे इन बालों को, तुम्हारे इस मुखड़े को, तुम्हारी इस बोली को पसन्द करती हूँ। और मैं तुमसे प्रेम करती हूँ।

गार्सिन : (**आँखों में संशय लिये**) क्या तुम्हारा यही मतलब है? क्या तुम सच कह रही हो?

स्टेला : क्या मुझे क़सम खानी पड़ेगी?

गार्सिन : तब मैं और किसी के भी बारे में नहीं सोचूँगा! नीचे बतियाने वाले से लेकर यहाँ मौजूद अन्य लोगों के बारे में भी नहीं! आओ स्टेला, इस नरक से हम भाग चलें।

(**इनेज़ कड़वी हँसी हँसती है। रुकती है और स्टेला को घूरने लगती है।**)

इनेज़ : क्या ख़ूब! (**हँसी के बीच से**) लेकिन उसका वो मतलब नहीं है जो कुछ भी उसने कहा! तुम इतने सीधे कैसे हो सकते हो? 'स्टेला क्या मैं एक कायर हूँ' (**नकल उतारते हुए हँसती है। हँसी के बीच से**) जैसे कि उसे इसकी परवाह हो कि तुम क्या हो?...

स्टेला : इनेज़! तुम्हारी हिम्मत कैसे हुई? (**गार्सिन से**) तुम इसकी बातों पर ध्यान मत देना! अगर तुम चाहते हो कि मैं तुम पर विश्वास करूँ तो तुम मेरी बातों पर विश्वास करना शुरू कर दो।

इनेज़ : यह ठीक है! शाबास! विश्वास करो! उसे एक आदमी चाहिए, सिर्फ़ इस बात का विश्वास तुम्हें करना पड़ेगा। उसे एक आदमी की बाँहें चाहिए जो उसकी कमर पर लिपटें। एक आदमी की देह-गन्ध चाहिए। एक आदमी की कामातुर आँखें चाहिए। बस इतना ही चाहिए उसे। यदि वह कहती है कि तुम सर्वशक्तिमान, ईश्वर की तरह हो और यह सुनकर तुम्हें प्रसन्नता होती है, तो वह इसका भी विश्वास तुम्हें दिला देगी।

गार्सिन : स्टेला! क्या यह सच है? मुझे जवाब दो स्टेला! कि सच क्या है?

स्टेला : तुम मुझसे क्या जवाब चाहते हो, समझ में नहीं आता! तुम्हें नहीं

लगता कि ऐसे बे-सिर-पैर की बातों का जवाब देना, कितना पागल बना देता है! (**ज़मीन पर पैर पटकती है।**) तुम हर चीज़ को मुश्किल बना देते हो!...चाहे जो हो, मैं फिर भी तुमसे प्रेम करती हूँ...हालाँकि तुम एक कायर हो! क्या इतना काफ़ी नहीं है?

(क्षणिक सन्नाटा)।

गार्सिन : (**दोनों स्त्रियों से**) तुम दोनों घृणा-योग्य हो। (**वह दरवाज़े की तरफ़ जाता है।**)

स्टेला : आख़िर तुम चाहते क्या हो?

गार्सिन : मैं जा रहा हूँ।

इनेज़ : (**जल्दी से**) तुम बहुत दूर नहीं जा सकोगे। क्योंकि दरवाज़ा बन्द है।

गार्सिन : मैं उनसे दरवाज़ा खुलवा लूँगा। (**वह घण्टी दबाता है पर वह नहीं बजती।**)

स्टेला : प्लीज़-प्लीज़!

इनेज़ : (**स्टेला से**) प्रिय, तुम चिन्ता मत करो! घण्टी काम नहीं करती।

गार्सिन : मैं कहता हूँ, वे ज़रूर खोलेंगे। (**दरवाज़े को ज़ोर से पीटता है**) अब मैं और बर्दाश्त नहीं कर सकता! मैं तुम दोनों से आजिज़ आया! (**स्टेला उसकी ओर दौड़ती है। वह उसे धक्का दे देता है।**) दूर हटो! तुम तो उससे भी बदतर हो! मैं तुम्हारी आँखों के कीचड़ में अपने को नहीं फँसने दूँगा। तुम लिज़लिज़ी-गिज़गिज़ी हो! उफ़! (**दरवाज़े को फिर पीटता है।**) ऑक्टोपस् की तरह! दलदल की तरह।

स्टेला : मैं तुमसे विनती करती हूँ, मैं तुमसे भीख माँगती हूँ कि तुम मुझे अकेला छोड़कर मत जाओ! मैं तुमसे वादा करती हूँ कि मैं दुबारा नहीं बोलूँगी! मैं तुम्हें किसी भी रूप में कष्ट नहीं दूँगी। लेकिन तुम मुझे छोड़कर मत जाओ। मुझमें इनेज़ के साथ अकेले रह पाने की हिम्मत नहीं है। क्योंकि वह अपना असली रंग दिखा चुकी है।

गार्सिन : अपनी हिफ़ाज़त ख़ुद करो! मैंने तो तुम्हें यहाँ आने को कभी नहीं कहा था।

स्टेला : ओह! तुम कितने स्वार्थी हो! हाँ अब तो यह बिल्कुल सच है कि तुम एक कायर हो!

इनेज़ : (**स्टेला के पास जाकर**) घोंसले से गिरी मेरी नन्हीं गौरैया! मुझे उम्मीद है कि अब तुम्हें तसल्ली हो गई होगी! उससे खिलवाड़ करने के लिए ही तुमने मेरे मुँह पर थूका था। हाँ, और उसी की वजह से हम-दोनों में अनबन हो गई थी। पर अब वह जा रहा है। यह हमारे लिए अच्छा ही होगा। तब हम दोनों औरतें इस जगह पर आराम से रहेंगी।

स्टेला : तुम्हें इससे कुछ भी लाभ नहीं होगा, क्योंकि अगर दरावाज़ा खुला तो मैं भी चली जाऊँगी।

इनेज़ : कहाँ?

स्टेला : मुझे इसकी चिन्ता नहीं कि मैं कहाँ जाऊँगी। बस, तुमसे दूर, जितनी दूर मैं जा सकती हूँ। (**उनकी बातचीत के बीच गार्सिन ज़ोर से दरवाज़ा पीटता है।**)

गार्सिन : दरवाज़ा खोलो! खोलो! कम्बख़्तो! मैं सब-कुछ बर्दाश्त करने को तैयार हूँ, तुम्हारी लाल-सुर्ख़-गर्म सलाखें, पिघला सीसा, फन्दे, शिकंजे, बेड़ियाँ, सूली और सभी हैवानी यन्त्रणाएँ! जो जलाती हैं, ख़ाल खींचती हैं और रुलाती हैं। तुम लोग जो भी यातना दोगे, सब-कुछ क़ुबूल है मुझे! सब-कुछ! इस मानसिक यन्त्रणा से तो बेहतर ही होगा! यह रेंगता हुआ दर्द, जो मुझे भीतर से कुतरता है और रह-रहकर सालता है, और मीठी-मीठी पीड़ा देता है। (**दरवाज़े का हैंडिल पकड़कर खड़खड़ाता है।**) अब क्या तुम लोग दरवाज़ा खोलोगे? (**झटके से पूरा दरवाज़ा खुल जाता है और वह फ़र्श पर गिरते-गिरते बचता है।**) आह! (**एक लम्बी चुप्पी**)।

इनेज़ : गार्सिन अब तुम जाने के लिए स्वतन्त्र हो।

गार्सिन : (**एकाग्रता के साथ**) मैं अब स्तब्ध हूँ कि दरवाज़ा खुल क्यों गया?

इनेज़ : अब तुम्हें किसका इन्तज़ार है? जल्द-से-जल्द चले जाओ!...

गार्सिन : मैं नहीं जाऊँगा।

इनेज़ : और स्टेला तुम? (**स्टेला हिलती नहीं है! तेज़ ठहाका मारकर हँसती है।**) अब? कौन हो सकता है? हम तीनों में से किसकी यह जगह छोड़ने की बारी है? अब तो अवरोध हट गया है,

अब हम किसका इन्तज़ार कर रहे हैं! (**चीख़ती है।**) यह कैसी स्थिति है कि हम अलग नहीं किए जा सकते! अविभाज्य! हम सब अलग नहीं हो सकते! (**स्टेला उसके पीछे से इनेज़ पर झपटती है।**) जल्दी से इसे दरवाज़े से बाहर धकेलकर दरवाज़ा बन्द कर लो। यह तभी सबक़ सीखेगी।

इनेज़ : (**स्टेला से जूझते हुए**) स्टेला! मुझे यहाँ रहने दो, मैं तुमसे विनती करती हूँ। मैं नहीं जाऊँगी, मैं नहीं जाऊँगी! यहाँ तक कि बरामदे में भी नहीं जाऊँगी।

गार्सिन : उसे छोड़ दो!

स्टेला : तुम पागल हो! वह तुमसे नफ़रत करती है।

गार्सिन : उसी की वजह से तो मैं यहाँ रुका हुआ हूँ। (**स्टेला इनेज़ को छोड़ती है और गार्सिन को विमूढ़ दृष्टि से घूरती है।**)

इनेज़ : मेरी वजह से? (**रुककर**) अच्छा, दरवाज़ा बन्द कर दो। जब से यह खुला है, कमरा दस गुना ज़्यादा गर्म हो गया है। (**गार्सिन उठकर दरवाज़े के पास जाता है और दरवाज़ा बन्द कर देता है।**) हाँ, तो तुम क्या कह रहे थे। मेरी वजह से?

गार्सिन : हाँ, तुम्हारी वजह से! ख़ैर, कायर होने का अर्थ जानती हो?

इनेज़ : हाँ, मैं जानती हूँ।

गार्सिन : और जानती हो, दुष्टता क्या होती है? और शर्म तथा डर क्या बला है! एक समय था, जब तुम अपने अन्दर झाँका करती थीं और मन के कोनों में छुपे रहस्यों को देखा करती थीं। तुमने ऐसा भयानक क्या देखा, जिसके भय से तुम बेहोश हो गईं! और फिर अगले दिन, तुम्हें पता ही नहीं चला कि क्या किया जाए! एक दिन पहले तुमने जो भयानक दृश्य देखा था, तुम उसका वर्णन नहीं कर पाईं! हाँ, तुम जानती हो कि बदी का नतीजा क्या होता है? और जब तुम मुझे कायर कहती हो तो अपने अनुभवों से इसका अर्थ भी जानती हो। यही बात है ना?

इनेज़ : हाँ।

गार्सिन : तो वह तुम हो, जिसे मुझे राज़ी करना था। तुम मेरी ही तरह हो। क्या तुम्हें लगा था कि मैं सचमुच जाना चाहता था? नहीं, मैं तुम्हें यहाँ अपनी पराजय पर हँसने के लिए नहीं छोड़ सकता था। वर्ना मेरे बारे में तमाम ऊलजलूल विचार तुम्हारे दिमाग़

में घूमते रहते।

इनेज़ : क्या तुम सचमुच ही मुझे राज़ी करना चाहते हो?

गार्सिन : अब जो चाहता हूँ वह यही, सिर्फ़ यही एक चीज़ है। तुम जानती हो अब मैं उन्हें बिल्कुल सुन नहीं पा रहा हूँ। सम्भवतः इसका अर्थ यह हुआ, वो मुझे भूल चुके हैं। चलो, अच्छा ही हुआ। पर्दे गिर चुके हैं और धरती पर अब मेरे लिए कुछ भी शेष नहीं बचा है। मुझ कायर का नाम तक भी नहीं। तो इनेज़ यह समझो कि हम बिल्कुल अकेले हैं, सिर्फ़ तुम्हीं दोनों पर हो जो मुझ पर ध्यान दोगी। वह स्टेला, उसकी तो कोई अहमियत ही नहीं है। तुम्ही हो जिसका कोई अर्थ है और तुम्ही मुझसे नफ़रत करती हो। अगर तुम मुझमें आस्था रखोगी, तो ही मेरा अस्तित्व है।

इनेज़ : यह इतना आसान नहीं है। मुझे ध्यान से देखो। मैं एक बददिमाग़ औरत हूँ।

गार्सिन : मुझे समझने के लिए तुम्हें जितना समय चाहिए, मैं देने के लिए तैयार हूँ।

इनेज़ : हाँ, तुम्हारे पास काफ़ी समय है। दुनिया-भर का समय।

गार्सिन : (**उसके कन्धे पर हाथ रखते हुए**) सुनो! हर आदमी में जीवन का एक लक्ष्य होता है। जीवन जीने का ध्येय! बस इतना ही क्यों? ख़ैर, मैंने प्रेम और पैसे को कभी अतिरिक्त महत्व नहीं दिया। असली मर्द बनना ही मेरा उद्देश्य था, जिसे मज़बूत और सख़्त कहते हैं। मैंने इसके लिए सबकुछ दाँव पर लगा दिया।...एक आदमी जो हर मोड़ पर ख़तरों का सामना करता रहा, क्या उसे कायर कहा जा सकता है? क्या किसी एक घटना विशेष से, एक आदमी के पूरे जीवन का आकलन सम्भव है?

इनेज़ : क्यों नहीं? तीस साल तक तुम बहादुर होने की खुशफ़हमी में जीते रहे और अपने बहादुर होने के मद में अपनी हज़ारों छोटी-छोटी ग़लतियों को नज़र-अन्दाज़ करते रहे। सचमुच, एक बहादुर कैसे ग़लती कर सकता है? यह कितना आसान तरीक़ा है, यह तो ज़ाहिर ही है! एक दिन ऐसा आता है, जब तुम्हें वास्तविक ख़तरे की कसौटी पर कसा गया तो तुमने गाड़ी पकड़ी और सीधे मैक्सिको भाग गए।

गार्सिन : तुम कहती हो, मैं ख़ुशफ़हमी में था? वह कोई सपना नहीं था। जीवन का सबसे कठिन रास्ता मैंने चुना और अपनी पसन्द से चुना। मर्द वही है जो जैसा चाहता है, वैसा ही अपने को मानता है।

इनेज़ : सिद्ध करो! साबित करो कि वह तुम्हारा सपना नहीं था। केवल अपने कृत्यों से ही यह सिद्ध होता है कि व्यक्ति किस धातु का बना है? और किसी भी तरह से नहीं!

गार्सिन : मैं बहुत जल्द मर गया। मुझे वक़्त ही नहीं मिला कि मैं अपना काम पूरा कर सकूँ।

इनेज़ : आदमी हमेशा या तो समय से पहले मर जाता है, या बहुत देर में मरता है। और इस तरह से उसी एक क्षण में, आदमी का पूरा जीवन सम्पूर्णता को प्राप्त करता है। जिस तरह एक स्पष्ट लकीर नीचे खींचकर कोई हिसाब जोड़े! तुम स्वयं ही अपना जीवन हो और कुछ नहीं।

गार्सिन : तुम कितनी ज़हरीली औरत हो! तुम्हारे पास हर सवाल का जवाब मौजूद है।

इनेज़ : तो! अब अपना दिल छोटा मत करो। मुझे राज़ी कर लेना इतना मुश्किल नहीं था। अपने को फिर से तैयार करो, तुम कुछ और तर्क पेश करो। (**गार्सिन अपने कन्धे उचकाता है।**) मैं, सही नहीं थी? और कहती नहीं थी, कि मैं तुम्हारे परखच्चे उड़ा सकती हूँ। अब तुम्हें इसकी क़ीमत चुकानी पड़ेगी और वह क़ीमत क्या होगी? गार्सिन, तुम एक कायर हो, क्योंकि मैं ऐसा चाहती हूँ। सुनो, तुमसे मैं यही चाहती हूँ। और फिर मुझे देखो, मैं कितनी कमज़ोर हूँ। जैसे हवा के तेज़ झोंके के बीच एक मरी-सी साँस की तरह, मैं एक नज़र हूँ जो तुम्हें घूर रही है। और एक आकारहीन विचार हूँ जो तुम्हारे बारे में सोचता है। (**वह अपनी बाँहें फैलाए उसकी तरफ बढ़ती है।**) आह! अब ये बाँहें खुली हुई हैं। सख़्त, कड़े और मर्दाना हाथों की तरह! पर तुम अब क्या करना चाहते हो? तुम अपने विचारों का गला अपने ही हाथों नहीं घोट सकते। इसलिए तुम्हारे पास कोई रास्ता नहीं है! सिवा इसके कि मुझे राज़ी कर सको और तुम मेरी दया पर निर्भर हो।

स्टेला : गार्सिन!

गार्सिन : क्या है?

स्टेला : इससे बदला लो।

गार्सिन : कैसे!

स्टेला : प्रिय तुम मेरा चुम्बन लो, तब तुम उसकी चीख़ सुनो।

गार्सिन : यह ठीक है, इनेज़ मैं तुम्हारी दया पर आश्रित हूँ, लेकिन साथ ही तुम भी मुझ पर निर्भर हो।

(वह स्टेला के ऊपर झुकता है। तभी इनेज़ की हल्की-सी चीख़ निकलती है।)

इनेज़ : अरे! कायर, अरे नपुसंक, कापुरुष—सहानुभूति पाने के लिए औरत का सहारा लेते हो!

स्टेला : ठीक है इनेज़! चीख़ो-चिल्लाओ।

इनेज़ : तुम लोगों की जोड़ी कितनी ख़ूबसूरत लगती है! मगर तुम अपनी पीठ पर गड़े हुए उसके ख़ूनी पंजे देख पातीं, तो तुम्हारी चमड़ी, सिल्क के कपड़े की तरह सलवटें खा जाती। तो तुम सावधान रहो! वह पसीने से लथपथ है, उसका हाथ तुम्हारी पोशाक़ पर काला धब्बा छोड़ जाएगा।

स्टेला : चीख़ो इनेज़। और चीख़ो!...मुझे और ज़ोर से बाँहों में कस लो प्रिय! और ज़ोर से, और ज़ोर से! इससे वह जल मरेगी और यही उसकी सज़ा है!

इनेज़ : गार्सिन, स्टेला ठीक कह रही है, आगे बढ़ो और उसे अपने आगोश में लेकर इतने ज़ोर से कसो कि उसका तन पिघलकर तुममें समा जाए। गर्म साँसें और दहकते बदन...मेरे दोस्तो! प्रेम बड़ा सुक़ूनदायी होता है। है, ना? नदी की तरह गहरा और नीम काला।

(गार्सिन धीरे-धीरे टहलने लगता है।)

स्टेला : उसकी बात मत सुनो, मेरे अधरों को अपने ओठों से कसकर चूमो! मैं तुम्हारी हूँ, तुम्हारी! तुम्हारी!

इनेज़ : अब तुम्हें किस बात का इन्तज़ार है? तुमसे जैसा कहा गया है, वैसा ही करो। आहा, कैसा ख़ूबसूरत मंज़र है! कायर गार्सिन

ने मर्दाना बाँहों से अपने बच्चे की हत्यारिन स्टेला को जकड़ रखा है! तुम दोनों अपनी-अपनी शर्त लगाओ कि क्या कायर गार्सिन स्टेला को चूम पाता है? क्या उसमें इतनी हिम्मत है? हाँ, तो क्या शर्त है? मैं तुम्हें देख रही हूँ, इसका मतलब, सभी तुम्हें देख रहे हैं, क्योंकि मैं अकेली एक भीड़ के बराबर हूँ। क्या तुम उस भीड़ की आवाज़ें सुन रहे हो? गार्सिन! सरगोशियाँ और चिमेगोइयाँ! 'कायर! कापुरुष! नपुसंक! क्लीव!!'—शायद वे यही कह रहे हैं। अब पलायन करने की चेष्टा बेकार है। मैं तुम्हें जाने नहीं दूँगी। आख़िर उसके भद्दे होंठों को चूमने से तुम्हें क्या मिलेगा! विस्मृति! पर मैं तुम्हें विस्मृत नहीं होने दूँगी, कभी नहीं! 'यह मैं हूँ जिसे राज़ी करना कोई खेल नहीं।' अब तुम मेरे पास आकर अपनी पराजय स्वीकार करो। मैं इन्तज़ार कर रही हूँ। उसे भी साथ लेकर आओ। अब...? और देखो कि वह कितनी आज्ञाकारी है, एक सीखे हुए पालतू कुत्ते की तरह, जो मालकिन की पुकार पर, दौड़ता चला आता है। तुम उसे बाँधकर नहीं रख सकते और कभी नहीं रोक पाओगे!

गार्सिन : क्या रात कभी नहीं होगी?

इनेज़ : कभी नहीं।

गार्सिन : क्या तुम हमेशा मुझ पर नज़र रखोगी?

इनेज़ : हाँ, हमेशा।

(गार्सिन स्टेला से छिटककर दूर चला जाता है और कमरे में टहलने लगता है। वह काँस्यकृति के क़रीब जाता है।)

गार्सिन : यह काँस्यकृति! (**ठोंकते हुए**) हाँ, अब वह समय आ गया है कि मैं इस काँस्यकृति को देखूँ और यह जान सकूँ कि मैं नरक में हूँ! सब-कुछ पहले से तय था। उन्हें पता था कि मैं 'फायर प्लेस' के पास खड़ा होकर इस काँस्यकृति को ठोंकूँगा, जब सारी निगाहें मुझ पर जमी होंगी और मुझे निगल रही होंगी। (**झटके से मुड़ता है**) क्या, केवल दो! मैं तो सोचता था और बहुत-सी होंगी, (**हँसता है**) तो मैं नरक में हूँ, मुझे कभी यक़ीन नहीं होगा। तुमको याद होगा कि हमें यातना-गृहों के बारे में बताया गया

था! 'कुम्भीपाक नरक' की आग, लाल सुर्ख़ सलाख़ें और तेज़ाब के कढ़ाहे! **(हँसता है)** सूँसट बुढ़िया की कहानी! उन लाल सुर्ख़ सलाख़ों की अब कोई ज़रूरत नहीं। वह नरक औरों के लिए होगा।

स्टेला : प्रिय, प्लीज़! अब चुप भी करो!

गार्सिन : **(उसे धक्का देकर)** नहीं, मुझे बोलने दो। हम दोनों के बीच वह भी तो है! उसके देखते, मैं तुमसे प्रेम नहीं कर सकता।

स्टेला : ठीक है, तो मैं उसका देखना अभी बन्द कर करती हूँ। **(टेबल से पेपर नाइफ़ उठाकर इनेज़ की ओर दौड़ती है और लगातार पेट में कई बार वार करती है।)**

इनेज़ : **(हँसते हुए छुड़ाने की चेष्टा करती है।)** तुम कैसे पागल लोग हो! क्या करना चाहती हो तुम? तुम्हें अच्छी तरह पता है कि मैं मृत हूँ।

स्टेला : मृत? **(उसके हाथ से छुरी नीचे गिर जाती है। थोड़ी देर चुप्पी छाई रहती है। इनेज़ चाकू उठाती है और शर्मिन्दगी के साथ अपने-आपको धिक्कारती है।)**

इनेज़ : मृत, प्राणहीन, निर्जीव लोगों के लिए क्या चाकू, क्या ज़हर और क्या बेड़ियाँ! उस असरहीन! तुम जानती हो कि यह-सब मरने से पहले ही चीज़ें हैं? सबके लिए सिर्फ़ एक बार प्रयुक्त होनेवाले हथियार! जिसके परिणामस्वरूप हम सभी यहाँ आ पहुँचे हैं। **(हँसती है)**

स्टेला : **(अट्टहास के साथ)** हमेशा के लिए! हे भगवान! कितनी विचित्र बात है! सदा के लिए!

गार्सिन : **(दोनों औरतों को देखता है और ख़ुद भी ठहाका मारकर उनकी हँसी में शामिल हो जाता है।)** हमेशा के लिए! सदा और सदैव! **(सभी अपने-अपने सोफ़े पर जाकर निढाल हो जाते हैं। एक लम्बा सन्नाटा छा जाता है, उनके ठहाके छूमन्तर हो जाते हैं और वे हतप्रभ-से एक-दूसरे को घूर रहे होते हैं।)**

गार्सिन : हाँ, चलो, अनन्त की इस राह पर, हम संग-संग चलें।...

(पर्दा गिरता है)

●●●

प्रगतिशील साहित्य की समस्याएँ

प्रगतिशील साहित्य का समस्याएँ

रामविलास शर्मा

वाणी प्रकाशन

प्रकाशन के उत्कृष्टतम 63 वर्ष

सजिल्द प्रथम संस्करण : 2014
सजिल्द द्वितीय संस्करण : 2026

vaniprakashan.com

वाणी प्रकाशन
4695, 21-ए, दरियागंज, नयी दिल्ली-110 002
फ़ोन : + 91 11 23273167, 23275710
शाखाएँ
अशोक राजपथ, पटना-800 004, बिहार
कॉफ़ी हाउस कैम्पस, महात्मा गांधी मार्ग, प्रयागराज-211 001, उत्तर प्रदेश
महात्मा गांधी अन्तरराष्ट्रीय हिन्दी विश्वविद्यालय, वर्धा-442 001, महाराष्ट्र
sales@vaniprakashan.in
vaniprakashan@gmail.com

Pragatisheel Sahitya Ki Samasyen
by Ramvilas Sharma

ISBN : 978-93-5072-732-4
Criticism

मूल्य : ₹ 695

जी.एस. ऑफ़सेट, दिल्ली-110 095 में मुद्रित

वाणी प्रकाशन का लोगो मक़बूल फ़िदा हुसैन की कूची से

1954 में मृत्युदण्ड पानेवाले

दुखित दुसाध

महावीर तेली

गुप्तेश्वर पाठक

की

अमर स्मृति को

अनुक्रम

दूसरे संस्करण की भूमिका

कई बार सुनने को मिलता है कि रामविलास जी ने प्रगतिशील लेखक संघ का बंटाधार कर दिया। यह भी, कि उस समय के कई महान मार्क्सवादी लेखकों (राहुल जी, यशपाल जी, रांघेय राघव, शिवदान सिंह चौहान, अमृत राय वगैरह) की इतनी 'ध्वंसात्मक आलोचना' की कि उनका पढ़ना-लिखना बन्द हो गया और इस तरह रामविलास जी ने प्रगतिशील साहित्य की 'प्रगति' में बाधा पहुँचायी। आइए देखें इन वक्तव्यों में कितना दम है। यह भी कि उस समय के सामाजिक, राजनीतिक हालात क्या थे। यह तथाकथित ध्वंसात्मक आलोचना क्या निजी स्तर पर थी या इसके पीछे कोई ठोस सैद्धान्तिक मतभेद थे। जब रामविलास जी से किसी ने एक साक्षात्कार लेते समय कहा कि प्रगतिशील लेखक संघ को आपने 'किल' कर दिया, ऐसा आरोप आप पर है, तो रामविलास जी ने कहा—

"आरोप सही है। क्योंकि जिस लेखक संगठन में ऐसे लोग इकट्ठे हों, जिनकी जड़ें जनता तक पहुँची हुई न हों और जिसमें शामिल लोग अपनी हिन्दी की विरासत और परम्परा से कटे हुए हों, पर बातें लम्बी-चौड़ी करें तो ऐसे संगठन का जाना ही अच्छा है। अन्यथा मैं क्या, मेरे जैसे 100 व्यक्ति भी जनता से जुड़े संगठन को खत्म नहीं कर सकते। मैं जहाँ इस आरोप को स्वीकार करता हूँ, वहीं मैं 1953 से प्रगतिशील लेखक संघ से अलग हूँ। मैंने 1949 से 1953 तक प्रगतिशील लेखक संघ के महामन्त्री चुने जाने के कारण जो कुछ भला-बुरा किया, उसकी जिम्मेदारी मैं उठाता हूँ, लेकिन 1953 से 1980 (जिस साल यह साक्षात्कार लिया गया था) तक के 27 वर्ष के इतने लम्बे अन्तराल में यदि प्रगतिशील लेखक संगठित नहीं हो पाये तो मैं क्या करूँ? तो उन्हें (प्रगतिशील लेखकों को) सोचना चाहिए कि कुछ और गहरे कारण रहे होंगे, प्रगतिशील लेखक संघ के खत्म होने के। जब तक मार्क्सवाद के सिद्धान्त के अनुसार लेखक सीधे जनता से न जुड़ा होगा और उसकी जड़ें गहरी न होंगी, जब तक हिन्दी का लेखक हिन्दी की विरासत से मिलेगा नहीं, जब तक (वे) अपनी जनता में नहीं जायेंगे, तब तक भले ही ऐसे लेखक सोचते रहे हों कि वे तीसमारखाँ हैं पर कोई सम्मान उन्हें नहीं मिल सकता। आखिर क्या कारण है कि 1953 से अब तक प्रगतिशील लेखक संघ संगठित ही न हो पाया। एक बात और कि जब मैंने प्रगतिशील लेखक संघ छोड़ा था, तब वह मुर्दा नहीं हो गया था।

कृष्ण चन्दर उसके नये महासचिव चुने गये थे।''

रामविलास जी ने तो एक तल्ख-सा उत्तर दे दिया, किन्तु उस समय के राजनीतिक और सामाजिक हालात कैसे थे, आइए जरा विस्तार से देखें।

लखनऊ प्रवास के तेरह वर्ष

झाँसी से इंटरमीडियेट पास करने के बाद सन् 1930 में रामविलास जी लखनऊ आ गये थे। सन् 1933 में रामविलास जी ने लखनऊ विश्वविद्यालय से बी.ए.(ऑनर्स) पास किया जो तीन साल का कोर्स था। बी.ए.(ऑनर्स) में उनके ऑनर्स का विषय था अंग्रेजी तथा दूसरे विषय थे राजनीति विज्ञान और संस्कृत के साथ हिन्दी। जैसा कि उन दिनों चलन था, दो साल तक बी.ए. की पढ़ाई करने और इम्तहान पास कर लेने के बाद बी.ए. की डिग्री मिल जाती थी। रामविलास जी को भी एक साधारण बी.ए. की डिग्री सन् 1932 में मिल गयी थी। साधारण से यहाँ तात्पर्य नॉन-ऑनर्स डिग्री से है। उन दिनों लखनऊ विश्वविद्यालय में हिन्दी में एम.ए. नहीं था। ऑनर्स कोर्स पास करने के बाद एम.ए. पास करने के लिए मात्र एक वर्ष लगता था। रामविलास जी ने 1934 में अंग्रेजी में एम.ए. पास किया और प्रो. सिद्धान्त के निर्देशन में शोध करना शुरू किया। सन् 1938 में उन्होंने अपना शोध प्रबन्ध जमा कर दिया किन्तु किन्हीं कारणों से मुख्यतः दूसरे विश्व महायुद्ध के कारण— उन्हें डिग्री मिली सन् 1940 में। (जाँचने के लिए, शोध प्रबन्ध उन दिनों इंग्लैण्ड भेजे जाते थे)। सन् 1943 में रामविलास जी लखनऊ छोड़कर आगरा आ गये थे।

लखनऊ प्रवास के इन तेरह वर्षों ने उनके साहित्यिक जीवन को बहुत प्रभावित किया। इसी दौरान उनकी मुलाकात अपने प्रिय कवि निराला से हुई और उनके साथ एक ही छत के नीचे रहने का सौभाग्य मिला। रामविलास जी के शब्दों में ''साक्षात कविता के साथ रह रहे थे।'' निराला जी के साथ रहते हुए तमाम अन्य साहित्यकारों से परिचय हुआ, जिनमें से कुछ के साथ सम्बन्ध जीवन पर्यन्त बने रहे। इस दौरान ही रामविलास जी को मजदूरों के जीवन को निकट से देखने का मौका मिला। इन्हीं दिनों उनका मार्क्सवाद से भी प्रथम परिचय हुआ और तब ही वह प्रगतिशील लेखक संघ के सदस्य बने।

कम्युनिस्ट पार्टी के सदस्य वह आगरा आकर बने। 1943 से लेकर 1949 तक रामविलास जी उत्तर प्रदेश प्रगतिशील लेखक संघ के मन्त्री रहे और 1949 से लेकर 1953 तक रामविलास जी अखिल भारतीय प्रगतिशील लेखक संघ के महामन्त्री रहे। सन् 1953 में उन्होंने संघ त्याग दिया और उसके बाद से प्रगतिशील लेखक संघ लगभग समाप्त-सा हो गया। लेकिन रामविलास जी प्रगतिशील लेखक संघ में क्यों आये थे और उन्होंने क्यों इसे छोड़ दिया, कम्युनिस्ट पार्टी और प्रगतिशील लेखक संघ में क्या अन्तस्सम्बन्ध था, उस समय कम्युनिस्ट पार्टी की सांस्कृतिक गतिविधियों

को लेकर क्या नीति थी, कोई नीति थी भी कि नहीं, आदि प्रश्नों पर विचार करें तो देखेंगे कि इस आरोप में, कि रामविलास जी ने प्रगतिशील लेखक संघ को तबाह कर दिया, कोई दम नहीं है। दरअसल प्रगतिशील लेखक संघ तबाह हुआ कम्युनिस्ट पार्टी के नेताओं की ढुलमुल नीति के कारण। इसके अलावा हिन्दी-उर्दू का प्रश्न भी था। रामविलास जी भाषा विज्ञान के आधार पर मानते थे कि हिन्दी और उर्दू दोनों एक ही भाषा हैं, जिसे उर्दू-लेखक बाहुल्य वाले प्रगतिशील लेखक संघ ने कभी दिल से नहीं माना। ऊपर-ऊपर से वह भले ही कुछ भी कहते रहे हों।

दरअसल 45 से 55 का दशक भारत के इतिहास में बहुत महत्त्वपूर्ण था, खास तौर पर कम्युनिस्ट पार्टी और उसके सांस्कृतिक संगठनों 'प्रगतिशील लेखक संघ' और 'इंडियन पीपुल्स थियेटर' के लिए। इसी दौरान देश आजाद हुआ और एक देश दो भागों में विभाजित हुआ। हिन्दू-मुसलमानों का कत्ले-आम हुआ जिसके निशान कुछ लोग जिन्दगी भर नहीं मिटा पाये। इस दौरान हमारे देश की कम्युनिस्ट पार्टी क्या कर रही थी, हमारे बुद्धिजीवी क्या कर रहे थे। कांग्रेस का सत्ता में आने से पहले और आने के तुरन्त बाद कम्युनिस्ट पार्टी के प्रति क्या रुख था। कम्युनिस्ट पार्टी के नेतृत्व का क्या हाल था। उनकी समझ कितनी दूरन्देशी थी। यह सब बड़े महत्त्वपूर्ण प्रश्न हैं जिन पर विस्तार से चर्चा की जानी चाहिए। इसलिए भी, क्योंकि ये प्रश्न आज भी उतने ही प्रासंगिक और महत्त्वपूर्ण हैं जितने उस समय रहे होंगे।

लेकिन चूँकि किसी भी समय की सांस्कृतिक और राजनीतिक गतिविधियों में आपस में तालमेल होता है, इसलिए इन प्रश्नों पर विचार करने के लिए उस समय के राष्ट्रीय राजनीतिक परिदृश्य पर नजर डालना आवश्यक है, यह भी कि रामविलास जी मार्क्सवाद की ओर कैसे झुके।

मार्क्सवाद की ओर झुकाव

झाँसी से इंटरमीडिएट पास करने के बाद आगे की पढ़ाई-लिखाई के लिए रामविलास जी के पास दो विकल्प थे। या तो वे लखनऊ जाते या फिर इलाहाबाद। लखनऊ चूँकि गाँव के पास था, इसलिए फैसला लखनऊ के हक में हुआ। रामविलास जी ने लखनऊ विश्वविद्यालय में दाखिला ले लिया और एक साइकिल पर अपना सामान बाँधकर लखनऊ आ गये। जी हाँ, उन दिनों बच्चों के माँ-बाप दाखिला कराने के लिए साथ नहीं जाते थे। गाँव से लखनऊ लगभग अस्सी किलोमीटर दूर था। सामान सिर्फ इतना था जो साइकिल के कैरियर पर बाँधा जा सकता था। रामविलास जी की शादी हो चुकी थी और उनके श्वसुरजी लखनऊ की लोको वर्कशॉप में काम करते थे। उन्हीं की तरह गाँव के और भी बहुत से लोग उस वर्कशॉप में काम करते थे। ये सब किसान-मजदूर लोग लखनऊ के सुन्दरबाग इलाके में एक कुम्हार के अहाते में रहते थे। एक ही कोठरी में काफी सारे लोग रहते थे। छुट्टी के दिन ये लोग गाँव चले जाते थे।

रामविलास जी जब लखनऊ आये तो सबसे पहले इसी अहाते में अपने श्वसुर जी के साथ रहने लगे। वहाँ उन्होंने पहली बार मजदूरों और किसानों को निकट से देखा। इससे पहले, वह झाँसी में बर्फखाने के कुछ मजदूरों को देख चुके थे लेकिन उन्हें पास से देखने और समझने का मौका अब मिला था। इन मजदूरों से मिलने के लिए कुछ मजदूर नेता भी आते थे। रामविलास जी कभी-कभी उनसे भी बात करते। सूचना मिलने पर किसान मजदूरों की सभा में भी चले जाते।

उन्हीं दिनों स्कॉलरशिप के पैसे मिले। दूध जलेबी खायी और गोर्की का उपन्यास 'माँ' खरीदा। यहाँ-वहाँ मार्क्सवाद से सम्बन्धित पुस्तकें और सोवियत संघ का परिचयात्मक साहित्य भी देखने को मिला। धीरे-धीरे रामविलास जी का किशोर मन मार्क्सवाद की ओर झुकने लगा।

लखनऊ में रहते समय जिन लोगों से रामविलास जी का सम्पर्क था उनमें एक अब्दुल हलीम भी थे। वे कम्युनिस्ट पार्टी के कार्यकर्ता थे और प्रगतिशील लेखक संघ में भी सक्रिय थे। इन लोगों के कहने से सन् 1938 में रामविलास जी प्रगतिशील लेखक संघ के सदस्य बन गये।

कम्युनिस्ट पार्टी की सदस्यता

भारतीय कम्युनिस्ट पार्टी की स्थापना सन् 1925 में हुई थी। यह एक ऐसी पार्टी थी जो 'ग्रास रूट लेवल' पर काम करती थी। इसके मूल में सहयोग, भाईचारा और मानवतावाद था जो किसी भी पढ़े-लिखे या सही सोच रखने वाले मनुष्य को अपनी ओर आकर्षित करता था। अन्तर्राष्ट्रीय स्तर पर भी अन्य देश इसके सिद्धान्तों को अपनाकर आगे बढ़ने का तरीका दिखा चुके थे। भारत में भी कम्युनिस्ट पार्टी अपने हिन्दी, अंग्रेजी और कुछ प्रादेशिक भाषाओं में समाचार पत्र निकालती थी। उनकी एक विद्यार्थी लेवल पर विंग थी जिसका नाम 'आल इण्डिया स्टूडेंट फेडरेशन' था, इसी तरह 'आल इण्डिया यूथ फेडरेशन', 'नेशनल फेडरेशन ऑफ इंडियन विमन', 'ए.आई.टी.यू.सी.', 'आल इण्डिया किसान सभा' आदि दूसरी संस्थाएँ थीं जो उनका विस्तार करती थीं। इन लोगों को बाकायदा प्रशिक्षण दिया जाता था, खास तौर से सिद्धान्त सम्बन्धी मसलों पर।

सन् 1943 में, प्रगतिशील लेखक संघ के सम्मलेन में भाग लेने के लिए रामविलास जी को बम्बई जाने का मौका मिला, जहाँ उनकी मुलाकात कम्युनिस्ट पार्टी के नेताओं से करायी गयी। तब तक रामविलास जी पार्टी के सदस्य नहीं बने थे, हालाँकि वह उत्तर प्रदेश प्रगतिशील लेखक संघ के सचिव हो गये थे। पार्टी के जिन नेताओं से वह मिले उनमें पूरनचन्द जोशी भी थे। अपनी मुलाकात का वर्णन रामविलास जी ने एक लेख में किया जो 'हंस' में छपा। पार्टी कांग्रेस में रामविलास जी ने अधिकारी, रणदिवे और जोशी तीनों प्रमुख कम्युनिस्ट नेताओं को सुना। उन्होंने यह भी देखा कि पार्टी के बड़े नेता और साधारण कार्यकर्ता साथ बैठकर खाना खाते थे, अपने

जूठे बर्तन लेकर लाइन में नल के सामने खड़े होते थे और बारी-बारी से धोकर रसोई में रख देते थे। रामविलास जी इन बातों से बहुत प्रभावित हुए थे। आगरा आने पर वह पार्टी के सदस्य बन गये। उस समय के पार्टी नेताओं के चाल चलन को देखकर यह अन्दाज लगाना मुश्किल था कि एक दिन इसी पार्टी के नेताओं में और दूसरी पार्टियों के नेताओं के रहन-सहन, रंग-ढंग, आचार-विचार में कोई विशेष फर्क नहीं रह जाएगा!

बहरहाल, जनता में कम्युनिस्ट पार्टी की लोकप्रियता का अन्दाज इस बात से लगता है कि 1946 में 'प्रादेशिक लेजिस्लेटिव एसेम्बली' का चुनाव हुआ जो कम्युनिस्ट पार्टी ने अकेले लड़ा। उन्होंने 1585 सीटों में से 108 सीटों पर अपने उम्मीदवार खड़े किये, जिनमें से 8 जीते। कुल मिलाकर 666,723 वोट मिले। इन वोटों को इस परिप्रेक्ष्य में देखा जाना चाहिए कि उस समय भारत की वयस्क जनता में से 86 प्रतिशत को वोट देने का अधिकार नहीं था। पश्चिम बंगाल से तीन लोग खड़े हुए थे और तीनों जीते। इनमें से एक 'सोमनाथ लाहिड़ी' कौंस्टीटुएंट एसेम्बली के सदस्य भी बने।

भारत में उस समय अंग्रेजों की हुकूमत कायम थी और दुनिया भर में कम्युनिस्ट देश साम्राज्यवादियों और सम्प्रदायवादियों के खिलाफ लड़ रहे थे। हिन्दुस्तान में अँग्रेज 'फूट डालो और राज करो' के सिद्धान्त पर चलकर यहाँ का माल लूटकर वहाँ ले जा रहे थे। उन्हें डर था कि कम्युनिस्ट उनके इरादों और योजनाओं से जनता को आगाह कर उनके खिलाफ न कर दें। इसलिए उन्होंने दो काम किये। एक तो भारत में किसी भी तरह के कम्युनिस्ट मूवमेंट को बैन कर दिया और दूसरा इसके खिलाफ हर तरह का दुष्प्रचार शुरू कर दिया। ऐसे में कम्युनिस्ट पार्टी का वैध रूप से काम करना मुश्किल हो गया। इस स्थिति से उबरने के लिए कम्युनिस्ट पार्टी ने एक मोर्चा खोला जो दो स्तरों पर काम करता था, पहला मोर्चा जिसका नाम था, 'वर्क्स एंड पीजेंट्स पार्टी' जो जमीन के ऊपर रहकर वैध रूप से काम करता था और दूसरा मोर्चा जो असली कम्युनिस्ट पार्टी थी, वह 'अंडरग्राउंड' रहकर काम करती थी। जब पार्टी बैन हो गयी तो उसके सभी सहयोगी संगठन भी बैन हो गये।

हमारे घर में, रामविलास जी और मुंशीजी के अलावा मेरे बड़े भाई साहब ललित मोहन शर्मा कम्युनिस्ट विचारधारा से प्रभावित थे और ए.आई.एस.एफ. से सम्बद्ध थे। स्टूडेंट फेडरेशन की मीटिंगों पर भी छापे पड़े और एक छापे में ललित भाई साहब भी पकड़े गये। उन्होंने जेल में भूख हड़ताल की। मुझे याद है जब हम इन्हें आगरे की जेल में देखने गये थे। चूँकि जेल गये थे, इसलिए ललित भाई साहब को आगरा कॉलेज से निकाल दिया गया और उन्होंने कुछ इम्तहान प्राइवेट तौर पर देकर पास किये। काशी मामा जी (मुंशी जी के साले साहब) ने भी भूख हड़ताल की थी, और जेल में उनकी सेहत इतनी खराब हो गयी कि उन्हें अस्पताल ले जाना पड़ा

और एक अरसा लगा पूरी तरह से स्वस्थ होने में। मुंशी चाचा की धर्मपत्नी धन्नो चाची जी भी अंडरग्राउंड रहकर काम करती थीं और उन्होंने भी अपने जेलयात्रा के संस्मरण लिखे हैं जो 'घर की बात' में संकलित हैं। उन दिनों का वातावरण ही कुछ ऐसा था कि लोग इस तरह की गतिविधियों को बड़े आदर से देखते थे।

आजादी मिलने के बाद

भारत के स्वतन्त्र होते ही कम्युनिस्ट पार्टी की लीडरशिप में कुछ प्रश्नों को लेकर मतभेद उत्पन्न हो गये। 1948 की दूसरी कांग्रेस में बी.टी.रणदिवे को पार्टी का सेक्रेटरी-जनरल बनाया गया। इस कॉन्फ्रेंस में 'प्रोग्राम ऑफ डेमोक्रेटिक रिवोल्यूशन' को मान्यता दी गयी। इस डॉकुमेंट में जाति-अन्याय के बारे में पहली बार कहा गया।

देश के कुछ भागों में पार्टी ने हथियारों के साथ विद्रोह किये और वहाँ के स्थानीय राजाओं के खिलाफ मोर्चे खोले। ऐसे विद्रोह त्रिपुरा, तेलंगाना और केरल में आयोजित किये गये। इनमें से एक अत्यन्त महत्त्वपूर्ण विद्रोह हैदराबाद के निजाम के खिलाफ तेलंगाना के लिए किया गया। जनता की एक फौज ने काफी बड़े इलाके पर कब्जा कर लिया। लेकिन यह नजारा अधिक दिन नहीं चला और विद्रोह को बड़ी बेरहमी से कुचल दिया गया। बी.टी.आर. को निकाल दिया गया।

देश के कुछ प्रदेशों में कम्युनिस्ट पार्टी ने अच्छा काम किया और उन्हें लोगों ने मान्यता भी दी। खास तौर से मणिपुर और बिहार में।

1950 के शुरू में कम्युनिस्ट पार्टी सूती मिल के मजदूर, बैंक में काम करने वाले और इसी तरह के अ-व्यवस्थित रोजगार करने वालों को एक सूत्र में पिरो रही थी। इसकी चरम परिणति देखने को मिली एक मई दिवस के अवसर पर। यह वह समय था जब पार्टी सही मायनों में जनता के करीब थी। यह दिवस चाँदनी चौक घंटाघर पर आयोजित किया गया था।

इस मई दिवस के आयोजन को देखकर पता चलता था कि किस तरह देश के तमाम मजदूर किसान और अन्य मेहनत-कशों और किसी भी तरह का काम करने वालों को एक झंडे के नीचे लाया जा सकता था। उत्तर भारत में इस आयोजन ने कम्युनिस्ट मूवमेंट में एक नयी जान डाल दी।

धन्नो जी के लिखे हुए लेख 'आगरे के संस्मरण' को 'घर की बात' में संकलित करते समय रामविलास जी ने लिखा—

"कम्युनिस्ट पार्टी की दूसरी कांग्रेस के बाद आगरे के कम्युनिस्ट कार्यकर्ता नये उत्साह से अपने काम में जुट गये। ज्यादातर कार्यकर्ता नौजवान थे और अभी पढ़ रहे थे; स्वभावतः अन्य संगठनों की अपेक्षा छात्र संगठन अधिक सक्रिय था। कम्युनिस्ट छात्रों की एक विशेषता यह थी कि जिस मोर्चे पर उनसे काम करने के लिए कहा जाता, वे पूरी लगन से वहाँ अपनी जिम्मेदारी निबाहते थे। इनमें से बहुतों ने आगरा

के चमड़ा मजदूरों और फिरोजाबाद के काँच मजदूरों से पहली बार नजदीकी परिचय प्राप्त किया और इस परिचय ने उनके जीवन पर गहरा असर डाला। उन दिनों एक लड़की जो महिला समाज का मोर्चा सँभाले थी, कभी-कभी मुझे भाषण करने के लिए बुला ले जाती थी। उसमें एक बड़ा गुण यह था कि वह जिससे मिलती थी, उसके सारे परिवार से जान-पहचान कर लेती थी। हमारे परिवार में वह घुलमिल गयी थी। अपने इस गुण के कारण वह महिलाओं का मजबूत संगठन बना सकी। किन्तु महिला समाज ही क्या, प्रगतिशील लेखक संघ को छोड़कर, वह किसी भी मोर्चे पर अचानक प्रकट हो जाती थी। वह काम करते न थकती थी मानो उसके भीतर ऊर्जा का अटूट स्रोत हो। उसका नाम धन्नो था। बहुत दिनों बाद—कम्युनिस्ट पार्टी के भीतर चलने वाले लम्बे संघर्ष के बाद—उससे एक दिन भेंट हुई और उसी उत्साह से, और कुछ खेद के साथ कि वे दिन अब नहीं रहे, पुरानी बातें सुनाने लगी। मैंने कहा तुम अपने संस्मरण लिख डालो, 'नया पथ' में छपवा दूँगा। जब उसके संस्मरण प्राप्त हुए, तब तक 'नया पथ' बन्द हो गया था। 'घर की बात' के लिए पुराने कागज-पत्रों की छान-बीन करते हुए यह लेख मिला। सन् 49-50 में मेरी साहित्यिक गतिविधि की सामाजिक पृष्ठभूमि यहाँ विद्यमान है।''

दूसरी पार्टी कांग्रेस (1948)

फरवरी, 1948 के अन्त में कम्युनिस्ट पार्टी की दूसरी कांग्रेस हुई। रामविलास जी उस समय पार्टी के कामों में बड़े उत्साह से भाग लेते थे। उस समय के संयुक्त प्रान्त में जो प्रतिनिधि मंडल चुना गया, उसके एक सदस्य वह भी थे। आगरे के साथियों के साथ वे भी कलकत्ता गये। वहाँ उन्हें एक बड़े-से मकान में ठहराया गया जहाँ अवध के मजदूर रहते थे। पार्टी कांग्रेस में मुख्य वक्ता बी.टी.रणदिवे थे। जोशी जी के खिलाफ अभियान चल रहा था। जोशी जी ने वहाँ भाषण किया था तो वह बहुत भावुक हो गये थे। जो लोग पहले जोशी जी को घेरे रहते थे वे उनसे अलग रहने लगे थे। रामविलास जी ने तय किया कि पार्टी कांग्रेस के अन्दर और पंडाल के बाहर जोशी जी जहाँ भी रहेंगे, वह जोशी जी के साथ ही रहेंगे। अनेक सभाओं में वह उनके साथ रहे। जोशी जी ने बताया कि उन्होंने पार्टी कांग्रेस में जो भाषण किया था रणदिवे जी ने उसकी आलोचना की थी कि यह पेट्टी बुर्जुआ एग्जीबीशनिज्म है अर्थात् मध्य वर्ग के लोग अपना दुखड़ा ले बैठते हैं। मैदान में एक सभा हुई थी, उसमें बी.टी.रणदिवे, डांगे वगैरह बोले थे। जोशी जी इस समय बी.टी.रणदिवे से भी आगे बढ़कर उग्रपन्थी लाइन पर चलने की बात कर रहे थे। रामविलास जी उनकी बगल में बैठे थे। जोशी जी ये बातें रामविलास जी से कह रहे थे। उन्हें लग रहा था, पार्टी ने कदम तो सही उठाया है लेकिन पूरे उत्साह से नहीं उठाया है। रामविलास जी ने उनसे मजाक में कहा, अब तो आप कम्युनिस्ट पार्टी के सचिव रहे

नहीं, प्रगतिशील लेखक संघ में जगह खाली है, आप चाहें तो आपको उसका सचिव बनवा दें। रामविलास जी ने तो यह बात हँसी में कही थी, लेकिन एक सच यह भी था कि जोशी जी सांस्कृतिक कार्यों में बराबर दिलचस्पी लेते रहे थे।

भाषा का प्रश्न

उन दिनों भाषा के प्रश्न पर पार्टी के भीतर और बाहर काफी बहस हो रही थी। भारत में अंग्रेजी राजभाषा बनी रहे या न बनी रहे, अंग्रेजी की जगह हिन्दी आनी चाहिए या न आनी चाहिए, हिन्दी-उर्दू दो भाषाएँ हैं या एक हैं, इन प्रश्नों पर रामविलास जी ने एक निबन्ध तैयार किया था। सन् 1948 में पार्टी के भीतर कुछ लोगों के सामने वह रखा गया था और उस पर बहस हुई थी। यह लेख 1949 के कम्युनिस्ट पार्टी के मुखपत्र 'कम्युनिस्ट' में प्रकाशित हुआ था। रामविलास जी की इस सम्बन्ध में नीति यह थी–

1. राजभाषा जबरदस्ती लागू न की जानी चाहिए; कहना यह चाहिए कि अंग्रेजी के जाने के बाद भारत की सभी भाषाएँ उसका स्थान लेंगी।

2. हिन्दी-उर्दू बुनियादी तौर से एक ही हिन्दुस्तानी जाति की भाषा है। जनपदों के आधार पर उसे विभाजित करना गलत है।

3. हमें प्रयत्न करना चाहिए कि जिस तरह बोलचाल में भाषा का एक ही रूप है वैसे ही साहित्य में भी इसका एक ही रूप बने। बोलचाल में जनता की एकता प्रतिबिम्बित होती है। लेकिन साहित्य में दो लिपियाँ हैं, लिपियों का मिश्रण सम्भव नहीं है। कम्युनिस्ट पार्टी को मजदूरों में अपनी तरफ से यह प्रचार करना चाहिए कि एक ही लिपि का चलन हो और वह देवनागरी लिपि हो।

उस समय के कम्युनिस्ट नेतृत्व ने यह नीति स्वीकार की थी। लेख के साथ छपा था, वह बहस के लिए है, लेकिन किसी ने उसके बारे में कुछ लिखा नहीं। यह लेख भारत की अन्य भाषाओं में भी प्रकाशित हुआ था।

दूसरी पार्टी कांग्रेस में आगरे के रामविलास जी के साथियों ने कहा था कि तुम्हें भाषा के प्रश्न पर बोलना चाहिए। रामविलास जी ने कहा, अध्यक्ष मंडल से पूछकर बताओ, कितना समय देंगे? डांगे ने कहा, केवल दस मिनट समय मिलेगा। रामविलास जी ने कहा, दस मिनट में तो भूमिका भी न बाँध पाऊँगा। आधा घंटा मिले तो मैं बोल सकता हूँ। अध्यक्ष मंडल ने पार्टी-प्रतिनिधियों को सूचित किया कि आधा घंटा नहीं मिल सकता। रामविलास जी ने साथियों से कहा, भाषा की समस्या हम लोगों को तय करनी है, तुम समय न दो, हम यहाँ न बोलेंगे, बाहर समस्या अपने ढंग से हल करेंगे। रामविलास जी पार्टी कांग्रेस में नहीं बोले। इस घटना से यह पता चलता है कि कम्युनिस्ट पार्टी का नेतृत्व भाषा जैसे सांस्कृतिक मसलों को कितने हलके-से लेता था और इन विषयों पर चर्चा करने के लिए उनके पास समय नहीं था।

इस कांग्रेस में उन्नाव जिले के शिवकुमार मिश्र रामविलास जी के बगल में बैठे थे। अंग्रेजी उतनी अच्छी तरह से नहीं जानते थे। अधिकांश भाषण अंग्रेजी में हो रहे थे। उन्होंने रामविलास जी से कहा, जो भाषण अंग्रेजी में हो रहे हैं, हिन्दी में उनका अनुवाद करके सुनाते चलो। उधर अंग्रेजी बोली जाती, इधर रामविलास जी उसका अवधी में अनुवाद करके उनके कान के पास बोलते जाते। इस तरह उन्होंने पार्टी कांग्रेस की पूरी कार्यवाही रामविलास जी से अवधी में सुनी।

पार्टी कांग्रेस में इस विषय पर भी विचार किया गया कि पार्टी कांग्रेस की कार्यवाही किस भाषा में हो। अंग्रेजी में, अन्य भाषाओं में या हिन्दी में। डांगे ने कहा कि सारा काम अंग्रेजी में होना चाहिए नहीं तो बहुत समय बर्बाद होगा। लेकिन वहाँ ऐसे लोग भी थे जो अंग्रेजी न बोल सकते थे। इनमें कानपुर के मजदूर नेता सन्त सिंह यूसुफ भी थे। वे मूलतः सिख थे लेकिन दाढ़ी मूँछ मुड़ा ली थी। इसी नाम से प्रसिद्ध हो गये थे। पार्टी कांग्रेस में उन्होंने कहा, मैं मजदूरों की सभा में बोलता हूँ तो मैं ही सभापति होता हूँ। कितनी देर बोलूँ इस पर कोई पाबन्दी नहीं होती। मैं उसी तरह यहाँ बोलूँगा, बीच में रोकने की कोशिश न करना। वह अपनी हिन्दी में देर तक बोलते रहे, कई बार उन्हें रोकने का प्रयत्न किया गया लेकिन उन्होंने परवाह नहीं की। वे जोशी के घनिष्ठ मित्रों में से थे। उस समय सभी लोग जोशी की पुरानी नीति से असहमत थे, यूसुफ भी उससे हटकर बोल रहे थे। मजदूरों को क्रान्ति में कैसी भूमिका निभानी है, इसके बारे में कानपुर के अनुभव बता रहे थे। इसी तरह तमिलनाडु के एक कामरेड थे—जीवानन्दम। वह हिन्दू समाज के निम्नतम वर्ण में पैदा हुए थे, धाराप्रवाह तमिल बोलते थे। उनकी तमिल समझ में न आती थी लेकिन वह कितने सपाटे से बोल रहे हैं यह समझ में आता था। बाद में किसी ने अंग्रेजी में उसका सारांश बताया था।

बी.टी. रणदिवे ने बहुत विस्तार से बताया कि सन् 47 से पहले पार्टी ने कैसे सुधारवादी भूलें कीं, कैसे उसने कांग्रेस की पिछलगुआ बनकर क्रान्तिकारी आन्दोलन को हानि पहुँचायी, मुस्लिम लीग और कांग्रेस की एकता का नारा कैसे गलत ढंग से दिया गया और किसान आन्दोलन को कैसे रोक रखा गया। वह बहुत आत्मविश्वास से बोलते थे। बातें बहुत साफ ढंग से कहते थे। भाषण अंग्रेजी में था लेकिन वह हिन्दी भी जानते थे। मजदूरों में जरूरत हो तो हिन्दी में बोलते थे। डांगे भी मजदूरों में हिन्दी में ही बोलते थे लेकिन पार्टी कांग्रेस में ये लोग अंग्रेजी में ही बोले। उस पार्टी कांग्रेस में यूगोस्लाविया के दो प्रतिनिधि भी आये थे। वे अति उग्रवादी नीति अपना रहे थे। उनका कहना था, पहले हथियार उठाओ, उसके बाद नीति निर्धारित कर लेना। पार्टी कांग्रेस में यह नीति स्वीकार नहीं की गयी लेकिन अन्तरराष्ट्रीय कम्युनिस्ट आन्दोलन में, फरवरी 1948 में, एक रुझान ऐसा था जो अति उग्रवादी था। यह दूसरी बात है कि यूगोस्लाविया के यही लोग साल भर बाद अति दक्षिणपन्थी, सुधारवादी लाइन पर आ गये और अमरीका से समझौता करके देश में

समाजवाद का सपना देखने लगे।

बी.टी.रणदिवे ने जो संयुक्त मोर्चे की नीति बतायी थी, उसमें मजदूर और किसान तो थे ही, पूँजीपति वर्ग के कुछ हिस्सों को भी लेने की बात थी। पूँजीपतियों की पार्टी कांग्रेस में जो लोग सम्राज्यविरोधी, सामन्तविरोधी क्रान्ति के अधूरे काम पूरे करने को तैयार हों, उन्हें भी इस मोर्चे में ले आना चाहिए। खास बात यह थी कि पार्टी-कांग्रेस समाजवाद का नारा न दे रही थी, जो साम्राज्यविरोधी, सामन्तविरोधी कार्य कांग्रेस पूरे न कर सकी थी, उन्हें पूरा करने पर जोर दे रही थी। अंग्रेजों ने कांग्रेस पर दबाव डाला, उसे समझौते के लिए विवश किया, यह बात भी पार्टी के राजनीतिक प्रस्ताव में कही गयी थी। उस प्रस्ताव में कुछ अन्तर्विरोध भी थे लेकिन कुल मिलाकर नीति सही थी। उस नीति पर अगर पार्टी लगातार चलती तो वह बहुत आगे बढ़ सकती थी।

कांग्रेस के बाद लेखकों की बैठकें

पार्टी कांग्रेस के बाद लखनऊ और इलाहबाद में पार्टी लेखकों की अनेक बैठकें हुईं। इन बैठकों में रामविलास जी ने सुमित्रानन्दन पन्त, रांगेय राघव, राहुल सांकृत्यायन, अज्ञेय, जैनेन्द्र आदि अनेक लेखकों की आलोचना की। उस समय किसी ने उस आलोचना का विरोध नहीं किया। लोग समझते थे कि पार्टी ने जो प्रस्ताव पास किया है, उसके अनुसार साहित्य में सुधारवादी रुझानों की आलोचना जरूरी है। इसलिए वे रामविलास जी का समर्थन करते थे। बम्बई में उन्हें कई बार उनके साथियों ने मार्क्सवाद और साहित्य पर बोलने के लिए आमन्त्रित किया। रामविलास जी इसके लिए कई बार आगरे से बम्बई गये। ये बैठकें आम तौर से इस्मत चुगताई के घर पर होती थीं। वहाँ ज्यादातर उर्दू के लेखक आते थे। कैफी आजमी इनमें आगे बढ़कर हिस्सा ले रहे थे। भाषा की समस्या पर, साहित्य और मार्क्सवाद के बारे में, अन्तरराष्ट्रीय परिस्थितियों के बारे में रामविलास जी ने भाषण किये। कुछ भाषण लेखकों से अलग दूसरी सभाओं में कराये जाते थे। एक संस्था 'फ्रेंड्स ऑफ दि सोवियत यूनियन' (सोवियत मैत्री संघ) नाम से थी। इसमें बम्बई के बहुत से मराठी भाषी, कुछ गुजराती, कुछ केरल के लोग थे। उनसे रामविलास जी की दोस्ती हो गयी थी। उन लोगों ने रामविलास जी को एक पुस्तक भेंट की जिसका नाम था—मेन विद ए क्लियर कौन्शेंस (विशुद्ध अन्तःकरण के लोग) जो वर्शीगोरा की लिखी हुई थी। यह पुस्तक उन लोगों के बारे में थी जो हिटलर के मोर्चे के पीछे जाकर छापामार लड़ाई चलाते थे। वर्शीगोरा मनोविज्ञान के प्रोफेसर थे लेकिन वह इन छापामारों के साथ काम करते थे। आम सोवियत जनता कैसे नात्सी जर्मनी का प्रतिरोध कर रही थी, सोवियतें जीवित थीं या मर गयी थीं, स्टालिन डंडे के जोर पर लोगों को लड़ा रहे थे या वे देशभक्ति से प्रेरित होकर लड़ रहे थे, इन प्रश्नों का उत्तर खोजना हो तो

यह पुस्तक पढ़नी चाहिए। मॉस्को में बैठे-बैठे आदेश देकर दुश्मन के मोर्चे के पीछे कोई संघर्ष चलाना असम्भव था। सोवियतें जीवित थीं, कम्युनिस्ट पार्टी जीवित थी। कम्युनिस्ट गुप्त जीवन बिता रहे थे, जंगलों में रहते थे, बहुत ही कठिन परिस्थितियों में जनता को संगठित करके वे जर्मन फौजों का मुकाबला कर रहे थे। यह पुस्तक उन साथियों ने रामविलास जी को भेंट की थी और उसमें सबने हस्ताक्षर किये थे।

भारत के विभाजन के बाद

भारत के विभाजन के बाद प्रगतिशील लेखक संघ पूरी तरह टूट गया। उसके प्रधान सचिव सज्जाद जहीर पाकिस्तान चले गये। दूसरी पार्टी कांग्रेस में वह मौजूद थे। पार्टी कांग्रेस खत्म होने के बाद उन्होंने रामविलास जी से कहा, हम लोग जल्दी ही मिलेंगे। रामविलास जी ने पूछा, हिन्दुस्तान में या पाकिस्तान में? उन्होंने उत्तर दिया—'इन यूनाइटेड इण्डिया'। भारत और पाकिस्तान फिर एक होंगे और उस संयुक्त देश में हम मिलेंगे। फरवरी, 48 में ऐसे लोग भी थे, जो मानते थे, यह विभाजन थोड़े समय के लिए है, अंग्रेजों का कराया हुआ है, हम जन आन्दोलन द्वारा उसे उलट सकते हैं। सज्जाद जहीर उन लोगों में से थे जिन्होंने मुसलमानों के आत्मनिर्णय की माँग का बहुत जोरदार समर्थन किया था। दरअसल, जोशी के जमाने में वह मुसलमानों की समस्या के विशेषज्ञ माने जाते थे। पंजाब और दूसरे प्रदेशों की यात्रा की थी, आत्मनिर्णय की माँग का प्रचार करते रहे थे। इस समय उनकी नीति बिलकुल बदल गयी थी। पाकिस्तान में कम्युनिस्ट आन्दोलन बहुत कमजोर है, उसे मजबूत करने के लिए यहाँ से किसी आदमी का जाना जरूरी है, इसलिए पार्टी की ओर से सज्जाद जहीर पाकिस्तान गये थे। वहाँ वह पकड़ लिये गये और काफी दिन जेल में रहे। वहाँ से छूटकर वह भारत आये और दिल्ली सरकार का समर्थन करने लगे। फरवरी 48 में उनका रंग दूसरा था।

सज्जाद जहीर के पाकिस्तान जाने के बाद प्रगतिशील लेखक संघ बिल्कुल ही बिखर गया। उसका कोई दफ्तर नहीं था, सदस्यों की कोई सूची नहीं थी। हिन्दी, उर्दू अथवा अन्य भाषाओं में कौन, कहाँ, क्या काम कर रहा है, कुछ पता न था। बम्बई के साथियों ने कहा, अखिल भारतीय पैमाने पर अब साहित्यकारों को संगठित करना चाहिए। रामविलास जी और उनके साथियों ने यह प्रयत्न सन् 48 में शुरू किया। सन 1949 में बम्बई में प्रगतिशील लेखकों का अधिवेशन होने वाला था। उस समय सरकारी दमनचक्र बड़े जोरों से चल रहा था। कम्युनिस्ट पार्टी गैर-कानूनी करार दे दी गयी थी। बहुत से प्रगतिशील लेखक कम्युनिस्ट पार्टी से भी जुड़े हुए थे। उनकी धर-पकड़ भी जारी थी। सी.आई.डी. वाले रामविलास जी का भी पीछा करते थे। कभी-कभी उनका पीछा करते-करते दिल्ली या अजमेर भी पहुँच जाते थे जहाँ उनको इम्तहान लेने के लिए जाना होता था।

हिन्दी ही नहीं सारी भाषाओं का समर्थन

रामविलास जी केवल हिन्दी का नहीं, अंग्रेजी के मुकाबले सारी भारतीय भाषाओं का समर्थन कर रहे थे। बम्बई में प्रगतिशील लेखक संघ के अधिवेशन पर सरकार ने पाबन्दी लगायी। कैफी आजमी जी ने गुप्त रूप से वह अधिवेशन भिवंडी में कराया। जो बम्बई के रहने वाले थे, वे गाड़ियों से वहाँ पहुँचे। लोगों को अलग-अलग जगहों पर ठहराया गया, एक ही जगह ठहराने में खतरा था कि पुलिस को पता चल गया तो सब एक साथ धरे जायेंगे। रामविलास जी ने उस सम्मेलन में हिन्दी साहित्य की प्रतिक्रियावादी और प्रगतिशील प्रवृत्तियों का विश्लेषण किया। अब्दुल हलीम अध्यक्ष मंडल में थे। उन्होंने रामविलास जी से कहा, बहुत अच्छा बोल रहे हो, बोले जाओ। उर्दू साहित्य पर वह भी बोले। बाद में उर्दू के कुछ साथियों ने कहा कि आप जैसी हिन्दी की छानबीन करते हैं, वैसे ही उर्दू की छानबीन करने वाला यहाँ कोई नहीं है। उस सभा में कृष्ण चन्दर थे, मुल्कराज आनन्द भी थे। कुछ बंगाल के लेखक थे जो हिन्दी नहीं जानते थे। उन्होंने रामविलास जी से पूछा कि वह किस भाषा में बोलें। हिन्दी हम बोल नहीं सकते, अंग्रेजी हम बोलना नहीं चाहते। रामविलास जी ने कहा मैं भी नहीं चाहता आप अंग्रेजी में बोलें। आप बांग्ला में बोलें, मैं हिन्दी में उसका अनुवाद कर दूँगा। उन्होंने पूरा भाषण बांग्ला में दिया और रामविलास जी ने उसका अनुवाद किया। इसी अधिवेशन में जब रामविलास जी भारतीय भाषाओं की वकालत कर रहे थे और कह रहे थे, हमारी भाषाएँ इतनी महान हैं, इनकी इतनी महान परम्परा है और हम अंग्रेजों की गुलामी कर रहे हैं। यह सुनकर मुल्कराज आनन्द खड़े हो गये और बड़े जोश से बोले—मैं प्रतिज्ञा करता हूँ कि आज से अंग्रेजी में लिखना बन्द कर दूँगा और पंजाबी में ही लिखूँगा। लोगों ने तालियाँ बजायीं। रामविलास जी बहुत खुश हुए। मुल्कराज आनन्द ने अपना वादा पूरा नहीं किया, यह और बात है।

रामविलास जी की कोशिश थी कि हिन्दी-उर्दू के लेखक एक ही मंच पर बैठें और एक ही भाषा बोलें।

उर्दू के बहुत से लेखक कहने लगे कि हिन्दी-उर्दू एक भाषा है, यह बात गलत है। इन्हें मिलाने की कोशिश में हमें अपनी जबान नहीं बिगाड़नी चाहिए। जो लेखक जनजीवन से जुड़े थे वे हिन्दी-उर्दू में बुनियादी भेद न मानते थे। वामिक जौनपुरी कहते थे, हम इतनी आसान उर्दू लिखेंगे कि हिन्दी वालों को उससे आसान लिखना मुश्किल होगा। तब भाषा का भेद कहाँ रहेगा। रामविलास जी इन विचारों और इन लोगों का समर्थन करते थे। वह कहते थे कि किसानों और मजदूरों तक अपनी बात पहुँचानी है तो बहुत आसान उर्दू लिखनी होगी जो हिन्दी से मिलती-जुलती होगी। उन्हीं दिनों नागार्जुन आगरा आये थे। फिरोजाबाद में मजदूरों का एक सम्मेलन

था उसमें उन्होंने एक छोटी-सी कविता सुनायी थी जो बहुत पसन्द की गयी थी—

'पाँच साल कम खाओ भैया, गम खाओ दस पन्द्रह साल।'

यहाँ हिन्दी-उर्दू का अलगाव नहीं था।

जोशी बनाम रणदिवे

पूर्वी योरोप और सोवियत संघ की कम्युनिस्ट पार्टियों ने एक सूचना केन्द्र स्थापित किया था। उसका मुख पत्र था : स्थायी शान्ति के लिए, लोकवादी जनतन्त्र के लिए (फॉर ए लास्टिंग पीस, फॉर ए पीपुल्स डेमोक्रेसी) इसमें विश्व कम्युनिस्ट आन्दोलन पर लेख निकलते थे। जनवरी, 1950 में उसमें एक सम्पादकीय लेख भारत के कम्युनिस्ट आन्दोलन के बारे में था। उसमें कम्युनिस्ट आन्दोलन की आलोचना की गयी थी, चीन ने जो क्रान्तिकारी मार्ग अपनाया था, उसे आदर्श रूप में पेश किया गया था। इसके बाद पार्टी के अन्दर बहुत जोरदार बहस छिड़ी। एक दल के नेता थे बी.टी.रणदिवे और दूसरे दल के नेता थे पूरनचन्द जोशी। बी. टी. रणदिवे, जिस समय पार्टी के महासचिव थे, उस समय रामविलास जी को अखिल भारतीय लेखक संघ का महासचिव चुना गया था। चूँकि अब लड़ाई जोशी और रणदिवे के बीच थी, जोशी के जितने समर्थक थे, वे सब रामविलास जी के विरोधी हो गये। कम्युनिस्ट पार्टी के आन्तरिक संघर्ष की लपेट में प्रगतिशील लेखक संघ आ गया। बहुत से लोग यह तो जानते हैं कि प्रगतिशील लेखकों में बहस हुई, लेकिन कम्युनिस्ट पार्टी में जो बहस हो रही थी उसके बारे में नहीं जानते। बहस का मुद्दा था—केन्द्रीय सरकार का समर्थन किया जाए या विरोध किया जाए। विरोध किया जाए तो शान्तिपूर्ण आन्दोलन का भरोसा करें या उसके साथ गैर-कानूनी जीवन बिताने के लिए भी तैयार रहें। अजय घोष और डांगे एक तरफ थे। पूरनचन्द जोशी को एक तरफ रखकर वे एक नया नेतृत्व तैयार कर रहे थे। कम्युनिस्ट पार्टी के मुखपत्र में डांगे का एक लेख निकला जिसमें उन्होंने कहा था कि शान्ति आन्दोलन को इतना विस्तृत बनाना चाहिए कि उसमें अमरीका की भी आलोचना न की जाए। बहुत से पार्टी कामरेड इन बातों से असहमत थे और कहते थे कि अब अमरीका की भी आलोचना न करें तो किसकी करेंगे।

रामविलास जी अभी तक भारतीय प्रगतिशील लेखक संघ के महासचिव बने हुए थे। उनके विरुद्ध हिन्दी में अनेक लेख निकल रहे थे। इसके साथ-साथ ही अनेक लोग उन्हें जगह-जगह पर बुलाकर उनके भाषण करवा रहे थे। ज्यादातर लोग चाहते थे कि रामविलास जी वहाँ जाएँ और भाषा और साहित्य की समस्याओं पर बोलें।

कश्मीर और पंजाब का दौरा

इस दौरान रामविलास जी कश्मीर गये और वहाँ के लोगों और लेखकों से मिले। उन दिनों कश्मीर जाने के लिए रक्षा मन्त्रालय से अनुमति लेनी होती थी। वहाँ के एक लेखक दीनानाथ नादिम उनके मेजबान थे। वहाँ के एक दूसरे लेखक बंशीलाल ने रामविलास जी के कुछ अनुवाद पढ़े थे। वे उन्हें अपने घर ले गये। वहाँ रामविलास जी श्रीनगर के अलावा आसपास के गाँवों में भी गये। श्रीनगर में प्रगतिशील लेखक संघ बहुत सक्रिय था। उन लोगों ने वहाँ तमाम सभाएँ कीं और उसमें रामविलास जी को बोलने के लिए कहा। रामविलास जी ने कश्मीरी भाषा पर भी सामग्री इकठ्ठा की। हिन्दी-उर्दू की समस्या, भारत की राजभाषा की समस्या, कश्मीर का भारत से सम्बन्ध, कश्मीरी भाषा का संस्कृत और अन्य भारतीय भाषाओं से सम्बन्ध, आदि विषयों पर बोले। प्रचलित धारणा थी कि दरद भाषाओं का अलग समुदाय है, कश्मीरी उस समुदाय की भाषा है। बाकी आर्य भाषाएँ उससे अलग हैं। रामविलास जी इस धारणा से सहमत नहीं थे। वह कहते थे कि इसका गहरा सम्बन्ध संस्कृत परिवार की भाषाओं से है। एकाध बार वहाँ के स्कूलों और कॉलेजों में भी उन्हें भाषण के लिए बुलाया गया। वहाँ भी उन्होंने कश्मीरी भाषा और संस्कृति पर भाषण किया।

दिन भर काम करने और घूमने के बाद अक्सर शाम को कुछ मित्र किसी पार्क में जाकर बैठते थे। रामविलास जी उनसे लोक-गीत सुनते थे। उन लोगों को बहुत सारे गीत याद थे। कश्मीर में साहित्यिक कविता और लोक कविता, साहित्यिक भाषा और लोकभाषा, इनमें ज्यादा फासला नहीं था। बंशीलाल के घर के बगल में उत्सव मनाया जा रहा था। किसी का जनेऊ था। जनेऊ के गीत गाये जा रहे थे। रामविलास जी ने पूछा यह गीत किसके लिखे हुए हैं, पता चला कि वे मजहूर के लिखे हुए हैं। रामविलास जी फिर मजहूर से भी मिले।

पंजाब में नवजोत सिंह 'प्रीतलड़ी' नाम की पत्रिका निकालते थे। रामविलास जी उनके साथ उनके घर में रहे। वहाँ की अनेक लेखक सभाओं में भाषण किये। पंजाबी भाषा है या बोली, पंजाबी की लिपि गुरुमुखी हो या देवनागरी, ऐसे प्रश्नों पर बातचीत होती रही। उस समय कुछ प्रगतिशील लेखक ऐसे भी थे जो कहते थे, मार्क्सवाद काफी नहीं है, फ्रायड को भी मार्क्स के साथ उचित स्थान मिलना चाहिए। सेक्स के बारे में खुलकर लिखना चाहिए। इन विषयों पर भी बातें हुईं और रामविलास जी ने अपने विचार उनके सामने रखे।

इसी दौरान एक दिन पता चला कि जालियाँवाला बाग में शान्ति सभा है। रामविलास जी वहाँ नवतेज सिंह के साथ गये। संयोजकों ने उनसे बोलने को कहा। इतने बड़े जन समूह के सामने रामविलास जी ने विश्व शान्ति पर भाषण दिया। उन्होंने कहा कि अँगरेज जो लड़ाइयाँ जीते हैं उनमें पंजाब का बड़ा हाथ रहा है। अगर पंजाब के लोग यह तय कर लें कि अगली लड़ाई में हिस्सा नहीं लेना है तो

अंग्रेजों की ताकत तीन चौथाई कम हो जाएगी, फिर महायुद्ध की नौबत नहीं आएगी। महायुद्ध होता है या नहीं यह बहुत कुछ पंजाब के ऊपर निर्भर है। इसके बाद वह पंजाब की संस्कृति और पंजाबी जातीयता पर बोले। लोगों को भाषण और उससे अधिक पंजाबी जातीयता का मन्त्र पसन्द आया। रामविलास जी ने कुछ कुण्डलियाँ जलियाँवाला बाग पर भी लिखीं। जलियाँवाला बाग सभी पंजाबियों से कह रहा है तुम एक-दूसरे से बिछुड़ गये हो, आगे चलकर तुम्हें एक होना है। आशय यह था कि एक पंजाब पाकिस्तान में है, दूसरा भारत में है। दोनों पंजाब जब एक होंगे, तब यहाँ की समस्याएँ सुलझेंगी। नवतेज सिंह ने उसका अनुवाद पंजाबी में किया और वह 'प्रीतलड़ी' में छपी।

मजदूरों के बीच भाषण

इसी तरह रामविलास जी ने मजदूरों की बस्ती में प्रेमचन्द और उनके योगदान पर भाषण किये। ये भाषण दिल्ली में भी हुए और मध्य प्रदेश में भी। इन भाषणों से और रामविलास जी की बढ़ती लोकप्रियता से कुछ लोगों को बड़ा कष्ट हो रहा था।

इसी तरह के भाषणों के सम्बन्ध में ही, एक बार जब रामविलास जी उज्जैन में थे तो इलाहाबाद से पहाड़ी ने वहाँ के लेखक साथियों को पत्र लिखा कि रामविलास को हम लोग प्रगतिशील नहीं मानते। ये अभी भी महासचिव बने हुए हैं। ये अपने आपको फिर से स्थापित करने के लिए जगह-जगह भाषण कर रहे हैं। आप लोग इन्हें अपने यहाँ भाषण मत करने दीजिए। यह पत्र पाकर वे लोग बहुत हँसे, वह पत्र उन्होंने रामविलास जी को दिखाया। कहने लगे आपके विरुद्ध ऐसी बातें कही जाती हैं, हमें आश्चर्य है। आश्चर्य रामविलास जी को भी हुआ क्योंकि पहाड़ी जी पुराने मित्र थे और 'नया साहित्य' में उनके सहयोगी भी थे। 'नया साहित्य' के सम्पादक मंडल में रामविलास जी का नाम भी जाता था। एक बार प्रकाश चन्द गुप्त और पहाड़ी ने सम्पादकीय नोट लिखा, रामविलास का नाम निकाल दिया गया है, उनके सम्पादक मंडल में होने से लोग उनकी आलोचना करने से डरते हैं। अब निडर होकर लोग उनकी आलोचना करेंगे। एक-दो अंक के बाद 'नया साहित्य' बन्द हो गया।

बिहार और भोजपुर क्षेत्र में

इसी कड़ी में रामविलास जी को छपरा के लोगों ने आमन्त्रित किया। वहाँ उन्हें भोजपुर क्षेत्र के गाँवों में जाने का मौका मिला। वहाँ उनके एक मित्र कन्हैया उन्हें सभाओं में ले जाते थे। वह साइकिल पर पीछे बैठ जाते थे, रामविलास जी साइकिल चलाते थे। इस तरह उन्होंने कई गाँव देखे। एक गाँव में सभा का आयोजन हुआ। रात हो गयी थी, कुछ लोग कविता पाठ कर रहे थे। वहाँ एक सज्जन बहुत अच्छी

भोजपुरी बोल रहे थे और अभिनय कर रहे थे। कन्हैया के साथ एक दिन ये लोग खड्गविलास प्रेस देखने गये। वहाँ रामविलास जी ने देखा कि चार-पाँच फुट की ऊँचाई तक पुस्तकें एक के ऊपर एक सुची हुई हैं। कुछ अलमारियों के अन्दर थीं, कुछ बाहर और कुछ सीधे फर्श पर थीं। सब पर धूल जमा थी। प्रेस के वर्तमान स्वामी ने कहा, हम आपको कोई चीज ले जाने न देंगे। लखनऊ विश्वविद्यालय के केसरी नारायण सुकुल यहाँ से एक फाइल ले गये थे। उन्होंने कहा था, हम भारतेन्दु का एक संकलन निकालेंगे। उसके बाद उन्होंने फाइल वापस नहीं की। रामविलास जी ने कहा, आप निश्चिन्त रहें, मैं कोई चीज बाहर नहीं ले जाऊँगा। मैं यहीं बैठकर पढ़ूँगा। कुछ नोट करना होगा तो कन्हैया मेरे साथ हैं यह इस काम में मेरी मदद करेंगे। कविवचन सुधा की जितनी फाइलें मिलीं, रामविलास जी ने सब देख डालीं। महत्त्वपूर्ण अंश वे बोलते जाते थे और कन्हैया नोट करते जाते थे। वहाँ से रामविलास जी पटना गये जहाँ शिवपूजन सहाय जी थे और सुधांशु जी थे। वहाँ की गोष्ठी में रामविलास जी ने कहा कि आपके पड़ोस में पुराने युग की इतनी सामग्री पड़ी है, वह सब नष्ट हो रही है। आप माँगें तो वह वैसे ही साहित्य सम्मेलन को दे देंगे। वैसे न दें तो आप खरीद लीजिए और उसे सम्मेलन के भवन में रख लीजिए। इस तरह सुरक्षित रहेगी और शोध करने वालों के काम आयेगी। सबने इस विचार का स्वागत किया, किन्तु इस पर अमल सम्भवतः नहीं हो पाया।

कन्हैया ने जो कुछ नोट किया था, उसके आधार पर 'भारतेन्दु हरिश्चन्द्र' नाम की एक नयी पुस्तक रामविलास जी ने लिखी।

दिल्ली में प्रलेस सम्मेलन

दिल्ली में प्रगतिशील लेखकों का सम्मेलन हुआ। इसमें दिल्ली, पंजाब, राजस्थान के हिन्दी-उर्दू और पंजाबी के लेखक शामिल हुए। 'टाइम्स ऑफ इण्डिया' और 'नवयुग' पत्रों से सम्बद्ध बहुत से पत्रकारों ने सम्मेलन में भाग लिया। इनमें वरिष्ठ पत्रकार श्यामलाल भी थे, जो 'टाइम्स ऑफ इण्डिया' में अदीब नाम से लिखते थे। पार्क में बड़ी सभा हुई। वहाँ मजाज ने सुनाया—

बोल अरी ओ धरती बोल,
राज सिंहासन डावाँडोल।

अनेक कवियों ने अपनी पंजाबी रचनाएँ पढ़ीं। उस समय तक प्रगतिशील लेखक संघ एक जुझारू संगठन था। सरकार की आँखों में खटकता था। जिस इमारत में लेखकों का सम्मेलन हुआ था उसे हथियारबन्द पुलिस ने घेर रखा था, फिर भी लेखक वहाँ आते थे और खुलकर बोलते थे। 'हिन्दुस्तान टाइम्स' ने अपने सम्पादकीय में लिखा कि जितने संगठनों में कम्युनिस्ट काम करते हैं, उनमें सबसे खतरनाक प्रगतिशील लेखक संघ है।

एक बार रामविलास जी शान्ति सम्मेलन में भाग लेने कलकत्ते गये। वहाँ अवध के मजदूरों के साथ ठहरे। भारत के अनेक प्रान्तों से लोग आये थे। कुछ हैदराबाद के भी थे। आधी रात को पुलिस ने छापा मारा। रात को जगाकर पूछा, कहाँ से आये हो, वगैरह। रामविलास जी ने कहा, आगरे में पढ़ाता हूँ, यहाँ शान्ति सम्मेलन में भाग लेने आया हूँ। कुछ लोगों को पुलिस थाने ले गयी। शान्ति सम्मेलन के सिलसिले में एक जलूस भी निकला उसमें ज्योति बसु भी लोगों के साथ चल रहे थे। लोग नारे लगा रहे थे 'शान्ति का दुश्मन कौन है—ट्रूमन, इटली, नेहरू है'।

कम्युनिस्ट पार्टी की ढुलमुल नीति

जो लेखक कम्युनिस्ट पार्टी में काम करते थे, वे चाहते थे कि साहित्य और संस्कृति के बारे में पार्टी की नीति सुनिश्चित हो। इसके लिए वह पार्टी के नेताओं पर दबाव डाल रहे थे। तब केन्द्रीय समिति ने एक आयोग गठित किया, जिसमें अनेक भाषाओं के पार्टी लेखक थे। इन्हें यह काम सौंपा गया था कि अपने-अपने प्रदेश की और सारे देश की सांस्कृतिक समस्याओं पर विचार करें और अपनी राय पार्टी के सामने रखें। इस आयोग के संचालन के लिए डांगे नियुक्त किये गये थे। दो-एक बैठकों में वे आये, लेकिन उन्होंने कभी किसी समस्या पर गम्भीरता से विचार नहीं किया। तय हुआ कि आयोग की देख-रेख में एक पत्र निकाला जाएगा। पत्र अंग्रेजी में होगा, नाम होगा 'इण्डियन लिटरेचर'। अली सरदार बम्बई में रहते थे, रामविलास जी आगरे में थे। सम्पादक मंडल में दोनों थे। पत्र बम्बई से निकलता था, इसलिए कार्यवाहक सम्पादक अली सरदार जाफरी थे। इसमें तेलुगु के प्रसिद्ध कवि श्री श्री की एक कविता का अनुवाद छपा। उसमें सोवियत संघ का अभिनन्दन किया गया था। रूसी क्रान्ति के नेताओं जिनोविएव और बुखारिन का भी उल्लेख था। आगे चलकर इन्हें पार्टी विरोधी माना गया और इन्हें प्राण-दंड मिला था। पार्टी के नेताओं ने इस कविता के प्रकाशन पर आपत्ति की। उन्होंने कहा, इसमें बुखारिन और जिनोवियेव का नाम क्यों आने दिया? अली सरदार ने रामविलास जी को पत्र लिखकर पूछा, इस समय क्या करना चाहिए? रामविलास जी ने उत्तर दिया, यह कविता एक ऐसे कवि की है जो आन्ध्र प्रदेश का श्रेष्ठ कवि माना जाता है, यह आवश्यक नहीं कि सभी प्रगतिशील लेखक पार्टी-नीति पर चलें और पार्टी बुखारिन और जिनोविएव को गलत मानती है तो वे भी ऐसा मानें। तुम कविता छापने के लिए माफी मत माँगना, और कुछ कहें तो इस्तीफा दे देना। इस घटना के कुछ दिन बाद 'इण्डियन लिटरेचर' बन्द कर दिया गया।

आयोग में तय हुआ कि हिन्दुस्तानी जाति के गठन पर डॉ. अब्दुल अलीम और रामविलास जी मिलकर एक रिपोर्ट तैयार करेंगे, जो बहस के लिए पत्र में छपेगी। अलीम ने रामविलास जी से कहा, रिपोर्ट तुम ही लिखो। रामविलास जी का हिन्दुस्तानी जाति पर एक लेख 'इण्डियन लिटरेचर' में छप चुका था। इस लेख में

रामविलास जी ने हिन्दी-उर्दू को बुनियादी तौर से एक भाषा मानते हुए, आगे चलकर केवल एक भाषा के व्यवहार की बात कही थी। अली सरदार इससे असहमत थे। उन्होंने रामविलास जी के लेख के साथ अपना नोट भी प्रकाशित किया जिसमें उर्दू के अलग अस्तित्व की बात कही गयी थी।

दक्षिण भारत की यात्रा

इसके बाद रामविलास जी अमृतलाल नागर और राजेन्द्र यादव के साथ दक्षिण भारत की यात्रा पर गये। इस यात्रा में उन लोगों ने तमिलनाडु, आन्ध्र प्रदेश और केरल के साहित्यकारों से मुलाकात की। वहाँ इनकी मुलाकात प्रसिद्ध कवि सुब्रमण्यम भारती की विधवा पत्नी और प्रसिद्ध गायिका सुब्बलक्ष्मी से हुई। मद्रास में रामविलास जी की मुलाकात तेलुगु भाषा के कवि भास्कर राव के साथ हुई। राव ने उन्हें प्रेमचन्द के लिखे उपन्यास और कहानियों के अंश सुनाये, जो उन्हें कंठस्थ थे। वहीं उनकी मुलाकात तेलुगु कवि श्री श्री से भी हुई।

डांगे की पुस्तक का अनुवाद

इस बीच डांगे की पुस्तक 'इण्डिया फ्रॉम प्रिमिटिव कम्युनिज्म तो स्लेवरी' प्रकाशित हुई। रामविलास जी ने पी.पी.एच. के लिए बहुत-सी अंग्रेजी पुस्तकों का अनुवाद किया था। यह किताब भी अनुवाद के लिए उनके पास भेजी गयी थी। राम. विलास जी को उसमें बहुत-सी धारणाएँ गलत लगीं। उन्होंने अंग्रेजी में एक विस्तृत आलोचना लिखकर ऊपर वाले नेताओं के पास भेज दी। बी.टी.रणदिवे रामविलास जी की मान्यताओं से बहुत कुछ सहमत थे इसलिए उन्हें फिर उस अनुवाद के लिए नहीं कहा गया। इंग्लैण्ड में कुछ कम्युनिस्टों को इस आलोचना के बारे में पता चला कि यह रामविलास जी ने लिखी है। उनका पत्र आया कि वह आलोचना हमें भेज दीजिए, हम इसे छापेंगे। रामविलास जी ने उत्तर दिया, यह आलोचना यहाँ पार्टी के लोगों के लिए है इसलिए आपको न भेज सकूँगा। डांगे ने भी वह आलोचना पढ़ी थी और पुस्तक के दूसरे संस्करण में कुछ परिवर्तन किये थे।

पार्टी में आन्तरिक संघर्ष

कम्युनिस्ट पार्टी के भीतर जो संघर्ष चल रहा था, वह बाहर वालों को कम ही दिखाई देता था। प्रगतिशील लेखकों में जो संघर्ष चल रहा था वह खूब दिखाई देता था। पूरनचन्द जोशी ने इलाहाबाद में अड्डा जमाया था और वहाँ से वह रामविलास जी के विरुद्ध प्रगतिशील लेखकों के अभियान का संचालन कर रहे थे। यह संघर्ष लम्बे समय तक चला। देश भर की अपनी यात्राओं और लेखकों की बातचीत से रामविलास जी को विश्वास हो गया था कि अधिकांश प्रगतिशील लेखक उनके साथ हैं।

बहस के मुख्य मुद्दे थे :

1. सबसे बड़ा मुद्दा जो खुलकर सामने न आता था, वह यह था कि दिल्ली सरकार का समर्थन करना चाहिए या नहीं। रामविलास जी के विरोधी मानते थे कि साम्राज्यविरोधी क्रान्ति के कार्य पूरे हो गये हैं, इसलिए इस सरकार का समर्थन करना चाहिए। रामविलास जी मानते थे कि कांग्रेसी नेतृत्व ने साम्राज्यवाद से समझौता किया है, साम्राज्यवाद का दबाव भारत पर बना हुआ है, यहाँ सामन्ती अवशेष भी हैं, इसलिए बिना सरकार को बदले भारत में जनतन्त्र का विकास नहीं हो सकता।

2. रामविलास जी भाषा विज्ञान के आधार पर यह मानते थे कि हिन्दी और उर्दू दोनों भाषाएँ दरअसल एक ही हैं। केवल लिपि के भिन्न होने से भाषा अलग नहीं हो जाती। प्रगतिशील लेखक संघ में उस समय अधिकांश लेखक उर्दू के थे, यहाँ तक कि आज भी अगर आप 'विकिपीडिया' में प्रगतिशील लेखकों की सूची देखेंगे तो पता चलेगा कि सूची में अधिकांश लेखक उर्दू के हैं या मुसलमान हैं। उस समय जो मुसलमान लेखक हिन्दी-उर्दू को एक ही भाषा मानते भी थे, वह भी दिल ही दिल में दूसरे लोगों के साथ थे, क्योंकि उन्हें अपना अस्तित्व खतरे में लगता था।

प्रलेस का 1953 का दिल्ली अधिवेशन

वाद-विवाद से बचने के लिए रामविलास जी चाहते, तो महासचिव के पद से इस्तीफा दे सकते थे, लेकिन ऐसा करना रामविलास जी ने उचित न समझा। वह चाहते थे कि प्रगतिशील लेखक का सम्मेलन हो, वहाँ वे काम की अपनी रिपोर्ट पेश करें और उसके बाद छुट्टी पायें। किन्तु अधिवेशन कब बुलाना होगा और कहाँ बुलाना होगा यह बात उनके हाथ में नहीं थी। ये बातें पार्टी का नेतृत्व तय करता था। आखिरकार मार्च 1953 में दिल्ली में अधिवेशन होना तय हुआ और रामविलास जी को इसके लिए रिपोर्ट लिखने को कहा गया।

रामविलास जी ने रिपोर्ट लिखी। उन दिनों संकीर्णतावाद के खिलाफ अभियान चलाया जा रहा था। रामविलास जी ने कहा, आज तुम जिसे संकीर्णतावाद कहते हो उससे कहीं भयानक संकीर्णतावाद प्रगतिशील लेखक संघ के जन्मकाल में था। उन्होंने सन् 1936, 38, 40 तक जो संकीर्णतावादी रुझान थे—ऐसे रुझान जिनमें प्रेमचन्द को भी प्रगतिशील साहित्य के इतिहास से बाहर रखा गया था, उनका विवरण दिया। कांग्रेस-लीग एकता के जमाने में जो सुधारवादी रुझान आये, उनका विवरण भी दिया। इन दोनों से हटकर रामविलास जी के समय में जिस नीति पर प्रगतिशील लेखक संघ चला, उस पर भी लिखा। चूँकि रामविलास जी पार्टी के सदस्य थे, पार्टी नेतृत्व की सहमति के बिना वह अपनी रिपोर्ट पेश न कर सकते थे, इसलिए उन्होंने अपनी रिपोर्ट ई.एम.एस.नम्बूदरीपाद के पास भेज दी। पार्टी के सचिव अजय घोष थे लेकिन अधिकांश काम नम्बूदरीपाद करते थे। उन्होंने रिपोर्ट देखकर कहा, पुराना इतिहास छोड़ दो, अपने समय में जो हुआ, उस पर लिखो।

नयी रिपोर्ट

रामविलास जी ने रिपोर्ट दुबारा लिखी। इस बार रामविलास जी ने लिखा कि पूंजीपतियों की देशभक्ति एक तरह की होती है और आम जनता की दूसरी तरह की। प्रगतिशील लेखकों के लिए उचित है कि वे अपना नाता दूसरी तरह की देशभक्ति से जोड़ें। पार्टी नेतृत्व से रामविलास जी की माँग थी कि प्रगतिशील लेखक संघ के बारे अपनी नीति स्पष्ट करें, संस्कृति के बारे में अपनी नीति हमें बताएँ। उसके आधार पर काम किया जाए और संगठन चलाया जाए। लेकिन संस्कृति के बारे में कम्युनिस्ट पार्टी की नीति क्या है या क्या होनी चाहिए इस पर कोई भी नेता अपनी बात साफ-साफ कहने के लिए तैयार नहीं था। नम्बूदरीपाद ने इतना ही किया कि रिपोर्ट पेश करने की अनुमति दे दी, वह उससे सहमत हैं या असहमत हैं, इसके बारे में उन्होंने कुछ नहीं कहा।

सम्मलेन

फिर सम्मेलन का समय आया। जैसा कि कम्युनिस्ट पार्टी का कायदा था, सम्मेलन से पहले जो लेखक पार्टी के सदस्य थे, उनकी बैठक हुई। इसे फ्रैक्शन कहा जाता था। इस बैठक में नम्बूदरीपाद मौजूद थे। इसमें शिवदान सिंह चौहान नहीं बुलाये गये थे क्योंकि वह दिल्ली में पार्टी के सदस्य नहीं थे, बाहर कहीं हैं या नहीं यह किसी को मालूम न था। अमृत राय को बुलाया गया था लेकिन वह आये नहीं।

दिल्ली की बैठक में अजय घोष नहीं आये, नम्बूदरीपाद ने अजय घोष का एक पत्र पढ़कर सुनाया। पत्र में एक स्थापना यह थी कि प्रगतिशील लेखक संघ ने जो काम किया है, उससे लाभ की अपेक्षा हानि अधिक हुई है, इसलिए जो पार्टी लेखक हैं, वह खूब सोच लें कि प्रगतिशील लेखक संघ को पुनर्जीवित करना चाहिए या नहीं। अजय घोष ने मान लिया था कि प्रगतिशील लेखक संघ मर गया है, यह भी कि उससे हानि ज्यादा हुई है और लाभ कम। यह हानि-लाभ की बात सिर्फ उस दौरान के लिए नहीं थी जिसमें रामविलास जी महासचिव थे, बल्कि उसके जन्म से लेकर अब तक के इतिहास को लेकर कही गयी थी। रामविलास जी ने नम्बूदरीपाद से पूछा, यह राय पोलिट ब्यूरो की है या केवल अजय घोष की। उन्होंने कहा, मुझे अजय घोष ने यह पत्र दिया है कि मैं इसे पढ़कर यहाँ सुना दूँ। रामविलास जी ने पूछा, इस पत्र में जो कुछ कहा गया है, क्या आप उससे सहमत हैं? उन्होंने कहा, इसके बारे में मैं कुछ नहीं कह सकता।

स्थिति यह थी कि कम्युनिस्ट पार्टी अपनी ओर से संस्कृति के बारे में कोई नीति स्पष्ट नहीं करना चाहती थी। पोलिट ब्यूरो के नेता यह कहने को तैयार नहीं थे कि तुम्हें ऐसा करना चाहिए, ऐसा न करना चाहिए। रामविलास जी को रिपोर्ट पेश करनी थी, जिनके सामने पेश करनी थी उनमें काफी लोग कम्युनिस्ट पार्टी के सदस्य थे। उन्हें अपनी नीति कैसे समझायी जाये, यह समस्या थी।

सम्मेलन हुआ। अधिकतर हिन्दी-उर्दू के लेखक थे। बाहर से बहुत कम लेखक आये थे। भिवंडी में जो सम्मेलन हुआ था, उसके मुकाबले, यह सम्मेलन बहुत हल्का बैठता था। इसका एक कारण यह था कि विभिन्न भाषाओं के प्रतिनिधि भेजने का काम मुख्यतः पार्टी कमेटियों का था और ऐसे लोगों की संख्या पार्टी के अन्दर काफी थी जो मानते थे कि अब प्रगतिशील लेखक संघ की जरूरत नहीं है। अजय घोष ने जो पत्र लिखा था उसके पीछे काफी दिन का प्रचार था कि प्रगतिशील लेखक संघ हानिकारक संस्था है। उसकी जगह एक नया संगठन बनाना चाहिए जिसमें पूँजीवादी विचारधारा के लोग, कांग्रेस और सरकार के समर्थक भी आयें।

रामविलास जी ने रिपोर्ट अंग्रेजी में लिखी थी। उसके आधार पर वह हिन्दी में बोले। उनके बाद बहुत से लोग विरोध में बोलने के लिए खड़े हुए। ये सब बहुत साधारण लेखक थे, कुछ ऐसे भी जिन्होंने कभी कुछ लिखा ही नहीं था, किन्तु वे पार्टी के सदस्य थे या पार्टी के नजदीक थे इसलिए सम्मेलन में बैठे थे। शिवदान सिंह चौहान सम्मेलन में थे लेकिन वह अलग बैठे हुए थे और उन्होंने वहाँ कोई भाषण नहीं किया। जो लोग बोल रहे थे वह रिपोर्ट के बारे में कुछ न कहते थे, रामविलास जी के लेखन की आलोचना करते थे। कौन-सी नीति पर लोगों को संगठित किया जाये, संगठित किया भी जाये या न किया जाये, इसके बारे में वह चुप रहते थे।

दूसरे दिन की बैठक में रामविलास जी ने उनकी बहस का उत्तर दिया। भारत की सांस्कृतिक विरासत, उसका महत्त्व, हमारे लेखकों ने सदा अन्याय का विरोध किया है, न्याय का समर्थन किया है, न्याय और अन्याय आज की परिस्थितियों में हमें कैसे दिखाई देते हैं, लेखकों को न्याय का पक्ष लेना चाहिए, अन्याय का विरोध करना चाहिए, भारत की वर्तमान स्थिति में साहित्य का विकास कैसे होगा, इन सब मुद्दों पर वह बोले। सम्मेलन का घोषणा-पत्र तैयार करना था, यह काम भी रामविलास जी को सौंपा गया। उन्होंने लिखा कि सांस्कृतिक विकास में हमें आगे बढ़ना चाहिए, भाषाओं के आधार पर लेखक संगठन बनाने चाहिए और मार्क्सवादियों को इनमें काम करना चाहिए, ऐसी कुछ बातें घोषणा पत्र में थीं और उसे वहाँ स्वीकार किया गया।

अधिवेशन समाप्त होते-होते प्रश्न आया कि नया महासचिव किसे बनाया जाये। उर्दू के लेखकों ने तय किया था कि कृष्ण चन्दर को नया महासचिव बनाएँगे। उनका नाम प्रस्तावित हुआ और सब लोगों ने उसे स्वीकार किया। प्रगतिशील लेखक संघ के काम से रामविलास जी को छुट्टी मिली। उर्दू के लेखक बहुत प्रसन्न थे कि अभी तक उर्दू-हिन्दी को एक मानकर काम करना पड़ता था, अब कृष्ण चन्दर के आ जाने से गाड़ी पुरानी लीक पर चलेगी।

विजय मोहन शर्मा

भूमिका

(प्रथम संस्करण से)

हिन्दी साहित्य में किसी धारा, किसी प्रवृत्ति या किसी वाद की आज इतनी चर्चा नहीं है जितनी प्रगतिवाद या प्रगतिशील साहित्य की। आलोचना की हर पुस्तक में, साप्ताहिक और मासिक पत्रों में, विद्यालयों में, विद्यार्थियों के प्रश्न-पत्रों में हर कहीं इसकी चर्चा रहती है। छायावाद के बाद इतिहासकार स्वभावतः प्रगतिवाद का नाम लेने लगे हैं। पक्ष और विपक्ष में जो कुछ लिखा जाता है, उसमें जोश की मात्रा काफी होती है। कुछ लोगों को प्रगतिशील विचारधारा अपनी तरफ खींचती है, तो दूसरों को वह बिजली के करंट की तरह ठेलती हुई भी दिखाई देती है। नौजवान लेखकों पर और विद्यार्थियों पर इसका असर ज्यादा है। हम अक्सर नेकनीयत बुजुर्गों को यह कोशिश करते देखते हैं कि उन्हें इसकी हवा न लग जाए। कुछ दिन हुए बिहार के एक लेखक ने फतवा दिया था कि प्रगतिवाद मर गया। लेकिन मरने पर भी शायद वह भूत बनकर अपने विरोधियों को इस तरह सताता है कि उनकी सन्निपात की-सी बड़बड़ाहट और भी बढ़ जाती है।

एक प्रबन्ध-संग्रह में प्रगतिवाद के लिए लिखा गया है कि वह सनातन, प्राचीन, परम्परागत एवं शाश्वत सत्यों की उपेक्षा करता है, मार्क्सवाद पर आधारित होने के कारण भारतीय आध्यात्मिक भावना के प्रतिकूल है, कामवासना का नग्न रूप उपस्थित करता है, हिंसा का आश्रय लेता है इसलिए निंद्य है; श्रद्धा की उपेक्षा करता है, केवल आर्थिक कसौटी पर हर चीज परखता है, किसानों और मजदूरों तक ही सीमित है, इसलिए इसका क्षेत्र संकुचित है।

एक दूसरे लेखक का कहना है, शारीरिक और आर्थिक सुख ही उसका चरम लक्ष्य है, भौतिक सुख से परे उसकी दृष्टि ही नहीं जाती, प्रगतिवादी यथार्थ का नग्न-चित्रण करता है, जिसमें न काव्य है और न कला, शायद सौन्दर्य और कला को भी वह पूँजीवादी वाग्विलास समझता है, उसकी दृष्टि में नारी का एक ही रूप है, उपभोग्य रमणीत्व।

एक तीसरे लेखक का कहना है कि फ्रांस के विदेशी वातावरण में भारतीय प्रगतिशील लेखक संघ की स्थापना हुई, इसमें मत-स्वातन्त्र्य की बहुत गुंजाइश नहीं, प्रगतिवादी लेखक स्प्रिंगदार मखमली सोफों पर बैठकर बिजली के पंखे के नीचे खस

की टट्टी की ओट में पारकर पेन से मज़दूरों पर कविता लिखता है।

इस तरह के आक्षेपों के बावजूद प्रगतिवाद या प्रगतिशील साहित्य इस युग की ऐतिहासिक आवश्यकताएँ कम से कम एक हद तक पूरी करता है और हिन्दी साहित्य में उसका प्रभाव अच्छा ही पड़ा है, इस बात को बहुत से आलोचक भी मानते हैं। श्री सीताराम प्रबन्ध-पराग नाम की पुस्तक में लिखते हैं–''इसमें सन्देह नहीं कि प्रगतिवादी साहित्यकार युगधर्म को लेकर चला है।'' श्रीकृष्णचन्द्र विद्यालंकार ने प्रबन्ध-प्रकाश में लिखा है, ''प्रगतिवाद, जैसा कि हम ऊपर कह चुके हैं, समय की आवश्यकता है। और यही कारण है कि छायावाद व रहस्यवाद के प्रायः सभी प्रमुख हिन्दी कवियों ने अपनी दिशा बदल ली है।''

हिन्दी के वयोवृद्ध आलोचक बाबू गुलाबराय अपनी पुस्तक प्रबन्ध-प्रभाकर में प्रगतिवाद के गुणों का उल्लेख करते हुए कहते हैं, ''प्रगतिवाद हम को स्वार्थ परायण व्यक्तिवाद से हटाकर समष्टिवाद की ओर ले गया है। उसने लेखकों को शैया सेवी अकर्मण्य नहीं रखा है।''

प्रगतिशील साहित्य के विकास की सम्भावनाओं के बारे में हजारी प्रसाद द्विवेदी 'हिन्दी साहित्य' में लिखते हैं, ''प्रगतिशील आंदोलन बहुत महान उद्देश्य से चालित है। इसमें साम्प्रदायिक भाव का प्रवेश नहीं हुआ तो इसकी सम्भावनाएँ अत्यधिक हैं। भक्ति आन्दोलन के समय जिस प्रकार एक अदम्य दृढ़ आदर्श निष्ठा दिखाई पड़ी थी, जो समाज को नये जीवन दर्शन से चालित करने का संकल्प वहन करने के कारण अप्रतिरोध्य शक्ति के रूप में प्रकट हुई थी, उसी प्रकार यह आंदोलन भी हो सकता है।''

प्रगतिशील साहित्य की लोकप्रियता का एक सबूत यह है कि ऐसे लेखक जो प्रगतिवाद के विरोधी हैं, अपनी विचारधारा को सच्चा प्रगतिवाद कहकर पेश करते हैं। मिसाल के लिए श्री इलाचन्द्र जोशी 'विवेचना' में प्रगतिवादी लेखकों से कहते हैं कि ''यदि वे सच्चे हृदय से यह मानते और चाहते हैं कि प्रगतिवाद के नाम पर किसी भी यथास्थित्यात्मक जगड्‌वाल को (चाहे वह मार्क्सीया ही क्यों न हो) अपनाए रहना घोर मूर्खता है तो मैं उनसे अनुरोध करूँगा कि वे मेरे नये प्रगतिवाद का अनुसरण करें, जिसमें वास्तविक बाह्य प्रगति तथा अन्तरीण प्रगति को समान-समन्वयात्मक रूप से अपनाया गया है। कई वर्षों से विभिन्न निबन्धों द्वारा मैं जिस महत्त्वपूर्ण नये प्रगतिशील दृष्टिकोण को समझाने का प्रयत्न करता आ रहा हूँ, उसे सम्बद्ध रूप से समझने का सुयोग उन्हें पुस्तकाकार में एकत्रित निबन्धों द्वारा मिल सकेगा।''

इस महत्त्वपूर्ण प्रगतिशील दृष्टिकोण के बावजूद जो प्रगतिवाद चल पड़ा है उसके बारे में इलाचन्द्र जी कहते हैं, ''छायावादी युग ने कवियों को अन्तर्लोक की गहनता में डुबाकर एकान्त आत्मचिन्तन में मग्न कर दिया था और सामूहिक जीवन

की विराट वास्तविकता से साहित्य संसार को विमुख कर दिया था। प्रगतिवाद ने बाह्य जगत के जीवन संघर्ष की ओर हमारी चेतना को उन्मुख कर साहित्य का बहुत बड़ा उपकार किया है। यह बात हमें किसी भी हालत में नहीं भुलानी होगी।''

श्री क्षेमचन्द्र सुमन और श्री योगेन्द्र कुमार मल्लिक की पुस्तक 'साहित्य विवेचन' की भूमिका में प्रगतिवादी समीक्षा की बहुत-सी खामियों का उल्लेख करने के बाद भी नन्ददुलारे वाजपेयी कहते हैं ''उसने दो वस्तुएँ मुख्य रूप से दी हैं। प्रथम यह कि काव्य साहित्य का सम्बन्ध सामाजिक वास्तविकता से है, और वही साहित्य मूल्यवान है जो उक्त वास्तविकता के प्रति सजग और संवेदनशील है; द्वितीय यह कि जो साहित्य सामाजिक वास्तविकता से जितना ही दूर होगा, वह उतना ही काल्पनिक और प्रतिक्रियावादी कहा जाएगा। न केवल सामाजिक दृष्टि से अनुपयोगी होगा, साहित्यिक दृष्टि से भी हीन और ह्रासोन्मुख होगा। इस प्रकार साहित्य के सौष्ठव सम्बन्धी एक नयी माप रेखा और एक नया दृष्टिकोण इस पद्धति ने हमें दिया है जिसका उचित उपयोग हम करेंगे।''

इन उद्धरणों से यह बात जाहिर होती है कि प्रगतिशील साहित्य अपने युग की माँग को पूरा करनेवाला साहित्य है। उसकी शक्ति इस बात में है कि वह समाज के वास्तविक जीवन के निकट है। इसमें सन्देह नहीं कि आम लोगों की धारणा यह है कि जनता का पक्ष लेकर लड़नेवाला साहित्य प्रगतिशील है। शायद इसलिए उसके विरोधी नाराज होकर विदेशी प्रभाव, मार्क्सवाद की कट्टरता, कम्युनिस्ट पार्टी की दासता का आरोप प्रगतिशील लेखकों पर करते हैं। लेकिन जो साहित्य जनता का पक्ष लेगा, वह जरूर शक्तिशाली होगा और अजेय गति से आगे बढ़ता जायेगा।

प्रगतिवाद अलग है, प्रगतिशील साहित्य कोई और चीज है, इस तरह का सूक्ष्म भेद किया गया है। जैसे छायावादी कवि की रचनाएँ छायावाद से भिन्न नहीं है, वैसे ही प्रगतिशील या प्रगतिवादी लेखकों की रचनाएँ प्रगतिवाद से भिन्न नहीं हैं। हिन्दी आलोचना में प्रगतिशील और प्रगतिवाद का उसी तरह व्यवहार होता है जैसे छायावाद और छायावादी का। एक आलोचक का विचार है कि मार्क्सीय सौन्दर्य शास्त्र का नाम प्रगतिवाद है। लेकिन बीसवीं सदी के भरत मुनि या अरस्तू के अभाव में वह सौन्दर्य शास्त्र अभी रचा नहीं जा सका। इस तरह प्रगतिवाद एक भविष्य की वस्तु ठहरती है जो किसी भावी सौन्दर्यशास्त्री के जन्म पर अवलम्बित है। ऐसे प्रगतिवाद की चर्चा करना हमारा उद्देश्य नहीं है। उद्देश्य है उस नयी विचारधारा और साहित्य की चर्चा करना जिसे लोग प्रगतिवाद या प्रगतिशील साहित्य कहते हैं और जिसका प्रसार लगभग सन् 30 के बाद हिन्दी साहित्य और हिन्दुस्तानी समाज की ऐतिहासिक परिस्थितियों में हुआ है। प्रगतिशील साहित्य की समस्याओं का यहाँ मतलब है हिन्दी साहित्य के विकास की समस्याएँ। इसलिए इस पुस्तक में मार्क्सवाद और सौन्दर्य शास्त्र का गम्भीर विवेचन न मिले तो पाठक रुष्ट न हों। सम्भव है इस पुस्तक में

कुछ ऐसी समस्याएँ छूट गयी हों जो पाठकों के लिए महत्त्वपूर्ण हों या ऐसी आ गयी हों जो उनके लिए महत्त्वहीन हों। लेखक के लिए मूल समस्या यह है कि हम अपने साहित्य की जातीय विशेषताओं की रक्षा करते हुए किस तरह उन्हें विकसित करें कि हमारी जनता की चेतना निखरे और वह आज के दुखों और अभावों की दुनिया से निकलकर सुख और स्वाधीनता के प्रकाश में साँस ले सके। यदि यह समस्या महत्त्वहीन है तो सारा साहित्य भी निरुद्देश्य है। यदि महत्त्वहीन नहीं है, सिर्फ उस पर अच्छी तरह प्रकाश नहीं डाला गया या ठीक से उसे पेश भी नहीं किया गया तो इस काम में अपनी आलोचना द्वारा आप मेरा हाथ बँटाएँ, इसके लिए मैं आपको सादर आमन्त्रित करता हूँ।

गोकुलपुरा, आगरा। **रामविलास शर्मा**

5-3-54

साहित्य का उद्देश्य

(1)

'साहित्य की परख' नाम के निबन्ध में श्री शिवदान सिंह चौहान कहते हैं, "कलाकार स्वभावतः प्रगतिशील होता है, उसकी सृजन चेष्टा बाह्य जीवन के अनुभव और सौन्दर्यमूलक प्रवृत्ति अर्थात् व्यवस्था, सामंजस्य और मुक्तिकामी निसर्ग चेष्टा से उत्प्रेरित होती है।"

अगर कलाकार स्वभावतः प्रगतिशील होता है तो साहित्य में प्रगतिशील या प्रतिक्रियावादी का भेद करना निरर्थक है। उसके पास दो चीजें होनी चाहिए, एक तो अनुभव, दूसरी सौन्दर्यमूलक प्रवृत्ति। ये दो हों तो वह स्वभावतः प्रगतिशील होगा।

लेकिन यह जो अनुभव कलाकार हमें देता है, सामाजिक जीवन से निरपेक्ष नहीं होता। सामाजिक जीवन को स्वभावतः प्रगतिशील कहने का साहस चौहान ने भी नहीं किया। सामाजिक जीवन में कुछ तत्त्व प्रगतिशील होते हैं, कुछ प्रतिक्रियावादी। इन दोनों के विरोध से समाज को गति मिलती है। कोई भी साहित्यकार समाज में रहकर उसके विकास की इस प्रक्रिया से तटस्थ नहीं रह सकता।

वास्तव में जो लोग कहते हैं कि साहित्य स्वभाव से ही प्रगतिशील होता है, वे अप्रत्यक्ष रूप से यह मानकर चलते हैं कि साहित्य प्रतिक्रियावादी भी होता है। प्रगतिशील शब्द सापेक्ष अर्थ का बोधक है। कोई भी घटना-प्रवाह किसी की तुलना में ही प्रगतिशील होगा। इसलिए निरपेक्ष अर्थ में प्रगतिशील शब्द का व्यवहार कर सकना मुमकिन नहीं है।

न केवल कलाकार का सामाजिक अनुभव निरपेक्ष नहीं है, उसकी सौन्दर्यमूलक प्रवृत्ति भी सामाजिक विकास और सामाजिक सम्बन्धों से परे नहीं है। किसी भी समाज विशेष के मनुष्य की सौन्दर्यमूलक प्रवृत्ति उसके समूचे ऐतिहासिक विकास का परिणाम होती है।

यह साबित करने के लिए कि साहित्यकार स्वभावतः प्रगतिशील होता है, चौहान ने 'आलोचना' (नं. 1) के सम्पादकीय में महान लेखकों का उदाहरण दिया है। उन्होंने लिखा है, "इसमें सन्देह नहीं कि महान लेखकों की रचनाओं में अपने-अपने काल की सामाजिक विचारधाराएँ व्यक्त हुई हैं और उनकी कृतियाँ अपने समय के ऐतिहासिक वास्तव से पूर्णतः सम्बद्ध हैं।"

सवाल महान लेखकों का ही नहीं है, सवाल साधारण लेखकों का भी है। पहला सूत्र था, कलाकार स्वभावतः प्रगतिशील होता है। क्या अब हम कहें, कला. कार स्वभावतः महान भी होता है? और अगर वह महान है तो उसकी महत्ता की कसौटी क्या है?

चौहान आगे लिखते हैं, "लेकिन इन महान लेखकों को किसी शोषक वर्ग के खूँटे से बाँधकर जाँचना व्यर्थ होगा, क्योंकि उनकी रचनाओं में अपने समय का समग्र जीवन, तमाम वर्गों के अन्तःसम्बन्ध प्रतिबिम्बित हुए हैं और इस प्रकार उस युग की मूल समस्याओं का उद्घाटन हुआ है।"

इसका मतलब यह हुआ कि महान लेखक अपने युग की मूल (सामाजिक) समस्याओं का उद्घाटन अपने साहित्य में करते हैं। हर तरह का अनुभव लेखकों को बड़ा बनाने के लिए काफी नहीं है; अनुभव मूल समस्याओं का उद्घाटन करनेवाला होना चाहिए।

चौहान आगे लिखते हैं, "इसी कारण उनकी रचनाओं में शोषण-दोहन की विचारधाराओं के प्रति गहरे प्रतिवाद की मुखर ध्वनि है और आज़ादी की समानता की विचारधारा के प्रति गहरा मोह है। महान लेखक यथार्थवादी और अपने समय के आलोचक थे। वस्तुतः वह अपने काल के वर्ग-समाज के विद्रोही थे। इसलिए महान लेखक चाहे जिस काल में और चाहे जिस वर्ग में पैदा हुए हों, वह मूलतः मानववादी थे। उनकी महानता का यही रहस्य है कि उन्होंने 'मनुष्य' को ही प्रमाण और प्रतिमान माना, जिससे उनकी सहानुभूतियाँ मानव-मात्र तक प्रसारित हुईं, विश्वजनीन बनीं।"

इस स्थापना में चौहान के पहले सूत्र की सौन्दर्यमूलक प्रवृत्ति छूट गयी है; महत्ता का कारण बतलाते हुए विषय-वस्तु पर ही जोर दिया गया है।

चौहान के वाक्यों से यह भी स्पष्ट है कि इन महान लेखकों का मानववाद सभी मानवों के प्रति सहानुभूति प्रसरित नहीं करता। ऐसे समाज में जहाँ वर्ग और उनका परस्पर विरोध मौजूद हो, वे शोषकों का दृष्टिकोण न अपनाकर जनसाधारण का दृष्टिकोण अपनाते थे। इस तरह साहित्य वर्गों से परे न हुआ बल्कि उनके सम्बन्धों और संघर्ष को प्रतिबिम्बित करनेवाला हुआ। और महान लेखक वही कहलाता है जो सामाजिक यथार्थ की मूल समस्याओं का उद्घाटन करता है और जनता के उत्पीड़कों की आलोचना करता है, उनके प्रति विद्रोह तक करता है। इसलिए उसके मानववाद का भी एक वर्ग-आधार होता है। वह "मानव-मात्र" तक अपनी सहानुभूतियाँ प्रसरित नहीं करता। उसकी सहानुभूतियाँ विश्वजनीन एक सीमित अर्थ में ही होती हैं—जन साधारण के लिए विश्वजनीन न कि वर्ग-भेद छोड़कर समान रूप से सभी के लिए।

महान शब्द भी सापेक्षता मूलक है। जहाँ महान लेखक होंगे, वहाँ अमहान लेखक भी होंगे। जहाँ कुछ लेखक वर्ग-समाज के प्रति विद्रोही होंगे, वहाँ कुछ उसके हिमायती भी निकल आयेंगे। जहाँ कुछ लेखक मूल समस्याओं का उद्‌घाटन करेंगे, वहाँ कुछ ऐसे भी होंगे जो अ-मूल को ही मूल कहकर पेश करेंगे। इस तरह साहित्य में दो धाराओं का अस्तित्व स्वीकार करना ही पड़ेगा, उन्हें चाहे महान और अमहान कहिए चाहे प्रगतिशील और प्रतिक्रियावादी कहिए। इसलिए यह स्थापना कि कलाकार स्वभावतः प्रगतिशील होता है, सही साबित नहीं होती।

महान लेखकों को वर्ग-समाज का विद्रोही मानने पर कलाकार या आलोचक से तटस्थता की माँग करना आश्चर्यजनक है। चौहान ने 'साहित्य की परख' में तटस्थ होने की कठिनाई बयान करते हुए कहा है, ''वर्तमान में हमारी दृष्टि बहुत संकुचित और सीमित रहती है—वस्तुएँ, घटनाएँ, भावनाएँ, राग-द्वेष अपनी अति निकटता के कारण सारे दृष्टिपट पर छा जाते हैं और निर्णेता स्वयं व्यक्तिगत या सामाजिक रूप से इन घटनाओं या भावनाओं से अपने को निर्लिप्त और निस्संग नहीं रख सकता; अतः जो उसे महत्त्वपूर्ण लगता है वही स्थायी और सुन्दर भी लग सकता है।''

अगर महान लेखक निःसंग और निर्लिप्त नहीं होता, वह वर्ग संघर्ष से तटस्थ न रहकर शोषण व्यवस्था का विरोध करता है, तो उसका मूल्यांकन करनेवाला आलोचक ही उस संघर्ष से तटस्थ क्यों हो? क्या यह अधिक स्वाभाविक नहीं है कि वह जितना ही जनसाधारण का पक्ष लेगा, उतना ही जनसाधारण का पक्ष लेने वाले साहित्य का मूल भी वह समझेगा? इसलिए न तो साहित्यकार स्वभावतः प्रगतिशील होता है, न आलोचक। वे प्रगतिशील तभी होते हैं जब वे जनसाधारण का पक्ष लेते हैं।

चौहान ने 'आलोचना' (नं. 5) में साहित्य और कला की यह व्याख्या दी है, ''साहित्य और कला वस्तु चित्रों तथा मानव-चरित्रों की भाषा में जीवन के वैविध्यपूर्ण और परस्पर विरोधी सम्बन्धों और अन्तःसम्बन्धों के यथार्थ को उसके गर्भ में विकासमान सम्भावनाओं की दृष्टि से मूर्त अैर कलात्मक रूप में प्रतिबिम्बित करती हैं। साहित्य और कला की कृतियाँ इसका परिणाम होती हैं।''

समाज के परस्पर विरोधी सम्बन्ध और उनके गर्भ में विकासमान संभावनाओं की दृष्टि—साहित्यकार के लिए दो चीजें आवश्यक हुईं, एक तो सामाजिक यथार्थ जिसका वह चित्रण करेगा, दूसरी वह दृष्टि जिससे वह उस यथार्थ को जाने पहचानेगा। लेकिन न तो हर साहित्यकार यथार्थ को एक ही दृष्टि से देखता है, न उससे एक-सी सामग्री लेकर साहित्य में चित्रित करता है। इसलिए चौहान की व्याख्या सभी साहित्य और सभी कला पर लागू नहीं होती। यह व्याख्या साहित्य को स्वभावतः प्रगतिशील या स्वभावतः महान मानकर दी गयी है। लेकिन जैसा कि हम ऊपर देख चुके हैं, सभी साहित्य प्रगतिशील या महान नहीं होते।

चौहान की व्याख्या में यह भी ध्यान देने की बात है कि सौन्दर्यमूलक प्रवृत्ति फिर गायब है। यहाँ केवल दृष्टिकोण, समाज के सम्बन्धों पर जोर है; इनका माध्यम वस्तुचित्रों और मानव चरित्रों की भाषा है। पता नहीं यह भाषा स्वभाव से ही सौन्दर्य मूलक है या नहीं। अनुभव यही बतलाता है कि सुघड़ और अनगढ़ का भेद यहाँ भी बराबर देखने को मिलता है।

चौहान की व्याख्या में दूसरी बात ध्यान देने की यह है कि उसके दोनों वाक्यों में परस्पर कोई सम्बन्ध नहीं है। पहले वाक्य में साहित्य और कला की व्याख्या की गयी है। दूसरे वाक्य में कहा गया है कि साहित्य और कला की कृतियाँ 'इसका' परिणाम होती हैं। 'इसका' में किस क्रिया की तरफ संकेत है, यह पता नहीं लगता। अगर कला की कृतियाँ चौहान की व्याख्या का परिणाम हों तो दूसरी बात है।

साहित्य को परखने की वैज्ञानिक कसौटी बतलाते हुए चौहान उसी नोट में आगे कहते हैं, ''उनकी या किसी भी युग के कलाकार और साहित्यकारों की प्रतिभा, ईमानदारी और उनकी कृतियों की कलात्मक श्रेष्ठता को परखने की वैज्ञानिक कसौटी भी यही है कि जाँच करके यह देखा जाये कि अपने जीवन काल की ऐतिहासिक परिस्थितियों द्वारा प्राप्त अनिवार्य विचार सीमाओं के होते हुए भी उन्होंने सच्चे कलाकार की सत्यान्वेषी वस्तुनिष्ठा से अपने युग जीवन की वास्तविकता या सत्य का कितना यथार्थ और मूर्त चित्रण किया।''

वह युग जीवन की वास्तविकता हर युग में एक-सी है या अलग-अलग? अगर एक-सी होती तो अपने जीवन काल की ऐतिहासिक परिस्थितियों द्वारा प्राप्त विचार सीमाओं का सवाल न उठता। इसका मतलब यह हुआ कि साहित्य की कसौटी ऐतिहासिक होनी चाहिए, उसकी परख किसी अपरिवर्तनशील युग-सत्य के आधार पर नहीं होती।

चौहान की व्याख्या में कलाकार से माँग की गयी है कि सत्यान्वेषी वस्तुनिष्ठा से वास्तविकता का यथार्थ चित्रण करे। सारा जोर सत्य, वास्तविकता और यथार्थ पर है। यानी वास्तविक कलाकार वास्तविकतान्वेषी वस्तुनिष्ठा से वास्तविकता का वास्तविक चित्रण करे। अथ से इति तक कहीं वास्तविकता का पल्ला नहीं छूटने पाया।

चौहान ने यह कसौटी कलाकार की प्रतिभा और ईमानदारी परखने के लिए ही नहीं, उसकी कृतियों की कलात्मक श्रेष्ठता परखने के लिए भी बतायी है। लेकिन युग जीवन की वास्तविकता अखंड इकाई नहीं है। कोई भी युग सत्य द्वन्द्व से परे नहीं होता। आज के युग का सत्य यह है, एक तरफ जनता साम्राज्यवाद से मुक्ति के लिए संघर्ष कर रही है, दूसरी तरफ साम्राज्यवादी ताकतें और उनके हिमायती उसे दबाने और गुलाम बनाये रखने की कोशिश कर रहे हैं। इस द्वन्द्व में कलाकार किसी अद्वैत युग सत्य का सहारा न लेकर जनता या उसके विरोधियों का पक्ष लेता

है। इसलिए स्वभावतः प्रगतिशील न होकर उसे युग विशेष और समाज विशेष के संघर्ष में जनता का पक्ष लेने पर ही प्रगतिशील कहा जा सकता है।

उसकी कलाकृति सुन्दर है या असुन्दर, यह उसके मूर्त चित्रण पर ही निर्भर नहीं करता। अनुभव बतलाता है कि साहित्य में अंकित हर मूर्ति सुन्दर नहीं होती।

लेकिन अपने युग के या और किसी पिछले युग के साहित्यकार ने जो युग सत्य प्रकट किया है, उसकी सत्यता को जानने का क्या उपाय है? मोटे तौर पर सच और झूठ का भेद छिपा नहीं रहता। झूठ बोलने वाले की आँखें गवाही दे जाती हैं। लेकिन कुछ लोग झूठ बोलने की कला में इतने प्रवीण होते हैं कि वे उसे सत्य से ज्यादा प्रभावशाली बना देते हैं। इसलिए साहित्य में प्रतिबिम्बित यथार्थ को परखने के लिए समाज की जानकारी आवश्यक है। साहित्य का इतिहास समाज के इतिहास से अलग न होकर उसका एक अंग होता है।

साहित्य को परखने की यह कसौटी समाजशास्त्रीय हुई या असमाजशास्त्रीय?

'आलोचना' (नं. 1) के संपादकीय में चौहान ने लिखा है, "आचार्य शुक्ल के पश्चात् हिन्दी-आलोचना ने अपने विकास के लिए नये पथ खोजे– समाजशास्त्र का आधार लेकर 'प्रगतिवाद' और मनोविज्ञान का आधार लेकर 'प्रतीकवाद' की विचारधाराएँ साहित्यालोचन का दृष्टिकोण बनीं। परन्तु पिछले कई वर्षों से हिन्दी का आलोचना साहित्य एक अवांछित गतिरोध की स्थिति में पड़कर मनमाने पथों पर भटकता रहा है।"

इससे यही पता चलता है कि आरम्भ में प्रगतिवाद ने समाजशास्त्र का आधार लिया, सो ठीक किया। सिर्फ बाद में कुछ लोगों ने उसे पथभ्रष्ट कर दिया। चौहान ने अक्सर जो कुत्सित समाजशास्त्र की बात कही है, उससे भी अन्दाज यही लगता है कि अकुत्सित समाजशास्त्र उन्हें पसंद है। लेकिन आलोचना (नं. 4) में वह समाजशास्त्र और ऐतिहासिक भौतिकवाद में भेद करते हुए लिखते हैं, "प्रश्न है कि क्या प्रगतिवादी प्रगतिवाद को सचमुच प्रगतिवाद बनाने का दायित्त्व सँभालेंगे और समाजशास्त्रीय दृष्टिकोण त्यागकर ऐतिहासिक भौतिकवादी दृष्टिकोण अपनायेंगे? क्या आज भी यह दुहराने की जरूरत है कि मार्क्सीय सौन्दर्य शास्त्र का दृष्टिकोण समाजशास्त्रीय नहीं बल्कि ऐतिहासिक भौतिकवादी है?"

मालूम होता है समाजशास्त्र तो समाज का शास्त्र है और ऐतिहासिक भौतिकवाद समाज का शास्त्र न होकर और किसी चीज का शास्त्र है। इसलिए यह मौलिक भेद किया गया है। अगर बात ऐसी है तो समाजशास्त्र को आधार बनाकर प्रगतिवाद ने शुरू से ही गलती की थी; कुछ लोगों ने उसे और भी कुत्सित बनाकर कोई मौलिक गलती नहीं की बल्कि उस पहली गलती को ही और भारी भरकम बना दिया। साहित्य की व्याख्या करते हुए चौहान कहाँ 'समाजशास्त्र' का सहारा लेते हैं, कहाँ ऐतिहासिक भौतिकवाद का, यह कहना काफी कठिन है।

शायद ऐतिहासिक भौतिकवाद समाज विज्ञान तो है। लेकिन समाजशास्त्र नहीं है। क्योंकि 'साहित्य की परख' में उन्होंने लिखा है कि प्रगतिवाद की विचारधारा मार्क्सवादी दर्शन 'द्वन्द्वात्मक भौतिकवाद' और ''मार्क्सवादी समाजविज्ञान 'ऐतिहासिक भौतिकवाद' से प्रभावित है।'' इससे ऐतिहासिक भौतिकवाद के बारे में इतना तो मालूम हो जाता है कि वह समाजविज्ञान है, अवश्य हर तरह का समाज-विज्ञान नहीं, मार्क्सवादी समाज-विज्ञान। तब क्या समाज-विज्ञान और समाजशास्त्र में कोई मौलिक भेद है? या 'शास्त्र' होने से ही एक रूढ़िवादी और 'विज्ञान' होने से दूसरा प्रगतिशील है?

लेकिन एक बात तो पक्की है कि हर साहित्यकार स्वभावतः प्रगतिशील नहीं होता और उसके प्रतिक्रियावाद या प्रगतिशीलता को जाँचने के लिए यह देखना होता है कि वह अपने सामाजिक जीवन में उस समय की प्रगतिशील शक्तियों का साथ देता है या प्रतिक्रियावादी शक्तियों का।

(2)

देखना चाहिए कि वह कुत्सित समाजशास्त्र क्या है जिसने प्रगतिवाद या प्रगतिशील साहित्य को पथभ्रष्ट कर दिया।

'साहित्य की परख' में चौहान ने कुत्सित समाजशास्त्रियों के द्वैतवादी दृष्टिकोण का यों उल्लेख किया है, ''प्रगतिवादी समीक्षकों में साहित्य के 'कलापक्ष' और 'सागाजिक पक्ष' के साग्बन्ध गें एक द्वैतभावना बनी हुई थी और वे इरा बात का निर्णय न कर पाते थे कि किसी रचना में इन दोनों तत्त्वों का समावेश किस मात्रा और अनुपात में होता है, अथवा उनमें किसका आत्यन्तिक महत्त्व है। इस विकृत यान्त्रिकता का ही परिणाम था कि प्रगतिवादी आलोचना ने व्यवहारतः किसी रचना में व्यक्त विचारों को ही उस रचना के साहित्यिक मूल्य की कसौटी मान लिया और स्वयं कवि पन्त ने भी—

तुम वहन कर सको तन मन में मेरे विचार,
वाणी मेरी, चाहिए तुम्हें क्या अलंकार।

प्रश्न करके इस द्वैत भावना को अपनी एक कविता में उदात्त अभिव्यक्ति दे दी थी।''

कुत्सित समाजशास्त्र के लिए कलापक्ष और सामाजिक पक्ष में भेद होता है। क्या चौहान साहित्य की विषयवस्तु और कला को एक ही चीज समझते हैं? द्वैतभावना तभी मिट सकती है जब कला को हम विषयवस्तु समझें और विषयवस्तु को कला। इस तरह जीवन की घटनाएँ साहित्य में प्रतिबिम्बित हुए बिना भी साहित्य हो जायेंगी और छन्द, अलंकार, चित्रण-कौशल, शैली सौन्दर्य आदि विषयवस्तु के बिना ही हमें लोकोत्तर आनन्द देने लगेंगी।

लेकिन साहित्य की विषयवस्तु और उसकी कला दोनों एक चीज नहीं हैं। ये दोनों ही सम्बद्ध होकर साहित्य बनती हैं, दोनों की एकता साहित्य के लिए ज़रूरी है। लेकिन कला और विषयवस्तु दोनों ही समान रूप से साहित्य रचना के लिए निर्णायक महत्त्व की नहीं है। निर्णायक भूमिका हमेशा विषयवस्तु की होती है। जिसके पास उच्चकोटि के विचार नहीं हैं, भावावेश नहीं हैं, यथार्थ का गहरा ज्ञान नहीं है, वह सिर्फ कला को निखारने की कोशिश करके उत्कृष्ट साहित्य नहीं रच सकता। जिसके पास ये चीज़ें हैं, उसके पास मूलवस्तु है, प्रयत्न करने पर वह उसे कलात्मक रूप दे देगा। वाल्मीकि ने जब क्रौंचवध से क्षुब्ध होकर 'शोकः श्लोकत्वमागतः' का अनुभव व्यक्त किया था, तब उन्होंने शोक और श्लोक–विषयवस्तु और कला का सापेक्ष महत्त्व भी बतला दिया था। इसलिए प्रगतिशील आलोचना ने भी व्यंजना की अपेक्षा विचारों को ही अधिक महत्त्वपूर्ण समझा है और साहित्यकारों को मुख्यतः उन्हीं के अनुसार परखा है।

दिलचस्प बात यह है कि पन्त जी जब जन-मन तक अपने विचार पहुँचाने की बात कहते थे तब वह चौहान के लिए कुत्सित समाजशास्त्रियों की श्रेणी में थे। जब वह 'राजभवन हे राजभवन जन-मन के मोहन' का राग अलापने लगे तब वह देशकाल की समस्याओं से परे रहने वाले चिर प्रगतिशील, चिर महान कलाकार बन गये।

आश्चर्य है कि द्वैत भावना जैसी घटिया चीज़ को, चौहान के अनुसार, पन्त जी ने उदात्त अभिव्यक्ति दी! चौहान की आलोचना एक क्षण के लिए द्वैत भावना के वशीभूत होकर उदात्त अभिव्यक्ति और उदात्त विषयवस्तु में भेद करती हुई दिखाई देती है।

चौहान ने आगे लिखा है, "गत वर्षों में जिन लोगों ने प्रगतिवाद की विचार धारा को सामयिकता और राजनीतिक प्रचार की सीमा में बाँधकर साहित्य की कसौटी को अवसरवादी बनाने की चेष्टा की है। वह अनायास और अकारण ही नहीं। ये लोग वास्तव में उस द्वैत भावना से आक्रान्त हैं जिसका उल्लेख मैं पहले कर चुका हूँ....।"

द्वैत भावना का असली मतलब अब खुलता है। सवाल यह नहीं है कि विचारों और कलात्मक सौन्दर्य में सामंजस्य हो; सवाल यह है कि ये विचार सामयिकता और राजनीतिक प्रचार की सीमाओं से परे हों या नहीं। चौहान के लिए कुत्सित समाज शास्त्र की मौलिक समस्या यह है कि लेखक सामयिक राजनीति से अलग रहे या उसे अपनाकर चले।

विश्व साहित्य से कुत्सित समाजशास्त्र की मिसालें देते हुए चौहान ने लिखा है, "उदाहरण के लिए रूसो और वोल्तेयर ने अथवा आधुनिक काल में ही गोर्की ने फ्रान्स और रूस की क्रान्तियों के अवसर पर तत्कालीन प्रश्नों को लेकर जो रचनाएँ

कीं या आयरलैंड की क्रान्ति के अवसर पर शेली ने जो अपीलें छापकर बाँटी उनका आज कोई साहित्यिक मूल्य नहीं रहा।''

सामयिकता में फँसने का यह नतीजा होता है कि गोर्की वोल्तेयर और शेली जैसे समर्थ कलाकार भी साहित्यिक मूल्य की चीज़ें न दे पाये। इसलिए रूस के मज़दूर आन्दोलन को लेकर गोर्की ने जो 'माँ' नाम का उपन्यास लिखा, शेली ने यूनान, इटली, ब्रिटेन आदि के स्वाधीनता आन्दोलनों और जन संघर्षों पर जो रचनाएँ कीं, उनका कोई मूल्य नहीं रहा। चौहान के मुताबिक ये सब एक समय अवसरवादी कलाकार थे। वे सामयिकता से मुक्त न होकर उसी में फँसकर रह गये।

चौहान का कुत्सित समाजशास्त्र विरोध संसार के अनेक क्रान्तिकारी साहित्यकारों की विरासत का विरोध साबित होता है। एक तरफ तो वह गोर्की, शेली और वोल्तेयर की उस क्रान्तिकारी विरासत को ठुकराते हैं जो सामयिकता में डूबी हुई थी और जिसने इतिहास को बदलने में मानव समाज को प्रेरणा दी। दूसरी तरफ वह ब्रिटेन के टी.एस. इलियट जैसे फासिस्ट लेखकों का तटस्थतावाद अपनाकर सौन्दर्यशास्त्र को भरा पूरा बनाने की बात कहते हैं। मार्क्सवाद को अपूर्ण कहकर, उसे भरा पूरा बनाने के नाम पर वह आई.ए. रिचर्ड्स जैसे पच्छिम के पतनशील आलोचकों से समझौता करने का आदेश देते हैं।

हिन्दी की प्रगतिशील आलोचना आचार्य शुक्ल आदि की विरासत को अपने में समाकर ही आगे बढ़ सकती है, एक हद तक आगे बढ़ी है, लेकिन चौहान को एकांगी समाजशास्त्रीय दृष्टिकोण के दोषी मार्क्सवादी लेखक ही नहीं दिखाई देते, बल्कि स्वयं शुक्लजी जैसे राष्ट्रीय विचारधारा से प्रेरित लेखक भी उससे पीड़ित दिखाई देते हैं। आलोचना (नं. 5) में वह लिखते हैं, ''शुद्ध कलावादी दृष्टिकोण से तो इतिहास नहीं लिखे गये लेकिन न्यूनाधिक मात्रा में एकांगी समाजशास्त्रीय दृष्टिकोण आचार्य शुक्लजी से लेकर आज तक अपनाये जाते रहे हैं, चाहे ये समाजशास्त्रीय दृष्टिकोण राष्ट्रीय विचारधारा से प्रेरित हों या मार्क्सवादी विचारधारा से।''

इसका मतलब यह है कि अधिकांश हिन्दी आलोचकों ने पच्छिम के घटिया सिद्धान्त 'कला कला के लिए' को नहीं अपनाया। उनके लिए कला और उपयोगिता के बीच कोई दुर्भेद्य खाई नहीं रही; वे साहित्य को सामाजिक विकास क्रम से अलग करके नहीं बल्कि उसके साथ जोड़कर उसे देखते रहे हैं। यह कोई नहीं कह सकता कि वे कलात्मक सौन्दर्य के विरोधी थे या उन्होंने साहित्य में विचारों को ही एकमात्र कसौटी बनाया था। फिर भी चौहान को उनका दृष्टिकोण एकांगी समाजशास्त्रीय लगता है। क्यों? इसलिए कि लोकमंगल की भावना को साहित्य की परख में उस हद तक कसौटी बनाना भी उन्हें पसन्द नहीं है, जिस हद तक शुक्लजी ने या दूसरे आलोचकों ने उसे बनाया था।

चौहान ने शुक्लजी आदि के साथ मार्क्सवादी आलोचकों को जोड़कर जो दोनों के दृष्टिकोण को एकांकी समाजशास्त्रीय कहा है, "वह इस बात का प्रमाण है कि प्रगतिशील आलोचना अपनी परम्परा से नाता तोड़कर कोई विदेश से आयी हुई चीज़ नहीं है। वह आचार्य शुक्ल जैसे आलोचकों के साहित्य-सिद्धान्तों का मूल्यांकन करके, उन्हें विकसित करते हुए आगे बढ़ रही है।

चौहान को यह ह्रास आलोचना ही में नहीं दिखाई देता। उनकी राय में यह ह्रास चौतरफा व्याप गया है; समूचा साहित्य उसकी लपेट में आ गया है। 'आलोचना' (नं. 6) में वह लिखते हैं, "किन्तु रवीन्द्र, शरत्, इकबाल और प्रेमचन्द की पीढ़ी समाप्त होते ही हमारे देश की विभिन्न भाषाओं और कलाओं में जैसे यह द्वितीय उत्थान भी समाप्त हो गया।.....प्रगतिशीलों ने इस ह्रास को रोकने की कोशिश की लेकिन वे स्वयं समस्या के ऊपरी रूप से ही परिचित थे, उसके वास्तविक रूप को पहचानने की अन्तर्दृष्टि उनमें उस समय न थी।"

चौहान की परेशानी हिन्दी भाषा तक सीमित नहीं है। वह भारत की सभी भाषाओं के साहित्य में ह्रास के अन्देशे से दुबले हैं। इन भाषाओं के लेखक जनता के कन्धे से कन्धा मिलाकर जो साहित्य रचते रहे हैं वह चौहान की दृष्टि से ओझल है। आज हिन्दी में अज्ञेय जैसे साम्राज्यवाद के दोस्तों का यह प्रचार है कि साहित्य में प्रतिभाएँ हैं नहीं और जो हैं उन्हें मार्क्सवादी गुमराह कर रहे हैं। चौहान के लिए भी प्रेमचन्द के बाद सभी भाषाओं के साहित्य में ह्रास शुरू हो गया और प्रगतिशील लेखक समस्या के ऊपरी रूप से ही परिचित थे।

चौहान आज की परिस्थितियों से निराश होकर लिखते हैं, "आज की प्रतिकूल परिस्थितियों में राष्ट्रीय सांस्कृतिक जीवन एक व्यंग्यपूर्ण हकीकत बन गया है, जिसमें उच्चकोटि का साहित्य और कला का फलना-फूलना संभव नहीं दीखता।"

हमारे देश में सांस्कृतिक विकास के लिए प्रतिकूल परिस्थितियाँ कौन-सी हैं? एक तरफ आर्थिक राजनीतिक कारण हैं, साम्राज्यवाद का अधिकतम मुनाफे वाला शोषण है, किसानों पर कर्ज़, लगान और महँगाई का बोझ है, भुखमरी, बेकारी और लाठी-गोली का रामराज है। दूसरी तरफ सांस्कृतिक कारण हैं, साम्राज्यवादी सामन्ती संस्कृति का दबाव है, जनता की निरक्षरता है। चौहान की 'आलोचना' अगर प्रतिकूल परिस्थितियों से लड़ने के लिए है तो वह साम्राज्यवाद के राजनीतिक, आर्थिक और सांस्कृतिक दबाव का पर्दाफाश क्यों नहीं करती? वह भारत में बढ़ते हुए युद्ध प्रचार की तरफ तटस्थ क्यों है? वह साहित्य की उस धारा का विरोध क्यों नहीं करती जो देश में साम्राज्यवादी सामन्ती हितों और उनके देश सेवकों का समर्थन करती है? या प्रतिकूल परिस्थितियों में आचार्य शुक्ल से अब तक का आलोचना साहित्य, प्रेमचन्द के बाद से सभी भाषाओं में लिखा हुआ अब तक का प्रगतिशील साहित्य ही है?

चौहान के लिए अगर कुत्सित समाजशास्त्र का मतलब वह साहित्य है जो जनहित को प्रतिबिम्बित करता है तो इसका यह मतलब नहीं कि कुत्सित समाजशास्त्र नाम की कोई चीज़ होती ही नहीं है। समाज और साहित्य के सम्बन्ध को सही तौर पर पेश न करना, साहित्य के लिए गलत सामाजिक उद्देश्य पेश करना, गलत सामाजिक पृष्ठभूमि में साहित्यकारों का मूल्यांकन करना, यह सब कुत्सित समाजशास्त्र की विशेषता है।

मिसाल के लिए हिन्दुस्तान में प्रगतिशील साहित्य की आवश्यकता का सवाल है। हमारे मित्र या तो समूचे साहित्य को प्रगतिशील मानेंगे या फिर प्रगतिवाद की यह व्याख्या करेंगे—" 'प्रगतिवाद' साहित्य की वह धारा है जो पूँजीवाद के अन्तिम काल में उत्पन्न होती है, जो पूँजीवादी साहित्य और कला की सारी कामयाबियों और सजीव परम्पराओं को ग्रहण कर, एक नये जन साहित्य का निर्माण करती है।"

अगर पच्छिम के देशों में प्रगतिशील कहलाने वाला साहित्य पूँजीवाद के अन्तिम काल में रचा गया हो तो वह व्याख्या भारत पर भी क्यों न लागू कर दी जाए?

हाँ! चौहान के इस वाक्य में प्रगतिवाद साहित्य की धारा है। यह 'प्रगतिवाद' नाम की किताब के 'प्रगतिवाद' नामक लेख का पहला ही वाक्य है लेकिन 'आलोचना' (नं. 4) में चौहान ने कुत्सित समाजशास्त्रियों की भूल सुधारते हुए लिखा, "प्रगतिवाद साहित्य की धारा नहीं, साहित्य का मार्क्सवादी दृष्टिकोण है।" प्रगतिवाद जब साहित्य की धारा होता है, तब उसमें दृष्टिकोण का अभाव होता है। जब वह दृष्टिकोण होता है तब वह साहित्य की धारा से तटस्थ रहता है। इसीलिए कभी वह धारा, कभी दृष्टिकोण, लेकिन दोनों से मिल-जुलकर एक दिशा में बहती हुई धारा वह नहीं हो पाता।

एक दूसरे लेख में चौहान ने साम्यवादी यथार्थवाद के साहित्य ही को प्रगतिशील साहित्य माना है। साम्यवादी यथार्थवाद क्या है? दृष्टिकोण है या धारा है? साम्यवादी यथार्थवाद "वर्तमानकालीन मजदूर, किसान और निम्न श्रेणी के टटपुँजियों का साहित्य होता है, जिसमें ऐतिहासिक एवं वैज्ञानिक शोध द्वारा उनकी आन्तरिक एकता को दृढ़ करने की कोशिश की जाती है।"

इसमें सन्देह नहीं कि चौहान जैसे लोगों ने किसानों और मजदूरों का साहित्य चाहे न रचा हो, निम्न श्रेणी के टटपुँजियों का साहित्य ज़रूर रचा है और इस काम में वह अकेले नहीं हैं।

और भी, साम्यवादी यथार्थवाद "साहित्य की अन्य सभी धाराओं से वस्तु, रूप, प्रकाशन और सिद्धान्त में भिन्न है। यह सबका व्यतिरेक कर स्वयं अपने पैरों पर खड़ा होने का दावा करता है। यह एक युद्धात्मक, असहनशील क्रान्तिकारी धारा है।"

संक्षेप में यह कि सांस्कृतिक विरासत से उसका कोई सम्बन्ध नहीं है। वह

हर चीज़ नयी गढ़कर पेश करने में विश्वास करता है, अपने पैरों पर खड़ा होता है, असहनशील है और उसका क्रान्तिकारीपन उसकी असहनशीलता में ही है लेकिन इन सब विशेषणों का सम्बन्ध सोवियत संघ के समाजवादी यथार्थवाद से भी नहीं है जिसका रूप जातीय होता है, इसलिए एक हद तक परम्परागत भी होता है और विषयवस्तु समाजवादी होती है। समाजवादी यथार्थवाद के प्रवर्तकों का यह भी कहना था कि हर जाति की कुछ अपनी सांस्कृतिक विशेषताएँ होती हैं जो उसके जीवन की विशेष परिस्थितियों से पैदा होती हैं। वे साहित्य में प्रतिबिम्बित होती हैं। चौहान की व्याख्या न सिर्फ भारतीय प्रगतिशील साहित्य के लिए गलत है बल्कि वह सोवियत साहित्य के लिए भी गलत है जहाँ समाजवादी यथार्थवाद की धारा ने इस असहनशीलता, इस वस्तु-रूप-सिद्धान्त में एकदम नये होने का विरोध किया है। चौहान ने अपनी व्याख्या किसी प्रोलेतकुल्तवादी से उधार लेकर उसे सोवियत और भारत के साहित्य पर एक साथ फिट कर दिया है।

नहीं, चौहान यह भी कहते हैं कि यह धारा पुरानी संस्कृति के समस्त रचनात्मक और प्रगतिशील तत्त्वों को ग्रहण कर उन्हें नये सिरे, नये ढाँचों में ढालकर उनकी रक्षा करती है। मिसाल के लिए हिन्दी में छायावादी साहित्य को लीजिये। जिस लेख में चौहान ने रचनात्मक तत्त्वों की रक्षा की बात की है, उसी में वह छायावाद के बारे में कहते हैं, ''रवीन्द्रनाथ ठाकुर के बाद यह धारा हिन्दी में सर्वश्री जयशंकर प्रसाद, सूर्यकान्त त्रिपाठी 'निराला', सुमित्रानन्दन पन्त, श्रीमती महादेवी वर्मा और अनेकों छोटे-मोटे कवियों के मुख से निःसृत हो उठी। और आज इसका कोई ठिकाना नहीं। इनमें से कुछ स्वभावतः प्रगतिशील भी हैं लेकिन उनकी कविताएँ प्रगतिशील न होकर प्रतिक्रियावादी होती हैं। इस छायावाद की धारा ने हिन्दी के साहित्य को जितना धक्का पहुँचाया है, उतना शायद ही हिन्दू महासभा या मुस्लिम लीग ने पहुँचाया हो।''

चौहान का साम्यवादी यथार्थवाद पुरानी संस्कृति के रचनात्मक तत्त्वों की रक्षा इस तरह करता है। साहित्यकार स्वभावतः प्रगतिशील होता है और छायावादियों में भी कुछ तो स्वभावतः प्रगतिशील थे ही, लेकिन उनकी भी कविताएँ प्रगतिशील न होकर प्रतिक्रियावादी होती हैं। यानी लगाया गुलाब लेकिन उगा कुकुरमुत्ता। और अगर प्रगतिशील कवियों की रचनाएँ प्रतिक्रियावादी हो सकती हैं तो प्रतिक्रियावादी कवियों की रचनाओं को चौहान प्रगतिशील कहें तो किसी को कोई ऐतराज़ क्यों हो?

जो राष्ट्रीय धारा के कवि हैं, चौहान उनसे और भी परेशान हैं। 'भारत भारती' के लिए लिखा है, ''भारत की प्रगति और सभ्यता के दुश्मन फासिस्ट नेता डॉ. मुंजे और भाई परमानन्द के लिए पुस्तक हिटलर की तरह मुसलमानों को देश से निकाल बाहर करने में शायद बाइबिल बन पाती; लेकिन अब तो उसकी भी उम्मीद न रही।''

चौहान ने यह सब सन् 37 में (विशाल भारत, मार्च 37; 'भारत में प्रगतिशील

साहित्य की आवश्यकता') लिखा था जब "प्रगतिवादी आलोचना ने अपने प्रारम्भिक काल में हमारे साहित्यकारों को नयी दृष्टि दी और उन्हें अपने सामाजिक कर्त्तव्यों के प्रति जागरूक किया था" (आलोचना, नं.1)। उस प्रारम्भिक काल में चौहान उस साहित्य की माँग कर रहे थे जो "एक साम्यवादी प्रकृति, साम्यवादी वातावरण, साम्यवादी दृष्टिकोण, साम्यवादी पारस्परिक सम्बन्ध, साम्यवादी समाज और साम्यवादी जीवन क्या है, का भी प्रचार करता है।"

चौहान ने इतनी बार साम्यवादी शब्द की रट तो छोड़ दी है लेकिन समाजवादी क्रान्ति का नारा, समाजवादी यथार्थवाद का नारा बहुत दिन तक उनके साथ रहा है।

'संस्कृति, साहित्य और विद्यार्थी' नाम के निबन्ध में चौहान ने विद्यार्थियों को यह दावत दी थी कि "हम पूँजीवाद का अन्त करने और साम्यवाद कायम करने के लिए अभी से संगठित प्रयत्न करें।" ('साहित्य की परख' पृष्ठ 55; यह निबन्ध सोवियत जर्मन युद्ध से पहले का है।)

'साहित्य की परख' में जहाँ उन्होंने विश्व कुत्सित समाजशास्त्र पर हल्ला बोला है, चौहान ने अलंकार शास्त्र का सहारा लेते हुए कहा है, "अलंकारिक भाषा में हम कह सकते हैं कि आर्थिक शोषण और साम्राज्यवाद को गिराकर जो जनवादी समाज निर्मित होगा उसके समाजवादी आर्थिक सम्बन्ध उस पीठिका का कार्य करेंगे जिस पर नये मानव की मूर्ति का संस्थापन किया जाएगा।"

चौहान के इस प्रचार का असर यह हुआ है कि हिन्दी के कुछ लेखक यह समझने लगे हैं कि प्रगतिवाद के माने मार्क्सवाद, मार्क्सवाद के माने समूचा भारतीय साहित्य शून्य बराबर और नया साहित्य तब रचा जाएगा जब समाजवादी आर्थिक सम्बन्धों की पीठिका पर नये मानव की मूर्ति स्थापित की जायेगी। इस तरह की धारणाओं का मार्क्सवाद से कोई सम्बन्ध नहीं है, हाँ एक आदमी और उसके नाम से चलने वाली विचारधारा से उसका सम्बन्ध अवश्य है। उस आदमी का नाम था त्रात्स्की, उसकी विचारधारा का नाम है त्रात्स्कीवाद।

त्रात्स्की मजदूर वर्ग की सांस्कृतिक विरासत का घोर शत्रु था। उसके लिए मजदूर वर्ग का न तो पिछला कोई साहित्य था, न समाजवाद के लिए संघर्ष करते हुए वह कोई साहित्य रच सकता था। विश्व समाजवादी क्रान्ति का ढोल पीटनेवाला त्रात्स्की समाजवादी निर्माण और सोवियत साहित्य का कट्टर शत्रु था।

यह स्वाभाविक है कि जो लोग विश्व क्रान्ति की लम्बी-चौड़ी बातों से जनता को भरमाते हैं, वे जनता के उस तात्कालिक कार्यक्रम का बराबर विरोध करते हैं जो उसकी प्रगति के लिए आवश्यक है। चौहान समाजवादी क्रान्ति और साम्यवादी यथार्थवाद का तो समर्थन करते हैं लेकिन स्वाधीनता, शान्ति और जनतन्त्र के उद्देश्य को प्रगतिशील साहित्य के लिए अवांछित समझते हैं। इन उद्देश्यों को सामने रखना

अवसरवाद, संकीर्णतावाद, कुत्सित समाजशास्त्र और क्या-क्या नहीं है।

'आलोचना' (नं. 4) में वह कहते हैं, ''प्रगतिशील साहित्य स्वाधीनता शान्ति और जनतन्त्र का साहित्य है।'.....'प्रगतिशील साहित्य देश से साम्राज्यवाद, सामन्तवाद की संस्कृति को निकालने के लिए संघर्ष करता है।' आदि स्थापनाओं से स्पष्ट है कि लेखक ने प्रगतिशील साहित्य का अर्थ अपनी नयी परिभाषा में संकुचित करके उसे हमारे देशकाल की विशिष्ट सामयिक परिस्थितियों से ही नहीं बल्कि एक विशेष राजनीतिक, पार्टी और प्रोग्राम के साथ भी बाँध दिया है।''

विश्वक्रान्ति की तरह चिरन्तन प्रगतिशीलता की रक्षा करने की उत्सुकता में चौहान देशकाल की परिस्थितियों से, किसी निश्चित प्रोग्राम से बँधना पसन्द नहीं करते। समाजवादी क्रान्ति का कार्यक्रम उन्हें पसन्द है क्योंकि आज उसके लागू होने का सवाल नहीं है, यानी वह प्रोग्रामहीनता के बराबर है। और शान्ति और स्वाधीनता के लिए संघर्ष करने का प्रोग्राम एक पार्टी विशेष का हो जाता है, इसलिए वह साहित्य के दायरे को संकीर्ण कर देता है जबकि समाजवादी क्रान्ति का प्रोग्राम किसी भी पार्टी का प्रोग्राम न होने की वजह से साहित्य के दायरे को विश्व के समान विराट कर देता है। चौहान जैसे सांस्कृतिक विरासत से कटे हुए हैं, वैसे ही देश की अमली राजनीति से भी।

सन् 51 की 'नयी चेतना' (नं. 4) में चौहान स्वाधीनता के सवाल पर तो तटस्थ रहने की बात करते हैं—''इसलिए अगर कोई कहे कि हम आज़ाद हो गये या कहें कि नहीं, अभी हम गुलाम हैं तो हमें इन बहसों में पड़ने की गरज नहीं है''—लेकिन समाज और साहित्य के लक्ष्य के बारे में वह कहते हैं—''मानव पर मानव का शोषण समाप्त करके न्याय, समानता, प्रेम और मुक्त सहयोग पर आधारित एक सच्चे वर्ग मुक्त, शोषण मुक्त, अज्ञान मुक्त मानव समाज का निर्माण ही इस अविराम संघर्ष की मूल प्रेरणा और इसका लक्ष्य और प्रयोजन है, जो इतिहास को गति प्रदान करता है।''

मतलब यह कि हर तरह की मुक्ति की बात हम सुनने के लिए तैयार हैं जब तक साम्राज्यवाद से मुक्ति की बात न कही जाए।

साहित्य में अगर जनतन्त्र के समर्थन का उद्देश्य रखा जाए तो वह संकीर्णतावाद है, अगर साम्राज्यवादी यथार्थवाद का उद्देश्य रखा जाए तो ठीक है। 'नई चेतना' के उसी लेख में चौहान ने कुत्सित समाजशास्त्रियों पर यह आरोप लगाया है कि ''समाजवादी विषयवस्तु और राष्ट्रीय रूपविधान इस मार्क्सवादी सिद्धान्त को उलटकर ये साथी ऐसी रचनाएँ करते रहे।'' अगर 'ये साथी' अपने साहित्य में समाजवादी विषयवस्तु नहीं देते रहे तो इस पर इतना कोप क्यों? समा. जवादी विषयवस्तु की माँग करना कुत्सित समाजशास्त्र है या उसके बदले जनवादी विषयवस्तु की माँग करना?

इसलिए कुत्सित समाजशास्त्र का खतरा गोर्की, शेली और वोल्तेयर के लिए तब नहीं पैदा होता जब वे फ्रान्स या रूस की राज्य क्रान्ति के समर्थन में या तात्कालिक प्रश्नों को लेकर साहित्य रचते हैं। कुत्सित समाजशास्त्र का खतरा तब पैदा होता है जब हम भारतीय समाज के विकास की मंजिलें भूलकर गलत सामाजिक उद्देश्य अपने सामने रखते हैं। आज की परिस्थिति में साहित्य के सामने शान्ति, स्वाधीनता और जनतन्त्र के लिए संघर्ष करने का उद्देश्य रखना उचित है।

(3)

'क्या साहित्य प्रॉपैगैण्डा है?' नाम के निबन्ध में चौहान ने रूस के कुत्सित समाजशास्त्र की मिसाल देते हुए कहा है, "रूस की क्रान्ति के अवसर पर यह नारा लगाया गया कि 'साहित्य वर्ग युद्ध का एक हथियार है।' यह एक गलत नारा था। किन्हीं खास परिस्थितियों में कोई नारा किस प्रकार उठाना चाहिए यह साधारण कार्य नहीं है क्योंकि उन परिस्थितियों की तात्कालिक आवश्यकताओं के अनुकूल कार्य संगठन करने के उद्देश्य से जनसमूह को प्रेरित करने के लिए ही केवल नारा नहीं लगाया जाता। ऐसा नारा तात्कालिक आवश्यकताओं से इतना आबद्ध रहेगा कि परिस्थितियों के बदलने पर एकदम बेकार हो जाएगा और कदाचित् नयी परिस्थितियों के विपरीत पड़कर यह उनके विकास में बाधक हो उठे।"

यहाँ फिर वही तात्कालिक आवश्यकताओं से बचने की परेशानी है। नारा ऐसा होना चाहिए जो सभी युगों की परिस्थितियों पर लागू हो।

रूसी क्रान्ति के अवसर पर जो गलत नारा दिया गया, उसका नतीजा क्या हुआ? नतीजा यह हुआ कि "इस नारे को मान्य मानकर प्रत्येक लेखक के लिए यह जरूरी हो गया कि वह केवल पूँजीपति और मजदूर, श्वेतसेना या लाल सेना, ज़ारशाही और बोल्शेविक पार्टी, कुलक और किसान के संघर्षों का, शोषित वर्गों की विजय कामना प्रकट करते हुये, ज्यों-का-त्यों तथा सीधा राजनीतिक वर्णन ही करे।"

यह बात लोगों को मालूम है कि सोवियत क्रान्ति के बाद कुछ मार्क्सवाद विरोधी लेखकों ने– सभी सोवियत लेखकों ने नहीं, सांस्कृतिक विरासत को ठुकराया और ऐसा साहित्य रचने लगे जो कहने को सर्वहारा साहित्य था लेकिन वास्तव में जो मजदूर वर्ग के संघर्ष से तटस्थ रहता था, उसका विरोध करता था। हिन्दी में चौहान और धर्मवीर भारती जैसे लेखकों ने रूसी साहित्य का हवाला देकर अपने गलत रुझान को सही कहकर पेश करने की कोशिश की है।

रूसी क्रान्ति के लिए बोल्शेविक पार्टी के नेताओं ने कौन-सा नारा दिया था? लेनिन ने अपने प्रसिद्ध लेख 'पार्टी संगठन और पार्टी साहित्य' में पार्टी साहित्य की माँग करते हुए लिखा था, "साहित्य के लिए यह जरूरी है कि वह समूचे सर्वहारा उद्देश्य का अंग बन जाये।"

चौहान को चाहिए कि खुलकर लेनिन के लेख 'पार्टी संगठन और पार्टी साहित्य' का हवाला देते हुए उस पर अपनी राय दें। रूसी क्रान्ति के अवसर पर यह नारा दिया गया, वह नारा दिया गया, इस तरह छिपकर तीर चलाने से क्या फ़ायदा।

1905 की रूसी क्रान्ति के बाद जब बहुत से 'निम्न श्रेणी के टटपुँजिया' साहित्य में कार्यक्रम, तरफ़दारी, वर्ग संघर्ष का विरोध करने लगे तब स्तालिन ने इनका हुलिया बयान करते हुए कहा था, ''वर्ग विरोधों को नज़रन्दाज करना, वर्ग संघर्ष को अस्वीकार करना, स्पष्ट रूपरेखा का अभाव, कार्यक्रम का विरोध हितों को उलझाने और अराजकता के लिए कोशिश—यह है गैरजानिबदारी।'' (देखिए, सोवियत साहित्य, 1950, नं. 12)।

चौहान मिलाकर देखें, स्तालिन ने ग़ैरजानिबदारों का जो हुलिया बयान किया है, उनसे कहीं मिलता-जुलता है या नहीं। इस ग़ैरजानिबदारी का खंडन करते हुए, साहित्य में कार्यक्रम की जरूरत बताते हुए स्तालिन ने लिखा था, ''ग़ैरजानिबदारी का स्वांग मुर्दाबाद। राजनीतिक लाइन की स्पष्टता और निश्चितता ज़िन्दाबाद है। यह है हमारा नारा।''

चौहान को चाहिए कि स्तालिन के उद्धरण देकर कहें कि वह इस जानिबदारी के उसूल का विरोध करते हैं, कि उन्हें साहित्य में किसी परिस्थितिजन्य कार्यक्रम का होना उसी तरह अमान्य है जिस तरह वह रूस के प्रोलेतकुल्तवादियों और दूसरे लेखकों को था।

चौहान के लिए वह सौन्दर्य-मूलक प्रवृत्ति कौन-सी वस्तु है जिसका जिक्र उन्होंने 'साहित्य की परख' में किया था? वह 'कला कला के लिए' पूँजीवादी सिद्धान्त के अलावा और कुछ नहीं है। क्या चौहान यह मानते हैं कि समाज का हर वर्ग साहित्य के प्रति अपना एक कलात्मक दृष्टिकोण भी रखता है? क्या वह इस भौतिकवादी उसूल को मानते हैं कि 'हर वर्ग समाज के अपने राजनीतिक और कलात्मक मानदण्ड होते हैं जैसे कि किसी भी वर्ग समाज के विभिन्न वर्गों के अलग-अलग मानदंड होते हैं।'' (माओ ज़े दुङ्.)

तात्कालिक प्रश्नों से साहित्य को बचाकर, परिस्थितिजन्य उसूलों का विरोध करके चौहान ने सभी समाजों और सभी वर्गों के लिए जो शाश्वत प्रगतिशीलता की सौन्दर्यमूलक प्रवृत्ति खोज निकालने की कोशिश की है, वह न तो आज की परिस्थितियों से परे है, न वर्गों से परे है। रूसी क्रान्ति के बाद लिखे हुए साहित्य का ग़लत हवाला देकर चौहान ने अपने पूँजीवादी कला सिद्धान्त को उसी तरह बचाना चाहा है जैसे रूस में प्रोलेतकुल्तवादी उसे बचाने की कोशिश कर चुके थे।

जो लेखक साहित्य को जनता के क्रान्तिकारी कार्यक्रम के बाहर रखते हैं, उनके लिए माओ ज़े दुङ्. ने ठीक लिखा है, ''इस उसूल से हटने का लाज़मी नतीजा होता है, दुविधा और कई नावों पर चढ़ना और अन्त में ऐसे मत जैसे कि त्रात्स्की ने प्रचारित किये थे। मार्क्सवादी राजनीति लेकिन पूँजीवादी कला।''

क्या चौहान मार्क्सवादी और पूँजीवादी राजनीति के साथ मार्क्सवादी और पूँजीवादी कला में भी भेद मानते हैं? उनकी आलोचना में परिस्थितियों और वर्गों से परे शाश्वत सौन्दर्य की खोज से तो यह साबित नहीं होता। यह स्वाभाविक है कि पूँजीवादी कला-सिद्धान्त के उपासक चौहान को जहाँ छायावाद महासभाई प्रचार और प्रेमचन्द के बाद तमाम भारतीय भाषाओं में ह्रास दिखाई देता है, वहाँ उत्कृष्ट कला की कृतियाँ उन्हें अज्ञेय, जैनेन्द्र और अश्क जैसे लेखकों में मिलती हैं। पूँजीवादी कला-सिद्धान्त की उपासना और उस सिद्धान्त के असर से रचे हुए साहित्य की प्रशंसा—यह है चौहान का प्रगतिवाद।

'प्रगतिवादः एक समीक्षा' में धर्मवीर भारती ने प्रगतिशील आलोचकों पर वही आरोप किये हैं जो चौहान ने इस किताब के पहले और बाद को किये थे। भारती का कहना है, "स्वयं प्रगतिवादियों ने भी सिवा तीखी, अवसरवादी आलोचनाओं और दलबन्दी तथा गाली-गलौज के, अभी तक गम्भीरता और शान्ति से समस्याओं का विश्लेषण उदारता, समझदारी और दूरदर्शिता का परिचय नहीं दिया है।"

लेकिन चौहान की तरह भारती को झुँझलाहट सिर्फ हिन्दी के प्रगतिवादियों पर नहीं है, उनकी राय में विश्व साहित्य में मार्क्सवाद एक प्रतिक्रियावादी शक्ति साबित हो चुका है। मार्क्सवाद ने ऐसी संकीर्णता दिखायी कि "जिस प्रगतिवादी आन्दोलन में एक दिन यह गोर्की, रोलाँ तक सम्मिलित थे जिसको अर्न्स्ट टालर और रैल्फ फाक्स जैसे शहीदों ने अपने खून से खींचा था। (भारती को चौहान की तरह मार्क्सवादियों से कितनी हमदर्दी है! रा. वि.) आज स्टीफेन स्पेंडर और आडेन की तो बात दूर मैलराक्स (Malraux) जैसे कट्टर कम्युनिस्ट भी अपने को उसकी संकीर्णता से सन्तुलित नहीं कर पाते।"

भारती ने यह नहीं बताया कि प्रगतिवाद जिनके लिए इतना संकीर्ण हो गया, वे स्पेंडर और आडेन आजकल करते क्या हैं? पिछले दिनों बम्बई में जब अमरीकी साम्राज्यवादियों के इशारे पर संस्कृति-सम्मेलन हुआ, तो उसके अलम्बरदारों में ये सज्जन भी थे, (भारती के धर्मगुरु सच्चिदानन्द हीरानन्द वात्सायन भी वहाँ विद्यमान थे, बल्कि उसके एक कर्णधार थे!)

भारती के अनुसार स्पेंडर और ऑडेन के प्रगतिवाद छोड़ने के पहले ही रूस में वह संकीर्ण हो गया था। मायकोव्स्की में 'नारेबाजी काफी मात्रा में भी' (पृ. 27)। इसलिए भारती को हिन्दी कविता में नारेबाजी काफी से भी ज्यादा मात्रा में मिले तो क्या आश्चर्य! मायकोव्स्की सोवियत समाज का सबसे लोकप्रिय कवि था। यह बात भारती को मालूम है। उसकी लोकप्रियता पर प्रकाश डालते हुए कहते हैं—"सहज और सरल भाषा थी, चुटीली अभिव्यंजना थी और अनुभूति का एक छिछलापन था जिसने उसे इतना जनप्रिय बना दिया था।"

भारती की समझ से यह बात परे है कि जनप्रियता और छिछलापन पर्यायवाची

शब्द नहीं हैं। कला के प्रति पूँजीवादी दृष्टिकोण गहराई वहीं देखता है जहाँ फ़िरोज़ी ओठों पर ज़िन्दगी बर्बाद होती हो या मार्क्सवाद कोसा गया हो।

भारती के अनुसार सोवियत संघ में प्रोलेतकुल्तवादियों ने जो परम्परा को ठुकराया और कुत्सित समाजशास्त्र का प्रचार किया, उसका कारण स्तालिन की शंकित मनोवृत्ति थी कि समाजवादी शासन नष्ट न कर दिया जाये और इससे संकीर्ण मार्क्सवादियों ने लाभ उठाया। लेकिन बाद की स्तालिन ने स्थिति सँभाल ली और ''अब तो ऐसा लगता है जैसे ज़ार के रूस और स्तालिन के रूस का ऐतिहासिक और परम्परात्मक भेद समाप्त हो गया।'' भारती का कला-सिद्धान्त ही पूँजीवादी नहीं है, उसकी राजनीति भी पूँजीवादी है। सोवियत जीवन का वस्तुगत चित्र दिखाने के बहाने वह घटिया साम्राज्यवादी प्रचारकों की तरह सोवियत देश की सर्वहारा-अन्तर्राष्ट्रीयता को ज़ारशाही रूस के साम्राज्यवाद से एक कर देते हैं। और इस नये रूस में (या नयापन खोकर फिर पुरानी राह पर चलने वाले रूस से) मानो मार्क्सवाद को ठुकराकर साहित्य रचा जाने लगा—''और सभी तरह के वर्गवाद से ऊपर उठकर अब वे व्यापक सत्य के उस स्तर पर पहुँच गये हैं जहाँ युग-युग का साहित्य लिखा जा सकता है।''

यानी लेनिन-स्तालिन-माओ का वर्ग-साहित्य वाला सिद्धान्त वहाँ लागू नहीं होता, वहाँ चौहान का सामयिकता से तटस्थ युग-युग में अपरिवर्तनशील सौन्दर्यमूलक प्रवृत्ति वाला उसूल लागू होता है। इसलिए अब रूसी साहित्य ''देश और काल की सीमा में बँधकर ही नहीं रह गया'', ''घूम-फिरकर इसी सिद्धान्त पर आ गया कि कला युगों-युगों की एक स्थायी चीज है।'' (पृ. 64)

भारती को रूसी क्रान्ति साहित्य के लिए वैसे ही खतरनाक दिखाई देती है जैसे चौहान को। क्योंकि ''उस समय क्रान्ति के नक्कारों में बुद्धि और सन्तुलन की आवाज दब गयी थी, भावना ने अपने मिसरी जैसे सूखे और प्यासे होठों से ज़िन्दगी को और गहराई से सोचने की सलाह दी थी, लेकिन फौजी बूटों से वह आवाज़ कुचल दी गयी।'' (पृ. 88)

भारती के लिए क्रान्तिकारी साहित्य का खलनायक मायकोव्स्की है। ''वह प्राचीन साहित्य, मधुर साहित्य, प्रेमकाव्य सभी के विरुद्ध था।'' (पृ. 86)। नतीजा यह कि रूस में 'प्रेम का गला घोंट दिया गया था।' ठीक वैसे ही जैसे चौहान के लिए अली सरदार वगैरह ने प्रेम की कोमल भावनाओं को कुचल दिया है। (देखिए हंस में 'मौत और दोशीजा' नाम की गोर्की की रचना पर चौहान की टिप्पणी।)

चौहान के लिए जिस तरह हिन्दी के प्रगतिशील लेखक की कुत्सित समाजशास्त्री नहीं हैं, बल्कि शुक्लजी से वह परम्परा चली आ रही है, उसी तरह भारती के मायकोव्स्की ने ''मार्क्सवादी की एक यान्त्रिक व्याख्या कर ली थी, उस यान्त्रिकता में पूर्णता ढल जाने का निश्चय कर लिया था।'' (पृ. 99)

भारती जैसे लोग मार्क्सवाद, सोवियत साहित्य, प्रगतिवाद वगैरह से हमदर्दी का अभिनय भर करते हैं। उनकी हमदर्दी दरअसल और कहीं है। अभिनय उनके विरोध को छिपाने भर के लिए है। वह बड़े ईमानदारी के स्वर में कहते हैं—''धीरे-धीरे स्टालिन ने अपनी गलती महसूस की।'' मानो प्रोलेतकुल्तवादियों के मार्क्सवाद विरोध के लिए स्तालिन जिम्मेदार रहे हों!

और अन्त में भारती ने हिन्दुस्तान की गरीब जनता की पार्टी के बारे में उसी झूठ का प्रचार किया है जिसका प्रचार तमाम साम्राज्यवादी दुनिया की हर कम्युनिस्ट पार्टी के खिलाफ़ किया करते हैं—''भारत की कम्युनिस्ट पार्टी भारत के लिए नहीं है और चाहे जिसके लिए हो।''

संकीर्णतावाद का विरोध करने के नाम पर मायकोव्स्की, सोवियत समाज, हिन्दुस्तान की कम्युनिस्ट पार्टी सभी घसीट लिए गये। लेकिन पिछले दिनों साहित्य में संयुक्त मोर्चा बनाने के सिलसिले में भारती संकीर्णतावाद-विरोधी प्रगतिशील लेखक की हैसियत से सामने आ गये और संकीर्णतावाद का पहले से ही विरोध करते रहने के कारण और भी यशस्वी रूप में आये। नतीजा यह कि उनके साथ वे संयुक्त मोर्चे के पत्र भी अस्त हो गये। कोई आश्चर्य नहीं कि भारती की कला का मूल्य पहचानने वाला हिन्दी में सिर्फ एक लेखक मिलता है—शिवदान सिंह चौहान। लेकिन अफसोस, प्रगतिशील लेखकों में उनके सिद्धान्तों का मान नहीं है। ''सिवा शिवदान सिंह चौहान के किसी ने भी कलात्मकता का मूल्य नहीं पहचाना है और चौहान जी के विचारों को भी समुचित महत्त्व उस क्षेत्र में नहीं मिल रहा है।'' इसलिए उनके विचारों को महत्त्व देने के लिए भारती ने 'प्रगतिवाद' में मार्क्सवाद को पानी पी-पीकर कोसा है।

भारती और चौहान एक ही रथ के दो पहिये हैं। ये पहिये अपनी घरघराहट को सौन्दर्यमूलक प्रवृत्ति, मानववाद वगैरह नाम देते हैं लेकिन वह घरघराहट है पहचानी हुई—मार्क्सवाद के खिलाफ देश के पूँजीवादी लेखकों की चीख-पुकार। उस रथ के ऊपर जो झंडा फहराता है वह वही चिर-परिचित कला कला के लिए वाला झंडा है।

साहित्य की परम्परा

(1)

प्रगतिशील साहित्य जनता की तरफदारी करने वाला साहित्य है, इसलिए वह उसकी जातीय विरासत, उसकी साहित्यिक परम्पराओं की रक्षा करने के लिए भी लड़ता है। साम्राज्यवाद न सिर्फ जनता की स्वाधीनता का अपहरण करता है, उसके जनवादी अधिकारों को कुचलता है बल्कि उसकी जातीय संस्कृति, उसके राष्ट्रीय अभिमान, उसके पूर्व पुरुषों के अर्जित ज्ञान को भी झुठलाता और दबाता है। इसलिए जनता की जातीय संस्कृति और रक्षा के विकास के लिए संघर्ष उसकी स्वाधीनता और जनवादी अधिकारों के लिए संघर्ष का अभिन्न अंग है।

हिन्दीभाषी जनता की एक प्राचीन और गौरवशाली परम्परा है। इस परम्परा पर अभिमान करने में एक तरफ तो भारतीय रूढ़िवाद बाधक होता है जो हर सांस्कृतिक निधि का उपयोग महन्तों और जागीरदारों के हित में करना चाहता है। उस सांस्कृतिक निधि के निर्माण में भारत की जनता का कितना हाथ है, इस बात को वह छिपाता है। दूसरी तरफ पश्चिमी पूँजीवाद का नस्ल सिद्धान्त है जिसके अनुसार वह निधि हमारे पूर्वजों की रचना नहीं, किसी विश्वव्यापी नस्ल की रचना है जिस पर औरों का अधिकार भले हो, हमारा अधिकार अवश्य नहीं है।

हिन्दी के कुछ विचारकों ने जातीय संस्कृति के निर्माण के पेचीदा क्रम को बहुत आसान बनाकर भारतीय संस्कृति को आर्य और द्रविड़ में बाँट दिया है। उसमें कुछ विद्धान अपने धार्मिक उत्साह के कारण यह देख नहीं पाते कि जातीय संस्कृति का निर्माण करनेवाले भले ही किसी धर्म को माननेवाले रहे हों लेकिन इससे जातीय संस्कृति धर्म का पर्याय नहीं हो जाती। जैसे ब्रिटिश संस्कृति के निर्माता ज्यादातर ईसाई रहे हैं लेकिन इससे ब्रिटिश संस्कृति ईसाई धर्म का पर्याय नहीं हो जाती।

'वोल्गा से गंगा' की 'प्रभा' कहानी में राहुल जी रघुवंश और कुमारसम्भव को चन्द्रगुप्त विक्रमादित्य की प्रशस्तियाँ कहकर टाल देते हैं। 'सुपर्ण यौधेय' में कालिदास फिर गुप्त सम्राटों का चाटुकार कवि दिखलाया गया है। उसके मुकाबले में बौद्ध कवि ''अश्वघोष महापुरुष और महाकवि दोनों थे।''

कालिदास के साथ वाल्मीकि को भी सम्राटों का चाटुकार कल्पित करते हुए राहुल जी 'सुपर्ण यौधेय' में लिखते हैं, ''कोई ताज्जुब नहीं, यदि वाल्मीकि शुंगवंश

के आश्रित कवि रहे हों, जैसे कालिदास चन्द्रगुप्त विक्रमादित्य के और शुंगवंश की राजधानी की महिमा को बढ़ाने ही के लिए उन्होंने जातकों के दशरथ की राजधानी वाराणसी से बदलकर साकेत या अयोध्या कर दी और राम के रूप में शुंगसम्राट पुष्पमित्र या अग्निमित्र की प्रशंसा की—वैसे ही, जैसे कालिदास ने 'रघुवंश' के रघु और 'कुमार सम्भव' के कुमार के नाम से पिता-पुत्र चन्द्रगुप्त विक्रमादित्य और कुमारगुप्त की।''

यह भी एक समाजशास्त्र है। राम शुंग सम्राट के प्रतीक हैं और कुमारसम्भव के कुमार सम्राट कुमारगुप्त के। राहुल जी को चाहिए कि वह यह भी बता दें कि दशरथ, कौसल्या, सीता, लक्ष्मण और भरत आदि सम्राट के खानदान में किस-किस व्यक्ति के प्रतीक हैं और शुंग सम्राट जैसे सामन्ती शोषक के गुण राम में चित्रित हुए हैं तो रावण में उसके विरोधी क्या किसी गणराज्य के जननायक का चित्रण किया गया है। इसी तरह कालिदास के यक्ष, तन्वी श्यामा शिखरिदशना, शकुन्तला, गौतमी, कुमारसम्भव की नीलालकमध्य शोभी उमा, विकीर्णमूर्धजा विलाप करती हुई रति किस-किस के प्रतीक हैं, यह बता देते तो सांस्कृतिक इतिहास लिखने में आसानी रहती।

राहुल जी की कल्पना में यह बात नहीं आती कि जिस राम को जनता ने अपना 'हीरो' बना लिया, उसके गुण जनता के गुण भी हो सकते हैं। रामायण और महाभारत जैसे महाकाव्यों में जिन वीर नायकों के चरित्र वर्णित हैं, उनकी लोकप्रियता, उनके सामन्ती ऐश्वर्य के कारण नहीं है। ये महाकाव्य आज भी हमारी जनता को प्रिय हैं, इसलिए कि उनमें हमारे पूर्वजों के अनेक ऐसे गुणों का वर्णन है जिन्हें हमारी जनता प्यार करती है।

और कालिदास का सौन्दर्य उज्जयिनी और क्षिप्रा के सौन्दर्य से भी सम्बन्धित है। वह सौन्दर्य सामन्त काल में भारतीय जनजीवन से ही पैदा हुआ, यह वह नहीं सोच पाते। लेकिन उसके बिना पार्वती का सौन्दर्य, शकुन्तला नाटक के चौथे अंक की करुणा, यक्ष की विरह वेदना भी कल्पनातीत है।

'सिंह सेनापति' का नायक कहता है—''क्योंकि अष्टक, वामक, वामदेव, यमदग्नि, भृगु, वशिष्ठ, अंगिरा, विश्वामित्र, भारद्वाज आदि ने जो तीनों वेद बनाये, वही ब्राह्मण क्षत्रिय के भेद को स्थापित करने में प्रधान कारण हुए।''

इस समस्या को थोड़ी देर के लिए हम छोड़ देते हैं कि वेदों ने वर्ण व्यवस्था कायम की या नहीं। मान लीजिए कायम की तो ऐतिहासिक विकास क्रम में वह प्रगतिशील थी या नहीं? निस्सन्देह जैसे आदिम साम्यवाद के मुकाबले में दासप्रथा प्रगतिशील थी, वैसे ही दासप्रथा के मुकाबले में वर्ण-व्यवस्था भी प्रगतिशील थी। लेकिन राहुल जी इसके लिए वेद के रचयिताओं को क्षमा नहीं कर सकते।

राहुल पथानुगामी श्री रांगेय राघव ने कहीं यह वाक्य पढ़ा कि ''ऋग्वेद के कवि ऋषियों से लेकर 'प्रसाद' और 'निराला' तक हमारी जाति की गौरवमयी काव्य-परम्परा रही है।'' इस पर क्रुद्ध होकर उन्होंने लिखा—''वे नहीं जानते कि गंगा-यमुना के प्रदेश में ऋग्वेद के कवि बहुत बाद में आये थे और उस गौरव में आर्य दम्भ ही था जिसने वर्ण व्यवस्था का मूल स्वर उठाया था।'' ('आलोचना' नं. 5)।

इस तरह पश्चिमी संस्कृति के आधुनिक नस्ल-सिद्धान्त को वैदिक काल में लागू करके रांगेय राघव ने वेद रचयिताओं को उसी दोष का भागी बनाया है, जिस दोष का भागी हिटलर था। और उनके द्वारा वर्ग-व्यवस्था का कल्पित या वास्तविक समर्थन उस जातीय काव्य परम्परा पर आक्रमण करने के लिए काफी है।

रांगेय राघव के लिए सामाजिक विकासक्रम क्लान, ट्राइब, नेशनैलिटी और नेशन के रूप में संगठित जनों का नहीं होता। उनके लिए जन संगठित होते हैं, नस्ल में। इसलिए भारतीय इतिहास मूलतः दो नस्लों का संघर्ष हो जाता है। ये नस्लें आर्यों और द्रविड़ों की हैं। इसलिए आर्य दम्भ का खंडन करने के लिए रांगेय राघव द्रविड़ दम्भ का सहारा लेते हैं और इन दो दम्भों की टक्कर में तमिल और हिन्दी संस्कृति की जातीय विरासत खत्म हो जाती है।

'राह के दीपक' नाम के कविता-संग्रह में वह लिखते हैं—

''धूलि के कन
हिमालय बन जा कि तुझको
कुचलने वाले झुका दें शीश।
आज मेरी धमनियों में
बज उठा है खौलता फिर
उस द्रविड़ का तप्त लोहू—
भींग शोणित से लड़ा जो
वर्णदम्भी, जातिदर्पी
गौर आर्यों से गरजकर
क्योंकि बर्बर कर रहे थे
आक्रमण,
घर द्वार उसका लूट।''

इस तरह तमिल और हिन्दी भाषियों की जातीय विरासत को दो नस्लों के हवाले करके राघवजी रह जाते हैं—शुद्ध कॉस्मोपॉलिटन, न घर के न घाट के। लेकिन इसमें दोष मार्क्सवाद का नहीं है। नस्ल के आधार पर इतिहास का विश्लेषण करना पश्चिम के पूँजीवादी तथा कथित वैज्ञानिकों की सूझबूझ है। यह प्रणाली न तो हिन्दुस्तान में प्रचलित रही है न मार्क्सवाद को उससे कोई वास्ता है।

गोस्वामी तुलसीदास पर रांगेय राघव की विशेष कृपा है। 'आलोचना' के उसी लेख में वह गोस्वामी की तारीफ में कहते हैं—"तुलसी ने केवल ब्राह्मण धर्म को जनभाषा में लिखा था और इसलिए वे खूब संस्कृत भी भर लाये थे।"

हिन्दीभाषी जनता का सबसे लोकप्रिय ग्रन्थ ब्राह्मणधर्म की प्रतिष्ठा करने के लिए लिखा गया है। जिन चौपाइयों, दोहों और छन्दों ने करोड़ों किसान हृदयों को रस-विह्वल कर दिया है, वे संस्कृत से भरे हुए हैं। गोस्वामी जी ने ठीक ही कहा था—"काक कहहिं कल कण्ठ कठोरा।"

रांगेय राघव को मालूम है कि पुरोहित वर्ग ने तुलसी का विरोध किया था। इसलिए इस अड़चन की सफाई देते हुए वे लिखते हैं, "तत्कालीन उच्चवर्ग ने प्रारम्भ में जो तुलसी का विरोध किया, वह गलती उन्होंने जल्दी महसूस की। राम-नाम के प्रताप से जूठन बीनकर खानेवाला तुलसीदास, अपने जीवन काल में ही उन्हीं उच्चवर्गों के कन्धों पर डोलने लगा, हाथी पर चढ़ने लगा।"

जी, तुलसीदास हाथी पर चढ़ने लगा। चार सौ साल बाद द्रविड़ रक्त खौलने पर रांगेय राघव तुलसी की दास वृत्ति का पर्दाफाश करने पर कटिबद्ध हो गये हैं। उच्चवर्गों ने ग़लती जल्द महसूस की लेकिन हिन्दुस्तान की जनता ने अभी तक तुलसी की सामन्त-भक्ति को नहीं पहचाना। और जिस हाथी पर सामन्तों ने तुलसीदास को बिठाया था, वह तो बेचारा स्वर्गवासी हो गया लेकिन उसकी दुम रांगेय राघव के हाथ में रह गयी जिससे उन्होंने सिद्ध कर दिया कि तुलसी हाथी पर चढ़े थे।

स्वाभाविक है कि चौहान की तरह रांगेय राघव को आचार्य रामचन्द्र शुक्ल की आलोचना पसन्द न हो। लेकिन चौहान के लिए जहाँ शुक्ल जी का दृष्टिकोण एकांगी समाजशास्त्री था, वहाँ रांगेय राघव के लिए, "आचार्य शुक्ल ने इतिहास को शुद्ध ब्राह्मण दृष्टिकोण से देखा है।" (संगम और संघर्ष, पृ. 62)।

शुद्ध ब्राह्मण दृष्टिकोण का एक प्रमाण देखिए। जायसी ग्रन्थावली की भूमिका में शुक्लजी लिखते हैं, "सौ वर्ष पहले कबीरदास हिन्दू और मुसलमान दोनों के कट्टरपन को फटकार चुके थे। पण्डितों और मुल्लाओं की तो नहीं कह सकते, पर साधारण जनता 'राम और रहीम' की एकता मान चुकी थी।" शुद्ध-ब्राह्मणवाद!

तुलसीदास सामन्तों के साधारण सहायक नहीं थे। उन्होंने उभरते हुए सामन्त विरोध को ही खत्म कर दिया। "समाज में जो निम्न वर्गों का आन्दोलन ब्राह्मण सर्वाधिकार के विरुद्ध चल रहा था, उसे गहरी चोट दी, बल्कि वह आन्दोलन ही नष्ट कर दिया और समस्त वेदानुयायियों को एक करके इस्लामी संस्कृति के विरुद्ध खड़ा कर दिया।" (उप. पृ. 94)

जैसे प्राचीनकाल में एक तरफ आर्य और दूसरी तरफ द्रविड़ खड्ग लिए खड़े थे, उसी तरह मध्यकाल में एक तरफ वेद लिए तुलसी जैसे ब्राह्मण खड़े थे, दूसरी

तरफ कुरान लिए जायसी जैसे मुल्ला थे। जातीय संस्कृति का कहीं पता न था। लेकिन मलिक मुहम्मद जायसी ने लिखा था–

"राघव पूज जाखिनी, दूइज दुखाएसि साँझ।
वेदपन्थ जे नहिं चलहिं, ते भूलहिं बन माँझ।।"

कहना चाहिए कि जायसी और तुलसीदास ने जनसाधारण के खिलाफ संयुक्त मोर्चा बना लिया था। तुलसी ने कहा, तुम वेदों की तारीफ करो और हम तुम्हारी मस्जिद में पहरा दिया करेंगे। ("माँगि कै खैबो मसीत को सोइबो लेबे को एक न देबे को दोऊ")।

लेकिन यह किसी को भ्रम नहीं होना चाहिए कि रांगेय राघव तुलसी को महान कवि नहीं मानते। उनकी समस्या इतनी ही है कि "तुलसीदास को जनवादी साबित करके ही क्या उनकी महत्ता प्रकट होती है?"

अगर हम 'कला कला के लिए' सिद्धान्त मानें या साहित्य की महत्ता को विचारों की महत्ता से निरपेक्ष मानें तो कोई न कोई कारण ढूँढ़कर तुलसी को जनवादी माने बिना भी उन्हें महान सिद्ध कर सकते हैं। लेकिन स्वयं तुलसी विचार शून्य साहित्य के पक्षपाती नहीं थे। उनकी प्रतिज्ञा थी–

"हृदय सिन्धु मति सीप समाना। स्वाती सारद कहहिं सुजाना।
जो बरखै बरबारि विचारू। होंहिं कबित मुकता मनि चारू।।"

बिना महान विचारों के कविता के मुक्तामणि नहीं मिलते। इसलिए तुलसी के विचारों को दरकिनार करके उनकी महत्ता आँकना कला में विचारशून्यता के सिद्धान्त का समर्थन करना है।

जो लोग कहते हैं कि तुलसीदास के विचारों का सारतत्त्व वर्णाश्रम धर्म का समर्थन है, वे तुलसी-साहित्य के अपार सौन्दर्य से अपने को अछूता रखते हैं। वर्णाश्रम धर्म के समर्थन में कहीं अमर महाकाव्यों की रचना होती है, कहीं करोड़ों जनों के हृदय को रस-विह्वल कर देनेवाले सौन्दर्य की सृष्टि होती है।

हर महान साहित्यकार की तरह तुलसी ने भी अपने समय के यथार्थ जीवन को बहुत गहराई से साहित्य में प्रतिबिम्बित किया है। यह यथार्थ का चित्र पुरोहितों-सामन्तों को पसन्द नहीं है; उसमें उन्हें अपनी भद्दी शक्लें दिखाई देती हैं। जिस तरह उन्होंने वेद-मन्त्रों को 'धरो टका' के लिए काम में लाकर जन-संस्कृति की परम्परा को प्रायः वेदविहीन कर दिया, उसी तरह तुलसी को भी उन्होंने अपने स्वार्थ के लिए काम में लाकर और जब-तब निर्लज्ज भाव से प्रक्षिप्त अंशों द्वारा भी जन-संस्कृति से अलग करने की कोशिश की। तुलसी के ये 'भक्त' जहाँ जनता या सामाजिक यथार्थ की बात सुनते हैं, नाक-भौं सिकोड़कर कहते हैं कि ये प्रगतिवादी अपना पक्ष मजबूत करने के लिए तुलसी को भी खींचतान करके प्रगतिवादी सिद्ध करना चाहते हैं। उनकी दृष्टि में तुलसी का रूप संसार से उदासीन, भक्ति में लीन, वर्णाश्रम धर्म का

समर्थक ब्राह्मण का है और यहाँ पर रांगेय राघव जैसे 'वैज्ञानिक' विचारक उनकी मदद के लिए आ पहुँचते हैं और जनता से कहते हैं, तुलसी तुम्हारा नहीं है, वह ब्राह्मणवाद का कवि है। उसका महत्त्व भी है तो इसलिए कि वह वर्णाश्रम धर्म का समर्थक था। इस तरह प्रतिक्रियावादी पुरोहित सम्प्रदाय और तथाकथित 'वैज्ञानिक' रांगेय राघव आदि का मूलतः दृष्टिकोण एक ही है—जन संस्कृति से अलग करके तुलसी को सामन्ती विचारधारा के समर्थक के रूप में देखना।

लेकिन तुलसी के काव्य-सौन्दर्य का जन्म वर्णाश्रम के समर्थन से नहीं हुआ, तुलसी भारतीय जनता की दुःसह वेदना के कवि हैं। तुर्कों और देशी सामन्तों के शासन और अत्याचार के नीचे पिसती हुई भारत की प्रजा के दुख को तुलसी से अधिक किसने पहचाना था? किसकी मर्मवाणी जनता की दीनता और दरिद्रता को देखकर इस तरह करुणा से भीग उठी थी? क्या हिन्दी साहित्य में तुलसी से बड़ा कोई भी करुणा का कवि पैदा हुआ है? और क्या यह करुणा सामन्तों और पुरोहितों के प्रति उमड़ चली है?

तुलसी का हृदय वास्तव में अगाध सिन्धु की तरह है। हिन्दुस्तान की जनता ने जो कुछ सुन्दर, सबसे अधिक मानवीय, सबसे अधिक मार्मिक उत्पन्न किया है, उसमें तुलसीदास सबसे सुन्दर, सबसे मानवीय, सबसे मार्मिक हैं। तुलसी के हृदय-सिन्धु ने भरत, कौसल्या, राम, लक्ष्मण, सीता जैसे पात्रों की सृष्टि की है। ये पात्र मानव की ममता, करुणा, दया, क्रोध, शूरता आदि के भावों का अन्यतम प्रतीक हैं। तुलसी ने जहाँ एक ओर सीधे-सीधे दैन्य का वर्णन करके कोटि-कोटि जनता की मर्मव्यथा को व्यक्त किया है, वहीं दूसरी ओर उन्होंने रामायण के पात्रों में उन गुणों का चित्रण किया है जिन्हें वे जनता में विकसित होते देखना चाहते थे। वे एक ओर जनता की व्यथा से विकल हैं तो दूसरी ओर उस व्यथा को शान्त करने के लिए राम को आशाओं के केन्द्र के रूप में देखते हैं। राम का वह महत्त्व न वाल्मीकि के लिए था, न कालिदास और भवभूति के लिए जो कि हमारे तुलसी महान के लिए था। भारत के प्राचीन कवि राम के पास वह वेदना का अथाह सागर लेकर न पहुँचते थे जो तुलसी के हृदय में लहरा रहा था। तुलसी की भक्ति में जो तन्मयता, जो भावावेश, जो उत्कट आत्मनिवेदन है, वह इसलिए कि तुलसी अपने युग की व्यथा से व्यथित हैं। तुलसी का आत्मनिवेदन भक्तों के अतिरंजित दैन्य वर्णनों से बिल्कुल भिन्न कोटि का है। तुलसी ने अपने जीवन के एक-एक क्षण में जिस पीड़ा का अनुभव किया था, वही उनके आत्मनिवेदन को इतना हृदयस्पर्शी बनाता है। वर्ग-समाज में जनता की वेदना एक ध्रुव सत्य है जो किसी न किसी रूप में साहित्य में प्रकट होती ही है। तुलसी की महत्ता इस बात में है कि वे इस वेदना के सबसे बड़े कवि हैं।

लेकिन वे निराशा के कवि नहीं हैं। उनकी आशाओं के केन्द्र राम हैं जिनसे

बार-बार तुलसी जनजीवन के कष्ट दूर करने की प्रार्थना करते हैं। इतना ही नहीं, वह जनसाधारण से, राम का भरोसा करके, अन्याय और अपमान के सामने सर ऊँचा करके खड़े होने को कहते हैं। चारों ओर से रूढ़िवादियों के आक्रमण होने पर समरशूर की तरह तुलसी ने शत्रुओं को काशी में ही चुनौती दी और जो ज्ञान पुरोहितों की बपौती बना हुआ था, उसे नया रूप देकर उन्होंने उसे जन-सम्पत्ति बना दिया। तुलसी मध्यकाल के उन थोड़े-से कवियों में हैं जो समाज को निष्क्रियता का सन्देश नहीं देते। उनके राम उन थोड़े-से पात्रों में से हैं जो संघर्ष की तरफ तटस्थता, जीवन-संग्राम में निष्क्रियता, कर्म की जगह केवल आनन्दवाद के प्रचारक नहीं हैं। तुलसी ने राम में वह सब कुछ मूर्तिमान कर दिया है जो उनके युग की जनता होना चाहती थी। रावण के अन्याय पर विजयी राम भारतीय जनता की विजय-अभिलाषा के प्रतीक हैं। तुलसी के राम भारतीय साहित्य के उन वीर नायकों की परम्परा में हैं जो अन्यायी को समझाने-बुझाने के बाद उसके हठ को शक्ति से चूर कर देते हैं वह शील, शक्ति और सौन्दर्य तीनों के ही प्रतीक हैं। इसमें भी उनका प्रेम-विह्वल रूप—"कहुँ पट कहुँ निषंग कहुँ तीरा" वाला रूप-भारतीय साहित्य में अद्वितीय है।

तुलसी निषेध के कवि नहीं हैं। वह सहज अपावन नारी के सौन्दर्य वर्णन में हर रोमांटिक कवि को परास्त करने के लिए तत्पर हैं। वैराग्य और जीवन के संघर्ष में वह यथार्थ जीवन के साथ हैं। वह अपने समाज की व्यवस्था से असन्तुष्ट थे। वह वैरागी होते तो उनके लिए यह कहना आसान होता कि संसार छोड़कर अनहदनाद सुना करो लेकिन वह इस जीवन में भी मनुष्य जीवन को सुखी बनाना चाहते थे, इसलिए वह एक आदर्श समाज रचना चाहते थे।

तुलसी ने जनभाषा के सौन्दर्य को इस तरह पहचाना था, जैसा उनके पहले या बाद को किसी ने नहीं पहचाना। वे इन साधारण शब्दों से सभी रसों, सभी भावों के लिए उचित रूप गढ़ लेते थे। तुलसी के चित्रों में विराट को समेटकर संक्षिप्त करके उसे घनत्व प्रदान करने की अद्भुत क्षमता है। उनके कुछ दोहे किसी महाकाव्य के एक-एक सर्ग का सौन्दर्य अपने में केन्द्रित किये हैं। रूपकों के वह सम्राट हैं। इसके सिवा उनके काव्य की आत्मविभोर गेयता संसार के महान लिरिकल कवियों जैसी है। तुलसी के इस काव्य-सौन्दर्य का स्रोत देश की जनता के प्रति उनका अगाध स्नेह है जिसके वशीभूत होकर वह राम के भक्तों को राम से बढ़कर मान लेते हैं—

"मोरे मन अस दृढ़ बिस्वासा। राम ते अधिक राम कर दासा।।"

लेकिन हमारे 'वैज्ञानिक' विचारकों को तुलसी में वह सब कुछ नहीं दिखाई देता। उनके लिए मध्यकालीन इतिहास का मूल संघर्ष इस्लाम और हिन्दू संस्कृति का संघर्ष है और तुलसी महान हैं तो इसीलिए, प्रतिक्रियावादी तो इसीलिए। लेकिन वह अपने समय के वर्णाश्रम धर्म के समर्थक थे, यह कोई नहीं कहता। उन्होंने

पुरोहितों और राजाओं की जो आलोचना की है वह 'वैज्ञानिकों' के अनुसार जनता को बहकाने के लिए! उन्होंने इस्लाम के विरुद्ध क्या-क्या लिखा है, इसका प्रमाण हिन्दू-संस्कृतिवादी नहीं देते।

साहित्य में संकीर्णतावाद क्या है, कुत्सित समाजशास्त्र क्या है, इसे समझने के लिए रांगेय राघव के तुलसी सम्बन्धी निबन्ध पढ़ लेना काफी है। तुलसी ने जो नैतिक मूल्य काव्य में चित्रित किये हैं—शिशु के भोलेपन से प्यार, दम्भ से घृणा, अन्याय के प्रति रोष—यह सब हमारे मित्रों के लिए सामन्तवाद का समर्थन है। भले ही इन मित्रों की आलोचना विज्ञान का डंका पीटता आये, उसके स्वर में अंग्रेजी संगीत पहचानना मुश्किल नहीं है जिसने हमारे कुछ बुद्धिजीवियों को यह सिखलाया है कि भारत की जनता घृणा के योग्य है और जिन कवियों को वह प्यार करती आयी है, वे भी घृणा के योग्य हैं। संस्कृति की तरफ उनके कॉस्मोपौलिटन, अजातीय दृष्टिकोण का यह भी एक प्रमाण है। जिन कवियों ने जातीय संस्कृति को समृद्ध किया है, उन्हीं पर आक्रमण करके वे जातीय संस्कृति की परम्परा को कमजोर कर देना चाहते हैं। उसका नतीजा उनकी अपनी कृतियों में साफ दिखाई देता है जो ऐसी अनुपम कला का नमूना होती हैं कि पढ़नेवाले को लगता है कि इनके यहाँ या तो अच्छा लिखनेवाले पैदा नहीं हुए या इन्होंने उन्हें पढ़ा नहीं। हिन्दी साहित्य की जनवादी परम्परा को नष्ट करना इनकी सामर्थ्य के बाहर है, इसलिए साहित्यकार के रूप में वे खुद ही आत्मघात करके अपने अस्तित्व को सार्थक कर देते हैं।

(2)

'विवेचना' की भूमिका में श्री इलाचन्द्र जोशी कहते हैं, "अपने प्रगतिवादी बन्धुओं से मेरा निवेदन है कि वे अपने रूढ़िवादी दृष्टिकोण की हठधर्मिता त्यागकर सूक्ष्म विचारपूर्वक मेरे निबन्ध को पढ़ और उसके यथार्थ मर्म समझने का प्रयत्न करें।"

स्वागत। हम सभी तरह के रूढ़िवाद के विरोधी हैं, भले ही वह प्रगतिवादी रूढ़िवाद ही क्यों न हों।

जोशी जी विश्वास दिलाते हैं कि उनका दृष्टिकोण "किसी भी अर्थ में प्रतिक्रियावादी नहीं है, बल्कि सच्ची प्रगति में रूढ़िवादी प्रगतिवाद से बहुत आगे बढ़ा हुआ है और जिसका वास्तविक बाह्य प्रगति से कोई विरोध नहीं है, बशर्ते वह अन्तर्प्रगति को आधार रूप में अपनाये हुए हो।"

यह और भी अच्छा है कि वह प्रगतिवाद से आगे बढ़ा हुआ है, कारण कि कुछ लोगों को चिन्ता होती है कि वाद देशकाल से सीमित होते हैं। कुछ समय के बाद जब प्रगतिवाद की उपयोगिता खत्म हो जायेगी, तब हम क्या करेंगे? उसके लिए जोशी जी अभी से इन्तजाम किये देते हैं। वह यह भी विश्वास दिलाते हैं कि उनका वास्तविक बाह्य प्रगति से कोई विरोध नहीं है; शर्त यह है कि वह अन्तर्प्रगति

को आधार रूप में अपनाये हुए हो।

मार्क्सवाद एकांगी ही नहीं पुराना भी पड़ गया है, इसलिए उसे भरापूरा बनाने के लिए या उसके उपयोगी तत्त्व लेकर एक समन्वयात्मक प्रगतिवाद रचने की आवश्यकता अनुभव करके जोशी जी ने लिखा है, "यदि वे जानबूझकर प्रगतिवाद के नाम पर संस्कृति के क्षेत्र में 100 वर्ष पुरानी मार्क्सीय रूढ़िवादिता को अपनावें और यथास्थित्यात्मक दृष्टिकोण का अनुसरण करना चाहें तो यह दूसरी बात है। इसका उन्हें पूरा अधिकार है। पर यदि वे सच्चे हृदय से यह मानते और चाहते हैं कि प्रगतिवाद के नाम पर किसी भी यथास्थित्यात्मक जगड्वाल को (चाहे वह मार्क्सीय ही क्यों न हो) अपनाये रहना घोर मूर्खता है, तो मैं उनसे अनुरोध करूँगा कि वे मेरे नये प्रगतिवाद का अनुसरण करें जिसमें वास्तविक बाह्य प्रगति तथा अन्तरीण प्रगति को समान-समन्वयात्मक रूप से अपनाया गया है।"

हम हर तरह की मूर्खता के विरुद्ध हैं, घोर मूर्खता के तो और भी। इसलिए हम समान समन्वयात्मक दृष्टिकोण के बारे में जो कुछ कहा जायेगा, उसे ध्यान से सुनेंगे।

मार्क्स के और अपने युग की तुलना करते हुए जोशी जी कहते हैं, "मैं जानता हूँ कि मार्क्स अपने जमाने में घोर प्रगतिशील था, पर हम लोग जो मार्क्स से सौ साल बाद आगे बढ़ गये हैं, स्वभावतः उससे कहीं अधिक प्रगतिशील हो गये हैं।"

यह अधिक प्रगतिशीलता फ्रायड आदि के मनोविश्लेषण शास्त्र की रचना से सम्भव हुई है। मार्क्स और फ्रायड की तुलना करते हुए जोशी जी कहते हैं, "मार्क्स और फ्रायड ये दोनों महारथी एक ही मूल सत्य के दो छोरों के प्रतिनिधि हैं। मार्क्स ने बाह्य जगत की कालानुक्रमिक प्रगतिशीलता का हमें पाठ पढ़ाया है और सामूहिक जीवन की वास्तविकता की ओर हमारा ध्यान आकर्षित करके उसे सुचारु संगठन का उपाय सुझाया है। यह एक बहुत ही महत्त्वपूर्ण बात है, जिसके उद्देश्य की मांगलिकता पर किसी भी समझदार व्यक्ति को सन्देह नहीं हो सकता। पर फ्रायड ने भी अन्तर्जगत के गहन सत्य की पूँजीभूत जटिलताओं की ओर हमारी आँखें प्रेरित की हैं तथा जीवन और जगत का एक नया ही दृष्टिकोण हमारे सामने रखा है, जो मार्क्सीय दृष्टिकोण से किसी कदर कम महत्त्वपूर्ण नहीं है।"

एक महत्त्वपूर्ण दृष्टिकोण हो तो भी काम चल जाता है; दो-दो महत्त्वपूर्ण दृष्टिकोण हों तो बात ही क्या। कभी यह इस्तेमाल किया, कभी वह इस्तेमाल किया।

जोशी की के दृष्टिकोण की सार्थकता तब मालूम होती है जब वे अपना समन्वयात्मक दृष्टिकोण साहित्य पर लागू करते हैं। तब वे अन्तर्जगत के गहन सत्य की पूँजीभूत जटिलताओं का उद्‌घाटन बड़ी सफलता से करते हैं। मिसाल के लिए हिन्दी में प्रगतिवाद का चलन क्यों हुआ? जोशी जी कहते हैं, "प्रगतिवादी कवियों की रचनाओं को मनोनिवेशपूर्वक पढ़ने से यह बात स्पष्ट हो जायेगी कि समाज के

प्रतिष्ठित नियमों के प्रति उनका विद्रोह समाज के सामूहिक कल्याण की भावना से प्रेरित होकर नहीं बल्कि अपनी व्यक्तिगत महत्त्वाकांक्षा की चरितार्थता में बाधा पहुँचने के कारण, समाज के विरुद्ध उसी पुरानी प्रतिहिंसा की मनोवृत्ति के विस्फोट के फलस्वरूप व्यक्त हुआ है।''

मिसाल के लिए शिवमंगल सिंह सुमन को ग्वालियर के बदले उज्जैन में प्रोफेसरी मिली, नागार्जुन मठाधीश न होकर मारे-मारे फिरते रहे, शंकर शैलेन्द्र को सिनेमा में नौकरी न मिली, केदार की वकालत न चली, शील का यथेष्ट सम्मान कानपुर में न हुआ, वगैरह। इस तरह प्रगतिवाद की हम एक समन्वयात्मक व्याख्या कर सकते हैं—समाज विरोधी प्रतिहिंसा का विस्फोट। लेकिन यह व्याख्या नयी नहीं है। पन्त जी, नवीन जी आदि कवियों से हम यह पहले ही सुन चुके थे, ये प्रगतिवादी प्रतिहिंसावादी हैं। जोशी जी का दृष्टिकोण उसी परिणाम पर पहुँचता है जहाँ पन्त जी का समन्वयवाद।

अब देखिए, छायावादी कवियों ने किस प्रेरणा से रचनाएँ कीं। जोशी जी का मत है कि ''हमारे अधिकांश छायावादी कवियों ने कविता इसलिए नहीं की कि वे दुख दैन्य पीड़ित और जीवन-ज्वर से जर्जरित मानवता को विश्व कल्याणकारी स्वस्थ सौन्दर्य से परिचित करावें बल्कि इसलिए कि वे सौन्दर्य की सहज ओट से अपने विकृत मनोभावों को व्यक्त करके अपने भीतर के दाम्भिकताजनित, स्वार्थ, क्लेशयुक्त फोड़ों को फोड़ सकें।''

छायावाद अर्थात् फोड़ों का मवाद! चलो छोड़ो इसे भी। लेकिन यह न समझिये कि हिन्दी के कुछ छायावादी कवियों ही ने यह अपराध किया है। अंग्रेजी के स्वनाम धन्य शेली, बायरन और कीट्स को ही लीजिए। जोशी जी की सम्मति है, ''रोमांटिक कवि स्वभावतः कैसे आत्मगत और विकृत स्वार्थपूर्ण प्राणी होते हैं, इस बात के अनेक उदाहरण उनके जीवन इतिहास से मिल सकते हैं। शेली ने अपने स्वार्थ के लिए अपनी प्रथम स्त्री को त्यागकर उसे आत्महत्या के लिए विवश किया। बायरन ने अपने जीवन में न जाने कितनी महिलाओं का जीवन बर्बाद कर दिया, इसका ठिकाना नहीं। कीट्स की घोर आत्मगत मनोभावना का परिचय मनोवैज्ञानिकों को दूसरे रूप में मिलता है।''

लगता है कि ब्रिटेन की समाज व्यवस्था, पूँजीपति और पुरोहित पाखंडी साहित्यकार शेली, वायरन और कीट्स पर किसी तरह के अत्याचार के लिए जिम्मेदार न थे। सारी जिम्मेदारी इन नर-राक्षसों की ठहरती है जो किसी को आत्महत्या के लिए विवश कर रहे थे, किसी की जिन्दगी बर्बाद कर रहे थे। जोशी जी का समान समन्वयात्मक दृष्टिकोण समाज के उत्पीड़क वर्ग को सामाजिक अन्याय से काफी मुक्त कर देता है क्योंकि इंसान की बर्बादी के लिए वे जिम्मेदार नहीं हैं बल्कि हर मनुष्य के हृदय में बैठा हुआ राक्षस है। इस दृष्टिकोण से भी हम

साहित्य में परिचित हैं। आये दिन सुना करते हैं, लोगों की गरीबी की जिम्मेदारी साम्राज्यवाद या कांग्रेसी नेताओं पर नहीं है, अपने को सुधारो तो सारा समाज सुधर जायेगा। दृष्टिकोण दो लेकिन नतीजा एक ही।

सन्त कवियों को लीजिए। "सन्त तथा भक्त कवियों ने साहित्य तथा धार्मिक जगत को एक निराले प्रेमोन्माद से छा दिया। उन लोगों ने अपने अनजान में अवचेतन मन की 'फेन्टसीज' की छायानुभूतियों की लगाम इस कदर ढीली कर दी कि सोचकर आश्चर्य होता है।"

प्रगतिवादियों की तरह इनमें भी विश्व कल्याण की भावना का अभाव था। साहित्य में उन्हीं दमित प्रवृत्तियों की अभिव्यक्ति है।

वैष्णव कवि और उनमें भी जयदेव विशेष रूप से दोषी हैं। जोशी जी जयदेव की सी ही ललित पदावली में उन्हें याद करते हैं। "कुछ वैष्णव कवियों ने तो राधाकृष्ण का प्रेम वर्णन करते समय आध्यात्मिक रूपकों में बाह्यावरण भी उतारकर फेंक दिया है और विशुद्ध वासना के विषैले श्वासों का स्वच्छन्द उद्‌गीरण किया है। 'गीत गोविन्द' के रचयिता जयदेव को मैं इस कोटि के कवियों में अन्यतम मानता हूँ।...जयदेव आदि कवियों की शृंगारिकता अत्यन्त अस्वस्थ और विकृत है—वह दमित यौन वृत्ति के विकारों से ग्रस्त पागल का प्रलाप है।"

यह बात जयदेव के लिए सत्य है तो यह भी सत्य होगा कि आज तक जो पाठक उनकी पदावली में रस लेते रहे हैं, वे सभी दमित यौन वृत्ति के विकारों से ग्रस्त रहे हैं, पागलों का प्रलाप सुनने में रसानुभूति करते रहे हैं!

चंडीदास के बारे में सुना है कि बड़े ही सुन्दर कवि हैं। जोशी जी के अनुसार उन्होंने अपने जीवित प्राणों की रसानुभूति की उन्मादना तो दी लेकिन "स्नायु विकारग्रस्त भावोद्‌गारों से वे भी बच न सके।" गनीमत यही है कि दमित यौन वृत्ति के विकारों से ग्रस्त होने के बदले वे स्नायु विकारग्रस्त थे।

इसमें सन्देह नहीं कि कालिदास महान कवि हैं लेकिन किसलिए? इसलिए कि अभिज्ञान शाकुन्तलम् में "आरम्भ से अन्त तक उन्होंने अपने नायक को धूर्त, छली, कपटी और घोर स्वार्थपरायण चित्रित किया है।"

एक और महान ग्रन्थ है, महाभारत। यह ग्रन्थ क्यों महान है? इसलिए कि "सब देशों ने, सर्वकाल ने, धर्म और नीति के जो तत्त्व प्रतिपादित किये हैं, महाभारत के मनीषियों ने उनके प्रति वृद्धांगुष्ठ प्रदर्शित करके प्रबल फूत्कार से उन्हें उड़ा दिया।" (साहित्य-सर्जना, पृ.48)

इसमें सन्देह नहीं कि जोशी जी ने अपने समन्वयात्मक दृष्टिकोण से बहुत से पुराने और नये साहित्यकारों के अन्तर्जगत में पैठकर उनकी जटिलताओं के सत्य को उद्‌घाटित कर दिया है। कहना चाहिए, बड़ों-बड़ों को उन्होंने वृद्धांगुष्ठ प्रदर्शित करके प्रबल फूत्कार भी किया है लेकिन इससे यही पता चलता है कि साहित्य रचने

और पढ़नेवाले अधिकतर दमित यौनविकारों से ग्रस्त रहते हैं। साहित्य की कोई लोक मंगलकारी भूमिका नहीं है। इसके सिवा समाज के अत्याचारी और शोषक वैसे ही अपने अन्दर के राक्षसों से परेशान थे जैसे शोषित। इसलिए सामाजिक विकास की मूल धुरी हुई, सब लोग अपने भीतर के राक्षसों से लड़ो। और जब तक ये राक्षस न मारे जायेंगे तब तक बाह्य जीवन को बदलने की सारी कोशिशें बेकार होंगी।

इसके बदले मार्क्सवाद कहता है कि अपने भौतिक जीवन की परिस्थितियों को बदलने के लिए कोशिश करते हुए ही तुम अपने को भी बदलोगे। इसलिए परिस्थितियों को पहचानो, उन्हें अपने हित में बदलो। इसी तरह तुम्हारे संस्कार बदलेंगे और शोषण मुक्त सुसंस्कृत समाज की रचना होगी। यह सिद्धान्त जोशी जी को सौ वर्ष पुराना और रूढ़िवादी मालूम होता है। अगर अमल से देखें तो करोड़ों आदमियों के जीवन में वह सही साबित हो चुका है। इसके बदले फ्रायड आदि के सिद्धान्त यूरोप में कुछ क्रान्ति विरोधियों के जरूर काम आये हैं लेकिन वहाँ भी वे सामाजिक प्रगति को रोकने में असमर्थ हो रहे हैं। हिन्दुस्तान में उनके पुर्साहाल तो और भी कम हैं।

नतीजा यह कि मार्क्सवाद फ्रायड के सिद्धान्त से समन्वय नहीं करता बल्कि उसे अवैज्ञानिक कहकर उसका खंडन करता है। फ्रायडवादी विचारधारा साहित्य की परम्परा से कैसा सलूक करती है, यह जयदेव, भक्त कवियों, छायावादी और प्रगतिवादी साहित्यकारों पर जोशीजी की सम्मति से पता चल जाता है।

भारतीय संस्कृति बनाम मार्क्सवाद

(1)

'उत्तरा' की भूमिका में पन्त जी कहते हैं, ''अपने युग को मैं राजनीतिक दृष्टि से जनतन्त्र का युग और सांस्कृतिक दृष्टि से विश्व मानवता अथवा लोकमानवता का युग मानता हूँ।''

अगर राजनीति और संस्कृति विरोधी वस्तुएँ न हों तो जनतन्त्र और लोकमानवता एक-दूसरे की विरोधी न होकर पूरक हों। आखिर वह लोक मानवता इस लोक में ही विकसित होती है, परलोक में नहीं। इसलिए यह कल्पना करना कठिन है कि जनवादी राजनीति से भी लोक-संस्कृति के लिए खतरा हो सकता है।

पन्त जी राजनीतिक वादों के बारे में कहते हैं, ''राजनीति के क्षेत्र में किसी भी प्रगतिकामी वाद या सिद्धान्त से मुझे विरोध नहीं है; एक तो राजनीति के नक्कारखाने में साहित्य की तूती की आवाज कोई मूल्य नहीं रखती, दूसरा, इन सभी वादों को मैं युग जीवन के विकास के लिए किसी हद तक आवश्यक मानता हूँ.... सांस्कृतिक दृष्टि से इनकी सीमाओं से अवगत तथा साधनों से असन्तुष्ट होने पर भी मैं अपने युग की दुर्निवार तथा मानव मन की दयनीय दुर्बोध सीमाओं से परिचित एवं पीड़ित हूँ।''

आश्चर्य की बात है कि पन्तजी जनवादी राजनीति से विरोध न मानते हुए भी उसके साधनों से असन्तुष्ट हैं, मानव मन की सीमाओं से पीड़ित हैं लेकिन पन्त जी की संस्कृति राजनीति से पराङ्.मुख नहीं है। उसे राजनीतिक हलचलों में बेहद दिलचस्पी है। यहाँ तक कि वह अपनी कार्यवाही से उन हलचलों को रोक तक लेना चाहती है। पन्त जी जानते हैं कि आज हिन्दुस्तान की जनता ही नहीं, सारी दुनिया की जनता अपने अधिकारों के लिए संघर्ष कर रही है। भारतीय जनता का संघर्ष विश्व जनता के संघर्ष का ही एक अंग है। इस सच्चाई को लक्ष्य करके पन्त जी उसी भूमिका में रहते हैं, ''ऐसे विश्व-संघर्ष के युग में सांस्कृतिक सन्तुलन स्थापित करने के प्रयत्न को मैं जाग्रत चैतन्य मानव का कर्त्तव्य समझता हूँ। और यदि वह सम्भव न हो सका तो क्रान्ति का परिस्थितियों द्वारा संगठित सत्य तो भूकम्प, बाढ़ तथा महामारी की तरह है ही, उसके अदम्य वेग को कौन रोक सकता है?''

परिस्थितियों द्वारा संगठित सत्य है क्रान्ति। जीवन की परिस्थितियाँ मनुष्य

को क्रान्तिकारी परिवर्तनों की तरफ ठेल रही हैं। लेकिन ये परिवर्तन पन्त जी को भूकम्प, बाढ़ तथा महामारी की तरह भयानक लगते हैं। इन परिस्थितियों के अदम्य वेग को रोकने के लिए पन्त जी के पास कौन-सी औषधि है? पन्त जी के पास जो औषधि है, उसे वे सांस्कृतिक संतुलन कहते हैं। इस सांस्कृतिक संतुलन का जो भी अर्थ हो, एक बात साफ है और वह यह कि इस सन्तुलन की एक शुद्ध राजनीतिक उपयोगिता भी है—क्रान्ति को रोकना। क्रान्ति का वेग अदम्य है, यह देखकर पन्त जी मानव मन की दयनीय सीमाओं से पीड़ित हो जाते हैं।

पन्ती जी राजनीति और संस्कृति के समन्वय के पक्षपाती हैं। विशेष रूप से वह मार्क्सवादी राजनीति और भारतीय संस्कृति के समन्वय के पक्षपाती हैं। उनका दृष्टिकोण एकांगी नहीं है। वह समन्वय के लिए इतने उत्सुक हैं कि मार्क्सवादी राजनीति में जो खराबियाँ हैं, उन्हें दूर करके उसके विशुद्ध लोकपक्ष को वैसी ही विशुद्ध भारतीय संस्कृति से मिला देना चाहते हैं।

मार्क्सवाद के बारे में पन्त जी 'उत्तरा' की भूमिका में कहते हैं, ''मैं मार्क्सवाद की उपयोगिता एक व्यापक समतल सिद्धान्त की तरह स्वीकार कर चुका हूँ। किन्तु सांस्कृतिक दृष्टिकोण से उसके रक्त-क्रान्ति और वर्ग-युद्ध के पक्ष को मार्क्स के युग की सीमाएँ मानता हूँ।'' पन्त जी चाहते हैं कि मार्क्सवाद एक व्यापक समतल सिद्धान्त की तरह उपयोगी हो लेकिन मुश्किल यह है कि वह न तो सभी वर्गों के लिए समान रूप से व्यापक है और न सभी के लिए समतल है। उसका ऊबड़-खाबड़पन क्रान्ति और वर्ग-संघर्ष के कारण है। पन्त जी इन्हें निकालकर उसे समन्वय के उपयोगी बनाना चाहते हैं।

वर्ग-युद्ध और क्रान्ति मार्क्स के युग की सीमाएँ किस तरह थीं, इसकी व्याख्या करते हुए पन्त जी ने आगे लिखा है, ''मार्क्स ने, समस्त पश्चिम के ज्ञान को आत्मसात कर, सिर के बल खड़े हीगल को पैरों के बल खड़ा नहीं किया; यूरोप का मनोद्वन्द्व ही तब अपने आर्थिक-राजनीतिक चरणों पर खड़ा होकर 'युद्धं देहि' कहने को सन्नद्ध हो उठा था; जिसका पूर्वाभास पाकर युग प्रबुद्ध मार्क्स ने उस पर अपने वर्ग-युद्ध के सिद्धान्त की रक्त की छाप लगा दी। डारविन ने जहाँ, पूँजीवाद के अभ्युदय काल में अपने 'सरवाइवल ऑफ दि फिटेस्ट' के सिद्धान्त को....जीव विकास क्रम पर प्रतिपादित एवं प्रतिष्ठित किया, वहाँ मार्क्स ने यन्त्र युग के आर्थिक चक्रों से जर्जर, सर्वहारा का पक्ष लेकर वर्ग-युद्ध के सिद्धान्त को द्वन्द्व तर्क से परिचालित, ऐतिहासिक विकासक्रम में (युग संकट के समाधान के रूप में)।''

पन्त जी ने मार्क्सवादी राजनीति का मोटा अर्थ लगाया है—वर्गयुद्ध का सिद्धान्त। इस सिद्धान्त का पूर्वाभास मार्क्स को मिला यूरोप के मनोद्वन्द्व में। यह मनोद्वन्द्व किन मनुष्यों में, किन रूपों में हो रहा था, इस पर पन्त जी ने प्रकाश नहीं डाला लेकिन इतना जरूर बतलाया है कि यह मनोद्वन्द्व आर्थिक-राजनीतिक चरणों पर

खड़ा हो गया था। दूसरे शब्दों में कुछ लोगों का मानसिक संघर्ष आर्थिक-राजनीतिक संघर्ष को जन्म दे रहा था। इससे पता चलता है कि मार्क्स के समय में वस्तुगत सत्य सर्वहारा वर्ग और पूँजीपतियों का संघर्ष न था बल्कि सत्य था कुछ लोगों का मानसिक संघर्ष जो बाह्य जगत में युद्ध के लिए ललकारने लगा। यदि उस समय यूरोपवालों को सांस्कृतिक सन्तुलन का सत्य मालूम होता तो वर्गयुद्ध और रक्तक्रान्ति के प्रेमी मार्क्सवाद का जन्म न होता।

मार्क्स मनोविज्ञान का चतुर पण्डित था। उसे पता चल गया कि मनोद्वन्द्व युद्धं देहि की पुकार करनेवाला है। इसलिए उसने तुरन्त उस पर वर्गयुद्ध की रक्त छाप लगाकर उसके सर्वाधिकार सुरक्षित करा लिए। डारविन ने जो काम जीव विकासक्रम में किया यानी उस क्रम पर जिसकी लाठी उसकी भैंसवाला सिद्धान्त लागू किया, वही काम मार्क्स ने ऐतिहासिक विकास क्रम में किया यानी यहाँ भी हिंसा का सिद्धान्त लागू कर दिया।

लेकिन वर्ग-संघर्ष का सिद्धान्त मार्क्स ने ईजाद न किया था। यह सिद्धान्त पूँजीपति पहले से ही जानते थे, उसे अक्सर मानते भी थे। मार्क्स ने इस वर्ग संघर्ष को खत्म करके, पूँजीवादी हिंसा और शोषण का राज्य खत्म करके मजदूरों को अपना राज्य कायम करने का रास्ता दिखाया। मार्क्स का ऐतिहासिक महत्त्व इस बात में है कि उन्होंने मजदूर वर्ग को अपनी युगान्तरकारी भूमिका के प्रति सचेत किया। पन्त जी चेतना की बातें करते नहीं थकते। भौतिकवाद की खासी कमी उन्हें यह मालूम होती है कि वह चेतना को महत्त्व नहीं देता। लेकिन मार्क्स ने मजदूर वर्ग को शोषण के तमाम चक्रव्यूह का परिचय देकर उसे इतिहास को बदलने के लिए जो सचेत किया, वह वर्ग-चेतना पन्त जी को घोर अचेतन मालूम पड़ती है।

'राज्य सत्ता और क्रान्ति' में लेनिन ने मार्क्सवादी और वर्ग-संघर्ष के सिद्धान्त के परस्पर सम्बन्ध के बारे में कहा है, "अक्सर यह कहा और लिखा जाता है कि मार्क्स की थ्योरी का मूलसूत्र वर्ग-संघर्ष है, लेकिन यह सत्य नहीं है और इस गलती से अक्सर मार्क्सवाद का अवसरवादी तोड़मरोड़ पैदा होता है, उसे पूँजीपतियों के लिए ग्राह्य बनाने के लिए उसे झुठलाना शुरू होता है। कारण कि वर्ग-संघर्ष का सिद्धान्त मार्क्स द्वारा नहीं बल्कि मार्क्स से पहले पूँजीपतियों द्वारा रचा गया था और मोटे तौर से वह पूँजीपतियों को ग्राह्य भी है।"

लेनिन ने बताया है कि मार्क्सवाद को ग्रहण करने की असली कसौटी यह है कि आप मजदूर-राज्य के सिद्धान्त को मानते हैं या नहीं। पन्त जी के लिए मजदूर-राज्य का तो सवाल ही नहीं उठता, कारण कि वर्ग-संघर्ष का सिद्धान्त जो मार्क्स के समय पूँजीपतियों तक को मान्य था, वह भी पन्त जी को मान्य नहीं है।

युद्धं देहि की आवाज मार्क्स ने न लगायी थी। यूरोप (और एशिया को भी) आक्रान्त करनेवाले पूँजीवाद ने मजदूर वर्ग और तमाम औपनिवेशिक जनता को

युद्ध की चुनौती दी थी। मार्क्सवाद उस चुनौती का उत्तर था, पूँजीवादी शोषण का अन्त करने के लिए, इस युद्धं देहि की आवाज का खात्मा करने के लिए। इसलिए जब डारविन ने जीव विकास क्रम पर पूँजीवाद का 'खुद खाओ दूसरों को मारो' का सिद्धान्त लागू किया तो मार्क्स और एंगेल्स उसकी व्यंग्यपूर्ण आलोचना किये बिना न रह सके। मार्क्स ने अपने एक पत्र में लिखा था, ''यह सुन्दर है कि डारविन ने पौधों और पशुओं में फिर अपना अंग्रेजी समाज ढूँढ़ निकाला है जिसमें उसका श्रम-विभाजन, होड़, नये बाजारों का खुलना, 'आविष्कार' और जीवन के लिए माल्थसवाला संघर्ष है।'' एंगेल्स ने 'डायलेकिटक्स ऑफ नेचर' में लिखा था, ''डारविन को यह पता न था कि उसने मनुष्य जाति पर कैसा तीव्र व्यंग्य किया है और खासतौर से अपने देशवासियों पर, जब उसे खुली होड़ जीवन के लिए संघर्ष को, जिसे अर्थशास्त्री सबसे बड़ी ऐतिहासिक सफलता मानते हैं, पशु जगत की साधारण दशा बतलाया है।''

इसलिए यह कहना कि जहाँ डारविन ने सरवाइवल आफ दि फिटेस्ट के सिद्धान्त को जीव विकास क्रम पर लागू किया, वहाँ मार्क्स ने वर्ग-युद्ध को ऐतिहासिक विकास क्रम पर लागू किया, मार्क्स को पूँजीवादी चश्मे से देखना है और मजदूर वर्ग के नये जीवन दर्शन के क्रान्तिकारी रूप को अस्वीकार करना है। पन्त जी जब लिखते हैं कि राजनीति के क्षेत्र में किसी भी प्रगतिकामी वाद या सिद्धान्त से मुझे विरोध नहीं है, तब महत्त्वपूर्ण बात यह नहीं होती कि उन्हें किसी वाद से विरोध है या नहीं बल्कि यह कि उन्होंने उस वाद या सिद्धान्त को सही तरीके से पाठकों के सामने रखा है या नहीं। जब वह कहते हैं, ''मैं मार्क्सवादी (आर्थिक दृष्टि से वर्ग सन्तुलित) जनतन्त्र तथा भारतीय जीवन दर्शन को विश्व शान्ति तथा लोक कल्याण के लिए आदर्श-संयोग मानता हूँ'', तब सवाल यह उठता है कि यह वर्ग-सन्तुलित जनतन्त्र है कौन-सा, जिसका संयोग पन्त जी भारतीय जीवन दर्शन से करना चाहते हैं? मार्क्सवाद के लिए या तो जनतन्त्र में पूँजीपतियों का आधिपत्य होगा या सत्ता जनसाधारण के हाथ में होगी। वर्ग-सन्तुलित जनतन्त्र रचने की कोशिशें कॉमनवेल्थी प्रजातन्त्रों में जरूर हो रही हैं जिनका उद्देश्य है कि जन सम्पत्ति के ट्रस्टी जमीदार-पूँजीपति अपना शोषण क्रम भी जारी रखें और किसान-मजूदर रामराज्य में सन्तोष की साँस भी लेते रहें। लेकिन यह वर्ग-सन्तुलित या रोपडांस ज्यादा सफल होता नहीं दिखाई देता।

पन्त जी मार्क्सवाद के दर्शनपक्ष का खंडन करने के बाद उसके लोकपक्ष का समर्थन करते हुए कहते हैं, ''मार्क्सवाद का आकर्षण उसके खोखले दर्शन पक्ष में नहीं, उसके वैज्ञानिक (लोकतन्त्र के रूप में मूर्त) आदर्शवाद में है, जो जनहित अथवा सर्वहारा का पक्ष है; किन्तु उसे वर्ग-क्रान्ति का रूप देना अनिवार्य नहीं है। वर्ग युद्ध

का पहलू फासिज़्म की तरह ही निकट भविष्य में पूँजीवादी तथा साम्राज्यवादी युग की प्रतिक्रिया के रूप में विकृत एवं विकीर्ण हो जायेगा।''

पन्त जी को जितना भय साम्राज्यवाद की प्रतिक्रिया से है उतना स्वयं साम्राज्यवाद से नहीं। उन्होंने जितना भगीरथ प्रयत्न मार्क्सवाद को शुद्ध करने में किया है, उतना साम्राज्यवादी विचारधारा से संघर्ष करने में नहीं। बल्कि साम्राज्यवादियों के प्रचार से मिलती-जुलती उनकी यह बात है कि मार्क्सवाद की जो प्रतिक्रिया होती है—जन आन्दोलन बढ़ते हैं, जनराज्य कायम होते हैं—वह फासिज्म की तरह विकृत है!

पन्त जी मार्क्सवाद के ऐसे वैज्ञानिक आदर्शवाद में विश्वास करते हैं जिसमें अवैज्ञानिक वर्ग संघर्ष के बदले वैज्ञानिक वर्ग-सहयोग (या वर्गशोषण) हो। वह मार्क्सवाद के ऐसे लोकतन्त्र में विश्वास करते हैं जो वर्ग और राज्यसत्ता के परस्पर सम्बन्धों के सवाल को न उठाये। वह जनहित अथवा सर्वहारा के पक्ष को अपनाना चाहते हैं बशर्ते कि सर्वहारा अपने अधिकारों के लिए न लड़े, जनता राज्यसत्ता को अपने हित में रचने के लिए उद्यत न हो। ये शर्तें पूरी न हुई तो क्रान्ति फासिज्म की तरह महामारी और भूकम्प की तरह सबको तबाह कर देगी!

इसलिए पन्त जी किस वैज्ञानिक आदर्शवाद की बात कहते हैं, उसका विज्ञान से कोई सम्बन्ध नहीं है। वह जिस लोकतन्त्र की बात कहते हैं, वह पूँजीवादी लोकतन्त्र है जिसमें जनता सत्ता से वंचित रहती है। वह जिस जनहित अथवा सर्वहारा के पक्ष की बात कहते हैं, वह जनता अथवा सर्वहारा के विपक्षी वर्षों से कहते आये हैं।

पन्त जी वैज्ञानिक आदर्शवाद या लोकतन्त्र के पक्ष का समर्थन किस तरह करते हैं, यह उनकी कविताओं में बहुत स्पष्ट है। सामाजिक जीवन से अन्तर्मन की श्रेष्ठता घोषित करते हुए पन्त जी कहते हैं—

> ''सामाजिक जीवन से कहीं महत् अन्तर्मन जीवन,
> वृहत् विश्व इतिहास, चेतना गीता किन्तु चिरन्तन!
> भर देगा भूखी धरती को अन्तर्जीवन प्लावन,
> मनुष्यत्व को करो समर्पित खंडित मन, कवलितन!
> तुच्छ नहीं समझो अपने को, तुम हो पृथिवीवासी,
> फिर तुम भारतवासी जो, वसुधैव कुटुम्ब प्रकाशी;
> देखो, माँ के अंचल में जो रत्न बँधा अविनाशी,
> जगत तारिणी भरतभूमि, वह नहीं भिखारिन, दासी।''

भूखी धरती क्या चाहती है? अन्तर्जीवन प्लावन! सामाजिक जीवन में कष्ट पाने वाले मनुष्य क्या करें? वे अपना खंडित मत मनुष्यत्व को समर्पित करें। इस तरह भरतभूमि उन्हें ही न तारेगी, सारे संसार को भी तार देगी।

पन्त जी योगी अरविन्द से कहते हैं—

"आज लोक संघर्षों से जब मानव जर्जर,
अति मानव बन तुम युग सम्भव धरा पर!"

मानव लोक संघर्षों से जर्जर हो गया है। इन लोक संघर्षों से उसकी रक्षा करने के लिए योगी अरविन्द का अवतार हुआ है। एक कल्पित सामन्ती राज्य में जब प्रजा विरोध प्रकट करने लगती है और–

"इन्कलाब के तुमुल सिन्धु-सा एक रोज हो उठा तरंगित,
वह छोटा-सा राज्य क्रुद्ध जनता के आवेशों से नादित!"

तब पन्त जी के मन में लोक संघर्षों से जर्जर मनुष्य के प्रति सहानुभूति उमड़ आती है और वह कह उठते हैं–

"तन्त्रमात्र से हो सकते न मनुजपरिचालित,
उनके पीछे जब तक हो न चेतना विकसित।
प्रजातन्त्र के साथ राज्य रह सकते जीवित
जनजीवन विकास के नियमों से अनुशासित!"

पन्त जी लोक संघर्षों से राजा-प्रजा दोनों की रक्षा करना चाहते हैं और दोनों को ही शोषक-शोषित का भेदभाव भूलकर जीवन-विकास के नियमों से अनुशासित होने का उपदेश देते हैं।

पन्त जी की संस्कृति उनका अन्तर्मन, चेतना आदि राजनीति से परे नहीं है। पन्त जी की भी राजनीति है, उनकी कविताओं में वह राजनीति बहुत स्पष्ट दिखाई देती है, भले ही वह राजनीति को अपूर्ण कहकर सांस्कृतिक दृष्टिकोण की दुहाई दें। यह राजनीति ऐसी अपरिचित भी नहीं है। कांग्रेसी नेताओं से सन् 47 के पहले भी और सन् 47 के बाद विशेष रूप से हम उसका महत्त्व-कीर्तन सुनते हैं। फिर पन्त जी ने उसमें कौन-सी नयी विशेषता पैदा कर दी है?

पन्त जी की विशेषता यह है कि जब यह राजनीति जनता में तिरस्कृत हो रही थी, तब उसे सांस्कृतिक लिबास पहनाकर, मार्क्सवाद के लोकपक्ष से भारतीय संस्कृति का समन्वय करने के नाम पर उन्होंने बुद्धिजीवियों के एक हिस्से को उस राजनीति के असर में रखा। पन्त जी का ऐतिहासिक महत्त्व यह है कि पूँजीवादी राजनीति छोड़कर जब अधिकांश बुद्धिजीवी मजदूर वर्ग की साम्राज्य-विरोधी नीति की तरफ बढ़ रहे थे, तब पन्त जी ने अपने को मार्क्सवाद का समर्थक कहकर, उसे 'थोड़े से' परिवर्तन के बाद 'भारतीय संस्कृति' से मिलाने की बात कहकर हिन्दी साहित्य पर उस पूँजीवादी राजनीति का असर कायम रखा। पन्त जी ने यह काम 'स्वर्ण किरण' और 'स्वर्ण धूलि' में नया शुरू न किया था; यह काम वह पहले भी 'युगान्त', 'युगवाणी' आदि में कर चुके थे। लेकिन दूसरे महायुद्ध के पहले जब कांग्रेसी मन्त्रिमण्डल बने थे, तब पूँजीवादी नेतृत्व ऐसे संकट में न था, जैसा यह महायुद्ध

के बाद और फिर मन्त्रिमण्डल के बनने पर हुआ। इसकी प्रतिध्वनि पन्त जी की कृतियों में भी हुई। उनके समन्वय की रूपरेखा और भी स्पष्ट होकर सामने आयी।

पन्त जी के प्रगतिवादी प्रशंसकों की यह ऐतिहासिक भूमिका है कि जिस बात को हिन्दी साहित्य के आधार पर पाठक, 'तितली', 'गोदान', 'देवी' और 'चतुरी चमार' के पाठक– आसानी से प्रगतिशील नहीं मानते, उसे एक हद तक इन्होंने द्वन्द्वात्मक भौतिकवाद को दुहाई देकर उन्हें मनवा नहीं दिया तो कम से कम कुछ लोगों को भ्रम में जरूर डाल दिया। यह भी अनिवार्य था कि पन्त जी के समन्वय की आलोचना जो सन् 47 से पहले छुटपुट या मुँदी-ढकी थी, वह सन् 47 के बाद और तीव्र होकर सामने आयी और प्रगतिशील आलोचकों में ही पन्त जी को लेकर दो मान्यताएँ चल पड़ीं। लेकिन अभी तक 'स्वर्ण किरण' और 'स्वर्ण धूलि' को प्रगतिशील रचनाएँ माननेवाले किसी आलोचक ने उनकी प्रगतिशीलता पर प्रकाश डालने का कष्ट नहीं किया, कारण यह कि उनकी प्रगतिशीलता पर प्रकाश डालने से खुद उसकी प्रगतिशीलता पर कम प्रकाश न पड़ेगा।

पन्त जी इस समन्वयवाद के मसीहा हुए, इसका एक कारण है। छायावादी कवियों में पन्त जी हिन्दी साहित्य के जातीय विकास से सबसे कम परिचित थे। निराला जी ने 'पल्लव' की आलोचना करते हुए पन्त जी के उन उपकरणों पर यथेष्ट प्रकाश डाला था जिनसे पन्त जी ने अपना काव्य-सौन्दर्य रचा था। पन्त जी ने हिन्दी के पिछले साहित्य की तरफ 'पल्लव' की भूमिका में एक नकारवादी दृष्टिकोण अपनाया था। उन्होंने रीतिकालीन कवियों पर जो आक्षेप किये थे, वे एक हद तक ठीक थे लेकिन भक्त कवियों के प्रति उनका दृष्टिकोण अन्यायपूर्ण था। उन्होंने लिखा था, ''अधिकांश भक्त कवियों का सम्पूर्ण जीवन मथुरा से गोकुल ही जाने में समाप्त हो गया। बीच में उन्हीं की संकीर्णता की यमुना पड़ गयी; कुछ किनारे पर रहे, कुछ उसी में बह गये। बड़े परिश्रम से कोई पार भी गये तो ब्रज से द्वारका तक पहुँच सके, संसार की सारी परिधि यहीं समाप्त हो गयी।''

ब्रजभाषा काव्य पर पन्त जी के आक्षेपों के सम्बन्ध में निराला जी ने लिखा था, ''जिनके संस्कार बहुत कुछ अंग्रेजी कविता के साँचे में ढल जाते हैं, उन्हें ब्रजभाषा की कविता पसन्द नहीं आती, यह बहुत ठीक है। परन्तु यह भी ठीक है कि पन्त जी ने ब्रजभाषा पर अपनी उदासीनता के कारण जो कटाक्ष किया है, वह कुछ ही अंशों में सत्य है।''

कविता के अलावा ब्रज भाषा की तरफ पन्त जी का दृष्टिकोण हिकारत से भरा हुआ था, ''मुझे तो उस तीन-चार सौ वर्ष की वृद्धा के शब्द बिल्कुल रक्त-मांसहीन लगते हैं; जैसे भारती की वीणा की झंकारें बीमार पड़ गयी हों।'' पन्त जी की यह हिकारत ब्रजभाषा तक सीमित न रहकर हिन्दी भाषा (खड़ी बोली) तक जब तब पहुँच जाती है। जैसा कि विश्ववादियों में अक्सर होता है, वे अपनों से नफरत करते

हैं तो अंग्रेजी भाषा और संस्कृति के सामने दुम भी हिलाते हैं। पन्त जी कुछ हिन्दी अंग्रेजी शब्दों के ध्वनि सौन्दर्य की तुलना करते हुए 'पल्लव' की भूमिका में लिखते हैं, ''पंख शब्द में केवल फड़क ही मिलती है, उड़ान के लिए भारी लगता है; जैसे किसी ने पक्षी के पंखों में शीशे का टुकड़ा बाँध दिया हो, वह छटपटाकर बार-बार नीचे गिर पड़ता हो; अंग्रेजी का (wing) जैसे उड़ान का जीता-जागत चित्र है। उसी तरह 'touch' में जो छूने की कोमलता है, वह 'स्पर्श' में नहीं मिलती। 'स्पर्श' जैसे प्रेमिका के अंगों का अचानक स्पर्श पाकर हृदय में जो रोमांच हो उठता है, उसका चित्र है; ब्रजभाषा के परस में छूने की कोमलता अधिक विद्यमान है; 'joy' से जिस प्रकार मुँह भर जाता है, 'हर्ष' से उसी प्रकार आनन्द का विद्युत-स्फुरन प्रकट होता है।''

पन्त जी के शब्द-विज्ञान पर निराला जी ने यह टिप्पणी की थी, ''पन्त जी की व्याख्या से जाहिर है, उनका झुकाव अंग्रेजी शब्दों के तत्सम् रूपों की ओर अधिक है और यह प्रयत्न ऐसा है जैसे भारतवर्ष की आबोहवा को अंग्रेजी दवाओं के अनुकूल बनाना।''

पन्त जी में जातीयता-विरोधी ये कॉस्मोपौलिटन संस्कार 'पल्लव' काल ही में थे फिर भी वे अभी तक पूरी तरह पल्लवित न हुए थे। इसके सिवा स्पर्श और हर्ष से प्रेमिका के अंगों के स्पर्श और आनन्द के विद्युत-स्फुरन की कल्पना किया करते थे। इसलिए 'पल्लव' की रचनाओं में यथेष्ट सौन्दर्य मिलता है।

'ग्राम्या' से पन्त जी ने जनता के प्रति बौद्धिक सहानुभूति का दृष्टिकोण अपनाया और अनेक सुन्दर रचनाएँ भी कीं। लेकिन 'रूपाम' में छायावाद के कल्पनालोक से धरती पर उतरने की घोषणा करने के बाद पन्त जी ने एक नये मसीहा का रोल भी अख्तियार किया। अब वह मार्क्सवाद और भारतीय संस्कृति का समन्वय करने लगे। इस समन्वय में मार्क्सवाद को उन्होंने क्रान्ति और वर्ग-संघर्ष से ही मुक्त न किया था, उपनिवेशों में उसकी साम्राज्य विरोधी संघर्ष की भूमिका से भी मुक्त कर दिया था। और भारतीय संस्कृति को उन्होंने हिन्दी साहित्य की जनवादी परम्परा से ही मुक्त न किया था, बल्कि उसे भारतीय रूढ़िवाद और कांग्रेसी वर्ग-सहयोग की विशेष राजनीति से भी बाँध दिया था। पन्त जी के इस समन्वय को प्रगतिशील कहना वर्ग-सहयोग की राजनीति और भारतीय रूढ़िवाद को ही प्रगतिशील कहना है।

(2)

1939 की एक कविता में पन्त जी महात्मा गाँधी को लक्ष्य करके कहते हैं, ''निर्वाणोन्मुख आदर्शों के अन्तिम दीपशिखोदय।''

और–

''पूर्ण पुरुष, विकसित मानव तुम, जीवन सिद्ध अहिंसक।''

पन्त जी के लिए भारतीय संस्कृति क्या है, इन दो पंक्तियों से अच्छी तरह मालूम होता है। जो निर्वाणोन्मुख आदर्शों का प्रतीक है, वही पूर्ण पुरुष और विकसित मानव भी है।

'आधुनिक कवि' की भूमिका में पन्त जी कहते हैं, ''ज्योत्स्ना तक मेरे सौन्दर्यबोध की भावना मेरे ऐन्द्रिक हृदय को प्रभावित करती रही है, मैं तब तक भावना ही से जगत का परिचय करता रहा, उसके बाद मैं बुद्धि से भी संसार को समझने की चेष्टा करने लगा हूँ।''

शायद! लेकिन ऊपर की पंक्तियों में निर्वाणोन्मुख आदर्शों में पूर्ण पुरुष का दर्शन यह साबित नहीं करता कि पन्त जी को बुद्धि से संसार को समझने के नये काम में विशेष सफलता मिली है।

उसी भूमिका में पन्त जी कहते हैं, ''ऐतिहासिक भौतिकवाद और भारतीय अध्यात्म दर्शन में मुझे किसी प्रकार का विरोध नहीं जान पड़ा क्योंकि मैंने दोनों का लोकोत्तर कल्याणकारी सांस्कृतिक पक्ष ही ग्रहण किया है। मार्क्सवाद के अन्दर श्रमजीवियों के संगठन, वर्ग संघर्ष आदि से सम्बन्ध रखनेवाले बाह्य दृश्य को, जिसका वास्तविक निर्णय आर्थिक और राजनीतिक क्रान्तियाँ ही कर सकती हैं, मैंने अपनी कल्पना का अंग नहीं बनने दिया है। इस दृष्टि से मानवता एवं सर्वभूत हित की जितनी विशद् भावना मुझे वेदान्त में मिलीं, उतनी ही ऐतिहासिक दर्शन में भी।''

दूसरे शब्दों में पन्त जी ऐतिहासिक भौतिकवाद का अध्ययन वेदान्ती दृष्टिकोण से किया है। यह कहना कठिन है कि जिस तरह उन्होंने संसार को बुद्धि से समझने की कोशिश की है, उसी तरह ऐतिहासिक भौतिकवाद और वेदान्त को भी बुद्धि से समझने की कोशिश की है या नहीं।

भारतीय दर्शन की विशेषता बलताले हुए पन्त जी लिखते हैं, ''भारतीय तत्त्व द्रष्टा, शायद अपने सूक्ष्म नाड़ी मनोविज्ञान (योग) के कारण सापेक्षता के उस पार सफलतापूर्वक पहुँचकर 'तदंतरस्य सर्वस्य तत्सर्वस्यास्य बाह्यतः' सत्य की प्रतिष्ठा कर सके हैं।''

इसलिए भारतीय तत्त्वद्रष्टाओं ने जहाँ सूक्ष्म नाड़ी-विज्ञान से काम न लेकर प्रत्यक्ष व्यवहार से संसार को समझने की कोशिश की है, वहाँ से तत्त्वद्रष्टा नहीं रह गये, वहाँ उनका दर्शन नहीं रहा! इसलिए पन्त जी के लिए भारतीय दर्शन की उस विचारधारा का कोई ऐतिहासिक महत्त्व नहीं रहता जो इस सूक्ष्म नाड़ी मनोविज्ञान (योग) का विरोध करती रही है। संस्कृति की इतनी रट लगाने के बाद पन्त जी प्राचीन दर्शन के प्रगतिशील तत्त्वों को आसानी से छाँटकर फेंक देते हैं। भक्त कवियों के प्रति उनकी जो धारणा रही है, उसे हम ऊपर देख चुके हैं। छायावाद का भी महत्त्व उनकी नज़र में किस कारण रहा है, यह भी देख लीजिए। 'आधुनिक कवि' की भूमिका में वह कहते हैं, ''द्विवेदी युग के काव्य की तुलना में छायावाद इसलिए

आधुनिक था कि उसके सौन्दर्यबोध और कल्पना में पाश्चात्य साहित्य का पर्याप्त प्रभाव पड़ गया था और उसका भाव शरीर द्विवेदी युग की काव्य परम्परा से पृथक हो गया था।''

साहित्य की परम्परा की तरफ पन्त जी का दृष्टिकोण जातीयता का बहिष्कार करके चलता है। वह एक तरफ तो निर्वाणोन्मुख आदर्शों को पूजने के कारण रूढ़िवादी है, दूसरी तरफ संस्कृति के प्रगतिशील तत्त्वों को अस्वीकार करके अंग्रेजी भक्त होने के कारण कॉस्मोपॉलिटन है। इस दृष्टिकोण से भारतीय संस्कृति की न तो रक्षा होती है, न उससे उसका विकास सम्भव है। रक्षा तभी सम्भव है जब हमारे सामने यह स्पष्ट हो कि रक्षा किससे करनी है। हमें भारतीय संस्कृति के प्रगतिशील तत्त्वों की रक्षा करनी है, भारतीय रूढ़िवाद से और पश्चिम की पतित पूँजीवादी संस्कृति के प्रभाव से। उसका विकास हम कर सकते हैं, जनता के हितों को अपनी कसौटी बनाकर, सत्य को व्यवहार द्वारा परखने की वैज्ञानिक प्रणाली अपनाकर।

पन्त जी का दृष्टिकोण जनसाधारण को यह श्रेय नहीं देता कि उसने भी रक्षा के योग्य कोई सांस्कृतिक तत्त्व रचे हैं। भारत के साधारण जन उनके लिए 'मूढ़, असभ्य, अशिक्षित निर्धन' है। अशिक्षित और निर्धन अवश्य लेकिन मूढ़ और असभ्य नहीं। इस तरह के विशेषणों का प्रयोग साम्राज्यवादी करते रहे हैं, न कि देशभक्त कवि। पन्त जी का कॉस्मोपॉलिटन दृष्टिकोण जहाँ छायावाद को अंग्रेजी साहित्य से प्रभावित होने के कारण गौरवशाली मानता है, वहाँ जनता को अंग्रेजों की तरह मूढ़ और असभ्य मानता है। तब अगर अंग्रेज कहें कि हम असभ्य भारतवासियों को सभ्यता का पाठ पढ़ाने आये हैं तो उसमें बेजा क्या है?

'ग्राम्या' की भूमिका में पन्त जी ने ग्रामीणों को अपनी बौद्धिक सहानुभूति ही क्यों बेच दी है, इसकी व्याख्या उन्होंने 'आधुनिक कवि' की भूमिका में दी है। वह व्याख्या यह है कि ''मैंने ग्राम जनता को रक्त-मांस के जीवों के रूप में नहीं देखा है। एक मरणोन्मुखी संस्कृति के अवयव स्वरूप देखा है, और ग्रामों को सामन्त युग के खँडहर के रूप में।...यदि मुझे सामन्त युग की संस्कृति के पुनर्जागरण पर विश्वास होता तो जनता के संस्कारों के प्रति मेरी हार्दिक सहानुभूति भी होती।... जहाँ आलोचनात्मक दृष्टि की आवश्यकता है वहाँ केवल भावुकता और सहानुभूति से कैसे काम चल सकता है?''

बौद्धिक सहानुभूति तक सीमित रहने के पक्ष में पन्त जी ने जो दलील दी है, उसका आविष्कार करने में उन्होंने निश्चय ही बुद्धि पर काफी जोर दिया है। प्रश्न यह है कि उनकी बौद्धिक सहानुभूति किसकी तरफ है? क्या मरणोन्मुखी संस्कृति की तरफ? सामन्त युग की संस्कृति की तरफ? अगर नहीं तो वह कौन-सी वस्तु है जिसे पन्त जी बौद्धिक सहानुभूति तो दे सकते हैं लेकिन जिसे हार्दिक सहानुभूति देना भावुकता हो जाता है? अगर ग्रामीणों के प्रति बौद्धिक सहानुभूति

रखना सामन्ती संस्कृति से बौद्धिक सहानुभूति रखना नहीं है तो वे बेचारे ग्रामीण ही बौद्धिक सहानुभूति से क्यों वंचित रह जाते हैं?

उल्टा ग्रामीणों से उन्हें जितनी ही सहानुभूति होगी, उतना ही वे उन्हें सामन्ती संस्कृति के प्रभाव से मुक्त करने के लिए संघर्ष करेंगे। लेकिन पन्त जी की पूर्ण सहानुभूति बौद्धिक और हार्दिक सूक्ष्म नाड़ी मनोविज्ञान के साथ है, निवार्णोन्मुख आदर्शों के प्रतीक के साथ है; फिर ग्रामीणों के साथ, विशेषकर उन ग्रामीणों के साथ जो निरक्षरता और निर्धनता में पड़े रहने से इंकार करते हैं, उनकी सहानुभूति कैसे रह सकती है?

फिर जिस दृष्टिकोण से पन्त जी को ग्रामीण जन मरणोन्मुखी संस्कृति के अवयव रूप ही दिखाई देते हैं, रक्त-मांस के जीव नहीं, उस दृष्टिकोण की बौद्धिकता की दुहाई है। जैसे पीलिया के रोगी को सब कुछ पीत और रक्तहीन ही दिखाई देता है, वैसे ही रूढ़िवाद के उपासक कवि पन्त को ग्राम जनता रक्त-मांसहीन मृत संस्कृति का अवयव मात्र दिखाई देती है। यदि पन्त जी ने इस रक्त-मांसहीन संस्कृति को जरा नजदीक से देखा होता, उसके बिरहे, कहरवा, कजली, होली आदि लोकगीतों को सुना होता, निराला की शूर्पनखा की तरह 'डाल अवज्ञा की दृष्टि' के बदले जनगीतों और लोक कथाओं में भारतीय संस्कृति का अजेय आशा-स्वर सुना होता तो उनकी कविता संस्कृत शब्दों के निरर्थक प्रयोग से इतनी बोझिल न होती, अपनी 'बौद्धिक सहानुभूति' (या सहानुभूति के अभाव) का समर्थन करने के लिए बुद्धि पर इतना जोर न देना पड़ता। लेकिन जन-संस्कृति का निरादर उसी कॉस्मोपॉलिटन दृष्टिकोण की विशेषता है जो भारतीय दर्शन, भक्तिकाल और छायावाद की प्रगतिशील विरासत को अपनाने से इंकार करता है।

'आधुनिक कवि' की भूमिका में पन्त जी ने ठीक लिखा है कि ''प्राचीन प्रचलित विचार और जीर्ण आदर्श समय के प्रवाह में अपनी उपयोगिता के साथ अपना सौन्दर्य संगीत भी खो बैठते हैं, उन्हें सजाने की जरूरत पड़ती है।'' विशेषकर भारत का सूक्ष्म नाड़ी मनोविज्ञान अपनी उपयोगिता और सौन्दर्य कभी का खो चुका है। उसे सजाने के लिए तो विशेष अलंकारों की आवश्यकता पड़ती है। उन अलंकारों का यथेष्ट चमत्कार 'स्वर्ण किरण', 'स्वर्ण धूलि', 'उत्तरा', 'रजत शिखर' आदि में देखने को मिलता है। पन्त जी ने दार्शनिक सत्य का उद्घाटन करने के लिए नये प्रतीक चुने हैं जैसे कौआ, उल्लू और चमगादड़। 'कौवे के प्रति' कविता में वह उस सुन्दर पक्षी को 'भविष्य वक्ता जगविश्रुत' कहते हैं और इनके साथ 'मन्त्री वृद्ध तुम्हारे कौशिक दिवाभीत चमगादर'। उनके काव्य की चित्रमयता 'अर्धविवृत जघनों पर सिर रखने', 'वक्षोजों के खुले घटों पर' हाथ रखने, 'चिर अधखुले उरोजों पर' उड्डगन के जलने, जघनों के माणिक सर में स्वर्णवाष्प का घन लटकने आदि में प्रकट हुई है। 'रजत शिखर' में स्वर्ण भृंगों ने और भी उन्नति की है, ''कुसुम योनियाँ चूम गन्ध रज, गर्भ

दान दे।'' अवश्य ही इन भृंगों को हम किसी का प्रतीक न कहेंगे।

प्राचीन प्रचलित विचार और जीर्ण आदर्श जब अपनी उपयोगिता और सौन्दर्य भी खो बैठते हैं, तब उन्हें सजाने की जरूरत पड़ती है। यही नहीं, जो नये विचार और प्राणवान आदर्श अपना मुकाबला करते हैं, उन्हें अनुपयोगी और असुन्दर कहकर कोसने की ज़रूरत भी पड़ती है। 'उत्तरा' की भूमिका में पन्तजी भौतिकवाद को अन्धकारमय बतलाते हुए कहते हैं, 'और विशेषकर मार्क्सवादी भौतिकता के अन्धकार में और कुछ भी न सूझने के कारण (मन) गुण तथा संस्कृति (सामूहिक अन्तर्चेतना) आदि को पदार्थ का विम्ब रूप, गौण स्तर या ऊपरी अतिविधान कहकर उड़ा देना चाहते हैं।'

प्राचीन अध्यात्मवादियों और यान्त्रिक भौतिकवादियों की तरह पन्त जी के लिए मनुष्य की चेतना वस्तु जगत का अंग न होकर उससे भिन्न और निरपेक्ष सत्ता है। इसलिए मनुष्य का दिमाग— ऐसा पदार्थ जिसमें सोचने का गुण भी हो— उनकी कल्पना से परे है। मार्क्सवाद चेतना को अस्वीकार नहीं करता लेकिन उसे वस्तुजगत से निरपेक्ष नहीं मानता। पन्त जी के लिए मनुष्य के विचार उसके मन में बाह्य जगत का प्रतिबिम्ब नहीं हे वरन् उनकी स्वतन्त्र सत्ता है। इसलिए सापेक्षता के साथ बँधा हुआ मनुष्य का ज्ञान जो निपरेक्ष सत्य को पाता हुआ उसे पूरी तरह नहीं समेट लेता कि सत्य का अन्त हो जाये, यह मानव ज्ञान की द्वन्द्वात्मक प्रगति पन्त जी को पसन्द नहीं है। वह अध्यात्मवाद की महत्ता इस बात में मानते हैं कि वह मनुष्य को एकबारगी पूर्ण सत्य के दर्शन करा देता है। उनके लिए मनुष्य की चेतना विकासमान नहीं है, वह पूर्ण और गतिहीन है, सिर्फ माया का भ्रम दूर करके उसे पहचानना भर बाकी है। 'कला तथा संस्कृति नामक' निबन्ध में वह कहते हैं, ''आप क्षणभंगुर के अवगुंठन को हटाकर मानव चेतना के शाश्वत मुख के भी दर्शन कीजिए।'' वही पुरानी बात लेकिन कितने तूल-तबील के बाद।

इस शाश्वत मुख को देखने के बाद पन्त जी को वैज्ञानिक भौतिकवाद के जन्मदाता मार्क्स और एंगेल्स विशेष रूप से क्षुद्र मालूम होते हैं। 'उत्तरा' की भूमिका में राग-द्वेष से परे रहनेवाले शाश्वत सत्यवादी पन्त जी कहते हैं, ''सहस्रों वर्षों से अध्यात्मक दर्शन की सूक्ष्म-सूक्ष्मतम झंकारों से रहस मौन निनादित भारत के एकान्त मनोगगन में मार्क्स तथा एंगिल्स के विचार-दर्शन की गूँजें बौद्धिकता के शुभ्र अन्धकार के भीतर से रेंगने वाले झींगुरों की रुँधी हुई झंकारों से अधिक स्पन्दन नहीं पैदा करतीं।''

पन्त जी का कोप मार्क्स और एंगेल्स के दर्शन की सत्यता ही प्रमाणित करता है। साम्राज्यवाद के संकट काल में संस्कृति के पूँजीवादी नेता पैरों के नीचे से धरती खिसकते देखकर आपे से बाहर हो जाते हैं। उनकी यह दयनीय वस्तुगत परिस्थिति उनके मन में प्रतिबिम्बित होती है। वे मार्क्स और एंगेल्स की तुलना झींगुरों से करने

लगते हैं। पन्त जी के ये विचार किसी शाश्वत चेतना का परिणाम न होकर उनके भौतिक जीवन का ही प्रत्यक्ष परिणाम हैं।

पन्त जी ने जब 'ज्योत्सना' नाटिका लिखी थी तब उसके अभिनय की बात चलने पर एक कठिनाई आयी थी कि झींगुर और उल्लू के पार्ट किसे दिये जाएँ। पन्त जी के एक सुहृदय कवि ने यह कहकर इस समस्या को हल किया था कि 'ज्योत्सना' के प्रकाशक और लेखक इन पार्टों को आपस में बाँट लें। वह बात कितनी सार्थक थी, यह 'उत्तरा' की भूमिका पढ़ने पर अच्छी तरह मालूम हो जाता है।

पन्त जी की संस्कृति शाश्वत और अपरिवर्तनशील है। उनके लिए राजनीतिक विचार संस्कृति का अंग नहीं हैं बल्कि उससे भिन्न हैं। पन्त जी यह देखकर अप्रसन्न होते हैं कि उनके कुछ आलोचक "अपने सांस्कृतिक विश्वासों में मार्क्सवादी ही नहीं अपने राजनीतिक विचारों में कम्युनिस्ट भी हैं।" कोई मार्क्सवादी कम्युनिस्ट भी हो, इससे ज्यादा आश्चर्य की बात और क्या हो सकती है?

पन्त जी के लिए वस्तुवाद की कमी इस बात में है, "तथोक्त वस्तुवाद कर्ता या कर्मी का दृष्टिकोण है जिसके लिए गोचर वस्तु ही यथार्थ तथा प्रधान है, आदर्श उसी का विकास या परिणति।" वस्तुवाद के लिए गोचर वस्तु प्रधान है लेकिन कर्ता या कर्मी उसके लिए अगोचर कब है? इसलिए आदर्श भी अगोचर न होकर उसी यथार्थ जगत में प्रतिफलित होता है।

पन्त जी आगे कहते हैं, "वस्तु से उसका विधायक या निर्माता का सम्बन्ध होने के कारण वह उसकी यथार्थता को अपनी दृष्टि से ओझल नहीं होने देता एवं उसी को सत्य मानता है।" मानो खुद को अपने को अवास्तविक, असत्य मानता हो।

अगोचर सत्य की व्याख्या करते हुए पन्त जी कहते हैं, "किन्तु यदि हम आदर्श तथा वस्तु को एक ही सत्य का, जो अव्यक्त तथा विकासशील होने के कारण दोनों से अतिशय तथा ऊपर भी है,– सूक्ष्म स्थूल रूप या बिम्ब प्रतिबिम्ब मान लें तो दोनों दृष्टिकोणों में सहज ही सामंजस्य स्थापित किया जा सकता है।"

पन्त जी का सत्य अव्यक्त है तो विकासशील कैसे है? या उसका विकास अप्रकट ही रहता है? यदि वह शाश्वत और पूर्ण है तो भी उसके विकासशील होने की सम्भावना नहीं है। विकास केवल मनुष्य के भ्रम दूर होने में हो सकता है। यदि वह सत्य सूक्ष्म और अगोचर है तो वह किसमें प्रतिबिम्बित होता है और किसी वस्तु का प्रतिबिम्बित होना उसकी गोचरता का लक्षण है या अगोचरता का?

लेकिन पन्त जी की चेतना एकदम अभौतिक नहीं है। उसके कई स्तर हैं जिनमें "पदार्थ विज्ञान द्वारा हमने केवल चेतना के निम्नतम भौतिक धरातल पर ही प्रकाश डाला है" लेकिन "परिस्थितियों की सक्रियता के अनुपात में हमारे मन तथा चेतना के सापेक्ष प्रबुद्ध तथा अन्तःसंगठित न हो सकने के कारण" युद्ध आदि

हुए। आश्चर्य है कि सापेक्ष स्तर ज्ञान को चुनौती देनेवाली पन्त जी की चेतना के भी सापेक्ष स्तर हैं। पन्त जी के लिए मन भी एक नहीं, दस-बीस हैं। ऊधो से ''मन न भये दस बीस'' की शिकायत करने वाली गोपियों की समस्या पन्त जी ने हल कर दी है। ''एकता का सिद्धान्त अन्तर्मन का सिद्धान्त है विविधता का सिद्धान्त बहिर्मन तथा जीवन के स्तर का।''

प्रश्न यह है कि बहिर्मन जीवन के स्तर पर है तो क्या अन्तर्मन कहीं मृत्यु के स्तर पर विद्यमान है? एकता और विविधता का ऐसा विभाजन क्या संसार में दिखाई देता है? विविध शब्दों से एक कविता, विविध कविताओं से एक साहित्य, विविध साहित्यों से एक विश्व साहित्य आदि की द्वन्द्वात्मक एकता क्या प्रत्यक्ष जीवन में प्रमाण्ति नहीं होती? पन्त जी की तर्क प्रणाली क्या पुराने मेटाफिजिकल ढंग की नहीं है?''

पन्त जी लिखते हैं, ''हमारी गौतम और गाँधी जी की ऐतिहासिक भूमि है। भारत का दान विश्व को राजनीतिक तन्त्र या वैज्ञानिक यन्त्र का दान नहीं हो सकता, वह संस्कृति तथा विकसित मनोयन्त्र की ही भेंट होगी।

विकसित मनोयन्त्र? फिर विकास की बात और वह भी मन को यन्त्र मान कर? पन्त जी भारतीय रूढ़िवादी ही नहीं हैं, यान्त्रिक भौतिकवादी भी हैं। इस विकसित मनोयन्त्र का दूसरा नाम अहिंसा है। ''अहिंसा मानवीय सत्य का ही सक्रिय गुण है। अहिंसात्मक होना व्यापक अर्थ में संस्कृत होना, मानव बनना है।''

यह मानवीय सत्य शाश्वत है या परिवर्तनशील और विकासमान? सक्रियता देशकाल सापेक्ष है या देशकाल से परे अनादि, अनन्त और अगोचर? पन्त जी ने अध्यात्मवाद का गुण कीर्तन करने के बाद सम तोड़ा सत्य के सक्रिय गुण पर। यदि वह अहिंसा गुणातीत नहीं है तो उसे प्रत्यक्ष जीवन में चरितार्थ होना चाहिए। अहिंसा के गुण को कौन लाठी-गोली से खण्डित करता है? पन्त जी को अहिंसा के लिए भय शासक वर्ग से नहीं दिखाई देता; अहिंसा का नाश होता उनसे दिखाई देता है जो हिंसा बर्दाश्त करने के लिए तैयार नहीं हैं।

इस तरह पन्त जी की संस्कृति राजनीति से परे न होकर एक विशेष तरह की राजनीति का ही दूसरा नाम है। यह राजनीति शासकवर्ग की हिंसा पर पर्दा डालती है, पीड़ित जनता के विरोध को हिंसा कहकर उसे विरोध करने से रोकती है। पन्त जी की संस्कृति का कार्यालय हिन्दुस्तान ही में है। वह चाहते हैं कि ''भारत एक नवीन मनुष्यत्व के आदर्श में बँधकर तथा अपने बहिरन्तर जीवन को नवीन चेतना के सौन्दर्य से संगठित कर महासृजन एवं विश्व निर्माण का एक विराट कार्यालय बन जाये।''

महासृजन का विराट कार्यालय जिसमें करोड़ों मनुष्य आधे पेट रहकर नित्य तपस्या करते हैं और अकाल मृत्यु के ग्रास बनकर निर्वाणपद को प्राप्त करते हैं।

यह भारत साम्राज्यवाद का विराट मृत्यु कार्यालय भी है जिसमें असंख्य नर-नारी तिल-तिलकर घुलते हुए प्राण दे चुके हैं। अब वे अपना सामाजिक जीवन नये ढंग से संगठित करना चाहते हैं तो पन्त जी अन्तर्मन के संगठन को प्रधान और संस्कृति को जीवन-संघर्ष से परे कहने लगते हैं। लिखा है, ''संस्कृति सौन्दर्य-बोध आदि हमारे अन्तर्मन के संगठन हैं। संस्कृति को मात्र वर्गवाद की दृष्टि से देखना एवं बाह्य परिस्थितियों पर अवलम्बित अतिविधान मानना केवल वाद-ग्रस्त बुद्धि का दुराग्रह है।''

जैसा कि हम देख चुके हैं, पन्त जी की संस्कृति न तो वर्गों से परे है, न परिस्थितियों से। वह कोई आग्रहहीन वाद नहीं है, केवल आग्रह सर्वहारा वर्ग का न होकर पूँजीवादी वर्ग का है। मानो मार्क्सवाद यह कहता हो कि परिस्थितियों को बदलो और अपने को न बदलो। पन्त जी तर्क करते हैं, ''ऐसा नहीं समझना चाहिए कि स्थूल के संगठन से सूक्ष्म अपने आप संगठित हो जायेगा, जैसा कि आज का भौतिक दर्शन या मार्क्सवाद कहता है।''

स्थूल का संगठन कौन करेगा? या वह अपने आप संगठित हो जायेगा? मनुष्य अपने जीवन की परिस्थितियों को बदलता हुआ अपने को भी बदलता है। एक को बदलकर दूसरे को छोड़ देना पन्त जी का तर्क है, मार्क्सवाद का नहीं। स्थूल को बदलने के लिए स्थूल जगत में संघर्ष होता है; सूक्ष्म को बदलने के लिए विचारधारा में संघर्ष होता है। पन्त जी इस संघर्ष में किसके साथ हैं?

पन्त जी अपने सत्य को संघर्ष से ऊपर रखना चाहते हैं। वह पक्षपात से परे रहने का आदेश देते हुए कहते हैं, ''आप क्षणभंगुर के अवगुंठन को हटाकर मानव चेतना के शाश्वत मुख के भी दर्शन कीजिए। तब आप वास्तविक अर्थ में जीवन-द्रष्टा तथा सौन्दर्य-सृष्टा बन सकेंगे। अन्यथा आप व्यक्ति-समाज के बीच, भिन्न-भिन्न वर्गों, गिरोहों के बीच, भिन्न-भिन्न सम्प्रदायों, शक्ति-लोलुप संगठनों तथा नैतिक दृष्टिकोणों के बीच चलनेवाले संघर्ष के प्रचारक मात्र बन जायेंगे; और अपने स्वभाव, रुचि तथा परिस्थितियों के अनुरूप एक या दूसरे पक्ष का समर्थन कर अपने स्रष्टा के कर्तव्य से च्युत हो जाएँगे।''

पन्त जी का वास्तविक अर्थ जीवन संघर्ष से परे रहना है। वह वर्गों और नैतिक दृष्टिकोणों से ऊपर उठकर सौन्दर्य देखने का आग्रह करते हैं। लेकिन यह तटस्थता का सिद्धान्त खुद एक वर्ग का सिद्धान्त है। यह वर्ग अपने जनविरोधी हितों को ढकने के लिए तटस्थता का अभिनय करता है। पन्त जी नैतिक दृष्टिकोणों के संघर्ष से तटस्थ नहीं हैं बल्कि सर्वहारा वर्ग के नैतिक दृष्टिकोण का विरोध करके पूँजीवादी दृष्टिकोण का समर्थन करते हैं। उनका यह भय अकारण नहीं है कि लोग उनके साम्यवाद को प्रगतिशील मानने से इंकार करते हैं। अपने दृष्टिकोण की सफाई देते हुए पन्त जी कहते हैं, ''मेरा मन यह नहीं स्वीकार करता कि मैंने अपनी रचनाओं

में, जिस सांस्कृतिक चेतना को वाणी दी है, एवं जिस मनःसंगठन की ओर ध्यान आकृष्ट किया है, उसे किसी भी दृष्टि से प्रतिगामी कहा जा सकता है।''

दूसरे महायुद्ध के पहले जब कांग्रेसी मन्त्रिमण्डल बने थे, तब से 'उत्तरा' के लिखने तक जनता की चेतना और उसके साथ हिन्दी जनता की चेतना में काफी परिवर्तन हो गया है। अन्तर्चेतनावादी पन्त जी से सामाजिक चेतना के ये परिवर्तन छिपे नहीं हैं। लेकिन वे इस नयी सामाजिक चेतना से सहानुभूति नहीं रखते– न बौद्धिक, न हार्दिक। वह अपने पुराने साम्यवाद को नया जामा पहनाकर फिर हिन्दी पाठकों से कहते हैं,– मैं प्रतिगामी नहीं हूँ। लेकिन मार्क्सवाद का कौन-सा विरोधी अपने को प्रतिगामी मानता है? उनका व्यवहार उनकी प्रतिगामिता प्रकट कर देता है। पन्त जी यदि अपने अन्तर्चेतनावाद से लोगों को बहलाना चाहते हैं तो कुछ दिन कोशिश करके और देख लें।

साहित्य और यथार्थ

(1)

अपनी कविता पुस्तक 'क्वासि' की भूमिका में श्री बालकृष्ण शर्मा नवीन ने एक विद्वत्तापूर्ण भूमिका लिखकर मार्क्सवाद को जड़वादी दर्शन साबित किया है और क्वासि की टेर को भारतीय संस्कृति की मर्मवाणी बतलाया है। लेकिन उनकी आलोचना एकांगी नहीं है। वह शत्रु के साथ भी न्याय करने में विश्वास करते हैं। इसलिए फायरबाख पर मार्क्स का पहला सूत्र उद्धृत करके वह गद्‌गद कंठ से कहते हैं, ''मैं जब फायरबाख सम्बन्धी, ऋषि मार्क्स के ये सूत्र पढ़ता हूँ तो उनकी स्मृति में मेरा मस्तक झुक जाता है। कितनी प्रखर मेधा। कितना महान उनका स्पष्ट दर्शन सामर्थ्य!! कितनी गहर गम्भीर मौलिकता!!!''

आजकल ऐसे ईमानदार भौतिकवाद विरोधी कम मिलते हैं जो मार्क्स की स्मृति में श्रद्धा से अपना सिर इतना नीचे झुका दें। इसलिए नवीन जी के श्रद्धानत शीश के सामने हमारा सिर और भी नीचे अपने आप झुक जाता है।

नवीन जी ने मार्क्सवाद में क्या पाया है जिससे उनका सिर यों झुक गया है?

उनके अनुसार मार्क्स ने पदार्थवादी दर्शन के लिए यह कर्त्तव्य निश्चित किया है कि ''वह प्रत्येक दिशा में मानव जीवन को शुभ की ओर परिवर्तित करने की प्रेरणा करता रहे।''

अगर परिवर्तित करने का मतलब यहाँ पर परिवर्तित करने, बदलने का है तो मानना होगा कि मानव जीवन कोई अखण्ड अपरिवर्तनशील इकाई नहीं है वरन् देशकाल में स्थित एक ऐतिहासिक क्रम है जिसमें विकास और परिवर्तन होता रहता है। लेकिन अगर मानव का अर्थ परमात्मा का अंश हो, तो मानव जीवन के परिवर्तित होने का मतलब बदलना न होकर—एक ऐतिहासिक क्रम न होकर—परमात्मा के दर्शन करना, आत्मरूप को पहचानना आदि ही होगा। नवीन जी मानव के बारे में कहते हैं, ''हमारे साहित्य-मनीषियों और तत्त्वदर्शियों ने मानव को जो परमात्म-अंश के रूप में माना है, वह कोई यों ही उन्माद-प्रलाप मात्र नहीं है।

यदि मानव परमात्म अंश है, तब साहित्य (या दर्शन) का उद्देश्य क्या होना चाहिए?

नवीन जी कहते हैं, "इस मानव को मुक्ति का सन्देश और इसे– अर्थात् अपने को भी बन्धनपाश से छुड़ाने का सतत प्रयत्न करते जाना यही भारतीय साहित्य का चरम, अन्तिम, परम उद्देश्य है।"

इससे स्पष्ट है कि मानव जीवन को परिवर्तित करने की बात पर नवीन जी को भरोसा नहीं है। वह आत्मा को बन्धनपाश से मुक्त करना चाहते हैं न कि उसे परिवर्तित करना।

परिवर्तन से मिलता-जुलता एक शब्द और है– प्रवर्त्तन। अगर नवीन जी के वाक्य का पाठान्तर सम्भव हो तो परिवर्तित की जगह प्रवर्तित पढ़ने से यह बात समझ में आ जाती है कि जो व्यक्ति साहित्य का उद्देश्य आत्मा को बन्धनों से छुटकारा दिलाना मानता है, वह दर्शन का उद्देश्य आत्मा को राम की ओर प्रवर्तित करना भी मान सकता है। तब अपरिवर्तनशील परमात्म अंश को परिवर्तित करने की असंगति समाप्त हो जायेगी।

लेकिन दर्शन और दार्शनिकों का कर्त्तव्य क्या है, इस बारे में खुद मार्क्स ने दुविधा की गुंजाइश नहीं छोड़ी। फायरबाख पर उनका अन्तिम और विश्व प्रसिद्ध सूत्र है : "The philosophers have only interpreted the world differently, the point is to charge it."

"दार्शनिक अलग-अलग तरह से दुनिया की व्याख्या ही करते रहे हैं, मुख्य बात है उसे बदलने की।"

मार्क्स संसार को बदलने की बात कहता है, मानव जीवन को परिवर्तित करने की बात कहता है। जब आत्मा को भौतिक जीवन के बन्धनों से मुक्त करके परमात्मा में लीन होने को नहीं कहता, वह इस भौतिक जगत में ही वर्तमान मानव जीवन को परिवर्तित करने की बात कहता है।

संसार को बदलने के लिए यह जरूरी है कि हम उसे जानें। लेकिन यह जानने का काम संसार से अलग शुद्ध चेतना की क्रिया है या खुद भी एक सांसारिक, वस्तुगत क्रिया है? मार्क्स का कहना है कि संसार की वे तमाम वस्तुएँ ही यथार्थ नहीं हैं जिन्हें हम इन्द्रियों से जानते-पहचानते हैं; यह जानने-पहचानने का काम भी उस यथार्थ में शामिल है। इसलिए ज्ञान– जानना– एक वस्तुगत क्रिया है, बाह्य जगत से अभिन्न। फायरबाख की आलोचना करते हुए मार्क्स ने उसी पहले सूत्र में साफ लिखा है, "He does not understand human activity itself as, objective activity."

("उसके लिए खुद मानव-कर्म अपने में वस्तुगत कर्म नहीं है।")

इसका नतीजा यह होता है कि फायरबाख मनुष्य के चिन्तन को उसके कर्म से अलग कर देता है, ज्ञान को श्रेष्ठ और कर्म को दास मान बैठता है।

"He therefore does not comprehend the significance of 'revolution-

ary', of 'practical-critical' activity."

(''इसलिए वह 'क्रान्तिकारी', 'अमली-आलोचनात्मक' कार्यवाही का महत्त्व नहीं समझता।'')

मार्क्स ने फायरबाख की जो आलोचना की है, उसका निचोड़ यह है कि वह क्रान्तिकारी कार्यवाही के महत्त्व से इंकार करता है।

नवीन जी ने एक दूसरे कारण से मार्क्स द्वारा की हुई फायरबाख की आलोचना की तारीफ़ की है। वह कहते हैं, ''मार्क्स की दृष्टि में दर्शन का काम सामाजिक चेतना को जागृत, प्रभावित और चालित करना है। अतः इतना कह देना भर ही अलम नहीं है कि इन्द्रिय ग्राह्य बर्हिजगत के अतिरिक्त जो कुछ है वह अयथार्थ (Unreality) है।''

मतलब साफ है। नवीन जी के अनुसार मार्क्स के लिए यथार्थ इन्द्रियग्राह्य बहिर्जगत के 'अतिरिक्त' भी है लेकिन मार्क्स ने फायरबाक्स में इस 'अतिरिक्त' ही की आलोचना की है। फायरबाख और उसके पहले के भौतिकवादी इन्द्रियग्राह्य बाह्यजगत को तो यथार्थ मानते थे लेकिन मानव के इन्द्रिय बोध को, उसके कर्म यथार्थ से अलग कर देते थे।

मार्क्स के वाक्य का जो अनुवाद नवीनजी ने किया है, उससे भी यह बात साफ हो जाती है। फायरबाख और उससे पहले के भौतिकवाद की न्यूनता क्या है? न्यूनता यह है कि उसने यथार्थ को ''सेन्द्रिय मानवीय क्रिया के रूप में हृदयंगम नहीं किया'', उसे ''व्यावहारिकता के रूप में स्वीकृत नहीं किया।''

इसलिए इन्द्रियग्राह्य बहिर्जगत के 'अतिरिक्त' किसी यथार्थ का सवाल नहीं उठता। सवाल है, जिसे हम यथार्थ के 'अतिरिक्त' समझते हैं, उसे यथार्थ का ही अंग समझने का। इसलिए कर्म के बिना यथार्थ नहीं बदलता; कर्म के बिना मनुष्य– जो यथार्थ से 'अतिरक्ति' नहीं है– वह भी नहीं बदलता।

मनुष्य के चिन्तन को उसकी क्रियाओं से अलग शुद्ध चेतन रूप में देखना आदर्शवादियों का परिचित सिद्धान्त है। इसी के लिए मार्क्स ने फायरबाख की आलोचना की थी। नवीन जी मार्क्स पर वह आदर्शवादी सिद्धान्त, इन्द्रियग्राह्य बहिर्जगत के 'अतिरिक्त' यथार्थ को स्वीकार करने का सिद्धान्त– आरोपित करके उसकी 'प्रखर प्रतिभा, गंभीर विचार शक्ति एवं गहन मौलिकता' की प्रशंसा करते नहीं अघाते। लेकिन मार्क्स ने इन्द्रियग्राह्य बहिर्जगत के 'अतिरिक्त' एक और यथार्थ ढूँढ़ निकालने के लिए हमें नवीन जी की ही प्रखर प्रतिभा की दाद देनी होगी, उन्हीं की गम्भीर विचार शक्ति एवं गहन मौलिकता को साधुवाद देना होगा। मार्क्स उस सब का अधिकारी अभी साबित नहीं होता।

नवीन जी ने अपनी व्याख्या को सरल बनाने के लिए फायरबाख पर मार्क्स के पहले सूत्र का एक ही वाक्य उद्धृत किया है। लेकिन उस सूत्र में चार वाक्य और हैं,

जिनमें मार्क्स ने फायरबाख और तब तक के भौतिकवाद की कमजोरी को स्पष्ट कर दिया है और अपने सूत्र को क्रान्तिकारी, अमली कार्यवाही पर जोर देते हुए समाप्त किया है। नवीन जी को शायद मनुष्य की अमली क्रान्तिकारी कार्यवाही से दिलचस्पी नहीं है। शायद चारों वाक्य उद्धृत करने से मार्क्स का वह 'कितना अद्भुत, कितना भव्य निष्कर्ष' न निकलता जो उन्होंने निकाला है। भला अमली कार्यवाही से 'स्पष्ट दर्शन सामर्थ्य' और 'गहर गम्भीर मौलिकता' का क्या सम्बन्ध?

मार्क्स फायरबाख पर अपने दूसरे सूत्र में कहते हैं : "The question whether objective truth is an attribute of human thought is not a theoretical but a practical question. Man must prove the truth, i.e. the reality and power, the 'this sidedness' of his thinking in practice. The dispute over the reality or non-reality of thinking that is isolated from practice is a purely scholastic question."

(''सवाल यह है कि वस्तुगत सत्य मनुष्य के चिन्तन का एक लक्षण है, सैद्धान्ति सवाल न होकर एक अमली सवाल है। मनुष्य को सच्चाई अर्थात् अपने चिन्तन की वास्तविकता और शक्ति, उसकी 'इह लौकिकता' अमल से साबित करना चाहिए। अमल से अलग करके चिन्तन की वास्तविकता या अवास्तविकता पर झगड़ा करना शुद्ध शास्त्रोंवाला झगड़ा है।'')

नवीन जी ने अपनी विद्वत्तापूर्ण भूमिका में मार्क्स की इस चुनौती को कहीं स्वीकार नहीं किया। अमल, कर्म, क्रान्तिकारी कार्यवाही की बात उनके लिए दर्शन से 'अतिरिक्त' समस्या है। उनके उद्धृत किये हुए वाक्य में भी जहाँ यथार्थ के लिए कहा गया है कि उसे 'व्यावहारिकता के रूप में स्वीकार नहीं किया गया' वहाँ भी व्यावहारिकता पर उनकी निगाह नहीं ठहरती मानो यह व्यावहारिकता कोई डायन हो जो हमारे कवि को टोना मार देगी।

फायरबाख पर अपने तीसरे सूत्र में मार्क्स ने तब तक के भौतिकवाद की आलोचना करते हुए फिर कहा–

"The materialist doctrine concerning the changing of circumstances and education forgets that circumstances are changed by men and that the educator himself must be educated. This doctrine has therefore to divide society into two parts, one of which is superior to society."

"The coincidence of the changing of circumstances and of human activity or self-changing can only be comprehended and rationally understood as revolutionary practice."

(''परिस्थितियों को बदलने का और शिक्षा का भौतिकवादी सिद्धान्त यह भुला देता है कि परिस्थितियाँ इंसानों द्वारा बदली जाती हैं और शिक्षक को खुद शिक्षित

होना पड़ेगा। इसलिए यह सिद्धान्त मजबूरन समाज के दो हिस्से कर देता है, जिनमें से एक समाज से बढ़कर होता है।

"परिस्थिति परिवर्तन और मानव-कर्म या आत्म-परिवर्तन की अभिन्नता क्रान्तिकारी अमल के रूप में ही बोधगम्य हो सकती है और बुद्धि-संगत ढंग से समझी जा सकती है।"

मानव जीवन को शुभ की ओर 'परिवर्तित' करने का काम परमात्म अंश को भौतिक जीवन के बन्धनों से मुक्त करना नहीं है (वह तो अकाल और लाठी-गोली की कृपा से नित्य होता रहता है) बल्कि वह आम परिवर्तन क्रान्तिकारी अमल में दिखाई देता है। (अकाल और लाठी-गोली व्यवस्था के सक्रिय विरोध में दिखाई देता है)

फायरबाख पर मार्क्स के लिखे हुए सूत्रों में नवीन जी ने क्रान्तिकारी अमल की बार-बार कही हुई बात को नज़रन्दाज कर दिया है, उसे अपनी विद्वत्तापूर्ण आलोचना के योग्य नहीं समझा।

मध्य भारत हिन्दी साहित्य सम्मेलन– प्रथम अधिवेशन ग्वालियर, 30-31 दिसम्बर, 52, 1 जनवरी, 1953 में सभापति पद से भाषण देते हुए नवीन जी ने हिन्दी आलोचना की वर्तमान गतिविधि पर प्रकाश डालते हुए कहा था, "सभी बन्धु यह जानते हैं कि हमारी साहित्यालोचन प्रणाली में इधर कुछ ऐसी धाराएँ बह निकली हैं जिनके कारण नये साहित्यिक और पुराने भी बड़ी गड़बड़ी में पड़ गये हैं। एक प्रकार का बुद्धिभ्रम फैलता जा रहा है। साहित्य-सम्मेलनों का, हमारे देश की साहित्यिक संस्थाओं का, यह कर्त्तव्य है कि वे इस पर विचार करें और साहित्यकारों तथा आलोचकों को दिशा सुझाने का प्रयत्न करें।"

मतलब यह कि आलोचकों ने साहित्यकारों को बिगाड़ा है और साहित्यकार समाज को बिगाड़ रहे हैं, इसलिए इन सबको दिशा सुझाने का काम साहित्य सम्मेलन आदि संस्थाओं के सभापतियों को करना चाहिए।

नवीन जी ने अपने भाषण में 'क्वासि' की भूमिका पढ़ने से पहले लोगों को चेतावनी दे दी थी : "पाठक और श्रोता देखेंगे कि मैंने इस प्रश्न पर तात्त्विक दृष्टि से विचार करने का प्रयास किया है। सम्भव है, कहीं-कहीं तात्त्विक विवेचन के कारण, विषय किंचित् दुरूह, किंचित कष्टग्राह्य हो गया हो। पर, मेरा यह विश्वास है कि यदि साहित्यिक बन्धु इसे ध्यानपूर्वक पढ़ने का प्रयास करेंगे तो निश्चय ही उन्हें तात्त्विक स्पष्टता के दर्शन होंगे।"

नवीन जी ने साहित्यकारों को दिशा सुझाने की समस्या पर तात्त्विक दृष्टि से विचार किया है। तात्त्विक विवेचन कष्टग्राह्य होता देखकर उन्होंने श्रोताओं को सावधान भी कर दिया है–सुनने पर समझ में न आये तो घर जाकर पढ़ना और तब तुम्हें तात्त्विक स्पष्टता के दर्शन होंगे।

नवीन जी का भाषण– या 'क्वासि' का उपोद्घात–कष्टग्राह्य या दुरूह हो

सकता है, मार्क्स पर उनकी टिप्पणी के कारण। लेकिन फायरबाख पर मार्क्स का अधूरा– नवीन जी द्वारा उद्धृत किया हुआ– सूत्र न पढ़कर वह पूरा सूत्र या और सभी सूत्र जिनकी संख्या ग्यारह ही है और जो ढाई पन्नों में छपे हुए हैं– पढ़ने में नवीन जी के उपोद्घात में कष्टग्राह्य और दुरूह कुछ भी नहीं रह जाता। मार्क्स जहाँ संसार को क्रान्तिकारी अमल में बदलने की बात कहता है, वहाँ नवीन जी आत्मा को भौतिक बन्धनों से मुक्त करके परमात्मा में लीन होने को कहते हैं। एक के लिए मनुष्य का ज्ञान उसके अमल से अभिन्न है, दूसरे के लिए ज्ञान मनुष्य के अमल से 'अतिरिक्त' है।

साहित्य में बुद्धिभम्र क्यों फैल रहा है? इसलिए कि लोग अपने इस लोक के जीवन की तरफ ज्यादा ध्यान देने लगे हैं; वे परलोक की आशा में भुखमरी और महामारी के शिकार होकर बन्धन मुक्त होना नहीं चाहते। आज जनता की व्यथा देखकर– एशिया की धरती पर मानव-समाज में नये-नये परिवर्तनों की बात सुनकर हमारे साहित्यकार भी– नये और पुराने दोनों कांग्रेसी राम-राज्य के खिलाफ जनता का पक्ष लेने लगे हैं। नवीन जी इन लौकिक समस्याओं में उलझे हुए मानवों से कहते हैं, परलोक की तरफ देखो; तुम परमात्मा के अंश हो; भौतिक जीवन को बदलने की बात छोड़ो, हमारे साथ क्वासि की टेर लगाओ, भारतीय संस्कृति का यही सन्देश है।

नवीन जी के उपोद्घात और मध्य भारत साहित्य-सम्मेलनवाले भाषण में नये-पुराने साहित्यकारों के बुद्धिभ्रम पर क्षुब्ध होने का यही रहस्य है।

(2)

फायरबाख पर उद्धृत किये हुए मार्क्स के वाक्य में प्रथम मान्यता को 'पदार्थवादी दर्शन के इतिहास में निस्सन्देह एक उत्तुंग भूमि सीमा चिह्न' मानने के बाद नवीन जी उसी वाक्य में दूसरी मान्यता के बारे में कहते हैं : "मार्क्स के इस प्रथम सूत्र में जो दूसरी मान्यता है वह मुझे ग्राह्य नहीं है। और इसी कारण प्रथम मान्यता की सार्वभौमिक सत्यता भी मैं स्वीकृत नहीं कर सकता। प्रथम सूत्र की दूसरी मान्यता क्या है? वह यह है कि यथार्थ, सत्य (Reality)] वही है जिसे हम इन्द्रियों द्वारा समझते, ग्रहण करते, हृदयंगम करते हैं। मैं अपने प्रगतिवादी बन्धुओं से पूछता हूँ कि क्या यह मान्यता ठीक है? इन्द्रियोपकरण द्वारा जो कुछ भी हमें उपलब्ध होता है, क्या केवल मात्र वही सत्य है? वही यथार्थ है? मैं यह नहीं कहता कि वह अयथार्थ है। पर, यथार्थ को, सत्य को इन्द्रियबोध द्वारा सीमित करना– उसके परे सब कुछ असत्, अयथार्थ है, ऐसा मान लेना मेरी सम्मति में तर्क शून्य आग्रह है।"

इस तरह नवीन जी यथार्थ को दो हिस्सों में बाँट देते हैं–एक इन्द्रियों से जाना-पहचाना जानेवाला यथार्थ, दूसरा अतीन्द्रिय यथार्थ। मार्क्सवादियों के दुराग्रह

पर प्रकाश डालते हुए वह कहते हैं—देखो, मैं तो दोनों तरह के यथार्थ मानता हूँ लेकिन ये जड़वादी इन्द्रिय बोध के परे कुछ मानते ही नहीं। लगता है कि मार्क्सवादी एकांगी हैं और नवीन जी यथार्थ को गोचर– अगोचर दोनों रूपों में ग्रहण– करते हैं।

लेकिन एक बार दिलासा देने पर कि इन्द्रियोपकरण द्वारा जो कुछ भी हमें उपलब्ध होता है, 'मैं यह नहीं कहता कि वह अयथार्थ है', नवीन जी कहने लगते हैं : ''ज्ञानोपलब्धि साधन शास्त्र को देखने से पता चलता है कि इन्द्रियाँ जो कुछ भी ग्रहण करती हैं वह एक झाँई के रूप में होता है। वास्तविक, यथार्थ अर्थात् बाह्य जगत का इन्द्रियग्रहीत स्वरूप, क्या वैसा ही है जैसा हम उसका इन्द्रिय द्वारा बोध करते हैं? इस प्रश्न का तर्कपूर्ण उत्तर 'हाँ' में आज तक देने का साहस, मार्क्सवादियों के अतिरिक्त, अन्य बहुत कम लोगों को हुआ है। क्या यह सत्य नहीं है कि हमारे-आपके लिए जो यह रंग-बिरंगा जगत है, वह एक रंग-अन्ध मानव के लिए नहीं है? तब क्या उस बिचारे रंग-अन्ध जन का इन्द्रियों के द्वारा ग्रहीत यह जगत् अयथार्थ है? विकार किसमें है? उस रंग-अन्ध में, क्योंकि उसकी संख्या कम है? तब क्या हम बहुसंख्या के बल पर तत्त्व निरूपण करेंगे? क्या आश्चर्य कि विकार हम बहुसंख्यकों में ही हो? और क्या आश्चर्य कि यह सतरंगी जगत वास्तव में रंगरहित, अरंगी हो? हम लोग उस मानव को, जो रंग नहीं देखता, रंग-अन्ध कहते हैं। पर यदि वह हमें भ्रमान्ध कहे तो? मेरे कथन का केवल मात्र अर्थ यह है कि केवल इन्द्रिय संवेदन को ही यथार्थ का एकमात्र साक्षी मान लेना मुझे भ्रामक प्रतीत होता है। वह वास्तव में भ्रामक है।''

इससे यही साबित होता है कि नवीन जी के लिए अगोचर यथार्थ ही एकमात्र यथार्थ है। गोचर यथार्थ भ्रामक है, इसलिए वह यथार्थ की प्रतीति मात्र है, यथार्थ नहीं। इसलिए नवीन जी का यह वाक्य—''मैं नहीं कहता कि वह अयथार्थ है'', पाठक को दिलासा देने भर के लिए है। उनके लिए गोचर यथार्थ भ्रम मात्र है; वास्तविकता उससे परे है।

इन्द्रियों से जाना-पहचाना जगत भ्रामक क्यों है? इसलिए कि ज्यादातर लोगों को वह रंग-बिरंगा दिखाई देता है लेकिन कुछ लोगों को वह रंगहीन भी लगता है। एक ही इन्द्रिय से दो आदमियों को दो तरह का बोध हो तो– हाँ, तो किस पर सन्देह होना चाहिए? आँख पर या दुनिया पर? नवीन जी का तर्क है कि आँखों को भ्रम हो सकता है, इसलिए जो कुछ भी दिखे वह सभी भ्रम है, दुनिया ही भ्रम है।

यह कठिनाई उस वेदान्ती के सामने भी आयी थी जो रस्सी में साँप और साँप में रस्सी होने का भ्रम होने पर इस नतीजे पर पहुँचा था कि दुनिया में न रस्सियाँ हैं, न साँप हैं; यही नहीं, रस्सी और साँप देखने वाली आँख (और मन) भी भ्रम हैं। न्याय दर्शन को माननेवाले ने यह मुश्किल बड़ी आसानी से हल कर दी थी। उसने कहा—''छड़ी लेकर हिला दो, साँप होगा तो भागेगा, रस्सी होगी तो पड़ी रहेगी।''

व्यवहार से ज्ञान और ज्ञान से व्यवहार– इन दोनों के सम्बन्ध को भारत के दार्शनिकों ने न जाने कितनी शताब्दियों पहले समझ लिया था। इसलिए मार्क्स का ज्ञान और व्यवहारवाला सूत्र हमारी समझ में जल्दी आना चाहिए लेकिन नवीन जी जैसे कवि और विद्वान भारतीय दर्शन के उन सूत्रों को भूल जाते हैं जिनमें ज्ञाक वस्तु का प्रमाण मनुष्य का व्यवहार माना गया है। इसलिए ज्ञान के क्षेत्र से व्यवहार को निकालकर नवीन जी जैसे विद्वान मार्क्सवाद ही का विरोध नहीं करते, वे भारतीय दर्शन की क्रान्तिकारी परम्पराओं को भी ठुकराते हैं।

संसार को जानने-पहचानने की सम्भावना पर ही सन्देह करनेवालों की युक्ति पर एंगेल्स कहते हैं, ''इसका और इसी तरह की और दूसरी दार्शनिक फुलझड़ियों का जबर्दस्त खण्डन है व्यवहार अर्थात् प्रयोग और उद्योग। किसी प्राकृतिक क्रम को खुद बनाकर उसके बारे में जब हम अपनी धारणा सही साबित कर सकते हैं, उसकी परिस्थितियों में उसे जन्म दे सकते हैं और घाते में उससे अपना काम भी निकाल सकते हैं, तब काण्ट की अबोधगम्य 'अपने में स्थित वस्तु' का अन्त हो जाता है। पौधों और पशुओं की देह में पैदा होनेवाले रसायन ऐसी ही 'अपने में स्थित वस्तुएँ' थे जब तक कि ऑर्गेनिक केमिस्ट्री ने उन्हें एक के बाद एक बनाना शुरू न कर दिया था। तब 'अपने में स्थिति वस्तु' हमारे लिए स्थित वस्तु बन गयीं। मिसाल के लिए मैडर का रंग-द्रव्य, अलीज़रीन है जिसे हम अब खेत में मैडर की जड़ों में उगाने नहीं जाते बल्कि बहुत ज्यादा दर पर और आसानी से कोलतार से बना लेते हैं।''

इसलिए अगर कुछ लोगों को दुनिया बेरंग दिखाई देती है तो इसका मतलब यह नहीं कि सभी लोग अन्धे हो जाएँ या दुनिया के अस्तित्व से ही इंकार कर दें। जिन्हें दुनिया बेरंग दिखाई देती है, उनके अन्धेपन को दूर करने के लिए रसायन मौजूद है—मनुष्य के व्यवहार का दर्शन मार्क्सवाद। लेकिन व्यवहार एक ऐसी चीज़ है जो इन सज्जनों को फूटी आँखों नहीं सुहाती।

गोचर संसार को स्वप्न सिद्ध करने के लिए नवीन जी ने स्वप्न में गोचर संसार का भ्रम पैदा होने की बात कही है। लिखा है, ''यदि इन्द्रिय संवेदन वास्तव में यथार्थ का बोधक है, यदि वह वास्तव में हमें, जो भी वास्तविक जगत-स्वरूप है, उसकी छायामात्र का बोध नहीं कराता है तो स्वप्न जगत का क्या होगा? स्वप्न जगत की छायाएँ जो हमारे मस्तिष्क पर अंकित हैं, स्वप्न में यथार्थ जगत के रूप में आ जाती हैं। तब, क्या हम उस स्वप्न-विहार को भी यथार्थ मान लें? इन प्रश्नों का उत्तर पदार्थवादी दर्शन, जो इन्द्रिय बोध को ही यथार्थ का मापक मानता है, आज तक देने में असमर्थ हुआ है, भविष्य में भी वह उनका उत्तर न दे सकेगा।''

भले ही पदार्थवादी दर्शन इन प्रश्नों का उत्तर न दे सके, नवीन जी ने स्वप्न और यथार्थ के सम्बन्ध पर प्रकाश डाल ही दिया है। और वह इस वाक्य में—''स्वप्न

जगत की छायाएँ, जो हमारे मस्तिष्क पर अंकित हैं, स्वप्न में यथार्थ जगत के रूप में आ जाती हैं।''

मस्तिष्क पर जो छायाएँ अंकित हैं, वे किसकी छाया हैं? किसी यथार्थ जगत की ही छायाएँ होंगी। बिना जड़, शाखा, पत्तीवाले पेड़ की छाया तो हो नहीं सकतीं क्योंकि छाया देना ऐसे पेड़ का काम नहीं है। और इन छायाओं में किसका भ्रम होता है? यथार्थ जगत का भ्रम होता है। लेकिन स्वप्न की छायाओं और यथार्थ जगत का यह भेद नवीन जी को कैसे मालूम हुआ? जाहिर है, व्यवहार से। स्वप्न में कितने भी लड्डू खाओ, भूख शान्त नहीं होती। व्यवहार इंसान को सिखा देता है कि यह लड्डू खाना भ्रम है। इसलिए आँखें बन्द करके स्वप्न में देखा हुआ संसार सत्य है या आँख खोलकर देता हुआ संसार सत्य है, इसका प्रमाण व्यवहार ही है। स्वप्न में लड्डू खाकर भूख शान्त न होने से यह नहीं साबित होता कि भूख भ्रम है, खाना खाकर जीवित रहना भ्रम है बल्कि व्यवहार द्वारा अपनी आवश्यकताएँ पूरी करके मनुष्य बहुत जल्दी यथार्थ और यथार्थ के भ्रम स्वप्न जगत का भेद समझ लेता है।

इसलिए जो कुछ भी जिस किसी को भी जहाँ कहीं भी दिखाई दे जाये, मार्क्सवाद उन सभी को सत्य मानने के लिए तैयार नहीं है। कांग्रेस के नेताओं को दिखाई देता है कि आज़ाद होने के बाद देश दिन-ब-दिन उन्नति करता जा रहा है, हमने यह आज़ादी अहिंसावादी उपायों से पायी है, इसलिए हमारी आज़ादी के फल भी औरों की आज़ादी से मीठे हैं और पंचवर्षीय योजना पूरी होने पर रामराज्य में चार चाँद लग जायेंगे,—इस सब दिखने (या दिखाने) की कसौटी व्यवहार ही है। अपने देशवासियों के मुँह की तरफ देखो, स्वप्न और यथार्थ का भेद मालूम हो जायेगा।

लेकिन स्वप्न की छायाओं को यथार्थ जगत न मानने पर नवीन जी मार्क्सवादियों से रुष्ट हो जाते हैं। स्वप्न की छायाओं को, जो व्यवहार में असत्य साबित होती हैं, मनुष्य का अद्‌भुत अनुभव बतलाते हुए नवीन जी कहते हैं, ''मानव-समाज के अब तक के अद्‌भुत अनुभव हमें यह बताते हैं कि इन्द्रियबोध के अतिरिक्त भी यथार्थ का अस्तित्व है। निस्सन्देह पदार्थवादी दार्शनिक इस बात को नहीं मानेंगे। उनकी इस अस्वीकृति में अनुचित आग्रह का पुट है। वे सम्पूर्ण मानव समाज के अद्यावधि अनुभवों से लाभ उठाना नहीं चाहते। उन्होंने अपने को अपनी मान्यता की, अपने आग्रह की, सीमा में बाँध लिया है। उनके द्वार मुक्त नहीं हैं। इस कारण, उनकी विचारधारा अवैज्ञानिक है। एक सीमा तक प्रगतिवाद के घोड़े पर वे चढ़ जाते हैं पर अन्ततोगत्वा उनके घोड़े का मुख, निर्गतिवाद और प्रतिक्रियावाद की ओर मुड़ जाता है। यह बात चिन्ताजनक है।''

इस चिन्ताजनक परिस्थिति से मार्क्सवाद की रक्षा के लिए नवीन जी उसके मार्ग में खड़े होकर उसे सावधान करते हैं,—आगे प्रतिक्रियावाद है, इसलिए कहना

मानो, पीछे लौट चलो। और उनके हाथ में वही अतिरिक्तवादी झंडी है जिसे चारों तरफ हिलाकर वे कहते हैं, "इन्द्रियबोध के अतिरिक्त भी यथार्थबोध का अस्तित्व है।" अगर उसका अस्तित्व है तो आओ, व्यवहार में उसे परखें। लेकिन व्यवहार में जो अनुभव परखा जायेगा, वह इन्द्रियबोध से परे कैसे होगा? नवीन जी व्यवहार की कसौटी से दूर रहना चाहते हैं लेकिन उनकी इस अस्वीकृति में उचित आग्रह का पुट है, यह आपको मानना होगा। अनुचित आग्रह तो मार्क्सवादियों का है, जो अपनी मान्यता की सीमा में बँधे हुए हैं यानी जो स्वप्न और यथार्थ में भेद करते हैं, जो अन्धे और आँखवाले के अनुभवों पर समान रूप से विश्वास नहीं करते।

"इन्द्रिय बोध के अतिरिक्त भी यथार्थ का अस्तित्व है"—यह पढ़कर आप कल्पना करेंगे कि नवीन जी अब अतीन्द्रिय अनुभवों की चर्चा करनेवाले हैं। लेकिन एंगेल्स से एक और उद्धरण लेकर और मार्क्सवाद पर "नितान्त अनैतिहासिक, थोथी, निस्सार और मानव समाज के संचित अनुभव के विपरीत" मान्यता अपनाने का अपराध लगाकर नवीन जी जिस अतिरिक्त यथार्थ तक पहुँचते हैं, वह यह है : "ठीक है, पर प्रश्न यह है कि उन बर्बर समाजों में जो टोने-टोटके, यन्त्र-तन्त्र आदि के प्रयोग होते हैं उनका भी अध्ययन किया गया है? यदि नहीं, तो क्यों नहीं? यदि हाँ, तो क्या कोई ऐसे अद्भुत दृग्विषय दीख पड़े हैं जिनका भाष्य वैज्ञानिक भौतिकवाद करने में हिचकता है? बर्बर समाज में जो भी पैठ पाये हैं उन्हें सहस्रों बार इस प्रकार के महदाश्चर्य पूर्ण दृग्विषयों से पाला पड़ा है।"

अद्भुत दृग्विषय? महदाश्चर्यपूर्ण दृग्विषय! लेकिन आखिर दृग्विषय ही! और जो दृग्विषय है, वह इन्द्रियबोध के अतिरिक्त यथार्थ कैसे है, यह समझना साधारण विवेक के बस से बाहर है। जो दृग्विषय है, वह इन्द्रियबोध का विषय भी है, फिर नवीन जी उसे अतिरिक्त यथार्थ कहकर वैज्ञानिक भौतिकवाद को क्यों ललकार रहे हैं?

नवीन जी के दृग्विषय व्यवहार जगत के दृग्विषय नहीं हैं। वह स्वप्न जगत के दृग्विषय की बात कह रहे हैं। लेकिन बर्बर समाज के टोनों-टोटकों से वह इस कदर प्रभावित हैं कि अर्द्धचेतन अवस्था के 'अनुभवों' को अतीन्द्रिय ही मान बैठते हैं।

मार्क्सवाद की मान्यता अनैतिहासिक है, थोथी है, निस्सार है, मानव समाज के संचित अनुभवों के विपरीत है, इसलिए कि वह टोनों टोटकों पर विश्वास नहीं करती। उन्हें व्यवहार की कसौटी पर परखकर मिथ्या साबित कर देती है! इसलिए आज के यथार्थ से परेशान कवि कहता है—आओ, बर्बर युग की तरफ लौट चलो। तुम्हारा सारा विज्ञान प्रवंचना है। सत्य का दर्शन तो उन्होंने किया है जिनके सिर पर देवी आती है!

नवीन जी ने एक हठयोगी का जिक्र किया है जो पोटैशियम साइनाइड खाकर

भाषण देता रहा। लेकिन भारतीय दर्शन में हठयोग अतीन्द्रिय यथार्थ की श्रेणी में कब से आ गया? ज़हर खाकर जीते रहना तो दूर, यहाँ तो बाकायदा ऐसे विषभक्षकों का उत्पादन होता रहा है जिनके संसर्ग मात्र से दूसरे के प्राण निकल जाएँ। लेकिन आज तक विष कन्याओं को किसी ने अतीन्द्रिय यथार्थ के लिए प्रमाण न माना था। यह महान दर्शन-सामर्थ्य, यह गहर गम्भीर मौलिकता नवीन जी ही में है।

उनके दिये प्रमाणों पर लोग हसेंगे, इस सन्देह से नवीन जी पहले ही अपनी सफाई दे देते हैं। कहते हैं, "प्रगतिवादी भौतिक दर्शन शास्त्री अथवा उनके अनुयायी यह पढ़कर हसेंगे। पर अनुचित आग्रहपूर्ण हँसी में वास्तविक घटना निमज्जित नहीं होगी। भौतिक प्रतिक्रिया को—मानव शरीर पर हलाहल विषकी प्राणघातक प्रतिक्रिया को— जो अतिक्रमित कर दे, वह क्या है? आधिभौतिक या अभौतिक, अतः आध्यात्मिक?"

कहावत है, लोहे को लोहा ही काटता है लेकिन नवीन जी की युक्ति है कि जिससे लोहा कटेगा वह अधिलोह या अलोह, इसलिए रूह ही होगा। एक और कहावत खास विष के बारे में है—विषस्य विष मौषधम्, लेकिन नवीन जी का कहना है कि जो विष की औषध हो, वह अधिविष या अविष, इसलिए विषयातीत ही होगा!

अन्त में पुनर्जन्म के आश्चर्यजनक उदाहरणों की दुहाई देते हैं। बालक-बालिकाओं द्वारा दूर के ग्राम-नगर के भूगोल बताने, विशिष्ट घरों-कुटुम्बों का हाल और उनके जन्मों के नाम बताने का भी प्रमाण है। "इस देश में ऐसी एक नहीं सहस्रों घटनाएँ घटती रहती हैं।"

हाँ, इस देश में विशेष रूप से घटती रहती हैं। पहले वे दूसरे देशों में भी बहुतायत से घटा करती थीं (पुनर्जन्मवाद भारत ही में प्रचलित नहीं रहा) लेकिन सामाजिक विकास, वैज्ञानिक उन्नति और उद्योग-धन्धों की प्रगति के साथ उन देशों में ऐसी घटनाओं की संख्या शून्य तक पहुँच गयी है। इसके लिए वहाँ कोई मार्क्सवाद को दोष नहीं देता। लेकिन नवीन जी कहते हैं—"इनको कपोलकल्पना कहकर टालना अवैज्ञानिक अथच प्रतिक्रियावादी मनोवृत्ति का परिचय देना है।"

सभी लोग जानते हैं कि इस तरह के मिथ्या विश्वासों का विरोध हिन्दुस्तान के सभी समाज सुधारकों ने किया है। लेकिन आज संकट में पड़े हुए कांग्रेसी रामराज्य के वकील उन तमाम सुधारकों की परम्पराएँ ठुकराकर टोने-टोटके, यन्त्र-मन्त्र और बालक-बालिकाओं के चुटकलों से यथार्थ जगत को मिथ्या साबित करना चाहते हैं। ये उन लोगों की श्रेणी में हैं जिनके लिए बहुत पहले गोस्वामी तुलसीदास ने "भजहि भूत गन घोर" लिखा था।

भारत में व्यवहार से असिद्ध स्वप्नलोक की सीमाएँ बराबर संकुचित होती गयी हैं। पुनर्जन्म की तो बात क्या, यहाँ तो चौरासी लाख योनियों का हिसाब-किताब रखा जाता था और गाँव के ओझे-सयाने छिपकली छछूँदर से लेकर मानव जन्म

तक—अतीत और भविष्य का— सारा हिसाब-किताब बताने के लिए तैयार रहते थे। तैंतीस करोड़ देव-देवियाँ, असंख्य किन्नर, मुनि, गन्धर्व, अप्सराएँ, नरक के यमदूत, रौरव, कुम्भीपाक— ये सब 'अतिरिक्त यथार्थ' अब काल के गर्भ में विलीन हो गये हैं। इसके लिए दोष देना चाहिए मानव-समाज की समूची प्रगति को, न कि मार्क्सवाद को। और नवीन जी आज के प्रचलित प्रगतिवाद के विरोधी नहीं हैं, वह मानव प्रगति के ही विरोधी हैं। आज मार्क्सवाद इतिहास को गति देनेवाला क्रान्तिकारी दर्शन मानव समाज की काया पलट कर रहा है, इसलिए नवीन जी को वह 'प्रतिगतिपूर्ण प्रतिक्रियावादी सिद्धान्त' मालूम होता है। इसलिए मार्क्स के आगे नवीन जी का श्रद्धानत शीश बोल उठता है, "हमें दुख है कि ऋषि कार्लमार्क्स और प्रकांड विद्वान शिरोमणि फ्रेडरिक एंगेल्स ने इस प्रकार की जड़तापूर्ण स्थापना को स्वीकृत करके अपने दर्शन तत्त्व को गतिशून्य एवं प्रतिक्रियावादी बना दिया है। इस प्रकार उन्होंने मानव प्रगति को रोक दिया है।"

लेकिन जड़तापूर्ण स्थापना किसकी है? मानव प्रगति किसके लिए बर्बर युग में सीमित रह गयी है? आज के यथार्थ जीवन में गतिशून्य कौन है? टोनों-टोटकों और यन्त्रों-मन्त्रों की दुहाई कौन दे रहा है? जनता के संघर्षों का विरोध कौन कर रहा है? जिसे करोड़ों जनता को संगठित करके दासता से मुक्ति की ओर ले जाने वाला दर्शन प्रतिक्रियावादी मालूम होता है, क्या वह उस रंग-अन्ध मनुष्य की तरह नहीं है जिसे सारा संसार बेरंग दिखाई देता है?

नवीन जी ने ऋषि मार्क्स की प्रशंसा में जो शब्द लिखे थे, उनका उतना ही मूल्य है जितना प्रतिक्रियावादी आदि उपाधियों का। वे मार्क्सवाद के आसपास चक्कर लगाते हैं लेकिन नजदीक आने से डरते हैं, कहीं आँच न लग जाये। मार्क्सवाद के लिए सत्य की कसौटी व्यवहार है, मनुष्य का कर्म है। लेकिन दूसरों की मेहनत पर ऐश करनेवाले वर्गों को व्यवहार से सत्य को परखने वाला सिद्धान्त जरा भी नहीं भाता। वे अपने गुलामों को व्यवहार जगत से मोड़कर टोने-टोटकों, जन्त्रों-मन्त्रों की दुनिया में फँसाना चाहते हैं। जब वे सफल नहीं होते तब उनके वकील कहते हैं—हिन्दी के नये-पुराने साहित्यकारों को बुद्धिभ्रम हो गया है, साहित्यालोचन प्रणाली ने भोले-भाले लोगों में गड़बड़ी पैदा कर दी है। वे साहित्यकारों को दिशा सुझाने के लिए आगे बढ़ते हैं लेकिन आँखों से जो सूझे, उसे प्रमाण मानने, व्यवहार से उसे परखने में विश्वास नहीं करते।

जब गीदड़ की मौत आती है तब वह गाँव की तरफ भागता है। जब शोषक वर्गों की मौत नज़दीक आती है तब वे मार्क्सवाद को कोसने लगते हैं। यह परिस्थिति चिन्ताजनक है।

(3)

जब जड़ें ही गलत होंगी, तब पल्लव और शाखाएँ कहाँ से दुरुस्त होंगे! जब मार्क्सवाद की विश्व सम्बन्धी मूल धारणाएँ ही गलत हैं, तब उन धारणाओं के आधार पर रचा हुआ सौन्दर्यशास्त्र कैसे दुरुस्त होगा!

नवीन जी कहते हैं कि ''इस दर्शन सिद्धान्त पर जो भी साहित्य कला, सौन्दर्यशास्त्र आधारित होगा वह पूर्ण रूप से ग्राह्य नहीं हो सकता। इस प्रकार का शास्त्र, उस अंश तक जिस तक वह अपने को पदार्थवादी दर्शन का अनुगामी बना लेता है, मानव प्रगति को रोकनेवाला; अतः मानवोन्नतिबाधक, गति अवरोधक, अचल तथा प्रतिक्रियावादी सिद्ध होगा। इस प्रकार के साहित्य-कला-सौन्दर्यशास्त्र में उसी सीमा तक गति होगी जिस सीमा तक वह जीवन के तथ्य को स्पर्श, विकसित और प्रस्फुटित करेगा। किन्तु जिस समय वह शास्त्र जीवन के तथ्य को भौतिकता में बाँधने का दुराग्रह करने लगेगा, उसी समय वह विचार-विकास विरोधी के रूप में प्रकट हो जायेगा। हिन्दी के आलोचना इतिहास में इसी प्रकार की प्रवणता, इसी प्रकार के झुकाव का आविर्भाव हो गया है। यह खेद की बात है।''

मतलब यह है कि अभौतिक सौन्दर्य पर शास्त्र लिखा जाए तो ठीक, भौतिक जीवन में सौन्दर्य दिखाई दे तो बेठीक। यदि किसी वस्तु में सौन्दर्य होगा तो दृग्विषय हो जायेगा। इसलिए सौन्दर्य होना चाहिए ऐसा जो किसी वस्तु में न हो। कवि अपनी कविता में किसी की सुन्दरता का वर्णन तो करे लेकिन वह सुन्दर आपका दृग्विषय न हो, वह अतिरिक्त यथार्थ हो, या स्वप्न जगत की छायाओं का सौन्दर्य हो। नवीन जी के अनुसार जीवन का तथ्य भौतिकता से परे है, इसलिए उनका सौन्दर्य भी अभौतिक यानी रंग-रूपहीन है। वह रंग-अन्ध मनुष्यों वाला सौन्दर्य है!

नवीन जी ने, 'हल! हल! हल! चलाओ हल!!' नाम की कविता उद्धृत कर किसी प्रगतिशील आलोचक की कल्पित प्रशंसा लिखी है। फिर 'एक बिन्दु, इन्दुमथित सिन्धु लहर छोड़ चली' आदि दूसरी कविता उद्धृत करके उसी आलोचक द्वारा उसकी कल्पित निन्दा लिखी है। उसके बाद परिणाम यह निकाला है, ''इस प्रकार की आलोचनावृत्ति हिन्दी में चल रही है। मेरा केवल इतना निवेदन है कि इस प्रकार के आग्रह से हिन्दी में इन लोगों की मनचाही प्रगतिशीलता का आविर्भाव नहीं होगा। प्रगतिवादी बन्धुओं की प्रगतिशीलता, जैसा मैं कह चुका हूँ, वास्तव में प्रतिगामिता है। इस प्रकार के जड़वाद को हिन्दी संसार नहीं अपनायेगा। मानव को उन्नत, बन्धन मुक्त करना, मानव समाज को भेड़ियों के समाज से भिन्न स्थिति प्रदान करना, यह सबका लक्ष्य है। पर, यदि कोई यह कहे कि राग, द्वेष, घृणा और हिंसा वृत्ति को उभारने से ही उस प्रकार के समतावादी समाज का निर्माण हो सकेगा, तो मेरा निवेदन है कि ऐसी मान्यता ऐतिहासिक और वर्तमान मानव समाज के घटनाक्रम के विरुद्ध है।''

अच्छा, यथार्थ में भेड़ियों का समाज भी है! हम तो समझते थे कि भेड़ और

भेड़िये का भेद ही भ्रम है लेकिन यहाँ नवीन जी अगोचर लोक से हमारे गोचर संसार के इतने नजदीक आ जाते हैं कि मानव समाज को भेड़ियों के समाज से भिन्न स्थिति प्रदान करना अपना लक्ष्य भी घोषित करते हैं। और भेड़िया होता है हिंसावादी, लेकिन न अपनी समूची भूमिका में और न 'क्वासि' की कविताओं में नवीन जी ने कहीं मनुष्य को भेड़ियों से सावधान किया है। उन्हें हिंसा का डर भेड़ियों से नहीं है बल्कि उनसे जो भेड़ियों के प्रति अनुराग और भ्रातृप्रेम का व्यवहार न करके उनके प्रति राग-द्वेष और घृणा प्रकट करते हैं। भेड़ियों से घृणा! इससे अधिक आश्चर्य की बात क्या होगी? यह घृणा नितान्त अनैतिहासिक और सामाजिक प्रगति के विरुद्ध है। यह जड़वाद है! हिन्दी साहित्य इसे कभी नहीं अपनायेगा!

फिर इंसानी भेस में छिपे हुए भेड़ियों का अपना साहित्य हो, जनसाधारण का दूसरा हो—यह भेद नवीन जी को कैसे सह्य हो सकता है? इसलिए वर्गयुक्त समाज में साहित्य वर्गों से परे नहीं होता, बल्कि उसका वर्ग-आधार होता है, इस मार्क्सवादी सिद्धान्त की अनैतिहासिकता वह सिद्ध करते हैं। मार्क्स, एंगेल्स और लेनिन का हवाला देने के बाद नवीन जी कहते हैं, "जो धारणाएँ, जो सैद्धान्तिक मान्यताएँ मार्क्स, एंगेल्स और लेनिन की हैं, उनके अनुसार तो यही निष्कर्ष निकलेगा जो महामानव लेनिन ने निकाला है। परन्तु जो बात विचारणीय है वह यह कि क्या उनकी वे मान्यताएँ ऐतिहासिक रूप से सत्य हैं।"

मार्क्स और लेनिन का द्वन्द्वात्मक भौतिकवाद भी गलत है, उनका ऐतिहासिक भौतिकवाद भी गलत है। प्रमाण रूप में भारत का साहित्य है।

नवीन जी मार्क्स, एंगेल्स और लेनिन के इतिहास ज्ञान का खंडन करते हुए कहते हैं, "भारतीय साहित्य की ओर दृक्पात कीजिए और देखिए कि क्या मार्क्स, एंगेल्स, लेनिन की बात ठीक है? उनका यह कथन कि श्रेणीबद्ध समाज में साहित्य कला तथा अन्य कलाएँ श्रेणी विशेष के हितों को प्रतिबिम्बित करती हैं, भारतीय दर्शन-साहित्य, उपनिषद् साहित्य आदि काव्य साहित्य पर घटित होता है? भारतीय दर्शनों का साहित्य किस श्रेणी के हितों को दर्शाता है? क्या ब्राह्मण श्रेणी के? कदापि नहीं। ईश, केन, कठ आदि उपनषिद् ग्रन्थों का साहित्य किस श्रेणी के हित का प्रतिबिम्बिक या समर्थन है? रामायण क्या क्षत्रिय श्रेणी हितों का उन्नायक ग्रन्थ है? जिसका मस्तिष्क यथास्थान है, वह तुरन्त देख लेगा कि मार्क्स-ऐंगिल्स-लेनिन का वह पक्षावलम्बी सिद्धान्त भारतीय साहित्य की इन धारणाओं पर लागू नहीं होता।"

नवीन जी के लिए वर्ग क्या है? उनके लिए वर्ग वर्ण का पर्यायवाची हो गया है। इसलिए अगर एक ब्राह्मण दूसरे ब्राह्मण को रुपया उधार देकर ब्याज खाता है तो दोनों एक ही वर्ग के हुए! एक क्षत्रिय राजा एक क्षत्रिय किसान से फसल का चौथा हिस्सा ले तो दोनों एक ही वर्ग के हुए! नहीं, नहीं, सतयुग में क्षत्रिय न तो हल जोतते थे न ब्राह्मण सूद खाते थे। लेकिन सतयुग में ब्राह्मण क्षत्रिय थे कहाँ?

और नवीन जी के मन में यह प्रश्न क्यों उठा कि रामायण क्षत्रिय श्रेणी हितों का उन्नायक ग्रन्थ समझा जा सकता है? शायद इसलिए कि उसका नायक क्षत्रिय है। इस न्याय से बंगाल के ईसाई कवि माइकेल मधुसूदन दत्त का 'मेघनादवध' राक्षस वंश का उन्नायक ग्रन्थ भी समझा जा सकता है!

नवीन जी ने जिस तरह मार्क्स के द्वन्द्वात्मक भौतिकवाद से व्यावहारिकता निकालकर उसे जो कुछ जिसे दीखे, उसका समर्थन मान लिया था, उसी तरह उन्होंने मार्क्स के ऐतिहासिक भौतिकवाद से उत्पादन-सम्बन्ध निकालकर उसे वर्णवाद का समर्थक बना दिया है! फिर मानो मार्क्सवाद भारत के दर्शन और महाकाव्यों को ब्राह्मण और क्षत्रिय नाम के दो वर्गों का प्रतिनिधि मानता हो, वह उसकी इस घोर अबोधता पर आक्रमण करके कहते हैं—देखो, यह है मार्क्सवादियों का सौन्दर्यशास्त्र!

अगर दर्शन और महाकाव्य रचने के समय भारत के लोग खाते-पीते, कपड़े पहनते और घरों में रहते भी थे तो इसके लिए वे जरूरी चीजें पैदा भी करते होंगे। इन चीजों को पैदा करने में उन्होंने काम का बँटवारा भी किया होगा। इस बँटवारे के हिसाब से उनमें आपस में कुछ उत्पादन-सम्बन्ध भी रहे होंगे। जिस समाज में उत्पादन का काम दास करते हैं जिनके जीवन पर मालिक का अधिकार होता है, उसे समाजशास्त्र में दासप्रथा वाला समाज कहा जाता है। जिस समाज में उत्पादन का काम अर्द्धदास कहते हैं जिनके जीवन पर मालिकों का पूरा अधिकार नहीं होता, उसे सामन्ती व्यवस्था वाला समाज कहा जाता है। हिन्दुस्तान के इतिहास में इन दोनों तरह की व्यवस्थाओं वाले समाज के प्रमाण मिलते हैं। वे गणराज्य जिनका जिक्र स्वर्गीय जायसवाल की 'हिन्दू पौलिटी' में किया गया है, दासप्रथा वाली व्यवस्था के समाज थे जिनमें उत्पादन के साधनों पर गण के स्वाधीन नागरिकों का अधिकार होता था और उत्पादन का काम जिनमें मुख्यतः दास करते थे। हमारे इतिहास में उस सामन्ती व्यवस्था के प्रचुर प्रमाण हैं जिसमें उत्पादन का काम अर्द्धदास करते थे या ऐसे मुक्त मानव करते थे जो पैदावार को पूरी तरह अपनी सम्पत्ति न कह सकते थे। इस व्यवस्था का प्रमाण कौटिल्य के अर्थशास्त्र आदि ग्रन्थों में मिलेगा।

अब नवीन जी यह बतलाएँ कि वह भारत के किस दर्शन की बात कह रहे हैं? दासप्रथा वाले गण राज्यों में रचे हुए दर्शन की या सामन्ती समाज में रचे हुए दर्शन की? अगर यह प्रश्न उन्हें अनुचित लगे तो कृपया बतलाएँ कि भारतीय दर्शन की किस धारा, किस प्रवृत्ति की वह बात कर रहे हैं? नवीन जी भले ही यह कहकर अपने मन को तसल्ली दे लें कि भारतीय संस्कृति के माने गाँधी, विनोबा, कबीर, तुलसी, सूर, ज्ञानदेव, तुकाराम हैं लेकिन वह अच्छी तरह जानते हैं कि ये सभी सन्त क्कासिवादी नहीं हैं।

मार्क्सवाद वर्गों की भूमिका को भी ऐतिहासिक विकास के सन्दर्भ में देखता है। एक समय आदिम समाजव्यवस्था के मुकाबले में दास प्रथा ने मनुष्य के विकास में

क्रान्तिकारी परिवर्तन किये। यही बात सामन्ती समाज के लिए भी ठीक है। इसलिए कोई दर्शन या काव्य गुलामों के मालिकों या सामन्तों का समर्थक होने से मार्क्सवाद के लिए निन्दनीय नहीं हो जाता। देखना यह चाहिए कि मानव संस्कृति के विकास में किस वर्ग की किसी युग विशेष में कौन-सी भूमिका रही है। मार्क्सवाद इन वर्गों की रची हुई संस्कृति को आँख मूँदकर ठुकराता नहीं है, न हवा में नयी मानव संस्कृति की रचना करता है। वर्ग युक्त समाज में वर्ग आधार पर जितना भी मनुष्य ने ज्ञान अर्जित किया है, मार्क्सवाद उसका मूल्यांकन करके उसे विकसित करता है।

मार्क्सवाद की यह भी मान्यता है कि वर्गयुक्त समाज में दो तरह की संस्कृति होती है, एक मेहनत करनेवाली जनता की और दूसरी उससे लाभ उठाने वालों की। इसलिए सामन्ती समाज में रचा हुआ सभी साहित्य सामन्ती वर्ग के हितों का प्रतिनिधि नहीं होता।

समाज के वर्ग एक ही व्यवस्था के अन्दर काम करते हैं, इसलिए परस्पर एक-दूसरे के सम्पर्क में आकर परस्पर प्रभाव भी डालते हैं। इसीलिए जनता का पक्ष लेनेवाले कवियों में भी बहुधा उन विचारों की झलक मिलती है जो सामन्तों के लिए हितकर होते हैं। इससे साहित्य में वर्ग-सिद्धान्त की निरर्थकता साबित नहीं होती। साबित होती है संस्कृति के क्षेत्र में वर्ग-आधार की पेचीदगी जो सीधे दो-दुनी चार रूप में प्रकट न होकर संश्लिष्ट रूप में प्रकट होती है। इसका कारण यह है कि उत्पादन-व्यवस्था के आधार एकबार सांस्कृतिक रूपों का निर्माण हो जाने पर मनुष्य जल्दी उन्हें छोड़ता नहीं है बल्कि पुराने रूपों में नये तत्त्व डालने की कोशिश करता है। मार्क्सवाद संस्कृति का विश्लेषण करके बतलाता है कि उसका क्षेत्र सापेक्ष दृष्टि से स्वतन्त्र होता है। संस्कृति और उत्पादन-सम्बन्धों में ईंट और गारे का सम्बन्ध न होकर उनके बीच अक्सर फासला भी रहता है।

इसलिए संस्कृति में मार्क्स के वर्ग-सिद्धान्त को लागू करते हुए अगर कोई पूछता है कि रामायण क्या क्षत्रिय श्रेणी हितों का उन्नायक है तो इसमें मार्क्सवाद का दोष नहीं है, यह उस विचित्रवीर वाली बुद्धि का दोष है जो हवाईचक्कियों को दैत्य मानकर उन पर हमला कर बैठा था।

भारत में दासों के स्वामियों ने ही आदिम समाज में बर्बरता का अन्त करके यहाँ के उस दर्शन को जन्म दिया था जो व्यवाहार को सत्य की कसौटी मानता था। इस वर्ग ने ही भारत के उस अद्भुत तर्कशास्त्र को जन्म दिया था जो विश्व संस्कृति को भारत की महत्त्वपूर्ण देन है। इसी वर्ग ने दशमलव का आविष्कार किया था और ज्योतिष तथा रसायन में महत्त्वपूर्ण बातों का पता लगाया था। उत्पादन में युगान्तरकारी विकास करके उसने स्थापत्य और शिल्पकला में अद्भुत उन्नति की थी, लेकिन इस तमाम सम्पत्ति में अपनी ओर से वह दासों को साझीदार बनाने के लिए तैयार न था। जन्म से श्रेष्ठता का भाव भी इस वर्ग का विशेष संस्कार था।

सामन्ती व्यवस्था के नायकों ने गणराज्यों के जन्मजात नागरिकों और विदेशियों के भेद को दूर किया, उसने लोहे के हल चलाकर भूमि के विशाल भाग उत्पादन के लिए तैयार किये। उस व्यवस्था में भारत के स्थापत्य, शिल्प आदि ने और भी उन्नति की। इसी व्यवस्था में शूद्रों को अपवित्र, ब्राह्मणों को देवता रूप, राजा को ईश्वर अंश, नरक का भय, वर्णव्यवस्था की रक्षा के लिए स्मृति ग्रन्थों, भाग्यवाद आदि की संस्कृति भी रची गयी।

लेकिन वर्गयुक्त समाज ने हमारे देश में ऐसे मनीषी भी पैदा किये थे जो भाग्य के मुकाबले में मनुष्य का पक्ष लेते थे–

''दैवसम्पादितो दोषो मानुषेण मयाजितः'', जो शास्त्रों में लिखे हुए धर्म की परवाह न करके घोषित करते थे, ''न मानुषात् श्रेष्ठतरं हि किंचित्'', जिन्होंने ज्ञान और प्रेम के लिए विशेषाधिकार की दीवारें तोड़कर कहा था–

''ये मानवाः पापकृतास्तु सर्वदा
सदा दुराचार रता विमार्गगाः।
क्रोधाग्निदग्धाः कुटिलाश्च कामिनः
सप्ताहयज्ञेन कलौ पुनन्ति ये।''

भारतीय साहित्य में विचारधारा का संघर्ष छिपा नहीं है। वह संघर्ष भौतिक जीवन के संघर्ष को ही प्रतिबिम्बित करता है। लेकिन नवीन जी के लिए वे साहित्यकार जो संसार को असत्य मानते हैं और वे जो इसी संसार में अपना जीवन सुखी बनाने को कहते हैं, वे जो समाज के अधिकारी वर्गों का हित करनेवाली व्यवस्था की हिमायत करते हैं और वे जो अधिकारहीनों का पक्ष लेते हैं, वे जो भाग्यवादी हैं, नरक का भय दिखाते हैं, शिक्षा संस्कृति को अपना इजारा समझते हैं और वे जो भाग्य को चुनौती देते हैं, स्वर्ग नरक मनुष्य के मन ही में मानते हैं, जो शिक्षा और संस्कृति पर जनसाधारण का हक़ मानते हैं, नवीन जी के लिए ये दोनों तरह के विचारक और साहित्यकार क्वासिवादी हैं, दोनों ही वर्ग हितों से परे हैं। दोनों ही समाज में रहते हुए जल में कमलपत्र की तरह उत्पादन सम्बन्धों से मुक्त हैं।

इस बात से सन्तुष्ट होकर कि दर्शन और काव्य में वर्गहित की बात असिद्ध हो गयी है, नवीन जी कहते हैं, ''और चलिए। अजन्ता के गुहाचित्र किस श्रेणी के हित-प्रतिबिम्बक हैं? यों मारूँ तीर, लगे तो तीर, नहीं तो तुक्का है ही, इस प्रकार से काम नहीं चलेगा। मैं यह मान लेता हूँ कि कुछ देशों में, कुछ काल में, साहित्य और कला श्रेणी-हित प्रतिबिम्बक बनकर रह गये हों। पर यूरोप के चार-छः मोटे-मोटे देशों में प्रवाहित तत्कालीन धारा को शाश्वत सैद्धान्तिक सत्य का स्वरूप दे देना भूल है।''

मानो अजन्ता की चित्रकारी भारत के लिए अनोखी हो, दूसरे देशों में इस तरह की 'वर्गों से परे' कला का जन्म ही न हुआ हो। लेकिन अजन्ता में जो सौन्दर्यप्रियता

दिखाई देती है, उस सौन्दर्य से मनुष्य में जो संस्कार उत्पन्न होते और पुष्ट होते हैं, वे उस वर्ग के हैं जो अवकाश भोगी हैं, जो ऋग्वेद के ऋषि की तरह श्रम को इन्द्र का सखा नहीं मानता, जिसके लिए सौन्दर्य श्रम में नहीं है बल्कि जीवन को दूर से देखने में है, दूसरों के परिश्रम का फल चखने में है, जिसके लिए नारी सबसे पहले भोग की वस्तु है और जिसने कालिदास के विरही यक्ष की लगन को, एक नारी व्रत को, अभी पहचाना नहीं है।

अजन्ता के चित्र हमारी सांस्कृतिक विरासत का बहुमूल्य अंश है। जो लोग प्राचीन संस्कृति को देवमूर्ति बनाकर उसकी पूजा करते हैं, उनके लिए वह संस्कृति वर्ग ही नहीं देशकाल से भी परे हो तो क्या आश्चर्य! लेकिन उस पर अभिमान करते हुए उसे विकसित करना हो तो उसके चित्र कौशल से शिक्षा लेकर आज की कला में श्रम के महत्त्व, नारी के सौन्दर्य के साथ उसके व्यक्तित्व की प्रतिष्ठा भी करनी होगी। यह नयी कला जनसाधारण के हितों को, उनके भावों-विचारों को प्रतिबिम्बित करेगी।

लेकिन नवीन जी पक्षावलम्बी साहित्य के विरोधी नहीं हैं, उसके निर्माण में विशेष सावधानी बरतनी चाहिए, यह बात भी वह एक पैराग्राफ में बता देते हैं। जो भारतीय संस्कृति वर्गों का पक्षपात करने से परे हो, उसके समर्थक नवीन जी पक्षावलम्बी साहित्य का समर्थन करें, इसके लिए हमें उनका कृतज्ञ होना चाहिए। रही सावधानी की बात, सो वह अत्यन्त आवश्यक है वरना रामायण में क्षत्रिय नायक देखकर हम पूछ बैठेंगे कि यह ग्रन्थ क्या क्षत्रिय श्रेणी का उन्नायक है।

नवीन जी मार्क्सवाद के एक सिद्धान्त को बिना किसी शर्त के स्वीकार करते हैं, वह है किसी देश या जाति के गुण विशेष का सिद्धान्त। वह कहते हैं, "किसी देश के साहित्य की आलोचना उस देश के गुण विशेष की ओर दृक्पात किये बिना की ही नहीं जा सकती।" और भारत की विशेषता है, क्वासिवाद अर्थात् निर्गुणवाद। इस तरह नवीन जी ने सगुण मार्क्सवाद से अपने निर्गुण क्वासिवाद को सिद्ध कर दिया।

अपने समर्थन में नवीनजी ने स्तालिन से एक उद्धरण भी दिया है जिससे भारतीय संस्कृति का अपना एक गुण हैं, यह बात आप मान लें। नवीन जी पाठक के सामने यह प्रश्न रखते हैं कि वह दृग्विषय क्या है? वह कौन-सा तत्त्व है जो इस विभिन्न प्रदेशवाले राष्ट्र में एक राष्ट्रीयता का द्योतक है। संक्षेप में उत्तर है, आत्मदर्शन, सत्-वरण, बन्धनमोक्ष– यही इस देश की विशेषता है।

बन्धनमोक्ष राष्ट्रीयता का द्योतक है। मानो बन्धनमोक्ष की भावना भारत ही में पायी जाती है, सामन्ती समाज के लाखों पच्छिमी उपासक उसके लिए दीवाने न रहे हों। भारत की यह विचित्र राष्ट्रीयता है जो भारत में जन्म लेने को ही बन्धन समझती है और जितनी जल्दी हो सके, भारत की धरती छोड़कर मुक्त हो जाने की सलाह देती है। नवीन जी चाहते हैं कि आज के साहित्यकार भी उसी राष्ट्रीयता को भजें।

आगे चलकर नवीन जी इस प्रश्न का जवाब देते हैं। सारे संसार में यह मोक्षकामना मिलती है, तब भारत की विशेषता क्या है? विशेषता यह है कि "हमारा मानस, हमारा इतिहास, हमारी संस्कृति हमारे वैदिक जैन-बौद्ध विचार, सब कुछ अन्तर्मुखी एवं अन्तर्दर्शन के अभ्यासी हैं।"

नवीन जी के प्रमाण में सिर्फ कठोपनिषद् से कुछ पंक्तियाँ उद्धृत करके समूचे भारतीय साहित्य को अन्तर्मुखी साबित कर दिया है। लेकिन भारतीय साहित्य अन्तर्मुखी है, भारत की जनता स्वभाव से ही अध्यात्मवादी है, वह भौतिक जीवन को मिथ्या मानती है आदि धारणाएँ किसकी फैलायी हुई हैं? ये धारणाएँ उन लोगों ने फैलायी हैं जो भारतीय जनता के भौतिक जीवन से लाभ उठाते थे, जो हमारी जनता के कठोर परिश्रम का फल लूटकर उसे अकाल और महामारी के हवाले करते रहे हैं। नवीन जी ने भारत की जो राष्ट्रीयता खोज निकाली है, उसके सबसे अधिक समर्थक ब्रिटिश साम्राज्यवादियों ही में रहे हैं। नवीन जी ऊपर से भारतीय संस्कृति की चाहे जितनी दुहाई दें, उनका अन्तर्मुखी दृष्टिकोण है पच्छिमी मनोविज्ञान ही की देन। इस तरह के अध्यात्मवादियों की विलायती संस्कृति का पर्दाफाश करते हुए आचार्य रामचन्द्र शुक्ल ने बिल्कुल ठीक लिखा था, "योरप ने कहा—'भारतवासी बड़े आध्यात्मिक होते हैं, उन्हें भौतिक सुख-समृद्धि की परवाह नहीं होती।' बस, दिखा चले अपनी आध्यात्मिकता; यह हमारी चित्रविद्या की आध्यात्मिकता यह देखिये हमारी मूर्तिकला की आध्यात्मिकता।"

नवीन जी ऐसे ही अध्यात्मवादी हैं जो पच्छिम के अन्तर्मुखी मनोविज्ञान के समतल पर भारतीय संस्कृति की व्याख्या करते हैं।

शुक्ल जी के अनुसार, "भारत में कविता इस गोचर अभिव्यक्ति को लेकर ही बराबर चलती रही है और यही अभिव्यक्ति उसकी प्रकृत भूमि है।"

और भी—"मनोमय कोश ही प्रकृत काव्य भूमि है, यही हमारा पक्ष है।"

शुक्ल जी के लिए, "अभिव्यक्ति के क्षेत्र में स्थिर सौन्दर्य और स्थिर मंगल कहीं नहीं; पर सौन्दर्य की गति भी नित्य और अनन्त है और मंगल की भी। गति की यही नित्यता जगत की नित्यता है।"

ये वाक्य किसी जड़वादी विचारक मार्क्स या लेनिन के अनुयाई ने नहीं लिखे। ये वाक्य परम आस्तिक आचार्य रामचन्द्र शुक्ल ने लिखे हैं। मानना होगा कि जगत की नित्यता से उन्होंने जो साहित्य का सम्बन्ध जोड़ा है, वह निहायत बुद्धिभ्रम फैलाने वाला है और क्वासि की टेर में खलल डालनेवाला है। इसलिए हम यही मानेंगे कि हमारी चित्रविद्या भी आध्यात्मिक है, हमारी मूर्तिकला भी आध्यात्मिक है और दर्शनशास्त्र पर तो आध्यात्मिकता का इजारा है ही। जो यह न माने वह भारतीय संस्कृति का शत्रु है।

(4)

मार्क्स और लेनिन के साहित्य सम्बन्धी सिद्धान्तों में से वर्ग सिद्धान्त को असिद्ध करके नवीन जी ने साहित्य स्रष्टा के लिए दस गुण जरूरी बतलाये हैं। व्यवहार की कसौटी पर परखें तो मानना होगा कि इन गुणों का जितना सुन्दर प्रतिनिधित्व कवि नवीन जी ने किया है उतना अन्यत्र दुर्लभ है।

साहित्य स्रष्टा में पहला गुण होना चाहिए—स्वाध्याय। नवीन जी की भूमिका इसका प्रमाण है। उन्होंने इस स्वाध्याय-निरत निबन्ध में न सिर्फ द्वन्द्वात्मक और ऐतिहासिक भौतिकवाद की जड़ता और अनैतिहासिकता प्रमाणित कर दी है बल्कि समूचे भारतीय साहित्य में—'हमारे वैदिक जैन-बौद्ध विचार'— में बिना किसी ईर्ष्याद्वेष या भेदभाव से काम लिए क्वासि की टेर सुन ली है। इसके साथ ही टोनों-टोटकों, यन्त्रों-मन्त्रों के संसार में उन्होंने जो नया जीवन डाल दिया है, वह नवीन जी के स्वाध्याय का प्रतीक तो है ही, भारतीय संस्कृति के विकास में नया अध्याय भी है।

साहित्य-स्रष्टा में दूसरा गुण होना चाहिए—कल्पनाशक्ति। देखिए, कल्पनाशक्ति के बल पर नवीन जी किस तरह संसार का भ्रम जाल दूर करते हैं। कहते हैं—

"पियमय तिय, तियमय पिय हों जब तब हों संभ्रम दूर, रे,
दूर करो पथ के अन्तर की यह अटपट जंजाल, रे।"

पिय और तिय का भेद करना भौतिकवादी विषय है। नवीन जी के लिए पिय और तिय का भेद भ्रम ही नहीं है, सम्भ्रम है। उसे तो अवश्य दूर कर देना चाहिए।

और भी—

"जग नया लग रहा; पर तुम तो लगती हो बहुत पुरानी सी।"

जगत को भ्रम है और पुराना भ्रम है। फिर भी नवीन जी को वह नया लगता है। कारण कि यह भ्रमवाद उनके लिए अब भी नया है, और सम्बोधित देवी पुरानी-सी लगती हैं, कारण कि वह जगत की तरह भ्रम नहीं हैं।

स्नेह और तेल का सम्बन्ध पुराना है। एक नया कल्पनाशील रूपक देखिए, "मेरा स्नेह, तैल बन जाता, औ' बहता बन पानी-पानी।" और कवियों ने तो स्नेह का प्रयोग दो अर्थों में किया था; नवीन जी ने स्नेह को तेल बनाकर फिर उसे पानी-पानी कर दिया है। लेकिन दूसरी जगह कहते हैं—

"रस-सार कंठ का सूख चला,
सर ज्यों अवृष्टि के संकट में।"

अभी तक अर्थ-संकट, धर्म-संकट, अन्न-संकट आदि की बात सुनी थी लेकिन नवीन जी ने अवृष्टि के संकट की कल्पना करके अनर्थ-संकट, अधर्म-संकट, निरन्न-संकट आदि के लिए साफ कर दिया है। यह सब कल्पना शक्ति का चमत्कार है।

एक संकट और भी—

"फिर कब तुम आओगे सम्मुख, ओ जीवन-नट?
मेटो, हे मेटो, यह विकट यवनिका-संकट।"

यवनिका-संकट के कारण जीवन-नट दर्शन नहीं होते। यह संकट दूर हो जाए—यानी यवनिकाओं की कमी न रहे, तो जीवन-नट तुरन्त प्रकट हो जाएँ। किसी के कहा भी तो है—"करुणामय को भाता है, तम के परदे में आना।"

साहित्य स्रष्टा का तीसरा गुण है—शब्द-सामर्थ्य। सब सामर्थ्यों के मुकाबले में यह सामर्थ्य नवीन जी में सबसे अधिक है। कहीं तो उनकी वाणी संस्कृत गर्भित होकर मेघमन्द्रस्वर-सी क्वणित हो उठती है, यथा—

"स्वनित लयमय, ताल-झंकृत, क्यों न
अभिनव स्वन उठें खिल?
आज लहरें तब अमर स्वर मृत्यु—
तैर्यत्रिक क्वणन में!"

ताल से स्वनों का झंकृत होना खूब है और स्वनित लयमय स्वनों का खिल उठना कमाल है। स्वनित स्वन की तरह उनके गद्य में—"यह परम श्लाघ्य, चरम उन्नति-प्रेरणादायिनी, नरनारायणकारिणी प्रेरणा प्रतिबिम्बित होती है तो...।" प्रेरणा को परमश्लाघ्य कहने पर भी उसकी प्रशंसा में इससे अधिक क्या कहा जाय कि वह प्रेरणादायिनी है। इसी तरह गद्य-दायक गद्य, पद्य-दायक पद्य और साहित्य-दायक साहित्य रचा जा सकता है।

कहीं पर मुहावरों का चमत्कारी प्रयोग देखते ही बनता है—

"मत छिड़को लवण, सजन हैं मेरे गात जले!"

इसे कहते हैं जले पर नमक छिड़कना। उर्दू कवि जिसे रोज़मर्रा कहते हैं, उसकी बहार देखते ही बनती है,

"मेरी और तुम्हारी तो है, युग-युग की यारी सी।"

और अंग्रेजी वाले जिसे ओनोमैटोपिया कहते हैं उसकी अनुपम मिसाल यह है—

"किर-किर-किर, चिंवँ-चिंवँ-चिंवँ बोल रहे शैल विहग।"

जहाँ-तहाँ ग्रामगीतों ने रस का स्रोत प्रवाहित कर दिया है—

"हमरे बालम कौं कोउन जगइयो, कोउ जनि गइयो मलार, रे,
कँगनन की खनखन जनि करियो, ना पायल झनकार, रे।"

मलार गाकर बालम को जगाना संगीत शास्त्र में भी इज़ाफ़ा है।

साहित्यस्रष्टा में चौथा गुण होना चाहिए, मानव स्वभाव अध्ययन। पहले गलती करना, फिर पछताना, यह मनुष्य मात्र का धर्म है। नवीन जी कहते हैं,

"क्यों न अव्यभिचार की चिर रीति जीवन में निबाही?

क्यों तड़पकर, एक क्षण को, शृंखला टूटी वृथा ही?''

अब पछताये होत क्या जब चिड़ियाँ चुग गयीं खेत। लेकिन सारा दोष पछताने वाले का भी नहीं है–

''तुमने देखा था यूँ, गोया, कुछ बहुत पुरानी यारी थी।''

इस तरह देखना भी तो मानव समाज के कुछ सदस्यों का विशेषाधिकार है।

पाँचवाँ गुण है–यथातथ्यग्राह (Grip on fundamentals)। जैसे ग्राह ने गज का पैर पकड़ा था कि बेचारा फन्दे से तब तक न निकल पाया जब तक भगवान ही मदद करने के लिए न दौड़े। नवीन जी भी 'फंडामेंटल्स' के ग्रहण करने में विश्वास करते हैं। यथा–

''चरण चुम्बन दान में अब मान कैसा? प्राण मेरे,
झिझक कैसी? खीझ क्यों? यह विरति क्यों? अभिमान मेरे।''

कारण स्पष्ट है। प्राण और अभिमान अपने फंडामेंटल्स को कवि के ग्रिप में नहीं आने देना चाहते। और भी,–

''आज वक्ष, माथे, कटि, उन पर है
चीनांशुक तरल लाजमय,
नेह सफल तब जान सलोनी
जब हो जाय इस पट का लय।''

यह भी निपट यथातथ्य ग्राह की ही बात है।

छठा गुण कला-सौष्ठव है। वह सौष्ठव ऊपर की सभी मिसालों में है। सातवाँ गुण है–स्थिति-सृजन-शक्ति। स्थिति क्या परिस्थिति ऐसी पैदा की जा सकती है कि संगदिल को भी पिघलना पड़े। हालत यह है कि–

''सूखा कंठ, ओठ पर पपड़ी, अन्तरतर है पका-पका-सा।''

इसलिए,

''मेरी रसभीनी श्यामा तुम, बरसो मम मनवन आँगन में।''

आठवाँ गुण है, जीवन चित्रण सामर्थ्य। जीवन की सार्थकता जितनी रोने में है, उतनी और किसी काम में नहीं। इसलिए,

''छेड़ो न,–रंच रो लेने दो,
मेरे मन की हो लेने दो,
हिचकियाँ उठें, रोको न इन्हें
जल से लोचन धो लेने दो।''

लेकिन यह रोना किसी उद्देश्य से नहीं है। कला कला के लिए की तरह यह रोना रोने के लिए है। इसलिए कवि कहता है–

''कोई न कभी सुन पायेगा
बैठा हूँ कोने में छुपके।''

नवाँ गुण समाधि-सामर्थ्य है। ऐसी समाधि जो टूटे नहीं, मृत्यु से ही मिलती है। भौतिक जीवन बिताते हुए जो समाधि लगाते हैं, उनकी समाधि अस्थायी होती है। इसलिए–

"डाल श्यामल केश मुख पर और चादर ओढ़ काली,
यह पधारी मृत्युरानी छद्म भूषावेश वाली।"

जीवन की परम सफलता है मृत्यु।

अन्तिम गुण है आर्जव ईमानदारी। सो उसके बारे में शंका करना भी पाप होगा। कवि स्पष्ट ही कहता है–

"यौवन यों बीता जाता है,
हिय पल-पल में अकुलाता है,
मुझको रहरह के इधर-उधर–
उन्मत्त भाव भटकाता है।"

इस तरह साहित्य-स्रष्टा के दसों गुण नवीन जी में विद्यमान हैं। अब मार्क्स और लेनिन का बताया हुआ एक गुण– जनता का पक्ष लेना- न हुआ तो क्या। साहित्य स्रष्टा को पक्षपात से परे ही रहना चाहिए।

(5)

'रश्मि-रेखा' की भूमिका में नवीन जी अनदेखे की टोह के मरने पर अफसोस प्रकट करते हुए कहते हैं, "आज के इस आस्थाशून्य युग में अनदेखे की टोह मृतप्राय हो गयी है। जीवन के क्षेत्र को हम केवल प्रत्यक्ष की परिखा से सीमित कर बैठे हैं। अप्रत्यक्ष की हमारी प्यास बुझ गयी है। यदि अप्रत्यक्ष पिपासा लगी रहती, तो जगजीवन इतना विश्रृंखल, इतना उन्मत्त, इतना स्वनाशोन्मुख न होता।.....मनुष्य धन से तृप्त नहीं होता, धनमात्र से ही, वैभव से, वित्त से ही उसकी तृप्ति नहीं होती; तृप्ति के लिए तो परपार की पिपासा लगनी चाहिए और उसकी पूर्ति होनी चाहिए। जन जीवन में वह प्यास लगे, ऐसी मेरी इच्छा है। यदि वह तृषा जगी तो धन की भूख– अर्थात् समाज को, मानव को, अपने आपको चबाकर निगल जाने की यह राक्षसी भूख– मिट जायेगी और इस प्रकार जीवन में सन्तुलन का आविर्भाव होगा।"

प्रत्यक्ष जीवन में दुख क्यों है? इसलिए कि अप्रत्यक्ष की चाह मिट गयी है। इसलिए दुख दूर करने के लिए क्या करना चाहिए? प्रत्यक्ष में दुख के कारण खोजकर उन्हें निर्मूल करने के बदले अप्रत्यक्ष से लौ लगानी चाहिए। लेकिन क्या प्रत्यक्ष जीवन के दुखों के कारण प्रत्यक्ष जीवन में नहीं हैं? धन की भूख, मनुष्य में अपने आपको चबाकर निगल जाने की भूख, क्या उन पैंतीस लाख नर-नारियों में, जो बंगाल के अकाल में कालकवलित हुए, उसी तरह विद्यमान थी जैसे उन राक्षसों में जो उनकी मृत्यु से करोड़ों रुपये धन कमा रहे थे? आज प्रत्यक्ष जीवन में हम देखते हैं कि एशिया के करोड़ों नर-नारियों के श्रम का फल जो लूटते थे,

उन पच्छिमी आततताइयों के विरुद्ध देश-देश के लोग संगठित होकर संघर्ष कर रहे हैं। कौन किसको निगल जाना चाहता है? फ्रांस वियतनाम को या वियतनाम फ्रांस को? अमरीका कोरिया को या कोरिया अमरीका को? अगर हम स्वाधीनता के लिए लड़नेवाली जनता और साम्राज्यवादी डाकुओं में भेद न करके आज के मानव मात्र को धन की भूख से पीड़ित और अपने को चबा जाने के लिए उद्यत देखते हैं तो हम प्रत्यक्ष जीवन के संघर्ष पर परदा डालते हैं और अन्याय के विरुद्ध लड़नेवाली जनता के प्रति खुद अन्याय करते हैं।

ब्रिटेन, फ्रांस और अमरीका के परधनलोलुप डाकुओं और उनकी देशी सहायकों के विरुद्ध एशिया की सजग जनता के लिए नवीन जी का कौन-सा सन्देश है? यह कि अप्रत्यक्ष की पिपासा लगी रहती तो जगजीवन इतना स्वनाशोन्मुख न होता? लेकिन अब नाश जनजीवन का नाश करनेवालों का हो रहा है और उन्हें इस नाश से अप्रत्यक्ष की टोह नहीं बचा सकती।

नवीन जी जब इस युग को आस्था शून्य कहते हैं तब यह बात स्पष्ट हो जाती है कि आज हिन्दी साहित्य में प्रत्यक्ष जीवन की समस्याओं के प्रति जो रुचि बढ़ रही है, वह युग का दोष या गुण है, उसके लिए हिन्दी के आलोचकों को कोसना युग को ही कोसना है, लेकिन यह युग आस्था शून्य नहीं है। आज से पहले मनुष्य को अपने उज्ज्वल भविष्य में कभी इतनी आस्था नहीं थी। उसे अपनी शक्ति से अपना भाग्य गढ़ने पर कभी इतना भरोसा नहीं था। वह अपने क्लेशमय जीवन को बदलने के लिए बड़े से बड़े बलिदान करने को तैयार है और बलिदान कर रहा है। हाँ, उसकी यह आस्था मिट गयी है कि उसके सुख-दुख का भाग्यविधाता प्रत्यक्ष जीवन में नहीं है और अप्रत्यक्ष की साधना करने से उसका प्रत्यक्ष जीवन सुखी हो जायेगा। इस आस्था का मिटना उसके नये जीवन का लक्षण है, लेकिन प्रत्यक्ष संसार के इस विराट जन-जागरण से नवीन जी को इतनी विरक्ति है कि उन्हें संसार मृत्युपाश में फँसा हुआ दिखाई देता है। उनके अनुसार ''आज का जग विततस्य मृत्योः पाशम्—फैली हुई, विस्तृत मृत्यु के पाश में फँसा हुआ है।'' अप्रत्यक्ष में जो आस्था थी, उसकी मृत्यु होने से प्रत्यक्ष संसार ही मृत्यु के पाश में फँस गया!

नवीन जी ने 'रश्मि रेखा' की भूमिका में सत्साहित्य की व्याख्या करते हुए यह भी कहा है, ''वही साहित्य सत् है जो मानव में निरलस एवं निस्वार्थ कर्मरति जाग्रत करता है। वही साहित्य सत् है जो मानव को सर्वभूतहित की ओर प्रवृत्त करता है।''

लेकिन किस तरह की कर्मरति? इन कर्मों का प्रत्यक्ष जीवन से क्या सम्बन्ध है? यदि अप्रत्यक्ष की पिपासा जगाना सर्वभूतहित साधने का मूल उपाय है तो कर्मरति वैराग्य का ही दूसरा नाम तो नहीं है? और सर्वभूत हित में अगर मजदूर और पूँजीपति के हित टकराते हैं, चर्चिल और आइजनहावर तथा एशियाई जनता

के हित टकराते हैं तब क्या हम अप्रत्यक्ष की साधना करें?

इस तरह की समस्याएँ उठाने पर नवीन जी प्रसन्न नहीं होते। न चाहने पर भी हिन्दी साहित्य में ये तमाम समस्याएँ उठायी जाने लगी हैं। नवीन जी ने इनसे क्षुब्ध होकर कम-से-कम गद्यकाव्य रचने की प्रेरणा अवश्य पायी है। 'अपलक' की भूमिका में कहते हैं, ''उपयोगिता, उपादेयता, प्रगतिशीलता, अपलायनवादिता, सामन्ती विचार धारावरोधक, विद्रोहवादिता, औद्योगिक पूँजीवाद-जन्म, संघर्षोत्तेजक झण्डोत्तोलन, ले लो खड्ग-पटक दो म्यानमय क्रान्ति आवाहन, दन्द्रम्यमाना, दिग्-दिंगनाद-प्रेरणा, दुर्दान्ताक्रान्तक-जन्म-दन्तोपाटन सन्देश-वहनशीलता आदि सत् काव्य-सल्लक्षण मेरे इन गीतों में कठिनता से मिलेंगे।''

पता नहीं नवीन जी ने 'आज खड्ग की धार कुंठिता' 'कवि कुछ ऐसी तान सुना जा' आदि पंक्तियाँ याद करके यह वाक्य लिखा है या उन्होंने दूसरे हिन्दी कवियों की रचनाओं पर यह व्यंग्य किया है।

नवीन जी वर्ग और समाज-व्यवस्था से मानव कर्म को एकदम अतिरिक्त नहीं मानते। यहीं नहीं, वह वर्ग और मानवकर्म के सम्बन्ध जोड़ने को एक हद तक प्रगतिशील भी मानते हैं। 'अपलक' की भूमिका में कहते हैं, ''जीवन तत्त्व को, मानव की अभिव्यक्ति प्रेरणा को, उसकी कर्मरति के स्रोत को इस प्रकार सामन्त-पूँजी-शोषण-वर्ग-वादों और आर्थिक पदार्थवादों की चौखट में जड़ने का प्रयास मानव समाज के तत्त्व निर्णय-प्रयत्न के इतिहास में एक महत्त्वपूर्ण विकास अवश्य है परन्तु यदि इस ओर अत्यधिक खींचातानी की जायेगी तो हम यथार्थ से दूर चले जायेंगे।''

इससे स्पष्ट है कि नवीन जी पदार्थवाद के विरोधी नहीं हैं, वह केवल अत्यधिक खींचातानी के विरोधी हैं। वह यथार्थ से दूर नहीं जाना चाहते, इसलिए वह पदार्थवाद से मनुष्य-चिन्तन को सीमित करने के पक्ष में नहीं हैं। लेकिन वह कौन-सा यथार्थ है जिससे नवीन जी दूर नहीं जाना चाहते लेकिन पदार्थवाद जिससे दूर ले जाना चाहता है?

वह मिसाल देते हैं कि मनुष्य के मन में चिन्ता, क्रोध या भय का तीव्र संचार होने पर मानव शरीर की कुछ ग्रन्थियाँ द्रव्य विशेष हमारे रक्त में प्रवाहित करती हैं। नवीन जी पूछते हैं, ''इस सत्य को लेकर यदि हम यह प्रतिपादित करने लगें कि भय या चिन्ता या क्रोध एड्रीनल और पैंक्रियस ग्रन्थियों के एड्रीनेलीन और इन्सुलीन स्राव के अतिरिक्त और कुछ नहीं है—यदि इस प्रकार की सिद्धान्त स्थापना हम करने लगें तो क्या वह बात तर्क-संगत होगी?''

इस तरह की सिद्धान्त स्थापना वही करेगा जो वैज्ञानिक भौतिकवाद के बदले पच्छिम के पूँजीवादी मनोविज्ञान का समर्थक हो। भय, चिन्ता और क्रोध का संचार शरीर का अस्तित्व न रहने पर नहीं होता, वह शरीर रहने तक ही सम्भव है, इसलिए न तो यह साबित होता है कि भय, चिन्ता और क्रोध अतीन्द्रिय है और न यह कि वे

स्राव मात्र हैं। गोचर जगत से अतिरिक्त यथार्थ की सिद्धि के लिए नवीन जी ने भय, क्रोध और चिन्ता की मिसाल चुनकर पदार्थवाद के पक्ष का ही समर्थन किया है।

नवीन जी पदार्थवाद को एकांगी साबित करने के लिए दूसरा तर्क देते हैं, "निश्चय ही मानव रोटी है,—अन्नं वै प्राणाः—पर वह रोटी ही है, ऐसा मानना असत्य और अतार्किक है। मानव में परिस्थितियों के विपरीत भी कर्म करने का सामर्थ्य विद्यमान है।"

मानो पदार्थवाद कहता हो कि मानव रोटी ही है! और अगर रोटी ही नहीं है तब उसे प्रत्यक्ष गोचर जगत से परे अनन्त चेतना का अंश होना ही चाहिए। पदार्थवाद कहता है, मनुष्य दिमाग से ही सोचता है; सोचने का सामर्थ्य दिमाग नामक पदार्थ का गुण है। लेकिन नवीन जी का तर्क यह है कि अगर तुम दिमाग नाम के पदार्थ को स्वीकार करते हो तो चिन्तन-क्रिया अस्वीकार करते हो। इसलिए चिन्तन-क्रिया भौतिक जगत को मानते हुए सम्भव नहीं है, उसे भौतिकता से परे ही मानो, यह उनका आग्रह है।

यदि यह मान लिया जाए कि मानव-चिन्तन भौतिक जीवन से परे है तो साहित्य में "पदार्थवादी मानदंड असत्य, अयथार्य एवं भ्रामक दिखाई देंगे।" मिसाल के लिए उन्होंने शेली की कविता "ओड टु दि वेस्ट विन्ड' चुनी है। उसकी अन्तिम दो पंक्तियाँ उद्धृत करके नवीन जी पदार्थवादी मानदंडों को अयथार्थ साबित करते हुए कहते हैं, "यार लोग, अपने अधकचरे तर्क का आश्रय लेकर कह सकते हैं, लो, यहाँ शेली पलायनवादी हो गया है।"

पदार्थवादियों द्वारा शेली के इस पलायनवाद का खंडन कैसे होगा, यह दिखाने के लिए उन्होंने एक पैरा ही लिख दिया है। लेकिन शेली इसी कविता में वसन्त की आशा लगाकर बैठे रहने को नहीं कहता बल्कि अपनी कविता से मनुष्यों में एक नया जीवन लाने की बात भी कहता है। नवीन जी के अनुसार जो कवि अपनी कविता से नये जीवन में विश्वास जगायेगा, भविष्य में मनुष्य के विश्वास को दृढ़ करेगा, उसे भी यथार्थवादी यार लोग अधकचरे तर्क से पलायनवादी साबित कर देंगे। लेकिन इस अधकचरे तर्क की सृष्टि करनेवाला कौन है, पदार्थवादी या नवीन जी?

शेली ने भविष्य में आशा ही प्रकट नहीं की, उसने उस आशामय भविष्य के लिए संघर्ष करने को भी कहा है। 'मास्क ऑफ अनार्की' नाम की कविता में उसने ब्रिटेन के मजदूरों को सम्बोधित करके कहा है—

"Rise like lions from your slumber,
In unvanquishable number,
Shake to earth your chains like dew,
Which in sleephad fallen on you,
Ye are many, they are few."

(अपनी नींद तजकर शेरों की तरह उठो, अजेय संख्या में उठो। धरती पर ओंस की बूँदों की तरह अपनी जंजीरें गिरा दो जो सोते में तुमने पहन ली थीं। तुम असंख्य हो, वे मुट्ठी भर हैं।) लेकिन यह तो खड्ग-पटक-दो-म्यानमय क्रान्ति आवाहन हो गया।

फ्रांसीसी राज्य क्रान्ति के प्रबल समर्थक, ब्रिटिश मजदूर वर्ग के मित्र, यूरोप के स्वाधीनता आन्दोलन के साथी, अंग्रेजी भाषा के अन्यतम गायक शेली पर नवीन जी पदार्थवादियों से जब पलायनवादी होने का आरोप लगवाते हैं तब यह समझना कठिन नहीं है कि वह खुद शेली को फ्रांसीसी राज्य क्रान्ति ब्रिटिश मजदूर वर्ग के संघर्ष और यूरोप के स्वाधीनता आन्दोलन से पलायन करनेवाला मानते हैं। उनके लिए उस शेली का ही महत्त्व है जो प्रत्यक्ष जगत से अतिरिक्त यथार्थ के गीत गाता है।

हिन्दी में सामन्तवाद साम्राज्य का विरोध होते देखकर नवीन जी आपे से बाहर हो जाते हैं और उस विरोध को प्रतिबिम्बित करने वाले साहित्य को अवैज्ञानिक करार दे देते हैं। उनके अनुसार ''सामन्त-साम्राज्य-शोषण-वर्ग विरोध के नाम पर जो चक्कर डण्ड पेले जा रहे हैं वे वास्तव में इतने अवैज्ञानिक हैं कि जिसकी सीमा नहीं।''

मानो नवीन जी वास्तविक विज्ञान के पक्ष में हों, मानो वह सामन्त-साम्राज्य-शोषण-वर्ग-विरोध के प्रबल समर्थक हों, केवल उसके नाम पर चक्कर डंड पेलने के विरोधी हों।

लेकिन नवीन जी के लिए विज्ञान है क्या? क्या वह मान-व्यवहार से अनुभव को परखने में विश्वास करते हैं? जो संसार की गोचरता को ही भ्रम मानता है और उस भ्रम की सत्यता को ही व्यवहार से परे मानता है, उसके लिए विज्ञान तभी सत्य हो सकता है जब वह भी व्यवहार को कसौटी न मानकर प्रत्यक्ष जगत को भ्रम कहने लगे। पूँजीवादी विज्ञान के ह्रासकाल में ऐसे विज्ञानियों की कमी नहीं रही जो संसार को मिथ्या मानने लगे हों। भारत के मायावादियों को सहारा मिला। पच्छिमी विज्ञान के विदेशीपन से जरा भी विचलित न होकर वे उसे गले लगाने दौड़ पड़े। मार्क्सवाद को असिद्ध करनेवाले इन विज्ञानियों का हवाला देकर नवीन जी कहते हैं, ''जिस वैज्ञानिक भौतिकवाद को वे बन्धु ध्रुव सत्य मान बैठे हैं, उसकी ऐतिहासिक रूप-रेखा को सँवारनेवाला उन्नीसवीं शती का वह भौतिक विज्ञान है जिसका स्वरूप आज नितान्त रूप से परिवर्तित हो गया है।''

भौतिक विज्ञान में ऐसा क्या परिवर्तन हो गया है जिससे मार्क्सवाद अब सत्य नहीं रहा? नवीन जी के अनुसार मार्क्स ने, ''भौतिक विज्ञान (Physics) विषयक इतिनैश्चित्यमय यान्त्रिक सिद्वान्त अपनाया था? जो यान्त्रिक सिद्धान्त अपनायेगा, उसका दर्शन भी यान्त्रिक होगा। यह पक्की बात है।

लेकिन कहाँ किस रूप में मार्क्स ने फ़िज़िक्स का यान्त्रिक सिद्धान्त अपनाया है, नवीन जी ने यह नहीं बतलाया।

भौतिकवाद पर मार्क्स, एंगेल्स, लेनिन स्तालिन की कोई भी रचना पढ़ने से यह पता चल जायेगा कि वे यान्त्रिक भौतिकवाद के विरोधी थे। लेकिन यह यान्त्रिकता थी किस बात में? यह यान्त्रिकता इस बात में थी कि प्रकृति का कोई इतिहास नहीं है, वह अपरिवर्तनशील है और तंग दायरों में उसकी गति सीमित है। न्यूटन के नक्षत्र अनादि और अनन्त हैं, लिनायास के प्राणी अपरिवर्तनशील किस्मों के हैं। इसके विपरीत वैज्ञानिक भौतिकवाद का कहना था कि प्रकृति काल से परे नहीं है बल्कि उसका इतिहास है, नक्षत्रों और प्राणियों का उद्‌भव विकास और लय होता है। यान्त्रिकता इस बात में थी कि भौतिक विकास सीधी रेखा में होता है, बीती हुई मंजिलें दोहरायी जाती हैं, परिमाण से गुण में परिवर्तन नहीं होता, विकास-क्रम क्रम-भंग करके नहीं इत्यादि। इसके बदले वैज्ञानिक भौतिकवाद ने सिखाया कि विकास सीधी रेखा में न होकर ऊपर की ओर घुमावदार ढंग से होता है, बीती मंजिलें दूसरे ढंग से, दूसरे पैमाने पर दोहरायी जाती हैं, विकास-क्रम में क्रम-भंग भी होता है, परिमाण से गुण में तब्दीली होती है, विकास एक गति से न होकर झटके से, क्रान्तियों द्वारा भी होता है। यान्त्रिकता इस बात में थी कि 'मानव-तत्त्व' सामाजिक सम्बन्धों से परे है। वैज्ञानिक भौतिकवाद 'मानव तत्त्व' को हवाई तरीके से न देखकर ऐतिहासिक 'समाज सम्बन्धों' का समुच्चय मानता था।

फिजिक्स से वैज्ञानिक भौतिकवाद ने यान्त्रिकता न सीखी थी बल्कि परिमाण से गुण में तब्दीली के सिद्धान्त के प्रमाण उसमें पाये थे। जैसा कि एंगेल्स ने कहा था, ''फिजिक्स में....हर तब्दीली परिमाण का गुण में बदलना है। यह तब्दीली किसी भी पदार्थ में निहित या आरोपित गति के किसी रूप के परिमाणात्मक परिवर्तन का नतीजा होती है।'' ('डायलेक्टिक्स ऑफ नेचर')

इससे यह बात स्पष्ट हो जाती है कि मार्क्स और एंगेल्स का दर्शन यान्त्रिकता का घोर विरोधी था। इसीलिए वह यान्त्रिक भौतिकवाद न कहलाकर द्वन्द्वात्मक भौतिकवाद कहलाता है। लेकिन वह प्रकृति को नियमों से परे नहीं मानता। उसका दावा है कि इन नियमों को जानकर मनुष्य अनिवार्यता को स्वाधीनता में बदल सकता है। प्रकृति के नियमों को जानकर उनसे लाभ उठा सकता है। नवीन जी के लिए यान्त्रिकता नियमों को जानने और उनसे लाभ उठाने में ही है। उनके अनुसार विज्ञान ने प्रकृति को अनियमित साबित कर दिया है। 'आज का भौतिक विज्ञान अनिश्चियवाद (Theory of Indeterminacy) का सिद्धान्त मान चुका है।' इस तथाकथित 'विज्ञान' को मार्क्सवाद नहीं मानता। वह प्रकृति को ज्ञेय नियमों से परिचालित मानता है, इसलिए वह अवैज्ञानिक है। यह सही है कि आज कुछ वर्गों को अपना भविष्य अनिश्चित दिखाई देता है लेकिन इसके लिए सामाजिक विकास के नियमों को जिम्मेदार न समझकर वे मार्क्सवादियों को कोसते हैं और नियमहीनता को तथाकथित विज्ञान की दुहाई देकर अपने जीवन को सबसे बड़ा नियम घोषित

करते हैं। उनकी इच्छा। लेकिन संसार में शोषक वर्गों का क्षय हो रहा है, यह हम व्यवहार जगत में देख रहे हैं, उनका क्षय निश्चित है, यह हम सामाजिक विकास के नियमों से जानते हैं। इस बारे में कोई भी अज्ञान-विज्ञान अनिश्चय पैदा करके जनता को प्रगति पथ से विचलित नहीं कर सकता।

नवीन जी मानव-तत्त्व को ऐतिहासिक समाज-सम्बन्धों से परे साबित करने के लिए एक बहुत ही गम्भीर प्रश्न करते हैं, "क्या रूसी युवक मनचाही युवती को प्राप्त कर आनन्द उठा सकता है और इस कारण क्या वह अपनी प्रेयसी के आगमन की बाट उत्सुकतापूर्वक नहीं जोहता? और यदि ऐसा है तो क्या उस सीमा तक रूसी मनःस्तर नितान्त रसहीन, उकठकुकाठ, असंस्कृत एवं जड़ नहीं हो गया है?"

नवीन जी ने जिस तरह पदार्थवादियों से शेली को पलायनवादी कहलवाया था, उसी तरह वे उनसे प्रेम का भी खंडन कराते हैं। नवीन जी का विचार है कि रूसी युवक (या कोई युवक) अपनी प्रेयसी के आगमन की बाट जोहेगा तो पदार्थवादी उसे असंस्कृत और रसहीन कहेंगे। लेकिन यह उत्सुकता गोचर संसार से परे है या उसके अन्तर्गत है? यह उत्सुकता मनुष्य के सामाजिक सम्बन्धों से परे है या उनके अन्तर्गत है? इस प्रेयसी के लिए उत्सुकता से पदार्थवाद का खंडन होता है या मंडन? वे निषेध भावनाएँ किन्हीं सामाजिक सम्बन्धों की देन हैं या हवा में पैदा हुई हैं जिनसे क्षब्ध होकर कवि कहता है–

"एक चुम्बन ही हुआ यह शाप जीवन का भयंकर,
अधर-सम्मेलन बना अनुताप जीवन का भयंकर।"

यह अनुताप वहीं ज्यादा पैदा होता है जहाँ प्रेम और विवाह दो विरोधी चीजें हैं, जहाँ विवाह का आधार सम्पत्ति है, इसलिए कवियों को पत्नी और प्रेयसी दो की भौतिक आवश्यकता पड़ती है, जहाँ अधिकांश प्रेम के गीत सामाजिक सम्बन्धों से परेशान होकर लिखे गये हैं, जहाँ कविता के सदाचार और सामाजिक जीवन के सदाचार में एक दीवार खड़ी कर दी गयी है। अगर विवाह का आधार सम्पत्ति, सम्प्रदाय, खानदान या जाति न हो, यदि सामाजिक सम्बन्ध प्रेम के प्रतिकूल न होकर अनुकूल हों, तो यह दुरंगा सदाचार, यह प्रेम और विवाह का अन्तर्विरोध, यह पत्नी और प्रेयसी का द्वैतवाद भी मिट जायेगा। लेकिन इस तरह समस्या पेश करने से वह सामाजिक सम्बन्धों की समस्या, प्रत्यक्ष जीवन की समस्या बन जाती है। और यही बात नवीन जी को पसन्द नहीं है।

नवीन जी आगे कहते हैं, "और क्यों मित्रो, जब सूर बाबा ने 'पियाबिन नागिन कारी रात' जैसे अनेक गीत लिखकर वेदनामय साहित्य का सृजन किया वह क्या इस कारण कि उस सामन्तीशाही युग में व्यक्ति-व्यक्ति का सम्बन्ध पण्यमय हो गया था?"

सामन्तशाही युग में व्यक्ति-व्यक्ति का सम्बन्ध पण्यमय नहीं होता, यह तो

पूँजीवादी समाज की विशेषता है। सामन्तशाही युग में व्यक्ति-व्यक्ति के सम्बन्ध सामन्तों और पुरोहितों के विशेषाधिकारों की रक्षा करते हुए कायम होते हैं। सामन्ती वर्ग की प्रेमभावना नायिका भेद वाले साहित्य में प्रकट हुई है। इस साहित्य में नारी केवल शृंगार, केवल भोग की वस्तु है; प्रेम के लिए उसका कोई व्यक्तित्व नहीं है। इस साहित्य को जन्म देने वाले सामाजिक सम्बन्धों के विरुद्ध सूर ने प्रेम के गीत गाये, उन्होंने संसार को मिथ्या कहनेवालों का विरोध भी किया था। इसीलिए उन मायावादियों को लोग भूल गये हैं लेकिन सूर के पद भारतीय जनता को आज भी प्रिय हैं और वास्तविक स्वाधीनता मिलने पर और भी प्रिय होंगे।

नवीन जी पदार्थवाद पर एक और दोष लगाते हैं। उनके अनुसार पदार्थवादी समझते हैं कि वर्गहीन समाज की रचना होने पर मानवजीवन से द्वन्द्व मिट जायेगा। कहते हैं, ''यदि कोई यह समझता हो कि हिन्दी-काव्य-साहित्य में प्रकटित द्वन्द्व भावना सामन्तशाही के अवशेषों और साम्राज्यशाही के स्वार्थ प्रसार के कारण है तथा इनके तिरोहित होते ही यह द्वन्द्व समाप्त हो जायेगा, तो मैं यह कहूँगा कि यह मान्यता अशुद्ध, तर्कशून्य, थोथी और निस्सार है।''

द्वन्द्व जीवन का नियम है। आज द्वन्द्व साम्राज्यवादी-सामन्ती स्वार्थों से है, कल वह मनुष्य के अर्जित ज्ञान और शेष ज्ञेय प्रकृति में होगा। द्वन्द्व का अन्त हो जायेगा, यह कल्पना पदार्थवादियों की नहीं है। लेकिन यह द्वन्द्व अज्ञान और विस्मय को शाश्वत सत्य न कहेगा, वह मनुष्य के ज्ञान को पूर्ण न कहकर उसे निरन्तर बढ़ाने का प्रयत्न करेगा। द्वन्द्वहीनता का आरोप तो क्वासिवादियों पर ज्यादा न्याय के साथ लगाया जा सकता है क्योंकि वे देशकाल में किसी समाज विशेष के सदस्य मानव नाम के भौतिक प्राणी के ज्ञान के विकसित होने में विश्वास नहीं करते। जैसा कि नवीन जी खुद कहते हैं, ''हाँ, आत्मोपलब्धि की साधना में निर्द्वन्द्वता आ सकती है।'' फिर पदार्थवादियों पर द्वन्द्वहीनता का आरोप क्यों?

नवीन जी यह देखकर परम रुष्ट हो जाते हैं कि कांग्रेसी नेताओं के अहिंसावाद का सम्बन्ध कोई साम्राज्यवाद, सामन्तवाद या पूँजीवाद से जोड़ देता है। इसके लिए वह मार्क्सवादियों को इन शब्दों में याद करते हैं, ''इस देश के निवासियों को यह ज्ञात है कि अपने को पूँजीवाद के नाशकर्ता कहनेवालों ने, वर्गहीन समाज की स्थापना का दम भरनेवालों ने, अपने विप्लवकारी होने का ढिंढोरा पीटनेवालों ने, मानवता के भयानक संकटकाल में असीम निर्लज्जता, कुत्सित नीचता, घोर राक्षसीपन, नग्न बर्बरता, पाशविक रक्त लिप्सा, जघन्यतम स्वार्थपरता, घृणित अवसरवादिता एवं हिजड़ेपन से भरी कायरता का परिचय देकर पहले फासिस्ट शक्ति से और तदन्तर साम्राज्यवाद से, पेट के बल रेंगकर, दाँत निपोरकर, समझौता किया।''

यह इशारा किसकी तरफ है? फासिस्ट शक्ति से किसने समझौता किया था? यह इशारा सोवियत संघ और नाजी जर्मनी के बीच होनेवाली परस्पर हमला न करने

की सन्धि की तरफ हो सकता है? और 'तदन्तर' साम्राज्यवाद से समझौता करने की बात युद्धकाल में हिटलर विरोधी सोवियत-ब्रिटेन-अमरीका के संयुक्त मोर्चे की तरफ हो सकती है।

सोवियत संघ ने नाजियों से समझौता कर लिया, यह आविष्कार नवीन जी का नहीं है। यह आविष्कार ब्रिटेन और अमरीका के साम्राज्यवादियों का ही है। वही लोग जो हिटलर और मुसोलिनी की मदद करके उन्हें सोवियत संघ के खिलाफ युद्ध के लिए उकसाते रहे थे, सोवियत-जर्मन सन्धि होने पर नाजीवाद के परम शत्रु बन गये और सोवियत 'अवसरवादिता' को पानी पी-पीकर कोसने लगे। उनकी खीझ अकारण नहीं थी। उनका यह मनसूबा कि सोवियत-जर्मनी लड़ें और वे यूरोप और दुनिया पर अपने प्रभुत्व कायम करने के लिए सुरक्षित रहें, धूल में मिल गया था। सोवियत संघ ने एक-दूसरे पर हमला न करने की सन्धि की थी, न कि नाजीवाद से समझौता किया था। आज भी सोवियत संघ ब्रिटेन और अमरीका से कहता है, आओ, विश्व शान्ति की रक्षा के लिए हम एक-दूसरे पर हमला न करने के प्रतिज्ञा पत्र पर दस्तखत करें। इस तरह के प्रतिज्ञा-पत्र पर दस्तखत करने से कौन डरता है? सोवियत संघ नहीं बल्कि विश्व प्रभुत्व चाहनेवाला अमरीकी साम्राज्यवाद। लेकिन परस्पर हमला न करने की सन्धि करना शान्ति की रक्षा करना है, न कि साम्राज्यवाद से समझौता करना। सोवियत संघ ने जर्मनी से अनाक्रमण सन्धि की तो कौन-सा पाप किया? यह 'पाप' तो वह आज भी आइजनहावर के साथ अनाक्रमण सन्धि करके दोहराने को तैयार है। नवीन जी क्या चाहते हैं, सोवियत फौजें अमरीका पर हमला करके वहाँ साम्यवाद कायम करने जाएँ जिसका डर दिखाकर अमरीका जंगबाज बेहिसाब हथियार बन्दी कर रहे हैं।

इस बात को सभी जानते हैं कि दूसरे महायुद्ध के पहले जो भी युद्ध रोकने के लिए तैयार हो, सोवियत देश उसके साथ शान्ति रक्षा के लिए कदम उठाने को तैयार था। आज भी सोवियत संघ विश्व में शान्ति रक्षा के लिए जो देश भी चाहे, उसकी सामाजिक व्यवस्था की चिन्ता किये बिना, उससे सहयोग करने के लिए तैयार है। अगर शान्ति की रक्षा करना, युद्ध छेड़नेवालों को उनके काम में रोकना साम्राज्यवाद से समझौता करना है तो सोवियत देश ने जरूर समझौता किया है लेकिन शान्ति को भंग करनेवाला साम्राज्यवाद ही है। इसलिए उसके साथ समझौते का सवाल उन लोगों के लिए नहीं उठता जो शान्ति और युद्ध के खेमों के बीच तटस्थ हैं।

नवीन जी ने पिछले दिनों इस तरह आपे से बाहर होकर अपना रोष न तो भारत के बड़े पूँजीपतियों पर प्रकट किया है, न वियतनाम, मलाया और कोरिया के जल्लादों पर। मार्क्सवादियों को कोसने में उन्होंने अपने शब्दों का तूणीर खाली कर दिया है। अगर उनका संकेत भारत के मार्क्सवादियों की तरफ है तो बात कम बेबुनियादी नहीं ठहरती। फासिस्ट शक्ति से समझौता करने का सवाल उनके लिए

उठ सकता है जो जापान-विजय के भरोसे भारत को आज़ाद करने का सपना देख रहे थे, मार्क्सवादियों के लिए नहीं। साम्राज्यवाद से समझौता करने का सवाल उन लोगों के लिए उठ सकता है जो भारत में ब्रिटिश पूँजी की रक्षा का बीड़ा उठा चुके हैं, जो डॉलरों के गुलाम बनकर उद्योगीकरण का सब्जबाग दिखा रहे हैं, यह सवाल विदेशी पूँजी के राष्ट्रीयकरण की माँग करनेवालों के लिए नहीं उठता। नवीन जी ने अपनी गहन रचनात्मक प्रतिभा का परिचय देते हुए जो विशेषण-विशेष्यों की झड़ी लगा दी है, उसके योग्य पात्र भारत या बाहर के मार्क्सवादी नहीं हैं। हम नवीन जी को उत्तर उन्हीं के लहजे में न देंगे क्योंकि उनका लहजा अब उस वर्ग का हो गया है जो भविष्य के बारे में अनिश्चित है। मृत्यु भय से पीड़ित जन ही वास्तविकता की अवहेलना करके इस तरह प्रलाप करते हैं।

नवीन जी बुद्ध और गाँधी की दुहाई देकर मार्क्सवादियों पर हिंसा का आरोप लगाते हैं। उनके अनुसार गाँधी और बुद्ध के दर्शन "मानव को आरक्त, नखदन्तधारी, शोणितपायी भेड़िया बनने की प्रेरणा नहीं देते।" और ज़ाहिर है, मार्क्सवाद इनके विपरीत मनुष्य को नखदन्तधारी, शोणितपायी भेड़िया बनने कि प्रेरणा देता है। लेकिन कौन किसका रक्त पी रहा है, किसके हाथ में पैदावार के साधन हैं, कौन एशिया के देशों को गुलाम बनाकर वहाँ की जनता को अकाल मृत्यु के हवाले करता रहा है, यह भेदभाव नवीन जी बिल्कुल भूल गये हैं। वे उनको हिंसक कहते हैं जो भेड़ियों को अब और रक्त देने से इंकार करते हैं, जो भेड़ियों के इसरार करने पर उनके नखदन्त निकाल देने का साहस दिखाते हैं लेकिन भेड़ियों से रक्षा करना हिंसा है, उनके साथ मिल-बाँटकर जनता का रक्त शोषण करना अहिंसा है! जब तक मानव-समाज में भेड़िये रहेंगे तब तक मनुष्य कभी अहिंसा के संसार में सुख की साँस न ले सकेगा। यह हम मानते हैं कि भेड़ियों की वकालत उन्हें भेड़िया कहकर नहीं की जा सकती। इसका अहिंसावादी तरीका यह है कि उनसे मुक्ति चाहने वालों को भेड़िया कहा जाये।

साहित्य और नारी समस्या

(1)

जैनेन्द्र जी का उपन्यास 'सुनीता' हिन्दी कथा-साहित्य में एक नयी धारा का सूत्रपात करता है।

इसमें एक पात्र है हरिप्रसन्न। कैसा है हरि प्रसन्न? "खूब चतुर, खूब कर्मण्य, खूब सप्राण और एक दम अज्ञेय ऐसा वह था।"

हरि प्रसन्न को मिलती है सत्या जिसे वह पढ़ाता है लेकिन उसे लड़की न चाहिए। उसे चाहिए एक भाभी। वह विवाह नहीं करना चाहता क्योंकि विवाह में मिलेगी पत्नी जबकि उसे चाहिए भाभी, जो पत्नी दूसरे की हो लेकिन भाभी हो हरि प्रसन्न की।

सुनीता का पति श्रीकान्त पूरा कलाकार है। जब हरिप्रसन्न ने सुनीता को देखा भी नहीं है, तब वह मानो उसकी जरूरतें समझकर पहले से उसे भाभी की तस्वीर भेज देता है। पत्र में उसने लिखा, "अपनी भाभी की तस्वीर देखो और कहो, तुम्हें स्त्री से छुट्टी चाहिए?"

जब हरिप्रसन्न को भाभी मिल जाती है, वह कहता है, "तुम पहली बार भाभी बनी हो और मैं नहीं जानता, भाभी क्या है? मुझे कहने दो, मेरे लिए तुम सब हो।"

वह शादी क्यों नहीं करता, वह किस तरह की स्त्री चाहता है, इस समस्या पर प्रकाश डालते हुए वह कहता है, "उस पत्नी से क्या होगा जो खाली पतिव्रता हो।" मानो हरिप्रसन्न को भय है कि उसकी ब्याहता उसी की होकर रही तो वह देवर बनने के सुख से वंचित रह जायेगा।

हरि प्रसन्न को चाहिए "एक प्रतिमा भी, जो पतिव्रता चाहे न भी हो, पर अटूट हो; जो विपत्तियों में ऐसे चमके जैसे घोर घन में बिजली।" प्रतिमा भी न हो बल्कि प्रतिमा ही हो। जितनी ही वह प्रतिमा अधिक और नारी कम होगी, उतना ही अच्छा। हरिप्रसन्न दूर से या निकट से उसे पूजना भर चाहता है; उसके नारीत्व से उसे डर लगता है।

हरिप्रसन्न भाभी के कन्धे पर हाथ रखकर पुकारता है—भाभी! और भाभी पूछती है, यह क्या है? हरिप्रसन्न जवाब देता है, "क्या है? यह जिन्दगी है भाभी। इसी का क्रूसीफिक्शन है।"

हरिप्रसन्न ज़िन्दगी के लिए मौत से लड़ना नहीं चाहता; वह जिन्दगी को खत्म करना चाहता है मौत के लिए।

हरिप्रसन्न हवा में पिस्तौल छोड़ता है। भाभी दोनों हाथ से उसकी बाँह दाबे रही। हरिप्रसन्न को निधि मिल गयी। " जो हरिप्रसन्न ने जिन्दगी में कभी नहीं जाना, वह इन क्षणों में जाना। उसने थोड़ा-सा सुख जाना।"

इस सुख को दोहराने और उसे घना बनाने के लिए हरिप्रसन्न पिस्तौल छोड़ने से ज्यादा भयपूर्ण परिस्थिति पैदा करता है। "सुनसान जंगल। अँधेरी रात। एक बजा होगा।" हरिप्रसन्न भाभी का हाथ पकड़े चला जा रहा है, उसे प्रतिमा के रूप में प्रतिष्ठित करने के लिए। तभी—"चलते-चलते अत्यन्त आकस्मिक रूप में सुनीता का अपनी बाँहों में समेट लेकर हरिप्रसन्न बोल उठा—आह! ग़ज़ब हुआ!"

क्या ग़ज़ब हुआ, यह बात महत्त्वपूर्ण नहीं है। महत्त्वपूर्ण बात यह है कि, "उसने सुनीता को बाजुओं में और कसके कहा।" उसने कई बातें कहीं और अन्त में क्लाइमेक्स पैदा किया यह कहकर, "वहाँ शायद मौत है।" सुख को दुगुन-चौगुन करने के लिए परिस्थिति तैयार हो गयी। "सुनकर सुनीता हरिप्रसन्न की बाँहों में सिमटी हुई उस अन्धकार में उसके चेहरे की ओर उत्सुकता से देखने लगी।"

भाभी परेशान हो जाती है। हालाँकि कल्पित भय के कारण वह अपने को हरिप्रसन्न के आलिंगन से छुड़ाने की कोशिश नहीं करती। पूछती है, "क्या हुआ? क्या हुआ? बोलो।"

हरिप्रसन्न बोलता है लेकिन खोया हुआ-सा। "मानो हरिप्रसन्न को पता भी न हो इस भाँति अनायास जोर से सुनीता को अपने से चिपटाकर उसने कहा, तुम जानती हो, अकेला होता तो मैं अब क्या करता? वहाँ संकट है। उस संकट के मुँह को ही जाकर मैं पड़ता। लेकिन आज तो मैं उधर ताकता दूर खड़ा हूँ। मैं कुछ भी नहीं कर सकता।"

किस्सा कोतह, भाभी "हरिप्रसन्न के अंग में सिमटी ही रही।"

खतरा बैकग्राउण्ड संगीत की तरह बना ही रहता है। सुनीता अब हरिप्रसन्न के लिए भाभी नहीं रहती, वह सुनीता हो जाती है और हरिप्रसन्न मौत की बात सुनाकर कहता है, "मैं और मौत आमने-सामने हैं।" मौत का सामना करता हुआ वीर हरिप्रसन्न सुनीता से कहता है, "मैं तुम्हें प्रेम करता हूँ—प्रेम? लेकिन मैं भी नहीं जानता हूँ, सुनीता।"

अन्त में, "अपने शरीर पर आहिस्ता-आहिस्ता फिरते हुए इस पुरुष के हाथ का स्पर्श अनुभव करने के बाद, सुनीता पूछती है, "तुम क्या चाहते हो हरी बाबू?" हरी बाबू जवाब देते हैं, "तुमको चाहता हूँ, समूची तुमको चाहता हूँ।" सुनीता समझ नहीं पाती कि उसके चाहने में अभी बाधा क्या है? वह पूछ बैठती है, "तो मैं तो

हूँ। तुम्हारे सामने हूँ। ले क्यों नहीं लेते।'' हरिप्रसन्न इस निमन्त्रण के लिए तैयार नहीं है। उसका हाथ 'घूमता-घूमता सुनीता की बाँह पर' रुक जाता है और सुनीता फिर पूछती है, ''तुम्हें काहे की झिझक है, बोलो? मैंने कभी मना किया है? तुम मरो क्यों? मैं तो तुम्हारे सामने हूँ। इंकार कब करती हूँ? लेकिन अपने को मारो मत। हरी बाबू, मरो मत, कर्म करो। मुझे चाहते हो, तो मुझे ले लो।''

हरिप्रसन्न का नाटक सफल हो जाता है। खुद मरने का डर दिखाकर वह सुनीता से आत्म-समर्पण करा लेता है। वह अपने को जीवन से निराश या उदासीन दिखाकर, मृत्यु के लिए उत्सुकता प्रकट करके जीवन के लिए मृत्यु को वरने की उत्सुकता न दिखाकर वरन् मृत्यु के लिए जीवन से विदा होने की उत्सुकता दिखाकर– वह सुनीता को ''इंकार कब करती हूँ'' की मंजिल तक ले आता है।

लेकिन इस बात से ही नाटक का एंटीक्लाइमेक्स शुरू हो जाता है। सुनीता की साड़ी स्कन्ध भाग से नीचे सरक जाती है। फिर यह कहते हुए, ''मुझे चाहते हो? मैं यह हूँ''–वह अपना जम्पर अलग रख देती है। हरिप्रसन्न अचकचा उठता है। उसके मुँह से सिर्फ 'भाभी' निकलता है। मानो जम्पर के अलग होते ही सुनीता से वह फिर भाभी हो गयी हो! लेकिन सुनीता ने यह कहते हुए–''मुझे ही चाहते हो न? मुझे लो।''–उसने अपने चारों ओर से साड़ी हटाना शुरू कर दिया–हरिप्रसन्न बेहद घबरा जाता है। उसके मुँह से एक ही शब्द निकलता है, भाभी! लेकिन अब सुनीता ने साड़ी बिल्कुल अलग कर दी है। वह शरीर पर शेष बचे बॉडी को खोलने लगती है। हरिप्रसन्न उसके हाथ पकड़ लेता है। लेकिन सुनीता शरीर से चिपकी हुई बॉडी को फाड़ डालती है। ''वह अन्तिम वस्त्र भी चीर होकर नीचे सरक गिरा।''

हरिप्रसन्न जो मृत्यु को भेंटने के लिए इतना उत्सुक था, भाभी को साड़ी-जम्परहीन रूप में देखकर डर जाता है। दोनों हाथों से आँखें ढक लेता है। ''सर्वथा पराभूत वह अपने पराजय में गड़ जाने लगा। लज्जा ने उसे जमा दिया। मानो काटो तो लहू नहीं। धरती फट क्यों न गयी कि वह गड़ जाता।'' यानी जो लज्जा नारी का भूषण है, वह हरिप्रसन्न के गले पड़ गयी और जो साहस पुरुष का भूषण है वह सुनीता के गले पड़ा। हरिप्रसन्न भाभी-भाभी कहता हुआ हाथ से आँखें मींचे वहाँ से चल पड़ा और उसके बाद यह वादा करके कि वह अपने को मारेगा नहीं, हरिप्रसन्न सुनीता को घर छोड़कर आता है। फिर श्रीकान्त और सुनीता की गृहस्थी का छकड़ा चलने लगता है। हरिप्रसन्न उस घर से विदा हो जाता है।

अज्ञेय का शेखर भी मृत्यु का प्रेमी है। अंग्रेजी से अनेक निराशावादी कवियों की रचनाएँ उसने याद कर रखी हैं। निराशा और मृत्यु के सपनों में ''शुभ कंठ के नीचे कुचों की गोलाई जैसे सोते के जल में अर्ध मुकुलित कुमुदिनी'' के चित्र भी मिले हुए हैं।

शेखर घोर विद्रोही है, पैदायशी विद्रोही है। आर्थिक कारणों से कोई विद्रोह करे यह उसकी समझ में नहीं आता। हमारे घर में रोटी नहीं है, रोजी हमें मिलती नहीं, हम भूखे हैं, इसलिए हम विद्रोही हैं। मैं समझता हूँ कि यह कहना क्षुद्रता है, अपना घोरतम अपमान है।''

वह ''दुनिया के विद्रोहियों एक हो' का नारा देते हुए ललकारता है, ''मैं कहता हूँ ओ विद्रोहियों, आओ, पहले इसी दम्भ को काटो! जानो, समझो, घोषित करो कि हम इस या उस दुर्व्यवस्था के नहीं, हम इस ऐसेपन के ही, एतादृशत्व मात्र के विरोधी हैं, हम सभी कुछ बदलना चाहते हैं, हमारी विद्रोही-प्रेरणा धर्म के, समाज के, राजसत्ता के, अर्थसत्ता के और अन्त में अपने व्यक्तित्व के प्रति विद्रोही है।''

ऐसा विद्रोह कि विद्रोही प्रेरणा भी विद्रोही है। अपने व्यक्तित्व से भी विद्रोह है। जीवन से विद्रोह है। इस तरह की व्यवस्था से, संगठन से, मनुष्यता से विद्रोह है। ऐसा आदर्श विद्रोही असानी से पैदा नहीं होता। ''एक सम्पूर्ण और आदर्श विद्रोही को उत्पन्न करके ही एक समूची शताब्दी, बल्कि एक समूची संस्कृति सफल हो जाती है।''

शेखर ऐसा ही विद्रोही है। हरिप्रसन्न के जीवन में जो कुछ अज्ञात या अज्ञेय रह जाता है, वह 'शेखर : एक जीवनी' में स्पष्ट हो जाता है।

शेखर विद्रोही है लेकिन क्रान्तिकारी नहीं। उसके लिए विद्रोही पैदा होते हैं, बनते नहीं हैं। वह संसार की सबसे बड़ी क्रान्ति के नेता स्तालिन के बारे में कहता है, ''संसार की सबसे विराट, सबसे अधिक आग्नेय, घोरतम युग प्रवर्त्तक रूसी क्रान्ति की गोद में पलकर भी स्टैलिन विद्रोही नहीं हो पाया, जूठन बीननेवाला ही रह गया है... ।''

शेखर के दिमाग में कभी-कभी एक पंक्ति गूँजा करती है,

"Better to be a dog, a pig, a rat, a stinking worm than to be a man whom no one trusts."

''अविश्वसनीय होने से कुत्ता, चूहा, दुर्गन्धित कृमि कीट होना अच्छा है.....!'' शेखर ऐसा ही मानवद्रोही है कि उस पर कोई विश्वास नहीं करता। उसकी तरह के दुर्गन्धित कृमिकीट ही मानव समाज के प्रियनेता स्तालिन के लिए इस तरह के अपशब्द लिख सकते हैं। आश्चर्य इस बात पर नहीं है कि अज्ञेय ने 'शेखर' में यह सब लिखा है। आश्चर्य इस बात पर है कि हिन्दी के 'प्रगतिशील' आलोचक शेखर को क्रान्तिकारी उपन्यास कहकर उसकी तारीफों के पुल बाँधते नहीं थके।

जून, 1947 के 'हंस' में श्री भारतभूषण अग्रवाल के कुछ सवालों पर अज्ञेय के जवाब छपे हैं। इनमें एक जगह अज्ञेय ने त्रात्स्की और स्तालिन के बारे में अपनी धारणाएँ स्पष्ट करते हुए कहा है, ''ट्राट्स्की के चरित्र का उत्थान (और उसके अहं

की अन्तिम पराजय भी) कल्पना को छूता है और भावनाओं को उद्वेलित करता है। ट्राट्स्की के जीवन में स्टालिन के जीवन की अपेक्षा नाटकीय तत्त्व कहीं अधिक हैं। और 'शेखर' के जमाने के आतंकवादी क्रान्तिकारियों के लिए इन चीजों का महत्त्व बहुत अधिक था।....मैं दावे के साथ कह सकता हूँ कि शेखर के समय युगीन सभी आतंकवादी ट्राट्स्की के प्रति अधिक आकर्षित थे। उन आतंकवादियों में से बहुत से आज आगे बढ़कर उस भावना मूलक आकर्षण को गलत मानें, यह तो उचित है लेकिन ऐसा आकर्षण उनमें था ही नहीं, यह दावा झूठ होगा।''

त्रात्स्की के जीवन में नाटकीय तत्त्व यह अधिक था कि उसने अपने देश और जनता से विश्वासघात करके साम्राज्यवादियों की जासूसी की, इनकी चाकरी करते हुए घृणित काम करने से भी वह बाज नहीं आया। विद्रोह और क्रान्ति के बारे में लफ्फाजी करने में वह शेखर का गुरु था। उस गुरु के चरण-चिह्नों पर चलते हुए अज्ञेय ने भी ऐंग्लो अमरीकी साम्राज्यवाद की चाकरी स्वीकार करके 'शान्ति' और 'व्यक्ति की स्वाधीनता' की रक्षा के लिए सांस्कृतिक सम्मेलनों का आयोजन किया है।

शेखर राजनीति से परे नहीं है उस पर किसका प्रभाव है, यह अज्ञेय के मुँह से ही स्पष्ट हो चुका है।

यह मानना होगा कि स्तालिन और त्रात्स्की के बारे में इस तरह के 'भ्रम' सिर्फ अज्ञेय को नहीं है।

राहुल जी ने 'सोवियत भूमि' में दिखलाया है कि स्तालिन और त्रात्स्की के संघर्ष में लेनिन ने, कम से कम एक बार, त्रात्स्की का साथ दिया। लाल फौज के सिलसिले में त्रात्स्की ने किसी बात की शिकायत लेनिन से की और ''लेनिन ने त्रात्स्की की आज्ञा मानने के लिए स्तालिन को मजबूर किया।'' (पृ. 174)। लेकिन ''लेनिन का स्तालिन पर अधिक विश्वास और स्नेह था।'' (पृ 175)। मानो सारा संघर्ष स्नेह और विश्वास को लेकर हो। लेनिन के शब्द त्रात्स्की की किस्मत का फैसला करते हैं कि ''नेतृत्व स्तालिन को मिलना चाहिए या त्रात्स्की को।'' (पृ. 178)। त्रात्स्की के लिए कहा गया है कि वह ''साहित्यिक आदमी था, शब्दों का धनी था।'' (पृ. 175)

'सोवियत भूमि' में राहुल जी ने अज्ञेय की तरह स्तालिन को गालियाँ नहीं दीं। उन्होंने इतना ही कहा कि, ''स्तालिन पत्थर की तरह भावुकता शून्य है। अगर उसमें नसें हैं तो चट्टानों की। होशियार, चतुर। आखिर है भी तो वह पूर्वीय।'' (पृ. 183)

साम्राज्यवादी प्रचारकों द्वारा 'निर्दय' स्तालिन के रेखाचित्र की हर पंक्ति राहुल जी ने उतार ली है।

स्तालिन के क्रान्तिकारी जीवन के बारे में उन्होंने 'सोवियत भूमि' में लिखा है, ''1917 से पहले का जीवन तैयारी का जीवन था। असली जीवन स्तालिन का लाल

क्रान्ति के बाद शुरू होता है।'' (पृ. 172-73) लेकिन गद्दार बुखारिन के बारे में राहुल जी की राय है, ''बुखारिन उन आदमियों में से है जिसने अपनी जिन्दगी का सारा भाग लाल क्रान्ति के आवाहन और सफलता में खर्च किया।'' (उप. भूमिका, पृ. 13)

निस्सन्देह राहुल जी ने गद्दारों और क्रान्ति विरोधियों के 'क्रान्तिकारी' जीवन का जितना गम्भीर अध्ययन किया है, उतना स्तालिन के जीवन का नहीं।

स्तालिन और त्रात्स्की के बारे में अपनी पुस्तक 'मार्क्सवाद' में यशपाल जी लिखते हैं, ''जहाँ तक मार्क्सवाद के राजनीतिक, आर्थिक और दार्शनिक सिद्धान्तों का सम्बन्ध है, ट्राट्स्की और स्तालिन में कोई भेद न था। परन्तु संसार में समाजवाद स्थापित करके समाज की अवस्था कम्युनिज्म की स्थापना के योग्य बनाने के सम्बन्ध में उनके कार्यक्रम में भेद था।''

अगर क्रान्ति और क्रान्ति विरोध एक ही चीज है तो जरूर स्तालिन और त्रात्स्की में कोई भेद न था। लेकिन जैसा कि लोग जानते हैं, त्रात्स्की राजनीतिक, आर्थिक और दार्शनिक सभी क्षेत्रों में मार्क्सवाद, लेनिनवाद का विरोधी था।

आगे यशपाल जी कहते हैं, ''लेनिन के पश्चात् रूस में समाजवादी व्यवस्था चलाने का काम कम्युनिस्ट दल ने स्तालिन को सौंपा। ट्राट्स्की भी मार्क्सवाद का बहुत बड़ा विद्वान और विशेषज्ञ समझा जाता था। रूस की क्रान्ति के पुराने नेताओं में से होने के कारण उसका प्रभाव भी कम न था। रूस में समाजवाद को सफल बनाने और समाजवाद के लिए विश्व क्रान्ति करने की तैयारी के कार्यक्रम के बारे में इन दोनों में मतभेद हो गया। वह मतभेद यहाँ तक बढ़ा कि वह सिद्धान्तों का भेद जान पड़ने लगा।''

जैसा कि सभी जानते हैं, भेद कार्यक्रम ही का न था। हालाँकि कार्यक्रम किन्हीं सिद्धान्तों के मातहत ही बनते हैं। स्तालिन और त्रात्स्की का मतभेद मार्क्सवाद और क्रान्ति विरोध का भेद था। यशपाल के वाक्यों से अज्ञेय की यह बात तो साबित नहीं होती कि शेखर के समय के सभी आतंकवादी ट्राट्स्की के प्रति अधिक आकर्षित थे लेकिन उनमें से कुछ, जिनमें यशपाल जी भी हैं, उसकी ओर एक हद तक आकर्षित अवश्य थे–यानी सोवियत विरोधी साम्राज्यवादी प्रचार के असर में थे–यह जरूरी साबित होता है।

शेखर त्रात्स्की जैसे क्रान्ति विरोधियों का भक्त होकर उसी तरह की वीरता का परिचय देता है जिस तरह की वीरता की आशा उससे की जा सकती है। अपनी दीनता का रोना रोकर या अपने चिर विद्रोहवाद की दुहाई देकर वह स्त्रियों की करुणा जगाने में एक ही है।

'कर्मभूमि' के अमरकान्त की तरह शेखर सर्वतोमुखी क्रान्ति चाहता है। इस क्रान्ति के लिए वह साहित्य रचता है–''साहित्य– वह साहित्य जो क्रान्ति को प्रेरणा दे ...और क्रान्ति? एकपक्षीय नहीं, सर्वतोमुखी क्रान्ति! जो क्रान्ति एक दिशा में तभी बढ़ती है जब दूसरे मार्ग बन्द कर लें, वह क्रान्ति नहीं है।''

क्रान्ति के लिए वह संगठन जरूरी नहीं समझता। व्यक्ति द्वारा की गयी चेष्टाओं को वह संगठित प्रयत्नों से श्रेष्ठ समझता है। उसने अपना धर्म बना लिया है, "बहुमुखी क्रान्ति के लिए भूमि जोतना और बोना, क्रान्ति बीज की सिंचाई और निराई करना.....।"

आत्मपीड़ा का सफल अभिनय करने के बाद जब शशि शेखर के ऊपर झुकी होती है तो उसे लगता है, "जैसे पहाड़ी सोते के ऊपर छायादार सप्तपर्ण का वृक्ष" झुक आया है।

आत्मपीड़ा के बारे में शेखर कहता है, "पाने के लिए न जियो, देने के लिए जियो। माना। पर क्या दो? निरुद्देश्य, कारणहीन, अर्थहीन आत्मपीड़ा, क्यों हो, किसके लिए हो?"

शेखर पश्चिम की पूँजीवादी संस्कृति से प्रभावित हिन्दुस्तान के उन निकम्मे लोगों में से है जो एक तरफ तो विद्रोह की लम्बी-चौड़ी बातें करके अपनी हीन भावना सन्तुष्ट करते हैं, दूसरी तरफ आत्मपीड़ा के अभिनय से अपने अस्तित्व को सार्थक करके नारी से करुणा की भीख माँगते हैं। उनका विद्रोह और आत्मपीड़ा दोनों ही उनके निकम्मे व्यक्तित्व के दो पहलू हैं।

और जब उस पर सप्तपर्ण की छाँह पड़ती है तब "वह तन्द्रा पूर्ववत् छा गयी और सप्तपर्णी की छाँह में अस्तित्व सो गया....।"

सुनीता की तरह शशि भी विवाहिता है। उसकी अपेक्षा कष्ट ज्यादा सहती है। वह शेखर से प्रेम करती है लेकिन शेखर उस प्रेम को लेकर क्या करे? वह प्रेम को कर्म के लिए प्रेरणा मानना चाहता है लेकिन कर्म उसके पास है क्या? आतंकवाद के नाम पर जो कर्म था, वह भी समाप्त हो गया है। वह ठीक कहता है, "जीवन ने अर्थ खो दिया है, यथार्थता, व्यवस्था, गति सब कुछ खो दिया है। निरा अस्तित्व, एक क्षण से दूसरे क्षण तक एक अणु पुंज का बने रहना, वह भी मिट गया है।....भावना से भटकता हुआ एक विचार हर जगह आग देता हुआ और स्वयं ज्वाला में झुलसता हुआ– निरन्तर उठता हुआ, उठता हुआ, न बुझता हुआ, न मरता हुआ...।"

ऐसा है शेखर, कुण्ठावाद का प्रतीक। जीवन और साहित्य में निरुद्देश्यता का प्रचारक। ऐसा विद्रोही कि अपने व्यक्तित्व से ही विद्रोह कर बैठे। फिर भी उस व्यक्तित्व को उदात्त बनाकर अहंकार को सन्तुष्ट करने में उसकी सार्थकता देखे। शेखर ऐसी चरम स्वार्थपरता का प्रतीक है कि वह किसी भी जनहित के काम में हिस्सा नहीं ले सकता। जन-द्रोह में ही वह अपने विद्रोह की चरम परिणति देखता है। यह पूरा नाटक 'नदी के द्वीप' अज्ञेय, की कविताओं और लेखों में दिखाई देता है।

शेखर के व्यक्तित्व को लेकर पाँच सौ पन्नों में जो कुछ कहा गया है, वह इस एक वाक्य में भी बहुत स्पष्टता से कह दिया गया है–

"जिस प्रकार घोंघे के भीतर रहनेवाला जीव तभी बाहर निकलता है जब वह भूखा होता है या जब वह एक प्रणयी खोजता है और तृप्त होकर फिर घोंघे के भीतर घुस जाता है, उसी प्रकार असन्तुष्ट और अतृप्त शेखर भी बाहर निकला हुआ था।"

इस घोंघावसन्ती साहित्य में कुछ विद्वानों ने महान मनोविज्ञान, उत्कृष्ट कला, क्रान्तिकारी तत्त्व, क्या-क्या नहीं ढूँढ़ लिया।

'प्रतीक' (संख्या 2) में श्री नेमिचन्द्र लिखते हैं, "इस अन्तर्मुखी साहित्य में एक तरह की तीखी तीव्रता है जो प्रायः पाठक को अवसन्न छोड़ जाती है क्योंकि स्वयं लेखक की छाती पर ही एक कटार रखी हुई है या उसकी पुकार किन्हीं खँडहरों में खो चुकी है। स्पष्ट ही ऐसे साहित्य में जीवन के संस्कार, की अवरोध के विष को पीकर मानव को शिवत्व अथवा अमरत्व प्रदान करने की न तो प्रवृत्ति ही है न शक्ति ही। घोर आत्मरति के कारण लेखक अपनी ही संकुचित परिधि में चक्कर काटता रहता है और घुटता रहता है।"

शेखरपन्थी साहित्य के कुछ आलोचकों की यह विशेषता है कि वे एक तरफ तो उसकी घोर आत्मरति की निन्दा-से करते लगेंगे, साथ ही वे उसकी 'तीखी तीव्रता' अर्थात् तीव्र तीव्रता की तारीफ भी करेंगे जो प्रायः पाठक को अवसन्न छोड़ जाती है, अगर सभी पाठकों को नहीं तो कम से कम इन आलोचकों को जरूर। उन्हें शेखरपन्थी साहित्य के मुकाबले में और सब साहित्य फीका लगता है। अन्तर्मुखी साहित्य की चर्चा करने के बाद नेमिचन्द्र 'तथा कथित सामाजिक चेतना का साहित्य' लेते हैं। वह मानते हैं कि 'नये जीवन के निर्माण की प्रेरणा भी उसमें है', फिर भी वह उन्हें पसन्द नहीं आता क्योंकि "अन्तर्मुखी साहित्य की अपेक्षा उसमें आन्तरिक सक्षमता कम है। वह प्रायः सारा का सारा अस्वीकार का साहित्य है, बचकाना और जैसे किसी साँचे में ढला हुआ। उसमें प्रचलित नारों और घिसे-पिटे विचारों की भरमार है।"

यह मानते हुए कि हमारे यहाँ कुछ साहित्य ऐसा भी है जिसमें प्रचलित नारों और घिसे-पिटे विचारों की भरमार है, नेमिचन्द्र की इस बात से शायद ही कोई सहमत हो कि हिन्दी में 'अन्तर्मुखी' साहित्य के अलावा जो भी 'सामाजिक चेतना' का साहित्य है, वह बचकाना और किसी ढाँचे में ढला हुआ है। इस तरह के आक्षेप अज्ञेय की तरफ से भी प्रगतिशील साहित्य पर हुए हैं। शिवदान सिंह चौहान ने अपने समर्थन में 'कुत्सित समाज शास्त्र' के खिलाफ अज्ञेय का एक लम्बा पैरा (अपने नयी चेतना, नं. 4) वाले लेख में उद्धृत किया है। जैसे चौहान को हिन्दी लेखक ही सामाजिक हलचलों में फँसे नहीं दिखाई दिये, गोर्की और शेली जैसे कलाकार भी दलदल में धँसते जान पड़े, उसी तरफ अज्ञेय को सिर्फ हिन्दी में साँचे का ढला हुआ

साहित्य नहीं मिलता, उन्हें समूची सोवियत संस्कृति साँचे में ढली हुई जान पड़ती है।

अप्रैल, 1952 के 'प्रतीक' में वह लिखते हैं, "यह कदाचित् कहा जा सकता है कि 'फोक' के अर्थ में लोक रूस में है ही नहीं, और वहाँ का जन प्रकृत जन नहीं, राज्य द्वारा संचालित श्रमिक जन है; फलतः वहाँ की संस्कृति भी सहज विकसित होती हुई लोक संस्कृति नहीं, राज्य द्वारा संचालित श्रम संस्कृति है।"

अज्ञेय को सोवियत देश के मनुष्य कला, संस्कृति सब साँचे में ढले हुए जान पड़ते हैं। उनमें न तो शेखर का 'विद्रोह' है, न उसकी आत्मपीड़ा। वे मेहनत करने वाले, शान्ति और जनतन्त्र के लिए लड़ने वाले लोग हैं, उनकी संस्कृति और कला उनके मनोजगत के प्रतिबिम्ब हैं। अज्ञेय को यह सब आतंकजनित मालूम होता है।

स्तालिन के चित्रों का जिक्र करते हुए अज्ञेय ने लिखा है, "आश्चर्य की बात है कि स्तालिन के इन चित्रों में कदाचित ही कोई अच्छा चित्र था और शबीह की सार्थकता कदाचित ही किसी कलाकार में थी। इसका कारण यह हो सकता है या नहीं कि स्तालिन का व्यक्तित्व रूस के कलाकारों को आतंकित किये हुए है, इस जिज्ञासा का उत्तर पाने का कोई उपाय नहीं है।"

कुत्ते की दुम एक बार टेढ़ी हुई तो हमेशा टेढ़ी ही बनी रही। अज्ञेय ने 'शेखर' में स्तालिन के प्रति जो जहर उगला था, उसका झाग सन् 52 के 'प्रतीक' में मौजूद है।

शेखरपन्थियों ने प्रगतिशील साहित्य का जो विरोध किया है, वह हमारी किन्हीं विशेष खामियों की वजह से नहीं। अज्ञेय जैसे लोग हर भाषा और देश के जनवादी साहित्य के दुश्मन हैं।

नेमिचन्द्र की तरह शिवदान सिंह चौहान ने भी शेखर की असामाजिक चेतना, व्यक्तिवाद, ह्रास आदि की आलोचना की है लेकिन उस सबका नतीजा यही निकलता है कि हिन्दी कथासाहित्य में चारों तरफ ह्रास है, सिर्फ शेखर इस युग का श्रेष्ठ उपन्यास है। 'कथा साहित्य की समस्याएँ' नाम के निबन्ध में वह लिखते हैं, "अज्ञेय का 'शेखर एक जीवनी' 'गोदान' के बाद सबसे महत्त्वपूर्ण और कलात्मक उपन्यास है।"

अवश्य ही, असामाजिक चेतना, व्यक्तिवाद, ह्रास आदि से उसका कलात्मक सौन्दर्य घटता नहीं बल्कि शायद बढ़ता ही है। इधर चौहान की राय में "प्रगतिवाद के नाम पर अब तक हिन्दी में जो कथा-साहित्य पैदा हुआ है उसे देखकर घोर निराशा होती है।" प्रगतिशील कथा साहित्य के मुख्य पात्र कौन हैं? "प्रगतिवादी कहानियों के पात्र समाज के वे विकृत मानव हैं जो किसी भी क्रान्तिकारी सिद्धान्त से क्रान्ति के अग्रदूत नहीं बन सकते—जैसे वेश्या, भिखारी, कोई लूला-लँगड़ा अपंगु, पागल, विक्षिप्त आदि।"

प्रगतिशील कथा-साहित्य का जैसा गम्भीर ज्ञान इन पंक्तियों में प्रकट हुआ है, वैसा अन्यत्र, चौहान में भी, दुर्लभ है। आश्चर्य यह है कि शेखर का जो पागलपन अज्ञेय से भी छिपा नहीं रहा, उसे चौहान जैसा आलोचक क्यों नहीं देख पाया? शेखर कहता है, ''मैं पागल तो नहीं हूँ किन्तु कभी-कभी सोचता हूँ कि मुझे पागलपन के इस ओर रखनेवाली, सीमित कर देनेवाली रेखा कितनी पतली है!''

जैसे वह शेखर के लिए पतली है, वैसे ही उस उपन्यास को गोदान के बाद हिन्दी का सबसे महत्त्वपूर्ण और कलात्मक उपन्यास कहने वाले के लिए भी वह रेखा पतली है।

प्रतीक (नं. 1) में यह दावा किया गया है कि ''वह देश की स्वाधीन साहित्यिक चेतना का प्रतीक है।'' यह चेतना किससे स्वाधीन है? सामन्ती साम्राज्यवादी संस्कृति के प्रभाव से? नहीं, यह चेतना स्वाधीन है सामाजिक उत्तरदायित्व से। मिसाल वैज्ञानिकों की दी गयी है जो अपने प्रयोग किया करते हैं लेकिन जिन्हें कोई विज्ञान के लिए विज्ञान या जीवन से पलायन नहीं कहता। इसलिए ''साहित्यिक रूपाकारों की पड़ताल करनेवाला, कला के उपकरणों की शक्तियों का अनुसन्धान करनेवाला ही क्यों इस नाते अक्षम्य अपराधी माना जाये कि वह कला के लिए कला का प्रतिपादन करता है?''

पहले तो विज्ञान के आविष्कार उद्देश्यहीन नहीं होते; मानव कल्याण या विनाश के लिए होते हैं। इसलिए 'प्रतीक' की मिसाल में वैज्ञानिकों को सामाजिक उत्तरदायित्व से बरी मानकर उनसे कलाकारों की तुलना सही नहीं है। दूसरे रूपाकारों की पड़ताल करनेवाले कलाकार–फार्मलिस्ट या रूपवादी अपनी कला का रूप किसी विषय-वस्तु को ही देते हैं जो सामाजिक विकास क्रम से तटस्थ नहीं होती, उदीयमान या मरणशील तत्त्वों का साथ देती ही है। हम केवल रूपाकारों की पड़ताल कर रहे हैं, यह साहित्य की पतनशील विषयवस्तु को छिपाने की साधन मात्र है।

'प्रतीक' घोषणा करता है कि वह ''किसी दल का पत्र या आयोजन नहीं है'' लेकिन ऐसा समाज जो दो दलों में बँट गया हो, जिसमें एक दल पुरानी उपनिवेशी व्यवस्था की रक्षा करना चाहता हो, दूसरा दल उस व्यवस्था से उकता गया हो, वहाँ दलों से अलग रह कर अदृश्य लीक पर शुद्ध कला की गाड़ी हाँकना असम्भव है। प्रतीक और अज्ञेय की सक्रिय सहानुभूति उन लोगों के साथ है जो इस उपनिवेशी व्यवस्था की रक्षा करना चाहते हैं। इसके बावजूद पाठकों के दबाव से 'प्रतीक' में जब तक अच्छी चीज़ें छप जाएँ, यह अपवाद उस नियम को ही साबित करता है।

'प्रतीक' (नं. 4) में कहा गया है कि राजनीतिक दल ''स्वयं दुराग्रह, संकीर्णता और पाखंड के पोषक हो सकते हैं और मानसिक विकृति और भ्रंश के कारण बन सकते हैं। 'प्रतीक' स्पष्टदर्शिता और बेलाग आत्मनिरीक्षण का समर्थक है और उसके लिए राजनीतिक दल का सहारा आवश्यक नहीं मानता।''

लेकिन संस्कृति और स्वाधीनता पर 'प्रतीक' के अपने विचार दलों से परे नहीं हैं। उन विचारों से हमें साम्राज्यवादी प्रचार पहले ही परिचित करा चुका है।

फरवरी, 1951 का 'प्रतीक' बुद्धिजीवियों से आग्रह करता है कि वे "अपने मन, अपने चिन्तन, अपनी बुद्धि को वैचारिक दासता से बचाने और उबारने के लिए भी सतर्क और सन्नद्ध रहें।" लेकिन यह वैचारिक दासता का भय किससे है? अज्ञेय को यह भय साम्राज्यवाद और उसकी विचारधारा से नहीं है जिसने हमारी संस्कृति को पैरों तले रौंदा है, उसके विकास में बाधा डाली है। उन्हें यह भय उन शक्तियों से है जो शान्ति और जातीय संस्कृति की रक्षा और विकास के लिए संघर्ष कर रही हैं। 'प्रतीक' को शान्ति-आन्दोलन से जो खतरा दिखाई दे रहा है, वह इन वाक्यों से स्पष्ट है, "आज जो आसन्न युद्ध संकट के नाम पर कहा जाता है कि पहले शान्ति चाहिए, पीछे स्वतन्त्रता देखी जायेगी; वह स्थिति को विकृत रूप में दिखाना है।....स्वतन्त्रता सहज ही शान्ति से अधिक मौलिक आवश्यकता है क्योंकि शान्ति के नाम पर स्वतन्त्रता की बलि देने से स्वतन्त्रता तो जाती ही है, शान्ति भी हाथ नहीं आती।"

संसार की शान्ति कौन भंग कर रहा है? दूसरों के अपनी परम्पराओं के अनुसार जातीय जीवन के निर्माण में कौन बाधा डाल रहा है? एशिया के देशों को किसने गुलाम बनाया है और बनाये रखना चाहता है? जाहिर है कि जो शान्ति का दुश्मन है, वह स्वाधीनता का भी दुश्मन है। फिर अज्ञेय के लिए पहले स्वाधीनता फिर शान्ति का सवाल क्यों उठता है? इसलिए उठता है कि अज्ञेय जी और उन जैसे कलाकार क्या लिख रहे हैं, किसके लिए लिख रहे हैं, यह असमंजस में डालने वाले सवाल आप न करें। जो लोग युद्ध प्रचार करना चाहते हैं, जैसे 'नया समाज' वे इस काम में स्वाधीनतापूर्वक लगे रहें, जो लोग 'तटस्थ' रहकर साहित्य की सेवा कर रहे हैं, जैसे 'प्रतीक' और 'आलोचना' वे इस काम में लगे रहें। हिन्दुस्तान की जनता जो शान्ति और सुखी जीवन के लिए संघर्ष कर रही है, उससे साहित्य को 'स्वाधीन' रखा जाए। कलाकार की स्वाधीनता का यही रहस्य है।

रूपाकारों में प्रयोग करने की स्वाधीनता को हिन्दी में 'प्रयोगवाद' का नाम दिया गया है। यद्यपि इन 'प्रयोगवादी' कविताओं में बहुत-सी ऐसी रचनाएँ भी शामिल कर ली जाती हैं जो प्रयोगवाद-विरोधी हैं, फिर भी प्रयोगवाद अज्ञेय जैसे कलाकारों की सामाजिक उत्तरदायित्व से बरी होने की माँग है।

प्रयोगवाद का कला-सिद्धान्त है, कला कला के लिए। उसकी विषय-वस्तु पराजय और कुंठा के रस में डूबी हुई है; उसका रूप कुरूपता का पर्याय है।

अज्ञेय जी कहते हैं—

"लता टूटी, कुरमुराता मूल में है सूक्ष्म भय का कीट।"

प्रयोगवाद भयग्रस्त प्राणियों की पुकार है। यह भय उन्हें भविष्य से है, जन

आन्दोलन से है, अपनी साहित्यिक परम्पराओं से है जिनसे बचकर वह अपनी मौलिकता प्रमाणित करने के लिए बुरी तरह उत्सुक दिखाई देते हैं।

पराजयवादी कवि कहता है—

"खत्म हमदर्दी
खत्म—
साथियों का साथ।
रात आयेगी मूँदने सबको।"

बच्चन ने पहले ही ज्यादा मधुर स्वरों में मृत्यु और निराशा के गीत गाये थे, उसी परम्परा को ये कवि और कुघड़ रूप में हमारे सामने रख रहे हैं।

"ज़र्द आहें हैं, ज़र्द हैं। यह शाम;
सभी राहें हैं नाकाम।"

एज़्रा पाउंड और टी.एस. इलियट का सस्ता हिन्दुस्तानी संस्करण!

"कथा बनी, बनी, बनी—
कही नहीं गयी। लिखी नहीं गयी।
मिली—हृदय में गुनी—
मधुर मधुर सुर।
अल्प ह्रास—
एक स्वप्न प्यास। अथक स्नेहरास।
तुम। तुम। तुम।"

कही नहीं गयी, लिखी नहीं गयी, फिर भी कविता बन गयी! स्वप्न प्यास लिए कवि बेचारा कहता रह जाता है। खैर, यहाँ कुछ स्नेह और स्वप्न की बात तो है लेकिन कभी-कभी प्रयोगवादी कवि के लिए जो अनुभव और अनुभूति सबसे महत्त्वपूर्ण होती है, वह साधारण पाठकों की कल्पना में नहीं आ सकती।

"लुढ़की सुराही, तो
हुचक-हुचक पानी ढुरा
गर्द भरे खुँदे हुए फर्श पर चुपचाप।
देख-देख मन कैसा हुआ।"

विषयवस्तु में निकम्मापन, निरर्थकता, निरुद्देश्यता, कभी लुढ़की सुराही पर कभी अपने पर अतुकान्त आहें भरना, यह है प्रयोगवाद। इन कवियों के लिए जनजीवन या तो है नहीं या है तो उन्हीं जैसा विकृत और निरुद्देश्य। अज्ञेय जी कहते हैं—

"हम एक लम्बा साँप हैं—
जो बढ़ रहा है ऐंठता-खुलता, सरकता रेंगता।

मैं—न सिर हूँ (आँख तो हूँ ही नहीं।)
दुम भी नहीं हूँ
औ' न मैं हूँ दाँत जहरीले।
मैं—कहीं उस साँप की गुंजलक में उलझा हुआ-सा
एक बेकस जीव हूँ।''

कौन लम्बा साँप है, कवि या शरणार्थी या दोनों? जो भी हो, यह साँप बिना दुम और बिना सिर का है, इसलिए यह कविता भी प्रयोगवाद की बहुत बढ़िया मिसाल है।

परेशानी सिर्फ इतनी है—

आसन्न युद्ध संकट,
बुद्धि को बचाओ
वैचारिक दासता से,
रूस के जन प्रकृत जन नहीं
राज्यद्वारा संचालित
श्रम संस्कृति है।
प्रेम से सुराही लुढ़काओ,
करने दो न तुम शान्ति भंग
प्रगति लेखक संघ को।

(2)

जैनेन्द्र जी ने सुनीता में जो भाभीवाद शुरू किया था, यशपाल जी ने मानो वही सूत्र 'दादा कामरेड' में पकड़ लिया था। वही आतंकवादी, वही साड़ी-जम्पर उतार परिस्थिति। 'दादा कामरेड' से लेकर 'मनुष्य के रूप' तक यशपाल ने यथार्थ के किस अंश को प्रतिबिम्बित किया है? बुनियादी तौर से यशपाल की समस्याएँ वही हैं जो अज्ञेय और जैनेन्द्र की हैं। उपन्यास का 'हीरो' आत्मपीड़ा के जरिये नारी— एक या अधिक की करुणा जगाता है और यह नाटक ही उसके जीवन की सबसे महत्त्वपूर्ण क्रिया है। प्रेमचन्द को छोड़ दीजिए, वृन्दावन लाल वर्मा, अमृतलाल नागर, नागार्जुन आदि के कथा-साहित्य के पात्रों से यशपाल के नायकों की तुलना करें तो मालूम हो जायेगा कि जिस राजनीति का अनुसरण करने का वह दम भरते हैं, वह उनके लिए एक नारा भर है। वह राजनीति जनता के जीवन की समझबूझ से पैदा नहीं हुई; वह सुनीता की परम्परा पर चिपकाई हुई कागज की स्लिप मात्र है जो हवा में इधर-उधर खड़खड़ाया करती है। यशपाल का सबसे प्रभावशाली उपन्यास 'दिव्या' है, कारण कि यहाँ राजनीति की स्लिप खड़खड़ाती नहीं है। 'पार्टी कामरेड' या 'देशद्रोही' से उनके नायकों का रोमांस निकाल दीजिए, उपन्यास का ढाँचा चरमराकर बैठ जायेगा।

यशपाल के उपन्यासों से शिक्षा यह मिलती है कि अच्छे उपन्यास लिखना सिर्फ कौशल की समस्या नहीं है। सवाल है कि हीरो और उसके सामाजिक अमल में परस्पर सम्बन्ध किस तरह बिठाया जाये। यूरोप और अमरीका के पूँजीवादी लेखक या तो अपने 'हीरो' को शुद्ध विचारक बना देते हैं जो हर समस्या पर लम्बे-लम्बे भाषण देता है लेकिन जिसका अमली जीवन से बहुत कम सम्बन्ध रहता है। ऐसे उपन्यास में हीरो होता है लेकिन कथा नहीं होती। कथा बनती है, हीरो के काम से। लेकिन निकम्मे वर्ग के 'हीरो' को काम से क्या काम! वह काम करता है तो पिस्तौल लेकर डकैती और हत्या के काम करता है। इस तरह के हीरो का चरित्र डाकुओं और हत्यारों का होता है और इस तरह के सनसनीखेज कारनामों से कहानी बनती है। इस तरह हीरो का वर्ग-रूप कथा के शिल्प पर भी असर डालता है।

यशपाल के नायक भी आत्मपीड़ा के शिकार हैं। उनका उच्चतम उद्देश्य नारी की करुणा हासिल करना है। यह अभिनय यशपाल के उपन्यासों में बार-बार दोहराया गया है। यशपाल के उपन्यासों की सेक्स-सज्जा हिन्दी के आलोचकों और पाठकों से छिपी नहीं है। उस पर हिन्दी में अनेक लेख भी निकाल चुके हैं। सवाल यह है कि यशपाल और उन जैसे उपन्यासकारों में यह सेक्स-सज्जा इस भौंड़े रूप में क्यों प्रकट होती है? इसका कारण स्पष्ट है। प्रेमचन्द और उनकी परम्परा के कथाकारों से यशपाल की तुलना करने पर बात साफ हो जायेगी। ये कथाकार बुनियादी तौर से अपने पात्र जनसाधारण से चुनते हैं और जनसाधारण में किसान मजदूर ही नहीं, मध्यम वर्ग के लोग भी हैं। यशपाल के पात्र जनजीवन के प्रतिनिधि नहीं हैं। वे उस वर्ग के लोग हैं जिनके लिए सेक्स और आत्मपीड़ा की समस्याएँ प्रधान हैं। इसलिए उनके साथ ग़लत या सही राजनीति जोड़ देने से ही वे प्रगतिशील नहीं हो जाते।

'देशद्रोही' का नायक चन्दा से कहता है कि उसे ज्वर हो जाता तो "मैं आपके पास आकर लेट रहता। मेरा सिर दबाना पड़ता। आपको जहमत होती और मुझे अच्छा लगता।" चन्दा कहती है कि वह तो बिना बीमार हुए भी लेट सकता था। वह जवाब देता है, "वैसे तो लेटा ही हूँ परन्तु बीमार का अधिकार अधिक हो जाता है।" तब चन्दा किस तरह उसे सहारा दे? उत्तर मिलता है, "गोद में स्थान देकर।" इस तरह का वात्सल्य रस वह चन्दा से ही नहीं चाहता। "खातून के हृदय में डॉक्टर के लिए एक वात्सल्यपूर्ण ममता उमड़ आयी।" उपन्यास के अन्त में आत्मपीड़ा का नाटक क्लाइमेक्स पर पहुँच जाता है। घायल खन्ना की प्राणशक्ति क्षीण हो रही है। "सिर पत्थरों के ढेलों पर टिका था परन्तु मन में विश्वास था, चन्दा उसका सिर गोद में लिए है, जीवन-संग्राम में फिर से लड़ने के लिए वह स्वास्थ्य लाभ कर रहा है।" अफसोस की बात है कि इस जीवन-संग्राम में एक जीता-जागता किसान या मजदूर नहीं दिखाई देता। यह संग्राम जनता के अधिकांश भाग को उपन्यास से बाहर रखकर चलता है।

'पार्टी कामरेड' में फौजी लारियों के सामने जनता तो भागती है, गुंडा भावरिया उन्हें ललकारता है। ''......फिर एक लारी आ गयी। लोग भागने लगे। भावरिया ने गाली दे चिल्लाकर कहा—''भागकर कहाँ जाओगे?''

जनता को गाली; गुंडे की बहादुरी।

जख्मी होकर—'देशद्रोही' के खन्ना की तरह— भावरिया गीता की करुणा उकसा लेता है। गीता आकर उससे मिल सकती थी लेकिन एक बाधा थी—पार्टी का अनुशासन। आखिर भावरिया बिना मिले ही संसार छोड़ जाता है।

अपनी कुछ कहानियों में यशपाल ने यह आत्मपीड़ा और राजनीति की स्लिप चिपकाने का नाटक भी नहीं किया। उनमें भोंड़ा सेक्स-वर्णन हिन्दी के अनेक साड़ी-जम्परवादी कलाकारों की परम्परा के अनुकूल हुआ है। यशपाल अपने कथा साहित्य में रूढ़िवाद से लड़नेवाली दृढ़ नारी का चरित्र नहीं दे पाते, कारण कि उसके प्रति उनका दृष्टिकोण सामन्ती-पूँजीवादी भोगवादियों का है। इस भोगवाद को उन्होंने विज्ञान का रूप देने की भी कोशिश की है।

'मार्क्सवाद' नाम की पुस्तक में यशपाल जी कहते हैं, ''संक्षेप में स्त्री-पुरुष और विवाह के सम्बन्ध में मार्क्सवाद समाज के शारीरिक और मानसिक स्वास्थ्य के विचार से पूर्ण स्वतन्त्रता देता है परन्तु उच्छृंखलता और गड़बड़ या भोग को पेशा बना लेने को और उसके साथ अपनी वासना के लिए दूसरे व्यक्तियों और समाज की जीवन व्यवस्था में अड़चन डालने को वह भयंकर अपराध समझता है। स्त्री-पुरुष के सम्बन्ध में मार्क्सवाद का रुख लेनिन की एक बात से स्पष्ट हो जाता है। लेनिन ने कहा था, स्त्री-पुरुष का सम्बन्ध शरीर की दूसरी आवश्यकताओं भूख, प्यास, नींद की तरह की आवश्यक है। इसमें मनुष्य को स्वतन्त्रता होनी चाहिए परन्तु लगने पर शहर की गन्दी नाली में मुँह डालकर पानी पीना उचित नहीं। उचित है, स्वच्छ गिलास से स्वच्छ जल पीना।''

लेनिन ने इससे ठीक उल्टी बात कही थी। स्वच्छ गिलास से स्वच्छ जल पीने की थ्योरी का घोर विरोध किया था। यशपाल का जोर इस बात पर है कि भोग को पेशा न बनाया जाये। भूख, प्यास, नींद की तरह सेक्स की इच्छा भी पूरी होनी चाहिए लेकिन गन्दी नालियों में मुँह डालकर नहीं। वास्तव में स्वच्छ गिलास में स्वच्छ जल पीने का सिद्धान्त सेक्स के बारे में पूँजीवाद का सिद्धान्त है जिसे धनी लोग नित्य प्रति अमल में लाते हैं। उन्हें डर लगता है तो सिर्फ गन्दी नालियों की छूत लगने से। अगर स्वास्थ्य विभाग स्वच्छ जल का सर्टिफिकेट दे दे तो उन्हें जलपान करने में कोई अड़चन नहीं होती। यह धारणा मार्क्सवाद की स्थापनाओं के बिल्कुल विपरीत है, ऐसा मानना होगा।

लेनिन ने स्वच्छ-जलवादियों के बारे में काल्रा जेट्किन से कहा था, ''हालाँकि मैं मुहर्रमी सन्त नहीं हूँ, फिर भी नौजवानों की— और कभी-कभी बुजुर्गों की भी यह

तथाकथित 'नयी सेक्स ज़िन्दगी' मुझे एकदम पूँजीवादी मालूम होती है, पूँजीवादी चकलों का ही प्रसार मालूम होती है। हम कम्युनिस्ट प्रेम करने की स्वाधीनता से जो कुछ भी समझते हैं, उससे इसमें कुछ भी मेल नहीं है। तुम्हें उस मशहूर थ्योरी का पता होगा कि कम्युनिस्ट समाज में यौन इच्छाओं का, प्रेम का पूरा करना उतनी ही आसान और महत्त्वहीन बात होगी जैसे पानी का गिलास पीना। इस पानी के गिलास की थ्योरी ने हमारे नौजवानों को पागल बना दिया है, एकदम पागल। बहुत से नौजवान लड़के-लड़कियों के लिए वह घातक साबित हुई है। इसके अनुयाइयों का दावा है कि यह मार्क्सवादी थ्योरी है। लेकिन शुक्रिया ऐसे मार्क्सवाद को जो समाज के बौद्धिक जगत के तमाम संघटनों और परिवर्तनों का सबब तुरन्त और सीधे-सीधे आर्थिक आधार में ढूँढ़ लेता है। बात इतनी सीधी नहीं है। एक था फ्रेडरिक एंगेल्स जिसने यह बात ऐतिहासिक भौतिकवाद के बारे में बहुत पहले कही थी।

"मैं समझता हूँ कि ये पानी के गिलास की थ्योरी पूरी तरह गैर-मार्क्सवादी है और इसके अलावा समाज-विरोधी भी है। यौन जीवन में साधारण कुदरत का ही खयाल नहीं करना होता, बल्कि सांस्कृतिक विशेषताओं पर भी विचार करना होता है कि वे ऊँचे या नीचे स्तर के हैं। 'परिवार की उत्पत्ति' नाम के अपने ग्रन्थ में एंगेल्स ने दिखलाया था कि आम यौन वासना का विकास और एक-नारी-प्रेम (Individual sex love) में उसका संस्कार कितना महत्त्वपूर्ण है। स्त्री-पुरुष के परस्पर सम्बन्ध समाज के अर्थतन्त्र और शारीरिक माँग के बीच शक्तियों के घात-प्रतिघात का ही प्रतिफलन नहीं है जो शारीरिक पहलू से, चिन्तन में, अध्ययन द्वारा विलग हों। यह तर्कवाद (रैशनलिज़्म) है, न कि मार्क्सवाद कि हम इन सम्बन्धों में तब्दीली को समाज की आर्थिक बुनियाद से नत्थी कर दें और सम्पूर्ण विचारधारा से उनके सम्बन्धों को न देखें। निस्सन्देह प्यास बुझानी चाहिए। लेकिन क्या कोई होश-हवास का आदमी साधारण परिस्थितियों में नाली में लेट जायेगा और चहबच्चों से पानी पियेगा या ऐसे गिलास से पानी पियेगा जो बहुत से ओठ लगने से चिकना हो गया हो? लेकिन उसका सामाजिक पहलू सबसे महत्त्वपूर्ण है। पानी पीना बेशक किसी का निजी काम है। लेकिन प्रेम में दो जिन्दगियों का सम्बन्ध होता है और एक तीसरी, नयी ज़िन्दगी पैदा होती है। इससे उसमें सामाजिकता का सवाल उठता है, जिससे समाज के प्रति कर्त्तव्य पैदा होता है।

"एक कम्युनिस्ट की हैसियत से मुझे पानी के गिलास की थ्योरी से जरा भी हमदर्दी नहीं है। हालाँकि उस पर 'प्रेम की तृप्ति' का सुन्दर लेबल लगा हुआ है। कुछ भी हो, यह प्रेम की मुक्ति न तो नयी है, न कम्युनिस्ट है।"

इस लम्बे उद्धरण से जाहिर हो जायेगा कि यशपाल ने आर्थिक बुनियाद के बदलने पर जिस तरह यौन-सम्बन्धों के बदलने की कल्पना की है, वह मार्क्सवाद है या पूँजीवादी नैतिकता (या पूँजीवादी व्यभिचार) का ही एक संस्करण है। उनके

कथा-पात्रों में चरित्र की वह दृढ़ता नहीं है जो पूँजीवादी व्याभिचार को चुनौती दे, जो सर्वहारा नैतिकता को एक आदर्श के रूप में जनता के सामने रखे। दलील दी जाती है कि यशपाल ने यथार्थवादी उपन्यास लिखे हैं; आदर्शपात्र नहीं चित्रित किये। पहले तो आदर्श पात्र चित्रित करने और यथार्थवादी उपन्यास लिखने में कोई मौलिक विरोध नहीं है; यथार्थ में जो उभर रहा है, कल के समाज की नींव बनने वाला है, उस सत्य को उद्घाटित करना कथाकार का कर्त्तव्य हो जाता है। दूसरे यशपाल के पात्र एक वर्ग-विशेष और मनोवृत्ति के पात्र हैं और उनकी नैतिकता वैसी ही है जैसे जैनेन्द्र, अज्ञेय और अश्क के पात्रों की। इसका नतीजा यह हुआ है कि यशपाल नारी की पराधीनता के वैसे चित्र भी नहीं दे पाये जैसे प्रेमचन्द ने पहले महायुद्ध में ही या वृदावन लाल वर्मा ने 'लगन', 'कुंडली चक्र' आदि में या निराला ने 'अलका' आदि में दिये हैं। यशपाल के उपन्यास नारी की पराधीनता के सवाल को यथार्थवादी ढंग से छूते ही नहीं हैं बल्कि प्रगतिशीलता के नाम पर पूँजीवादी व्यभिचार का चित्रण करके वह एक तरफ तो प्रगतिशीलता को एक अच्छी रोजगार की चीज बना देते हैं, दूसरी तरफ उन ईमानदार पाठकों को प्रगतिशील साहित्य से दूर ठेल देते हैं जो पुराने साहित्य के अलावा इंसान की ज़िन्दगी पर नये दृष्टिकोण से सोचना-विचारना भी चाहते हैं।

प्रगतिशील साहित्य नारी की स्वाधीनता का पक्षपाती है। वह सम्पत्ति, जाति और धर्म के विचार से किये हुए विवाहों की वेदी पर देश के युवक-युवतियों के प्रेम की बलि देने के सख्त विरोधी है। वह उनके प्रेम करने के अधिकार और जीवन में एक साथ रहने और संघर्ष करने के अधिकार का समर्थन करता है। जब तक प्रेम के अतिरिक्त विवाह के लिए जाति, धर्म, सम्प्रदाय, सम्पत्ति आदि की शर्तें रहेंगी, तब तक समाज में व्यभिचार, वेश्यावृत्ति आदि व्याधियाँ भी रहेंगी। लेकिन ये व्याधियाँ शुद्ध गिलास से शुद्ध जल पीने की थ्योरी से दूर नहीं हो सकतीं। यह मार्क्सवाद के विपरीत सामन्ती-पूँजीवादी नैतिकता का प्रतिपादन होगा।

'चक्कर-क्लब' का 'कामरेड' कालिदास और रवीन्द्रनाथ के साहित्य पर यह राय देता है, "किसी समय के राजाओं और सामन्तों के लिए इसका उपयोग था। कामना पूर्ति के साधन उनके पास बहुतेरे थे परन्तु शरीर थककर शिथिल हो जाता था। कामना की आग को जलाने के लिए ऐसा साहित्य उपयोगी था जैसे अधिक भोजन पचा सकने के लिए चूरन का उपयोग होता है।"

जाहिर है, यह साहित्य के प्रति मार्क्सवादी दृष्टिकोण नहीं बल्कि उसकी फूहड़ नकल है।

'चक्कर क्लब' में हम पढ़ते हैं, "किसी की तृप्ति कवि रवीन्द्र की कविता में कामिनी को समीप बैठाकर हो जाती है तो किसी की साहित्यिक तृप्ति अंगिया दबाने की चर्चा किये बिना नहीं होती। क्यों जी, सिर खुजाते हुए कामरेड की

ओर देख उन्होंने पूछा—'क्या है वह गीत, न ताको जोबन सरकारी है, बच के रहोजी।' "

मार्क्सवाद को झुठलाकर पूँजीवादी नैतिकता को किस तरह 'वैज्ञानिक' बनाकर पेश किया जाता है, ऊपर इसकी मिसाल है। यशपाल के पात्र यथार्थ जीवन का चित्रण करने के कारण फूहड़ नहीं हैं; उनके पास अपने फूहड़पन को वैज्ञानिक कहकर पेश करने के लिए एक थ्योरी भी है।

प्रसाद, निराला, प्रेमचन्द, रामचन्द्र शुक्ल ने साहित्य में जिस नायिका भेद का विरोध किया था, यशपाल ने उसे यथार्थ-चित्रण के नाम पर फिर प्रतिष्ठित किया है। "आँखें भी छुरे के फले जैसी लम्बी-लम्बी नोंकदार, खूब उजली। माथे पर त्योरी चढ़ा देखती तो ऐसा लगता, नज़र सीने में गड़ा देगी।" यह किसी लोफर पात्र की बातचीत नहीं है। खुद कलाकार यशपाल 'पार्टी कामरेड' की नायिका का नखशिख वर्णन कर रहे हैं।

और भी—

"शंख के समान ग्रीवा का मार्दव मुक्तावलियों से घिरकर और अधिक उद्‌भासित हो रहा था। रक्त कौशेय में पीठ पीछे खिंचकर पूर्ण गोलार्द्ध बने उरोज बन्धन में आकर, बागुरा खिंचे अश्व की भाँति और अधिक मुखर हो उठे थे।"

शरीर थककर शिथिल होने पर किसी सामन्त की कामना को उकसाने के लिए किसी दरबारी कवि ने यह नहीं लिखा। यह लिखा है 'दिव्या' का नखशिख वर्णन करते हुए यशपाल जी ने। निस्सन्देह नायिका भेद के तमाम साहित्य में उरोज अश्व की भाँति मुखर होते हुए न तो दिखाई देंगे न सुनाई पड़ेंगे। इस बात में यशपाल सबसे बाजी मार ले गये हैं।

'चक्कर क्लब' का 'दार्शनिक' सामन्ती-पूँजीवादी विवाह प्रथा के मुकाबले में "घंटे भर प्रेम" का नुस्खा पेश करते हुए कहता है, "यदि किसी स्त्री को धोखा न देकर अपने हृदय की तृप्ति के लिए घंटे भर प्रेम करना चाहती है तो वह कुलटा है और यदि वह अपने जीवन और अपनी सन्तान के जीवन निर्वाह का कोई दूसरा उपाय न देख या समाज के भय से अपना शरीर जन्मभर किसी पुरुष की आवश्यकता पूर्ति के लिए दे देती है तो वह सती है?"

जाहिर है, सती के नाम पर गुलामी और घंटे भर प्रेम यानी व्यभिचार के बीच प्रेम का रास्ता भी है लेकिन 'चक्कर क्लब' का दार्शनिक उसकी विवेचना नहीं करता।

'प्रतिष्ठा के बोझ' का केवलचन्द पड़ोस की सास-बहू से एक साथ प्रेम करके घंटे में एक नहीं दो प्रेम निबाहता है। केवलचन्द जब बहू लक्ष्मी के कमरे में पहुँचा तो "उसने लक्ष्मी को बाँहों में इतनी जोर से समेट लिया कि जैसे उसे अपने शरीर में ही समो लेगा। वह उसके होठों को खा जाना चाहता था। उसके हाथ उच्छृंखल

हो रहे थे।'' लेकिन तभी बत्ती लिए कमरे में सास आ गयी। केवलचन्द ने लक्ष्मी को फर्श पर गिर जाने दिया और ''सास के भरपूर शरीर को बाँहों में ले, समीप पड़े पलँग पर गिरा दिया।'' इसके बाद ''जब सास ने केवलचन्द की बाँहों से मुक्ति पायी तो केवल के गाल पर एक ठुनका दे, उसने शिकायत की—बड़े वैसे हो तुम!''

गत्यात्मक यथार्थवाद! सबसे आसान क्रान्ति यौन सम्बन्धों में होती है। लेकिन यह क्रान्ति हमारे यहाँ सिंहासन बत्तीसी और किस्सा तोता-मैना में ज्यादा कलापूर्ण ढंग से पहले ही हो चुकी थी।

मालूम होता है, ये तमाम केवलचन्द 'मनुष्य के रूप' में कम्युनिस्ट पार्टी के दफ्तर में इकट्ठे हो गये हैं। मनोरमा जब अपने नपुंसक पति को तलाक देकर आती है तो ''बहुत से कामरेड अपनी-अपनी जगह छोड़ संकोच से सिमटी जाती मनोरमा को घेरकर खड़े हो गये। उमेश ने गर्दन ऊँची कर जोर से पुकारकर कहा—''तो फिर अब! और प्रोत्साहन की मुद्रा से हृदय पर हाथ रख लिया। पारो ने उमेश को कन्धे से धक्का देकर फटकारा—हट, पागल! मंगल बोला—आखिर कोई तो आशा कर सकता है!.....न्यू बस हैज कम (नयी गाड़ी चल रही है।)''

यशपाल के लिए सेक्स की तरफ मार्क्सवादी दृष्टिकोण क्या है, यह खुद मार्क्सवादियों के अमल से उन्होंने यहाँ दिखला दिया है। इस तरह का साहित्य जनता की सेवा किस तरह करता है और हमारी जातीय संस्कृति को किस तरह आगे विकसित करता है, यह बात हमारी समझ में नहीं आयी। लेकिन इस दृष्टिकोण के लिए जहाँ यशपाल जिम्मेदार हैं, वहाँ उन आलोचकों की जिम्मेदारी भी कम नहीं है, जो उनके कथा साहित्य को प्रगतिशीलता का नमूना कहकर तारीफ करते रहे हैं।

यशपाल जी की तरह राहुल जी ने भी यथेष्ट उन्नति की है। लेकिन उनका नायिका भेद ऐतिहासिक भौतिकवाद के नाम पर, सामाजिक विकास क्रम में मनुष्य के आचार-विचार के चित्र देने के नाम पर है। एंगेल्स ने लिखा है कि पूँजीवादी लेखक जब आदिम व्यवस्था का चित्रण करते हैं, तब वे उसे मौजूदा पूँजीवादी समाज के व्यभिचार का चश्मा लगाकर देखते हैं। 'वोल्गा से गंगा' में राहुल जी ने आदिम समाज व्यवस्था के चित्र इसी तरह का चश्मा लगाकर खींचे हैं।

''दिवा अपने तरुण पुत्र बसु के साथ आज नाच रही थी। दोनों नग्न मूर्तियाँ नृत्य के ताल में ही कभी एक-दूसरे को चूमतीं, कभी आलिंगन करतीं, कभी चक्कर काटकर भिन्न-भिन्न नाट्य मुद्राएँ दिखलातीं।'' (पृ. 28)

अवस्था के लिहाज से प्रेमी-प्रेमिकाओं के गुट बनना आदिम समाज में बहुत शुरू की मंजिलों में आरम्भ हो जाता है। फिर यह समाज तो चक्कर काटकर नाट्य मुद्राएँ बनाना तक जान चुका है। राहुल जी का चित्र विकृत और इतिहास-विरोधी है।

'अधिकस्य अधिकं फलम्' के न्याय से राहुल जी सुन्दर नायिकाओं का काफिला इकट्ठा कर देते हैं। कैसा भाग्यशाली है सुदास! "नहाते वक्त कितनी ही बार सुदास ने अपाला के नग्न अरुण शरीर को देखा; किन्तु आज पचासों नग्न सुन्दरियों के बीच उसके सौन्दर्य की तुलना कर, इसे पता लगा, जैसे आज ही उसने अपाला के लावण्य की पूरी परख पायी है।" (पृ. 107-9)

लेकिन इसमें राहुल जी का क्या दोष? वह तो ऐतिहासिक सत्य बयान कर रहे हैं! इस पर कोई नाक-भौं क्यों सिकोड़े?

सवाल ऐतिहासिक सत्य का नहीं है। सवाल यह है कि इस तरह सामन्तों के अन्तःपुर का सौन्दर्य वर्णन करनेवाले कवियों की रचनाएँ राहुल जी को पसन्द हैं या नहीं? वह दरबारी कवियों के इस नायिकाभेदी दृष्टिकोण के प्रति क्या रुख रखते हैं?

राहुल जी 'हिन्दी काव्य धारा' में ऐसे ही एक कवि स्वयंभू के बारे में लिखते हैं, "और सामन्त समाज के वर्णन में उसकी किसी से तुलना नहीं की जा सकती। किसी एक सुन्दरी के सौन्दर्य को जितना अच्छी तरह उसने चित्रित किया है, वह तो किया ही है, लेकिन सुन्दरियों के सामूहिक सौन्दर्य का वर्णन करने में उसने कमाल कर दिया है।"

स्वयंभू का अनुकरण करते हुए राहुल जी ने ऐतिहासिक भौतिकवाद को सामूहिक सौन्दर्य के वर्णन से सरस बना दिया है। 'सिंह सेनापति' में पूँजीवादी लेखक का आदर्श समाज साकार हो उठता है जब हम पढ़ते हैं, "देव कन्याएँ मंडल बाँधकर मुझे बीच में लिए नाच रही थीं। बीच-बीच में जब मैं थककर विश्राम लेता, तो मधु क्षीर मिश्रित सोम का चषक ले देवांगनाएँ आदरपूर्वक मुझे पिलाने के लिए तैयार रहतीं।" (पृ. 98)

और भी–

"वहाँ प्रत्येक देवी उन्मुक्त देवी है, वह किसी की भार्या नहीं। वह पद्मसर में विहरने वाली भ्रमरी है और चाहे जिस भी पद्मकोश में रात को बन्द होने के लिए स्वतन्त्र है।" (पृ. 69)

सुन्दर! स्वच्छ गिलास में स्वच्छ पानी! आदर्श साम्यवाद!

पुनश्च : "वे मुझे पुष्पित वन में ले जातीं, वहाँ अपने केशों को वनकुसुमों से सजाकर मेरे गिर्द बैठ कोई मेरे कानों में फूल रखती, कोई केशों में स्रज बाँधती, कोई मेरे कन्धे पर अपने कपोलों को रख पूछती–'प्रिय! कैसी हैं वे मानवियाँ, जिनके लिए तुम हमें छोड़ जाना चाहते हो'?"

इस तरह ध्वस्त होती हुई सामन्ती संस्कृति को राहुल जी ने ऐतिहासिक चित्रण के नाम पर साहित्य में सुरक्षित रखा है। लेकिन सामन्तों के कल्पित स्वर्ग से इस समाज में क्या अन्तर है? अन्तर केवल इतना है कि राहुल जी अपनी नायिकाओं की नस्ल का बड़ा खयाल रखते हैं। दिवा के नेत्र अलसी के फूल जैसे नीले हैं। नागदत्त

कहानी में एक अनुपम सुन्दरी के सिर पर "मानो सुवर्ण के सूक्ष्म तन्तुओं को वलित करके सजाया गया था।" अश्वघोष की माँ के नेत्र सुवर्ण जैसे पीले हैं और जब शुद्ध आर्य रक्तवाले देव और देवियाँ मिलते हैं तो उनके केश-दाढ़ी सम्मेलन से विचित्र दृश्य उपस्थित होता है, "उस वक्त देवों के केश-दाढ़ियाँ तथा देवियों के सीमान्त अग्निस्कन्ध से निकलती ज्वाला रश्मियों से मालूम होते हैं।" (सिंह सेनापति, पृ. 67)

राहुल जी के लिए इतिहास की मूल समस्या है—रक्त शुद्धि। आर्यों का जनतन्त्र भ्रष्ट होता है, रक्त सम्मिश्रण की वजह से। और सामाजिक विकास की हर मंजिल में एक क्रिया साधारण है—मुक्त प्रेम! इस दृष्टि से समाज में कोई विकास नहीं हुआ या कहना चाहिए कि प्रेम और सौन्दर्य के मामले में मनुष्य पूर्ण विकसित ही रचा गया था!

इतिहास को देखने की हमारे यहाँ एक और परम्परा है। वह परम्परा निराला की 'प्रभावती' वृन्दावन लाल वर्मा की झाँसी की रानी 'लक्ष्मीबाई' में दिखाई देती है। इस परम्परा में जनता अन्याय-अत्याचार से पीड़ित और उनके खिलाफ संघर्ष करती हुई भी दिखाई जाती है। प्रभावती में निराला जी कहते हैं, "वह और ही युग था। एक ओर गाँवों में गरीब किसान छप्परों के नीचे, दूसरी ओर दुर्ग में महाराज धन-धान्य और हीरे-मोतियों से भरे प्रासादों में, फिर भी उन्हीं के फैसले के लिए, न्याय के लिए, जाना और उन्हें भगवान का रूप मानना पड़ता था।" वैज्ञानिक भौतिकवाद पर किताब लिखने के बावजूद राहुल जी में इस जनवादी दृष्टिकोण का अभाव है। वृन्दावन लाल वर्मा के ऐतिहासिक उपन्यासों में बुन्देलखण्ड की जनता सजीव हो उठती है, अपनी जातीय विशेषताओं के साथ जिनमें उनकी रोमांसप्रियता भी शामिल है। लेकिन वर्मा जी के उपन्यासों में जहाँ किसान-युवकों की सहज उमंग का वर्णन मिलता है, वहाँ राहुल जी के उपन्यासों में किसी व्यभिचारी महन्त के विलासस्वप्न ही दिखाई देते हैं।

ऐतिहासिक उपन्यास हमारे जातीय आत्म-सम्मान को जगाते हैं, पूर्व पुरुषों के वीर कृत्यों का वर्णन करके आज साहसपूर्वक अन्याय का विरोध करना सिखाते हैं। विशेष रूप से ब्रिटिश राज के खिलाफ हमारी जनता के संघर्षों को लेकर लिखे गये उपन्यास आज की परिस्थिति में भी शान्ति और स्वाधीनता के संघर्ष में हमारी बहुत बड़ी सहायता करते हैं। इस दृष्टि से वर्मा जी का 'लक्ष्मीबाई' उपन्यास अनुपम रचना है। उसमें हिन्दू-मुस्लिम जनता का मिलाजुला संघर्ष, अंग्रेजों के पाशविक अत्याचार, सामन्ती नायकों की शिथिलता और विलासिता जो देश के प्रति विश्वासघात की सीमा तक पहुँच जाती है। बुन्देलखण्ड की जनता का जीवन में अडिग विश्वास और देशप्रेम—यह सब वर्मा जी ने बड़े कौशल से उपन्यास में दिखाया है। उनके साधारण पात्र भी स्मृति-पटल पर अंकित हो जाते हैं और अपने व्यक्तित्व में निराले होते हैं।

ऐतिहासिक उपन्यासों में हमें वह परम्परा अपनानी चाहिए न कि मुखर अश्व जैसे कुचों वाली नायिकाओं और चाहे जिस पद्यकोश में बन्द हो जानेवाली भ्रमरियों की परम्परा।

इसी तरह मध्यवर्ग के चित्रण में हमें प्रेमचन्द की 'इस्तीफा' जैसी कहानियों की परम्परा अपनानी चाहिए। मध्यवर्ग के जीवन की समस्याएँ किसान-मजदूरों के जीवन की समस्याओं से काफी हद तक मिलती हैं। अक्सर हमारे कलाकार शिकायत करते हैं, हम तो किसान-मजदूरों को जानते नहीं, फिर क्या मध्यवर्ग के बारे में भी न लिखें? अवश्य लिखें लेकिन क्या लिखें?

कुछ कलाकारों के लिए मध्यवर्ग की ज़िन्दगी के चित्रण का मतलब होता है, सेक्स सम्बन्धी विकारों का चित्रण। इसके सिवा उन्हें आज के उपनिवेशी समाज की चक्की में उनका जीवन पिसता हुआ नहीं दिखाई देता, कहीं वे उस चक्की के पाटों के खिलाफ कसमसाते नज़र नहीं आते। पहाड़ी, कृष्णदास, राजेन्द्र यादव, शरत् जोशी आदि की कहानियों में मध्यवर्ग के ऐसे चित्र मिलते हैं जो उन्हें सेक्स की छटपटाहट के अलावा साधारण इंसान भी दिखलाते हैं। इस तरह के लेखक प्रेमचन्द की परम्परा को लेकर आगे बढ़ते हैं।

लेकिन कुछ कलाकार मध्यवर्ग का बहाना करके दरअसल उसी सुनीतावादी परम्परा का अनुकरण करते हैं।

अश्क की 'गिरती दीवारें' में अनन्त चेतन को सलाह देता है कि जब पम्प पर प्रकाशो पानी लेने आये तब वह उसे पकड़कर अन्दर ले आये। प्रकाशो के आने पर तीन-चार बार अनन्त ने चेतन के कुहनी गड़ाई लेकिन वह टस से मस न हुआ और प्रकाशो "बाल्टी उठाकर अपने मोटे-मोटे ओठों से मुस्कराती और अपने भारी कूल्हे मटकाती हुई चली गयी।" और अनन्त ने फतवा दिया कि "वह एकदम नपुंसक है।" कहीं श्री धर्मवीर भारती ने कथा साहित्य के नपुंसक नायकों पर लेख लिखा था। अश्क जैसे कलाकार उनकी संख्या इतनी तेजी से बढ़ा रहे हैं कि भारती जी अब उन पर पूरा थीसिस लिख सकते हैं।

नीला और चेतन की प्रेम कहानी पर 'गिरती दीवारें' के लम्बे-लम्बे अध्याय पढ़ते हुए आदमी ऊब उठता है। इस कदर उथलापन हिन्दी उपन्यासों में मुश्किल से मिलेगा। कहीं प्रकाशो के सिर से दुपट्टा खिसक जाता है, उसकी छोटी आँखें कुछ विचित्र आकांक्षा से फैल जाती हैं और चेतन का जी चाहता है कि "उसे अपने आलिंगन में लेकर इतना दबाये कि उसका दम निकल जाये।" लेकिन वह उसके चुटकी काटकर रह जाता है और बदले में प्रकाशो उसके चुटकी काट लेती है। महान मनोवैज्ञानिक चित्रण! हाँ, एक बार चेतन ने प्रकाशो के पतले ब्लाउज में छाती के मोटे से बटन पर चुटकी काट दी! महान यथार्थवादी चित्रण!

शेखरपन्थियों का सबसे बड़ा सहारा है—बीमारी। चेतन भी बिस्तर पर जा लेटता

है और ''उसने अपने मस्तक पर ठण्डा, प्यार भरा हाथ फिरता हुआ महसूस किया और उसके कानों में आवाज आयी—मधुर और मादक जीजा जी!'' यह नीला थी।

और जब नीला उसके ऊपर झुक जाती है—सूखे सोते पर सप्तपर्णी की तरह तब ''एक बार उसे प्रबल आकांक्षा हुई कि उसके गले में बाँहें डालकर वह उसे चूम ले। पर उसने बालों को ही चूमा।''

दूसरी बार ''अपनी पीठ के साथ नीला के स्वस्थ वक्ष का परस और उष्णता अनुभव करते ही चेतन के हाथ फिर काँपने लगे।''

और जब नीला दूध का खाली गिलास अलग रखकर हटने लगी तो ''अचानक दाये हाथ से उसे अपने आलिंगन में भरकर चेतन ने उसे चूम लिया।''

ड्रापसीन।

नतीजा यह कि चेतन को लगता है कि संसार के सभी पुरुषों के बीच अनगिनत दीवारें खड़ी हैं, इन दीवारों का कोई अन्त नहीं है। यथार्थ को इस गत्यात्मक रूप में श्री उपेन्द्रनाथ अश्क ने देखा है। साहित्य के छिछलेपन का दूसरा नाम है अश्क।

सन् 1934-35 के बाद से हिन्दी में यह साड़ी-जम्पर साहित्य की परम्परा बढ़ती, फलती-फूलती रही है। इसे कुछ लोग प्रगतिशील क्यों कहते हैं, यह समझना कठिन है। यह प्रसाद के 'तितली' और प्रेमचन्द के 'गोदान' की परम्परा को आगे नहीं बढ़ाती बल्कि उसका सक्रिय विरोध करती है। इस शेखर-चेतनावाद को प्रगतिशील ठहराने के लिए ही मानो प्रगतिशीलता की शुद्ध कलावादी परिभाषाएँ की जाती हैं जिनमें जनता की तरफ लेखक की जिम्मेदारी अस्वीकार की जाती है लेकिन अब यह परम्परा अपने ह्रास की सीमा तक पहुँच गयी है और ज्यादा दिन तक हिन्दी पाठकों को उससे बहलाया न जा सकेगा।

राष्ट्रीय स्वाधीनता और प्रगतिशील साहित्य*

(1)

भारत में अहिंसात्मक क्रान्ति हुए चार साल हो गये। क्रान्ति के नेताओं को गद्दी पर बैठे पाँच साल हो गये— क्रान्ति के पहले ही गद्दी पाना उस क्रान्ति की अहिंसात्मक विशेषता थी। यह क्रान्ति अंग्रेज साम्राज्यवादियों की पूरी रज़ामन्दी के साथ हुई। हिन्दुस्तान की कोयले की खानों, बागानों, जूट के कारखानों वगैरह पर अंग्रेजों का हक कायम रहा; उधर भारत ब्रिटिश सम्राट के नीचे ब्रिटिश कॉमनवेल्थ यानी ब्रिटिश साम्राज्य के अन्दर बना रहा। वारेन हेस्टिंग्स ने जैसे अवध की बेगमों को लूटा था, वैसे ही अंग्रेज सरमायेदार भारत की जनता से करोड़ों रुपये लूटते रहे। अहिंसात्मक क्रान्तिकारियों ने अंग्रेजी पूँजी को हजम नहीं किया वरन् अंग्रेज और अमरीकी पूँजीपतियों से दरख्वास्त की कि वे और सरमाया लगायें और देश की जनता को लूटकर बाहर मुनाफा भेजें। अहिंसात्मक क्रान्ति से सामन्ती अवशेष सुरक्षित रहे और इजारेदारों की लूट में वृद्धि हुई। इस लूट की बहती गंगा में अहिंसा के पुजारियों ने हाथ ही नहीं धोये, आँख-कान बन्द करके गोते भी लगाये।

नतीजा यह कि राष्ट्रीय स्वाधीनता का उद्देश्य अपूर्ण रहा और उसके पूरे हुए बिना—अंग्रेजों और उनके सामन्ती और इजारेदार सहायकों का प्रभुत्व खत्म किये बिना—यह नामुमकिन था कि देश की जनता की आर्थिक या राजनीतिक उन्नति होती। उन्नति होना तो दूर, अवनति को रोकना भी दूभर हो गया और जनता को ऐसे भयानक संकट का सामना करना पड़ रहा है जैसे उसे सन् 47 के पहले भी न करना पड़ा था।

कांग्रेस की दिवालिया राजनीति और जनता को लूटने वाली अर्थनीति के समान ही उसका संस्कृति सम्बन्धी काम रहा है। उसने जिस दर्शनशास्त्र का सोते-जागते पाँच साल से प्रचार किया है, उसका उद्देश्य है— मौजूदा व्यवस्था को कायम रखना और जनता के प्रतिरोध को दबा देना। इस दर्शनशास्त्र का नाम है— गाँधीवाद। इस दर्शन के मुताबिक साम्राज्यवादियों का हृदय परिवर्तन करके स्वराज हासिल होता है, इजारेदारों को ट्रस्टी बनाकर बेकारी बढ़ाई जाती है और मजदूर की

यह लेख सन् 1951 में लिखा गया था।

मजूरी मारकर मुनाफाखोरी की जाती है। सामन्तों और जमींदारों के लिए प्रिवीपर्सों और मुआवजे का प्रबन्ध होता है और भूखे किसानों पर गोलियाँ चलायी जाती हैं। एक दूसरा दर्शन 'आर्य संस्कृति' का है जिसके उपासक और प्रचारक कांग्रेस के बाहर तो हैं ही, उसके भीतर भी हैं। इसके मुताबिक तमाम फसाद की जड़ मुसलमान हैं। इनका सफाया कर दो, न फसाद रहेगा न फसाद की जड़। इस संस्कृति के उपासक शक्कर व्यापारियों के लिए जनता की जेब काटकर सोमनाथ का मन्दिर बनवाते हैं, अमरीकी जंगबाजों को जनतन्त्र का अवतार कहकर देश-विदेश के मामलों में उनके प्रति वफादारी निबाहते हैं, साहित्य सम्मेलन के अखिल भारतीय मंच से खासतौर पर आर्य संस्कृति, आर्य भाषा और आर्य जाति के उद्धार के लिए प्रतिज्ञाएँ करते हैं। कांग्रेसी राज्य में साम्राज्यवादी शिक्षा-पद्धति और शिक्षा की पुस्तकें कायम ही नहीं हैं, उनमें इजाफा हुआ है। अमरीकी युद्ध प्रचारकों को अपना ज़हर फैलाने की पूरी छूट है लेकिन देशी-विदेशी प्रगतिशील साहित्य पर हर तरह की रोक है। कांग्रेसी सरकार ने तीन बार सोवियत लेखकों को भारत आने से रोका है जबकि लियाकत और ऐटली की हुकुमतों तक को उन्हें आने की इजाजत देनी पड़ी थी। पेरिस की शान्ति-कांग्रेस में शामिल होने और सोवियत संघ जाने के लिए मुल्कराज, कृष्णचन्दर, अली सरदार वगैरह पर पाबन्दी उसके संस्कृति प्रेम के उदाहरण हैं। अन्धविश्वास, साम्प्रदायिक विद्वेष, पुनरुत्थानवाद, नग्न शृंगारिकता सांस्कृतिक क्षेत्र में ये पौधे सींचे जा रहे हैं। कांग्रेसी राज्य में बड़े-बड़े कोश निर्मित हुए हैं जिन पर जनता की गाढ़ी कमाई के लाखों रुपये खर्च किये गये हैं। डॉ. रघुवीर और महापंडित राहुल ने इतने कोश तैयार किये हैं कि उनसे हिन्दी ही नहीं, भारत की तमाम भाषाएँ कई हजार साल तक बेधड़क शब्द उधार ले सकती हैं। कांग्रेसी शासकों ने साहित्यिक उद्धार के लिए अखबार निकाल रखे हैं। रेडियो में श्री सुमित्रानन्दन पन्त जैसे कुछ कलाकारों को हजार-हजार रुपये वेतन पर रख छोड़ा है कि वे उनके यश गाया करें। उधर प्रगतिशील लेखकों में बहुतों को जेल भेजा, बाकी पर ऐसे निगरानी रखी जैसे इनकी कलम की नोंक से ही कांग्रेसी सत्ता उलट जायेगी और सरकारी नौकरों के लिए फरमान निकाल दिया कि कोई प्रगतिशील लेखक संघ के पास न फटके! भाषावार प्रान्त बनाने के वादे सपने हो गये। पिछड़ी हुई जातियों की भाषाओं को फलने-फूलने का कोई अवसर नहीं। जनता की निरक्षरता दूर करने और आम शिक्षा का प्रचार करने का कोई प्रबन्ध नहीं।

हिन्दुस्तान में सबसे पहले कम्युनिस्ट पार्टी ने इस आर्थिक, राजनीतिक और सांस्कृतिक बर्बादी लानेवाली 'आज़ादी' का पर्दाफाश किया। उसने भारतीय जनता को आगाह किया कि आज़ादी हासिल करना अभी बाकी है, ज़मीन किसान को मिलना बाकी है और आज़ादी और जनतन्त्र हासिल करने के लिए जनवादी मोर्चा बनाना और जन-आन्दोलन बढ़ाना आवश्यक है। कम्युनिस्ट पार्टी ने यह काम फरवरी सन्

48 में अपनी दूसरी कांग्रेस के वक्त किया। पार्टी की इस बुनियादी तौर पर सही नीति का अन्तर्राष्ट्रीय मजदूर वर्ग के नेताओं ने स्वागत किया।

श्री रजनी पामदत्त ने अपनी पुस्तक 'ब्रिटेन के साम्राज्य संकट' में फरवरी सन् 48 के पहले की उलझनों का उल्लेख करते हुए लिखा—''हिन्दुस्तान जैसे देशों में राष्ट्रीय स्वाधीनता का आन्दोलन, साम्राज्यवाद के साथ बड़े पूँजीपतियों के क्रान्ति-विरोधी सहयोग की गद्दारी से, कुछ समय के लिए उलझन में पड़ गया था। वह अब औद्योगिक मजूदर-वर्ग के अधिनायकत्व में जो कम्युनिस्ट पार्टी के नेतृत्व में प्रकट होगा, अपनी शक्तियों को फिर बटोरते हुए, एक विशाल जनवादी साम्राज्य विरोधी मोर्चे के अन्दर जनता के विशद अंगों को एक करते हुए ही आगे बढ़ सकता है। यह आम नीति हिन्दुस्तान की कम्युनिस्ट पार्टी की हाल में होने वाली दूसरी पार्टी कांग्रेस के फैसलों में जाहिर हुई है।

सोवियत लेखक बलाबुशेविच ने कम्युनिस्ट पार्टी की दूसरी कांग्रेस के बारे में लिखा—

''कम्युनिस्ट पार्टी की दूसरी कांग्रेस जो 1948 की फरवरी के आखिर में और मार्च के शुरू में हुई थी, हिन्दुस्तान की कम्युनिस्ट पार्टी के जीवन में एक महत्त्वपूर्ण कदम और देश में एक बड़ी राजनीतिक घटना थी। कांग्रेस ने दिखाया कि कम्युनिस्ट पार्टी के असर में बड़ा इजाफा हो गया।

''कांग्रेस ने तय किया कि नयी मंजिल का सबसे अधिक महत्त्वपूर्ण कर्त्तव्य हर तरह से जनता के जनवादी मोर्चे को दृढ़ करना है। इस मोर्चे को मजदूर-वर्ग के नेतृत्व में, मजदूर-वर्ग, किसान और शहरों के निम्न-पूँजीवादी वर्ग की मैत्री का रूप होना चाहिए।''

कम्युनिस्ट पार्टी के फैसले ने अमली तौर पर साबित कर दिया कि मजदूर वर्ग ही स्वाधीनता और जनतन्त्र हासिल करने के लिए तमाम जनता का नेतृत्व कर सकता है।

मजदूर वर्ग की पार्टी ने ही सबसे पहले माउंटबाटन मार्का आज़ादी का पर्दाफाश किया और संगठित होकर वास्तविक स्वाधीनता प्राप्त करने के लिए जनता का आहवान किया।

हिन्दुस्तान की कम्युनिस्ट पार्टी अपनी इस नीति के लिए सबसे पहले कांग्रेसी राज्य की कोपभाजन बनी। सैकड़ों कम्युनिस्टों ने और उनके असर में काम करनेवाले किसानों, मजदूरों और दूसरे साधारण जनों ने जेल से लेकर मृत्यु तक— और मृत्यु से भी भयंकर यातनाएँ सहीं।

कम्युनिस्ट पार्टी अपने चुनाव के घोषणा-पत्र में उचित गर्व के साथ अपने इस इतिहास को याद करती है। इस घोषणा-पत्र में कहा गया है—

''कम्युनिस्ट पार्टी को इस बात पर अभिमान है कि राष्ट्रीय कांग्रेस ने हिन्दुस्तान

के लिए जो 'आज़ादी' हासिल की थी, उसकी असलियत सबसे पहले आम जनता के सामने जाहिर की, और इस बात पर कि उसने इस 'आज़ादी' के खिलाफ जनता के संघर्ष का नेतृत्व किया जिसका नतीजा यह हुआ कि सरकार के हमलों का मुख्य केन्द्र कम्युनिस्ट पार्टी बनी।''

1951 में कम्युनिस्ट पार्टी ने अपने चुनाव के घोषणा-पत्र में देश की मौजूदा हालत का विस्तृत विवेचन करते हुए बतलाया है कि जनता अपने संयुक्त मोर्चे और जन-आन्दोलन के जरिये किस तरह एक नये स्वाधीन और जनवादी भारत का निर्माण कर सकती है।

हिन्दुस्तान के प्रगतिशील लेखकों ने हिन्दुस्तान की कम्युनिस्ट पार्टी से यह सीखा है कि कांग्रेसी 'आज़ादी' झूठी है। इस तरह अमली तौर पर मजदूर वर्ग ने सांस्कृतिक क्षेत्र में अपना नेतृत्व कायम किया। अगर मजदूर-वर्ग और उसकी पार्टी ने यह काम न किया होता तो प्रगतिशील लेखक कांग्रेसी आज़ादी की असलियत आम जनता के सामने जाहिर न कर सकते। सन् 48-49 में उन्होंने अपनी रचनाओं से इस 'आज़ादी' के बारे में जनता के भ्रमों को तोड़ने में मदद दी और उस 'आज़ादी' के खिलाफ चलनेवाले जनता के संघर्षों को अपने साहित्य में चित्रित किया। इसकी वजह से उन्हें कांग्रेस के बर्बर दमन का लक्ष्य बनना पड़ा। हर भाषा के प्रगतिशील लेखकों ने जनता के साथ कन्धे से कन्धा मिलाकर इस दमन का सामना किया और इससे उनके साहित्य को बल मिला। बम्बई में अखिल भारतीय प्रगतिशील लेखक सम्मेलन पर पाबन्दी लगा दी गयी लेकिन भिवंडी के विद्यार्थियों ने देखते-देखते सम्मेलन का सारा प्रबन्ध कर दिया और लेखकों को ऐसे स्नेह और आदर से रखा कि यह चीज़ उनमें से बहुतों के लिए एक नया प्रेरणादायक अनुभव बन गयी।

अमृतराय ने एक पुस्तक लिखी 'साहित्य में संयुक्त मोर्चा'। इसके अन्दर उन्होंने ''साम्राज्य-विरोधी, सामन्त-विरोधी संयुक्त मोर्चे का आधार'' बतलाते हुए हमारे सामने कुल मिलाकर 43 शर्तें रखी हैं लेकिन इनमें स्वाधीनता-प्राप्ति का उद्देश्य गायब है। इस उद्देश्य के बिना जो संयुक्त मोर्चा बनेगा, वह साम्राज्य-विरोधी क्यों कर होगा, यह बात साफ नहीं की गयी। अगर संयुक्त मोर्चा साम्राज्यवादी प्रभुत्व खत्म करके वास्तविक स्वाधीनता प्राप्त करने में मदद नहीं देता तो उसका साम्राज्य-विरोधी नाम नकली ही समझा जायेगा।

इसी पुस्तक के पृ. 118 पर वह लिखते हैं—''मैं तो समझता हूँ कि जैसे मुझको यह समझने का हक है कि पन्द्रह अगस्त को देश की आज़ादी का सौदा किया गया, वैसे ही दूसरे आदमी को यह समझने का हक है कि मुल्क आज़ाद हुआ। गरज घूम-फिरकर बात फिर वहाँ पहुँच गयी। इन दोनों विचारधाराओं में एकता हो सकती है या नहीं? जरूर! उसका आकार क्या होगा? ज़िन्दगी का जीवित सत्य, जनता, जनता की सेवा।''

इस तरह राष्ट्रीय स्वाधीनता के उद्देश्य के प्रति प्रगतिशील साहित्यकारों का प्रोग्राम तटस्थ रह जाता है। अमृतराय के मुताबिक यह प्रोग्राम कहता है कि जिसे आज़ादी हासिल करना है, करे, जिसे हासिल न करना हो, न करे; संयुक्त मोर्चे के अन्दर और सब शर्तें होंगी, सिर्फ आज़ादी हासिल करने की शर्त न होगी। इसके बदले एकता की शर्त होगी, ज़िन्दगी का जीवित सत्य, जनता की सेवा।

मेरी समझ में जो प्रगतिशील लेखक अपने प्रोग्राम से राष्ट्रीय स्वाधीनता का उद्देश्य निकाल देता है, उसका जीवित सत्य काफी निर्जीव रह जाता है। वह जनता की सेवा करेगा लेकिन असंगत रूप से, भटकते हुए, अक्सर पिछड़े हुए लोगों के भ्रमों को और पुष्ट करते हुए। प्रगतिशील साहित्य और दूसरे साम्राज्य-विरोधी साहित्य में क्या अन्तर है? प्रगतिशील लेखक संघ की नींव पड़ने से पहले क्या साम्राज्य-विरोधी साहित्य रचा न जाता था? क्या प्रेमचन्द के उपन्यास प्रेमाश्रम, सेवासदन, कर्मभूमि वगैरह साम्राज्य-विरोधी उपन्यास नहीं थे? क्या निराला, पन्त, प्रसाद की रचनाओं में साम्राज्य-विरोधी, सामन्त-विरोधी तत्त्व मौजूद नहीं थे? तब प्रगतिशील लेखक संघ की नींव डालने की जरूरत क्यों पड़ी?

प्रगतिशील लेखक संघ की नींव डालना इसलिए जरूरी था कि संगत रूप से साम्राज्यविरोधी, सामन्त-विरोधी साहित्य की रचना की जा सके। इसलिए जरूरी था कि हम अपने साहित्य को ऐसी विचारधाराओं के असर से बचाएँ जो साम्राज्यवाद और सामन्तवाद से समझौता करना सिखाती है। यही सबब है कि गोदान और मंगलसूत्र में प्रेमचन्द की अन्तिम रचनाओं में उनका साम्राज्य-विरोध, सामन्त-विरोध दूसरी तरह का है, प्रेमाश्रम, सेवासदन और कर्मभूमि में दूसरी तरह का। प्रेमचन्द की रचनाओं में यह परिवर्तन, इस महान उपन्यासकार द्वारा गाँधीवाद को यह तिलांजलि साबित करती है कि प्रगतिशील लेखक संघ एक ऐतिहासिक आवश्यकता थी। इस ऐतिहासिक आवश्यकता को हिन्दुस्तान के मजदूर वर्ग और उसकी पार्टी ने पूरा किया। अगर मजदूर वर्ग और उसकी पार्टी ने सांस्कृतिक क्षेत्र में यह नेतृत्व न किया होता तो हिन्दुस्तान का नया साहित्य या तो गाँधीवाद का पिछलगुआ बना रहता, या वह पच्छिम के पतित पूँजीवादी साहित्य की नकल करता या वह सम्मेलन के प्राण श्री पुरुषोत्तम दास टंडन से अनुप्राणित होता।

प्रगतिशील लेखक संघ के अन्दर मजदूर वर्ग की यह भूमिका खत्म कर दीजिए, मार्क्सवादी विचारधारा के नेतृत्व की यह भूमिका खत्म कर दीजिए तो प्रगतिशील साहित्य पंगु होकर रह जायेगा। उसके अन्दर साम्राज्य-विरोधी, सामन्त-विरोधी तत्त्व रहेंगे लेकिन वे साम्राज्यवाद और सामन्तवाद से समझौता करनेवाले तत्त्वों से बुरी तरह जकड़ जायेंगे। इससे हमारी जनता और संस्कृति को कितना नुकसान पहुँचेगा, इसकी कल्पना की जा सकती है।

प्रगतिशील लेखक संघ उन तमाम लोगों के साथ मिलकर काम करेगा जिनमें

थोड़े भी साम्राज्य-विरोधी, सामन्त-विरोधी तत्त्व मौजूद हैं लेकिन अपने संगठन को खत्म करके नहीं। उसके अपने संगठन का लक्ष्य है—राष्ट्रीय स्वाधीनता प्राप्ति। इस ध्येय को सुरक्षित रखते हुए ही प्रगतिशील लेखक संघ अपनी मिसाल से ज्यादा से ज्यादा लेखकों को संगत साम्राज्य विरोधी साहित्य की तरफ ला सकता है।

अमृतराय का कहना है—"कम्युनिस्ट-प्रगतिशील जनवादी लेखकों का मत है कि यह आज़ादी झूठी है।" (उप. पृ. 114) उनकी समझ से सिर्फ कम्युनिस्ट लेखक ऐसे हैं जो यह समझते हैं कि यह आज़ादी झूठी है। यह समझ उतनी ही झूठी है जितनी की कांग्रेसी आज़ादी झूठी है।

यह समझने वाले और कहने वाले कि कांग्रेसी आज़ादी झूठी है और सच्ची आज़ादी हासिल करनी है, सिर्फ कम्युनिस्ट लेखक नहीं हैं, सिर्फ प्रगतिशील लेखक संघ के अन्दर संगठित लेखक नहीं हैं बल्कि सैंकड़ों और लेखक भी हैं। उनकी यह चेतना कि कांग्रेसी आज़ादी झूठी है, प्रगतिशील लेखक संघ के संगठन का आधार है। यह आज़ादी क्यों झूठी है, इस बारे में मतभेद हो सकता है और इस दिशा में पुराने घोषणा-पत्र की स्थापनाओं में संशोधन की जरूरत है लेकिन यह स्थापना कायम रहनी चाहिए कि प्रगतिशील लेखक संघ का उद्देश्य वास्तविक स्वाधीनता प्राप्त करना है।

पुराना घोषणा-पत्र जिन लोगों ने पास किया था, उनमें कम्युनिस्ट लेखकों के अलावा मुल्कराज आनन्द, राजेन्द्र सिंह बेदी, कृष्ण चन्दर, रामानन्द सागर, इस्मत चगुताई वगैरह गैर कम्युनिस्ट लेखक भी थे। इसलिए यह कहना गलत है कि सिर्फ कम्युनिस्ट लेखकों ने आज़ादी के बारे में अपनी स्थापना प्रगतिशील लेखकों के घोषणा-पत्र में शामिल कर ली थी।

उस घोषणा-पत्र के दो साल बाद ऐसे गैर कम्युनिस्ट लेखकों की तादाद और भी बढ़ गयी है जो कांग्रेसी आज़ादी को झूठा कहते हैं। इसलिए प्रगतिशील लेखकों के नये घोषणा-पत्र में जिसकी जरूरत है—यह स्थापना और भी विश्वास के साथ रखी जा सकती है कि कांग्रेसी आज़ादी झूठी है और हमें वास्तविक स्वाधीनता प्राप्त करना है।

शिवदान सिंह चौहान की राय है कि "अगर कोई कहे कि हम आज़ाद हो गये या कहे कि नहीं, अभी हम गुलाम हैं तो हमें बहसों में पड़ने से गरज नहीं है।" (नयी चेतना, अंक 4, 1951)। उनके मुताबिक "गुलामी शोषण-उत्पीड़न को न्यायपूर्ण करार देने वाले अमानवीय आर्थिक-सामाजिक सम्बन्धों का एक रौरव नरक है जिसका वातावरण भी शोषक वर्गों की अनैतिकता और असंस्कृति से भाराक्रान्त होता है। गुलामी या आज़ादी मनुष्य जीवन की परस्पर विरोधी मूर्त वास्तविकताएँ हैं जिनकी पीड़ा या पुलक प्रत्येक व्यक्ति अपनी रग-रग में अनुभव करता है। केवल अमूर्त विचारों और बहसों की चीजें नहीं है।" (उप.)

कुछ-कुछ चौहान की तरह, लेकिन उनसे ज्यादा उलझे हुए वाक्यों में रांगेय राघव कहते हैं–"शान्ति के लिए ही संयुक्त मोर्चा चाहिए। आज की परिस्थिति में विश्व शान्ति ही प्रत्येक देश में क्रान्ति के लिए आवश्यक है। क्रान्ति समाज की व्यवस्था बदलने का नाम है, न कि रक्तपात या आतंकवाद का। न शान्ति का नारा अहिंसा का ढकोसला ही है। शान्ति ही संयुक्त मोर्चा का आधार होगा। बस आधार के साथ वर्ग-चेतना और जन-आन्दोलन को आगे बढ़ानेवाली प्रवृत्ति, चिन्तन और क्रिया इस आधार के साथ बँधी हुई है।" (हंस, मार्च 51)

प्रगतिशील लेखकों के प्रोग्राम में राष्ट्रीय स्वाधीनता न रखने का मतलब है, बहैसियत एक संगठन के वे देश को आज़ाद करने के सवाल पर तटस्थ हैं। प्रोग्राम में इस अहम मसले पर उनका चुप रहना साम्राज्यवादी हितों और उनके सहायकों के लिए लाभकारी हुए बिना नहीं रह सकता। यह गैर जानिबदारी प्रगतिशील साहित्य के विकास में हानिकर होगी।

अमृतराय, शिवदान सिंह चौहान और रांगेय राघव ने पिछले छः-सात महीनों में जो कुछ साहित्य के बारे में लिखा है, उसका आधार एक स्पष्ट राजनीतिक लाइन है। यह लाइन है विसर्जनवाद की। सबसे पहले यह लाइन प्रगतिशील लेखकों के कार्य-क्रम से राष्ट्रीय स्वाधीनता के उद्देश्य का ही विसर्जन करती है। इसलिए इन लेखकों के लम्बे-लम्बे थीसिसों में जागरूक पाठकों को सबसे पहले यही ध्यान से देखना चाहिए कि ये भारत में साम्राज्यवादी प्रभुत्व के अहम सवाल पर प्रगतिशील लेखकों से क्या करने को कहते हैं। यह आकस्मिक बात नहीं है कि अमृतराय, चौहान या रांगेय राघव कांग्रेस के हिंसक दमन के बारे में चुप रहते हैं। यह आकस्मिक बात नहीं है कि अपनी किताब ('साहित्य में संयुक्त मोर्चा') में जहाँ हिन्दुस्तान की अन्दरूनी हालत के बारे में अमृतराय ने लिखा है, वहाँ कांग्रेसी दमन के बारे में एक भी शब्द नहीं है। क्या उन्हें यह मालूम नहीं है कि देश के हर कोने में जहाँ भी जनता ने अपनी हालत सुधारने की कोशिश की है, उसे फौज और पुलिस के जरिये कुचला गया है? क्या यह आकस्मिक बात है कि जिस कांग्रेजी अनाचार और दमन के खिलाफ देश के तमाम जनवादी पत्र लिखते रहे हैं, उसके खिलाफ 'हंस' ने पिछले अक्टूबर से लेकर इस सितम्बर तक एक सम्पादकीय नोट नहीं लिखा? क्या प्रेमचन्द की परम्परा निबाहने का यही तरीका है?

इस लेख के शुरू में मैं कम्युनिस्ट पार्टी की दूसरी कांग्रेस की महत्त्वपूर्ण भूमिका का हवाला दे चुका हूँ। यह ध्यान देने की बात है अमृतराय और उनके साथी लेखक कम्युनिस्ट पार्टी की नीति की 'आलोचना' करते हुए न इस पार्टी कांग्रेस का जिक्र करते हैं और न उसके बारे में कॉ0 रजनी पामदत्त वगैरह की राय का हवाला देते हैं।

अपनी पुस्तक 'साहित्य में संयुक्त मोर्चा' वह इस वाक्य से शुरू करते हैं, "इधर काफी अर्से से कम्युनिस्ट राजनीतिक हलकों में पार्टी की उग्र वामपन्थी,

संकीर्णतावादी, ट्राट्स्कीवादी-टीटोवादी गलतियों के बारे में बहस चल रही है।''

एक वाक्य के बाद इस बहस का नतीजा निकालते हुए वह कहते हैं—''यह बात अब दिन की तरह साफ हो गयी है कि पार्टी की पिछली संकीर्णतावादी, ट्राट्स्कीवादी-टीटोवादी गलतियों ने पार्टी को और उससे सम्बन्धित जन संगठनों को एकदम छिन्न-भिन्न कर दिया है।''

इसकी मिसालें वह (पृ. 98-99 पर) 'किसान आन्दोलन की हत्या' और 'किसान-सभा की हत्या' का जिक्र करते हुए कहते हैं। पहले मोटे-मोटे हर्फों में यह सिरनामा छपा है—''किसान क्रान्ति के सवाल पर मार्क्सवादी-लेनिनवादी रणनीति और कार्यनीति में संशोधन करने की चेष्टा और उसका प्रभाव किसान आन्दोलन की हत्या।''

अभी हाल में अखिल भारतीय किसान सभा की केन्द्रीय समिति की बैठक हुई थी। उसकी एक संक्षिप्त रिपोर्ट 'क्रॉस रोड्स' (7 सितम्बर, 1951) में छपी है, जो इस तरह शुरू होती है, ''आज़ादी के बाद के जमाने में और सभी जन संगठनों की तरह पिछले साढ़े तीन साल में अखिल भारतीय किसान-सभा भयानक दमन का शिकार रही। हजारों किसान कार्यकर्त्ता पकड़ लिए गये और उन्हें लम्बी सजायें दी गयीं और सैंकड़ों अभी भी जेल में पड़े हुए हैं। कुछ प्रान्तों में बहुत से किसान सभा के कार्यकर्त्ता गोली से मार डाल गये।''

तब हत्यारा कौन ठहरा?

इन गोलीकाण्डों के बारे में खामोश रहकर कितना आसान है यह कहना—कम्युनिस्ट पार्टी ने किसान आन्दोलन की हत्या की।

अमृतराय का कहना है कि रामविलास शर्मा में ''वह बुनियादी चीज, सच्ची ईमानदार आत्म-आलोचना का माद्दा ही नहीं है जिसके बगैर सब कुछ मिट्टी हो जाता है।'' (पृ. 3)

ईसाई धर्म के मुताबिक इंसान जन्म से ही पापी होता है और जब तक ईसा मसीह दया न करें तब तक पापों से बरी होकर वह मोक्ष नहीं पा सकता। कुछ-कुछ वही दशा रामविलास नामक आदमी की है जिसमें ईमानदार आत्म-आलोचना का माद्दा ही नहीं है। ऐसी ही राय रांगेय राघव की भी है जो कहते हैं—''हर राजनीतिज्ञ की एक ईमानदारी होती है। बोल्शेविक हैं? क्या वे जनता में अपनी गलती स्वीकार करेंगे? या वे सोचेंगे कि मैं! आलोचक! कैसे कह दूँ—मैं इतना अवसरवादी हूँ?'' (नवयुग, 8 जुलाई, 51)

आखिर मैं कौन-सी बात कहूँ जिससे इन लेखकों को मेरी ईमानदारी पर भरोसा आये?

पहले तो मुझे यह मानना चाहिए कि मेरी समझ त्रात्स्कीवादी-टीटोवादी रही है और उसकी वजह से प्रगतिशील लेखक संघ करीब-करीब खत्म हो गया।

अमृतराय कहते हैं—"खुद उनकी निगाह तले प्रगतिशील साहित्य आन्दोलन का तार-तार अलग हुआ है और उसका तार-तार अलग-अलग करने में खुद उनके आलोचनात्मक लेखों का काफी हाथ है।" (पृ. 3)

अमृतराय इस बात से नावाकिफ नहीं हैं कि हिन्दुस्तान के साम्राज्यवादी बँटवारे के बाद अखिल भारतीय प्रगतिशील लेखक संघ के मन्त्री कॉ. सज्जाद जहीर पाकिस्तान चले गये थे। सन् 48 के शुरू में अलीसरदार जाफरी "गिरफ्तार कर लिए गये थे और उस समय हमारे संगठन का कोई मन्त्री न रह गया था। उसकी कार्यकारिणी की कोई बैठक कई वर्षों से न हुई थी। अखिल भारतीय हिन्दी और उर्दू के सम्मेलन तो हुए थे लेकिन सन् 43 के बाद से इनके अलावा अन्य भाषाओं से प्रगतिशील लेखकों का कोई अखिल भारतीय सम्मेलन न हुआ था। मई सन् 49 में सरकारी दमन और पाबन्दियों का सामना करते हुए प्रगतिशील लेखकों ने देश के बँटवारे के बाद अखिल भारतीय पैमाने पर फिर से संगठित होने की कोशिश की थी। इसके पहले अप्रैल सन् 49 में, कई साल बाद उत्तर प्रदेश के हिन्दी-उर्दू लेखकों ने अपना मिलाजुला प्रान्तीय सम्मेलन किया था।

जुलाई सन् 50 में दिल्ली में एक प्रादेशिक सम्मेलन हुआ जिसमें खुद हंस सम्पादक अमृतराय के अनुसार, 'सौ से ऊपर प्रतिनिधियों ने भाग लिया था।" (हंस, अक्टूबर, 50)। नवम्बर सन् 50 के 'हंस' में छपी हुई एक रिपोर्ट के अनुसार "आगरा प्रगतिशील लेखक संघ ने रविवार 8 अक्टूबर, 1950 को प्रेमचन्द की पुण्यतिथि मनाने का निश्चय किया था।.....प्रगतिशील लेखक संघ के तत्त्वावधान में यह पहला ही सार्वजनिक सांस्कृतिक आयोजन था लेकिन जनता ने जिस प्रकार हमारी उत्साह वृद्धि की, उससे हमें प्रगतिशील साहित्यिक आन्दोलन की लोकप्रियता का अन्दाजा हुआ।"

ऐसी हालत में मेरे लिए यह कहना कि प्रगतिशील साहित्य आन्दोलन का तार-तार अलग हुआ है और मेरी वजह से हुआ है, वस्तुस्थिति की उपेक्षा करना होगा। अमृतराय अगर इससे नतीजा निकालते हैं कि मुझमें ईमानदार आत्म-आलोचना का माद्दा ही नहीं है तो वे निकालें, मैं उनकी इच्छानुसार ईमानदार बनने के लिए जरा भी उत्सुक नहीं हूँ।

अमृतराय के मुताबिक मेरी ईमानदारी तब साबित होगी जब मैं मानूँ कि "समाजवादी क्रान्ति हमारे तत्काल एजेण्डे पर थी। हम संकट के उभार से क्रान्ति के फार्मूला में गिरफ्तार थे, समाजवादी क्रान्ति हमारा दरवाजा खटखटा रही है, यह हमारी समझ या (नासमझी) थी" इत्यादि। (पृ. 35)

अमृतराय जानते हैं कि श्री सुमित्रानन्दन पन्त की आलोचना करते हुये मैंने लिखा था—"जिस औपनिवेशिक व्यवस्था को अंग्रेज दो सौ साल से कायम किये हुए थे, वह झटके खाकर जगह-जगह टूटने लगी है। उसमें पैबन्द लगाकर जनता

को बहलाया नहीं जा सकता।'' और भी—''और इसमें किसे सन्देह हो सकता है कि हमारा साहित्य इस संघर्ष को चित्रित करने से साथ-साथ जनता की विजय के लिए और अन्त में समाजवाद की स्थापना के लिए एक महान प्रेरक शक्ति भी बनेगा।'' इस तरह के वाक्य सामने आने पर अमृतराय पूछते हैं—''क्या रामविलास जी यह कहना चाहते हैं कि जब समूची कम्युनिस्ट पार्टी यह समझ रही थी कि मौजूदा दौर समाजवादी क्रान्ति का है, तब एक अकेले उनकी समझ ठीक थी?''

अगर समूची कम्युनिस्ट पार्टी यह समझ रही थी कि मौजूदा दौर समाजवादी क्रान्ति का है तो कम्युनिस्ट पार्टी आज सन् 51 में अपने चुनाव के घोषणा पत्र में क्यों कहती है—''कम्युनिस्ट पार्टी को इस बात पर अभिमान है कि राष्ट्रीय कांग्रेस ने हिन्दुस्तान के लिए जो 'आज़ादी' हासिल की थी, उसकी असलियत आम जनता के सामने सबसे पहले जाहिर की और इस बात पर कि उसने इस 'आज़ादी' के खिलाफ जनता के संघर्ष का नेतृत्व किया। जिसका नतीजा यह हुआ कि सरकार के हमलों का मुख्य केन्द्र कम्युनिस्ट पार्टी बनी।''

कम्युनिस्ट पार्टी आम जनता की पार्टी है। वह दमन और अत्याचार के दिनों हमेशा जनता के साथ रही है। उसके वीर शहीदों की लम्बी सूची इस बात का अकाट्य प्रमाण है। वह इस बात पर सही गर्व प्रकट करती है कि उसने कांग्रेसी 'आज़ादी' का पर्दाफाश किया और इस 'आज़ादी' के खिलाफ जनता के संघर्ष का नेतृत्व किया। विसर्जनवादी चश्मा लगाने पर हकीकत दूसरी ही नज़र आती है। और वह इस प्रकार—

''ऐतिहासिक रूप से कम्युनिस्ट पार्टी ही राष्ट्रीय स्वाधीनता आन्दोलनों के नये दौर में, जब अब तक के उसके नेताओं ने उसका साथ छोड़ दिया था, उसकी नेता थी। मगर वह अपना ऐतिहासिक कर्त्तव्य नहीं पूरा कर सकी क्योंकि वह या तो जनता की दुम बनी, उसके पीछे-पीछे घिसटती रही या ऐसी मीलों आगे बढ़ गयी कि जनता उसकी दुम तक देखने से कासिर रही! गरज कभी उसने जन नेता की तरह अमल नहीं किया यानी जनता के साथ मगर दो कदम आगे।'' (साहित्य में संयुक्त मोर्चा पृ. 35)

ये वाक्य पढ़कर अमृतराय की जहनियत के धरातल का पता लगाना मुश्किल नहीं है। यह ज़हनियत तथ्यों को गलत ही नहीं पेश करती, उन्हें गलत पेश करने में रस भी लेती हैं। अमृतराय ने अपनी समझ से यह लिखकर ''जनता उसकी दुम तक देखने से कासिर रही'' अपनी शैली को रोचक बना लिया है लेकिन इस तरह की शैली और तथ्यों का यों गलत पेश करना उन लोगों की विशेषता है जो मार्क्सवाद को तिलांजलि दे चुके हैं और आलोचना के नाम पर कम्युनिस्ट पार्टी पर कीचड़ उछालकर जनता के दुश्मनों की मदद करते हैं।

पुरानी सफलताओं-असफलताओं को आँकने का एक ही तरीका हो सकता है कि हम यह देखें कि किस हद तक हम इस कांग्रेसी 'आज़ादी' का पर्दाफाश कर सके और किस हद तक उसके खिलाफ जनता के संघर्षों का चित्रण कर सके। लेकिन अमृतलाल सवाल को इस तरह नहीं उठाते बल्कि राष्ट्रीय स्वाधीनता के उद्देश्य को ही वह प्रगतिशील लेखकों के प्रोग्राम से निकाल देते हैं।

'आज़ादी' के सवाल पर किस तरह घोषणा-पत्र तैयार करना चाहिए था, उसकी मिसाल अमृतराय ने इस प्रकार दी है—

''जहाँ तक स्वयं प्रगतिशील लेखक संघ का सम्बन्ध है, वह बहुत अच्छी तरह कुछ इस आशय की घोषणा कर सकता था, प्रगतिशील लेखक संघ जनता के प्रति सच्चा एक साहित्यिक-सांस्कृतिक संगठन है। जिस हद तक देश में होने वाली किसी भी हलचल का जनता की ज़िन्दगी पर, उसके सुख-दुख पर, उसकी आशाओं, आकांक्षाओं पर असर पड़ता है, उस हद तक संघ की गहरी दिलचस्पी उस हलचल में होती है। इस दृष्टि से पन्द्रह अगस्त को होनेवाले राजनीतिक परिवर्तनों का बड़ा महत्त्व है, हमारी जनता की अनेक आशाएँ-आकांक्षाएँ उसके संग जुड़ी हुई है, अपने अनेक स्वप्नों को वह उसमें साकार होते देखना चाहती है। हम सभी इस बहस की पेचीदगी में नहीं पड़ना चाहते कि यह आज़ादी झूठी है या सच्ची। हम समझते हैं कि उसके झूठ-सच के निर्णय के लिए भी सबसे अच्छी कसौटी यही है कि जनता की ज़िन्दगी पर, उसके सुख-दुख पर उसका क्या और कैसा असर पड़ता है, उसके संग गुथे हुए जनता के खुशहाल, सुखी, सुसंस्कृत ज़िन्दगी के सपने कहाँ तक सच उतरते हैं, आदि-आदि।''

अगर हिन्दुस्तान में मजदूर वर्ग या उसकी पार्टी न होती तो इस तरह की घोषणा की जा सकती थी लेकिन मजदूर वर्ग और उसकी पार्टी ने इस 'आज़ादी' के प्रति तटस्थ न रहकर उसका पर्दाफाश किया और उसके खिलाफ संघर्ष करने के लिए जनता का आवाहन किया। इस 'आज़ादी' के सवाल पर तटस्थ रहना जनता के प्रति विश्वासघात करना होता। अमृतराय चाहते हैं कि मई 49 में, करीब दो साल तक कांग्रेसी दमन को देखने-सुनने के बाद हम कहें कि पन्द्रह अगस्त को होने वाले राजनीतिक परिवर्तनों का बड़ा महत्त्व है।

लेकिन यह समझना भूल होगी कि अमृतराय और उनके हमखयाल माउंट बेटन योजना के सवाल पर आज सिर्फ तटस्थता की बातें कर रहे हैं। संस्कृति के अलावा हम और दूसरे क्षेत्रों में तटस्थता के माने समझना सीख रहे हैं। कांग्रेसी राज, कांग्रेसी नेताओं के दर्शन गाँधीवाद का समर्थन करनेवाले महा पण्डितों और महाकवियों का जब-जब पर्दाफाश किया जाता है तब-तब अमृतराय और उनके हमखयालों का पारा ऊपर चढ़ जाता है। इन लोगों ने सन् 50-51 में कांग्रेसी राज का समर्थन करने वाले, कांग्रेसी राज के दर्शन गाँधीवाद का प्रचार करनेवाले एक

भी लेखक पर एक भी सतर नहीं लिखी। इसका सबब क्या है? क्या कांग्रेसी राज से मुक्ति पाना जनता के एजेंडे पर नहीं हैं?

क्या इसके लिए कांग्रेस राज और कांग्रेसी दर्शन के हिमायतियों और प्रचारकों का पर्दाफाश करना जरूरी नहीं है? अमृतराय, रांगेय राघव, शिवदान सिंह चौहान इनके खिलाफ नहीं लिखते बल्कि इनके साथ मिलकर वह रामविलास शर्मा के खिलाफ संयुक्त मोर्चा बनाते हैं।

जरा इनके आन्दोलन की शक्ल देखिए। जनवरी सन् 51 के 'हंस' में अमृतराय रामविलास के संकीर्णतावाद पर टिप्पणी लिखते हैं। फरवरी के 'हंस' में रामगोपाल सिंह चौहान का लेख 'साहित्य की नयी दिशा' छपता है जिसमें हमले का केन्द्र रामविलास है। मार्च के 'हंस' में रांगेय राघव से रामगोपाल सिंह चौहान की 'इंटरव्यू' छपती है जिसका मुख्य विषय रामविलास की 'आलोचना' है। मार्च की 'नयी चेतना' में शिवदान सिंह चौहान कृपा करते हैं। 'नवयुग' में रांगेय राघव धारावाहिक रूप से लेखमाला निकालते हैं। जून में अमृतराय 'साहित्य में संयुक्त मोर्चा' नाम की पुस्तक लिखते हैं जिसमें "रामविलास शर्मा का नाम बार-बार आया है। इसका कारण यह नहीं है कि मुझे व्यक्ति रामविलास शर्मा से कोई अदावत है। इसका कारण सिर्फ यह है कि रामविलास शर्मा में वामपन्थी संकीर्णतावादी प्रवृत्ति सबसे अधिक स्पष्ट, प्रबल और मुखर है और उन्होंने इस गलत समझ के वश सबसे अधिक आलोचनात्मक कार्य किया है।" (पृ. 10)

मानना पड़ेगा कि जनवरी से जून तक इन लेखकों ने रामविलास शर्मा को केन्द्र बनाकर कम आलोचनात्मक कार्य नहीं किया। जब तक रामविलास का असर काफी गहरा न हो तब तक उसकी जड़ खोदने के लिए इतने महारथियों को इतने भगीरथ परिश्रम की जरूरत न पड़ती। मई के 'हंस' में प्रकाशित मेरे एक लेख के असर से पाठकों को बचाते हुए अपनी टिप्पणी में अमृतराय अनुरोध करते हैं—"पाठकों से और अपने सभी नये और पुराने लेखक बन्धुओं से हमारा अनुरोध है कि आप आगे आकर इस बहस में हिस्सा लीजिए और प्रगतिशील साहित्य आन्दोलन को सही दिशा में ले चलने के लिए उद्योग कीजिए। सबके सामूहिक उद्योग से ही अब हमारी गाड़ी इस संकीर्णतावादी दलदल में से निकल सकेगी।"

क्या यह आश्चर्य की बात नहीं है कि छः महीने तक रामविलास के खिलाफ धुआँधार लिखने के लिए वक्त और कागज होते हुए कांग्रेसी दमन और उसके समर्थक लेखकों के लिए अमृतराय को एक सतर लिखने के लिए भी वक्त और कागज मयस्सर न हुआ? या रामविलास के खिलाफ संघर्ष करने का मतलब ही यह है कि कांग्रेस विरोधी संघर्ष का सवाल पीछे पड़ जाये?

अमृतराय का कहना है कि रामविलास ने महापण्डित राहुल और महाकवि पन्त के खिलाफ पहले भी लिखा और अब लिखता जाता है, इससे बड़ी बेईमानी,

त्रात्स्की वाद वगैरह और क्या हो सकता है?

महापण्डित राहुल सन् 47 में कांग्रेस के घोर प्रतिक्रियावादी टण्डन-गुट की कृपा से सम्मेलन के सभापति बनाये गये। जो हिन्दू-ईसाई प्रचार टण्डन-गुट न कर सकता था, उसे महापण्डित राहुल ने किया। सन् 50 में प्रकाशित 'आज की राजनीति' में वह खुल्लमखुल्ला टण्डन जी को अपना नेता घोषित करते हैं– बेशक, सिर्फ हिन्दी को राष्ट्रभाषा बनाने के मामले में। इसी पुस्तक में महापण्डित राहुल राष्ट्रीय स्वयं सेवक संघ और हिन्दू सभा के कान काटते हुए– किसी पात्र के द्वारा नहीं स्वयं अपने मुखारविन्द से– कहते हैं, "इस्लाम ने जो भी कहा हो किन्तु मुसलमान ने अपने आपको देश की धारा का अंग बनने से सदा इंकार किया।"

सम्मेलन के मंच से और उसके बाहर महापण्डित राहुल ने टण्डन-गुट की सांस्कृतिक नीति को पूरी तरह निबाहा। इससे देश की प्रगतिशील शक्तियों को भारी धक्का नहीं लगा, यह वही कह सकता है जो समझता है कि संस्कृति का राजनीति से कोई सम्बन्ध नहीं है। वही महापण्डित राहुल जी जल्दी से हाथ-पैर धोकर फिर संयुक्त मोर्चे के अलम्बदार हैं।

क्या सबब है कि संयुक्त मोर्चे की इतनी लम्बी पुस्तक में एक जगह भी साहित्य सम्मेलन के नेताओं की, उसके प्राण राजर्षि टण्डन की, उनके सांस्कृतिक अनुयायी राहुल जी की आलोचना नहीं की गयी? इसलिए कि इनकी आलोचना करें तो फिर संयुक्त मोर्चा किसके साथ बने?

श्री सुमित्रा नन्दन पन्त ने 'स्वर्ण किरण' और 'स्वर्ण-धूलि' में सामन्तशाही का खुला समर्थन किया है, गाँधीवाद और धार्मिक अन्धविश्वासों को यथाशक्ति उभारा है। इनका जैसा भरा-पूरा विस्तृत खण्डन आवश्यक है, वह मैंने नहीं किया। लेकिन अमृतराय का कहना है कि पन्त पर लिखते हुए अरविन्द के दर्शन का खण्डन करना चाहिए। गोया गाँधीवाद का खण्डन करना गुनाह है।

अमृतराय के संयुक्त मोर्चे से राष्ट्रीय स्वाधीनता का उद्देश्य गायब है, इसलिए विचारधारा का संघर्ष भी उनके अमल से बिल्कुल गायब है। विसर्जनवादी राजनीतिक लाइन का यही नतीजा निकल सकता है।

अमृतराय के मुताबिक कम्युनिस्ट पार्टी अपना ऐतिहासिक कर्त्तव्य पूरा नहीं कर सकी, कभी उसने जन नेता की तरह अमल नहीं किया।

अगर यह बात सही है तो प्रगतिशील लेखक संघ की नींव डालने क्या आसमान से फरिश्ते आये थे?

सन् 45 में कम्युनिस्ट पार्टी के उस समय के मन्त्री पूरनचन्द जोशी ने सही लिखा था–"हमारी पार्टी ने प्रगतिशील लेखक संघ और जन नाट्य संघ के आन्दोलनों को प्रेरित किया है और सक्रिय रूप से उनके संगठन में मदद की है।" (पीपुल्सवार 4 नवम्बर, 45)

मजदूर वर्ग और उसकी पार्टी के नेतृत्व के बिना प्रगतिशील लेखक संघ का संगठन और विकास असम्भव था। मजदूर वर्ग और उसकी पार्टी के बिना सन् 48 में प्रगतिशील लेखकों के सामने कांग्रेसी आज़ादी का पर्दाफाश करके उन्हें स्वाधीनता आन्दोलन की नयी मंज़िल में जनता के साथ बढ़ाने का काम भी असम्भव होता। इसलिए अमल से मजदूर वर्ग और उसकी पार्टी सांस्कृतिक क्षेत्र में अपने नेतृत्व का सबूत दे चुके हैं। जो लोग परेशान होकर कहते हैं कि कम्युनिस्ट पार्टी ने यह नहीं किया, वह नहीं किया, वे अप्रत्यक्ष रूप से खुद इस बात की माँग करते हैं कि सांस्कृतिक क्षेत्र में पार्टी उनका और दृढ़ता से नेतृत्व करे।

इसलिए प्रगतिशील साहित्य की यह व्याख्या करना उचित होगा कि मजदूर वर्ग के नेतृत्व में रचा जानेवाला साम्राज्य-विरोधी, सामन्त-विरोधी साहित्य ही प्रगतिशील साहित्य है।

मजदूर वर्ग के नेतृत्व के बारे में अमृतराय लिखते हैं—"हमें यह नहीं भूलना चाहिए कि चीन की और हमारी परिस्थिति में जो अन्तर है, उनमें ये एक यह भी है कि चीन में मजदूर वर्ग ने माओ की अजेय चीनी कम्युनिस्ट पार्टी के नेतृत्व में अपने आपको राष्ट्रीय स्वाधीनता आन्दोलन की प्रमुख शक्ति बना लिया था। हिन्दुस्तान में अभी मजदूर वर्ग को यह काम करना है, राष्ट्रीय स्वाधीनता आन्दोलन की प्रमुख शक्ति बनना है। उसके लिए उसे सबसे पहले खुद अपने अन्दर की फूट को दूर करना है। और क्रान्तिकारी नेतृत्व में मजदूर एकता कायम करना है। उसके बाद ही कहीं वह राष्ट्रीय स्वाधीनता आन्दोलन की प्रमुख शक्ति बन सकेगा और राष्ट्रीय स्वाधीनता आन्दोलन की प्रमुख शक्ति बनने के बाद ही लोग उसे सांस्कृतिक क्षेत्र के नेता के रूप में स्वीकार कर सकते हैं, उसके पहले नहीं।"

वही मसल है कि कब बाबा मरेंगे, कब बैल बिकेंगे। अमृतराय की शर्तें जब तक पूरी न हों तब तक प्रगतिशील साहित्य में मजदूर वर्ग के नेतृत्व की बात करना बेसब्री होगा।

अमृतराय इस बात से नावाकिफ नहीं हैं कि चीन का नया सांस्कृतिक आन्दोलन सन् 1919 से आरम्भ होता है और तब की और अब की चीनी कम्युनिस्ट पार्टी में जमीन-आसमान का फर्क है। कुओ-मो-जो के अनुसार "चौथी मई आन्दोलन के बाद की नयी संस्कृति पिछड़ी पड़ चुकी पुराने ढंग की जनवादी संस्कृति नहीं है बल्कि वह मजदूर वर्ग के पथ-प्रदर्शन पर रची हुई जनता की साम्राज्य विरोधी और सामन्त विरोधी नयी जनवादी संस्कृति है। इसी तरह चौथी मई आन्दोलन के बाद का नया साहित्य अब पिछड़ा पड़ चुका पुराने ढंग का जनवादी साहित्य नहीं है बल्कि मजदूर वर्ग के पथ प्रदर्शन पर रचा हुआ जनता का साम्राज्य-विरोधी और सामन्त विरोधी नया जनवादी साहित्य है।"

अमृतराय के लिए नये जनवादी साहित्य और पुराने जनवादी साहित्य में

कोई अन्तर नहीं है। इसलिए उनके लिए मजदूर वर्ग के नेतृत्व में रचे जाने वाले प्रगतिशील साहित्य और पिछड़े पड़ चुके पुराने ढंग के साम्राज्य-विरोधी सामन्त-विरोधी साहित्य में कोई अन्तर नहीं है।

विसर्जनवाद साहित्य और राजनीति में एक मध्यवर्गी विचारधारा है। इस का सार तत्त्व है—संघर्ष का विसर्जन। यह विसर्जन साम्राज्यवाद, सामन्तवाद के खिलाफ जन संघर्षों का विसर्जन ही नहीं, यह उनकी समर्थक विचारधाराओं के खिलाफ संघर्ष का भी विसर्जन है। इसका सबसे स्पष्ट और पुराना रूप शिवदान सिंह चौहान में मिलता है जिन्होंने मार्च की 'नयी चेतना' में अमरीकी जंगबाजों के दलाल अज्ञेय का अभिनन्दन किया है। ''न पहले कभी और न आज ही मैं मानने को तैयार हूँ कि अज्ञेय एक जनविरोधी लेखक हैं'' इत्यादि। अमृतराय यह काम ज्यादा सफाई से करते हैं। 'प्रेमचन्द की परम्परा' नामक लेख में मैंने उन लेखकों की आलोचना की थी, जो चीन, मलाया, वियतनाम आदि में साम्राज्यवादी हस्तक्षेप का समर्थन कर रहे थे, यूरोप में मार्शल योजना को लागू करने के समर्थक थे। अमृतराय इतना ही कहना पसन्द करते हैं कि रामविलास कम्युनिस्ट पार्टी से या अपने से मतभेद रखनेवालों को पूँजी का गुलाम कहता है, वह यह नहीं बतलाते कि जिनको मैंने पूँजी का गुलाम कहा है वे एशिया में एंग्लो-अमरीकी साम्राज्यवाद का खुला समर्थन कर रहे थे!

विसर्जनवाद अन्तर्राष्ट्रीय विरोधी विचारधारा है। इस प्रवृत्ति के शिकार होने वाले लोग ठोस तरीके पर हिन्दुस्तान में साम्राज्यवादी प्रभुत्व और युद्धवादी योजनाओं का पर्दाफाश नहीं करते। साल भर से हंस में अमृतराय ने कहीं भी यह दिखलाने की कोशिश नहीं की कि साम्राज्यवादी युद्ध योजनाओं में हिन्दुस्तान को कौन-सी जगह दी गयी है। इस अन्तर्राष्ट्रीयता-विरोध का दूसरा पहलू यह है कि जो लोग सोवियत संघ और नये चीन के खिलाफ लिख रहे हों उनके बारे में चुप्पी साध लो। यही सबब है कि हिन्दुस्तान में होनेवाले सोवियत-विरोधी प्रचार के बारे में हंस के सम्पादकीय नोट खामोश रहते हैं और साल भर में एक बार भी अपने पाठकों को यह बतलाने की कोशिश नहीं की कि सोवियत संघ और नये चीन ने विश्व शान्ति रक्षा के लिए और खासतौर से एशिया में शान्ति की रक्षा के लिए कौन-से कदम उठाये हैं।

विसर्जनवाद एक सिद्धान्तहीन साहित्यिक और राजनीतिक प्रवृत्ति है जो प्रगतिशील साहित्य में एक स्पष्ट गुटबन्दी का रूप ले रही है। इसकी सिद्धान्तहीनता इस बात से जाहिर है कि जनता के सामने कम्युनिस्ट पार्टी का इतिहास पेश करते हुए यह तथ्यों को बुरी तरह तोड़ती-मरोड़ती है। कम्युनिस्ट पार्टी का फरवरी 48 का राजनीतिक प्रस्ताव और जून 49 का कार्यनीति-सम्बन्धी बयान उसके लिए एक ही चीज है। विसर्जनवादी लेखक जनता को यह नहीं बतलाते कि फरवरी सन् 48 का राजनीतिक प्रस्ताव बुनियादी तौर से सही था और जून 49 का कार्यनीति सम्बन्धी बयान बुनियादी तौर से गलत था। वे जनता को यह नहीं बतलाते कि

फरवरी सन् 48 के प्रस्ताव की समझ के मुताबिक कम्युनिस्ट लेखकों की रचनाएँ बुनियादी तौर पर सही हैं। वे जनता को यह नहीं बतलाते कि जून 49 का बयान छपने के बाद कम्युनिस्ट लेखकों की रचनाएँ नहीं के बराबर छपी हैं। 'हंस' और 'नया साहित्य' सरकारी दमन की वजह से बन्द हो गये थे। वे जनता को यह नहीं बतलाते कि रामविलास के वे तमाम लेख जिन पर अमृतराय ने अपनी किताब में आपत्ति की है, जून 49 के पहले लिखे हुए हैं और जून के बाद 'लास्टिंग पास' का 27 जनवरी 50 वाला लेख आने तक रामविलास का सिर्फ एक लेख छपा है। वे जनता को यह नहीं बतलाते कि भिवंडी का अखिल भारतीय प्रगतिशील लेखक सम्मेलन मई सन् 49 में हुआ था और यह मान भी लें कि इसके घोषणा-पत्र से प्रगतिशील लेखक संघ टूट गया तो भी यह अवधि पूरे साल भर की भी नहीं ठहरती यानी मई 49 से फरवरी 50 तक। इसलिए तीन साल के सत्यानाश की गुहार बेमानी हो जाती है और यह सत्यानाश सच भी हो तो उसके लिए भिवंडी के घोषणा-पत्र को जिम्मेदार नहीं ठहराया जा सकता।

विसर्जनवाद की सिद्धान्तहीनता नये-नये 'सिद्धान्त' गढ़ने में साबित होती है जिनसे वह अपने अवसरवाद को सही साबित करने की कोशिश करता है। मसलन अमृतराय का यह सिद्धान्त कि मध्यवर्ग समाजवादी क्रान्ति के वक्त ढुलमुल रहता है, उसके पहले उसके ढुलमुल की आलोचना करना संकीर्णतावाद है। वह लिखते हैं, "पहली बात तो यह कि रामविलास जी की निगाह इस समय लेखक की मध्यवर्गी जहनियत पर गयी, इसका मतलब यह है कि उनकी दृष्टि वामपन्थी संकीर्णतावादी है। रणनीति और कार्यनीति पर विचार करते समय हम देख आये हैं कि समाजवादी क्रान्ति के दौर में मध्यवर्ग ढुलमुल होता है और इसलिए उसके ढुलमुलपन को खत्म करने की जरूरत होती है।" (पृ. 92-93)

अगर समाजवादी क्रान्ति के दौरान में ही मध्यवर्गी जहनियत दूर करने की जरूरत पड़ती तो माओ जे दुंग येनान में मध्यवर्गी जहनियत के कलाकारों के बारे में यह न कहते—"ये साथी बड़े आराम से निम्न मध्यवर्ग का समर्थन करते हैं या इसे और सुन्दरता से कहा जाये तो उनकी महान आत्मा निम्न मध्यवर्ग के ही राज्य में निवास करती है।" (हंस, अक्टूबर 50)

अमृतराय माओ जे दुंग के उठाये हुए सवाल का आज की परिस्थिति के लिए कोई महत्त्व नहीं समझते कि "हमारे लेखकों-कलाकारों को अपनी जड़ों की मिट्टी बदलनी होगी।"

विसर्जनवाद की सिद्धान्तहीनता इस बात में जाहिर होती है कि वह अपने विरोधियों पर झूठे और बेबुनियाद आरोप लगाता है। अमृतराय ने अपनी किताब में जितने झूठे आरोप लगाये हैं, उनमें सबसे घृणित आरोप नौकरशाही बर्ताव के बारे में है। अमृतराय के मुताबिक पार्टी के भीतर और प्रगतिशील लेखक संघ के भीतर

जनवाद का नाश हो गया। (पृ. 104) ''लोग डरे-सहमे मुँह पर ताला डाले घूमते थे कि कहीं धोखे से ऐसी बात न निकल जाये कि मैं कायर, सुधारवादी या क्रान्ति का दुश्मन न करार दिया जाऊँ।'' (पृ. 103) इसमें रामविलास की भूमिका इस प्रकार है। अमृतराय के मुताबिक यह माँग उठायी गयी कि ''सब कम्युनिस्ट लेखक जो कुछ भी लिखें उसकी एक कटिंग भी रामविलास शर्मा के पास भेजें जिसका और कोई मकसद समझ में नहीं आता सिवाय इसके कि रामविलास जी को यह डर था कि हम सभी सुधारवाद के रंग में बुरी तरह डूबे हुए हैं, इसलिए हम जो कुछ भी लिखते हैं उस पर कड़ी निगाह रखना जरूरी है। मैं नहीं जानता कि और भी कहीं ऐसा होता है या नहीं, लेकिन इतना जरूर है कि नेतृत्व के काम को अंजाम देने के लिए ऐसा करना जरूरी नहीं है। यकीनी तौर पर यह काम करने का नौकरशाही ढंग था और उसका नतीजा भी वैसा ही बुरा हुआ—लेखकों ने सहानुभूति शून्य आलोचना और सुधारवाद के जुर्म में अनुशासन की कार्रवाई के डर से लिखना ही बन्द कर दिया।'' (पृ. 105)

अमृतराय को चाहिए कि वह उन तमाम हुक्मनामों को छाप दें जो मैंने उन्हें भेजे थे। अगर उन्होंने यह आरोप जरा भी गम्भीरता से लगाया हो तो उन्हें हंस के बारे में भेजे हुए मेरे खत छाप देने में जरा भी आनाकानी न करनी चाहिए।

रामविलास ने 'हंस' और अमृतराय पर अनुशासन का डण्डा चलाया था या वह खुद रामविलास और पार्टी का सहयोग प्राप्त करने के लिए उत्सुक थे, इसकी एक-दो मिसालें दे देना काफी होगा। सवाल था 'हंस' के लेखकों को पारिश्रमिक देने का। अमृतराय चाहते थे कि यह सवाल सांस्कृतिक मोर्चे पर काम करनेवाले पार्टी साथियों की मदद से हल किया जाये। 11 फरवरी, 49 के पत्र में वह लिखते हैं—''मैं चाहता हूँ हंस की पूरी आर्थिक परिस्थिति फ्रैक्शन के साथियों के सामने रखूँ और उनकी मदद से लेखकों को पारिश्रमिक देने का आम मसला तय करूँ क्योंकि बावजूद इस बात के कि हंस घाटे पर चलता है, बिना पारिश्रमिक दिये लेख स्वीकार करना मेरी प्रकृति के बहुत अनुकूल नहीं है।'' (मूल पत्र अंग्रेजी में है।)

अगर रामविलास ने नौकरशाहियत से लेखकों को डरा-धमका दिया था तो 'हंस' का मामला पार्टी साथियों के सामने रखने की प्रेरणा अमृतराय को कहाँ से मिली? 16 मई, 49 को 'हंस' पर बैन के सिलसिले में अमृतराय ने मुझे लिखा था—''बैन के खिलाफ आन्दोलन हम लोगों ने यहाँ पर छेड़ दिया है। उसे बाकायदा संगठित रूप में चलाने का निश्चय किया है। हम लोग जवाब भी तैयार कर रहे हैं जो जल्दी ही तुम्हारे पास पहुँचेगा। इसी लड़ाई को अखिल भारतीय पैमाने पर चलाने के लिए उसे अखिल भारतीय संगठनात्मक शक्ल देनी होगी।'' इससे यह साफ जाहिर होता है कि अमृतराय को रामविलास के पास सहयोग के खत लिखने पड़ते थे, न कि रामविलास ने अपना सहयोग जबर्दस्ती अमृतराय पर लादा था।

14 सितम्बर, 50 तक अमृतराय ने उन तमाम बातों का आविष्कार न किया था जो नौकरशाहियत के सवाल पर उन्होंने अपनी किताब में लिखी है। इस तारीख को उन्होंने मुझे लिखा था—"10 तारीख का तुम्हारा खत अभी मिला। दरअसल इस बात का बड़ा अफसोस है कि हंस के इस अंक में तुम्हारी कलम से कोई चीज नहीं जा रही। यह अंक अगले हफ्ते निकल जायेगा और मुझे विश्वास है कि तुम उसे पसन्द करोगे लेकिन कुछ लेख अनुवाद करके देने पड़े हैं क्योंकि मौलिक लेख इतने कम थे। सम्पादकीय नोटों के बारे में सुझावों के लिए धन्यवाद।" (मूल अंग्रेजी में)। इस तरह के धन्यवाद अमृतराय के खतों में बिखरे पड़े हैं और जब उनको मेरे सुझाव न मिलते थे तो वह भी याद दिलाते थे कि अपनी राय भेजो। यह हकीकत 17 नवम्बर, सन् 50 तक की है जिस दिन उन्होंने लिखा था—"तुम्हें अक्टूबर और नवम्बर के अंक मिल चुके हैं। मेहरबानी करके उन पर अपनी राय और सुझाव भेज दो। मैं इन तमाम दिनों तुम्हारे खत का इन्तजार कर रहा था।"

यही अमृतराय 'साहित्य में संयुक्त मोर्चा' में पार्टी और प्रगतिशील लेखक संघ में जनवाद के नाश की शिकायत करते हैं और परिस्थिति का रोमांचकारी वर्णन करते हुए लिखते हैं कि लोग डरे सहमे से मुँह पर ताला जड़े घूमते थे कि कहीं मुँह से ऐसी बात न निकल जाये।

एकता सिद्धान्तों की बुनियाद पर हो सकती है। विसर्जनवाद एकता के तमाम सिद्धान्तों को तोड़ता है—साम्राज्यवादी विरोधी साहित्य के सिद्धान्त को, सामन्त विरोधी साहित्य के सिद्धान्त को, मजदूर वर्ग की भूमिका के सिद्धान्त को। इसलिए एकता और संयुक्त मोर्चे के बारे में 6 महीने तक लगातार शोर मचाने के बाद अमृतराय और उनके हमखयाल एकता से और भी दूर चले गये हैं।

प्रगतिशील लेखक इस प्रगति के खिलाफ संघर्ष करने के साथ-साथ ठोस तरीके से भारत में साम्राज्यवादी प्रभुत्व और युद्ध योजना का पर्दाफाश करेंगे। इस तरह वे जनता के लेखक की हैसियत से जनता के लिए और जनता के बारे में साहित्य रचेंगे। जुलाई 50 के प्रगतिशील लेखक-सम्मेलन के अवसर पर सोवियत संघ के लेखकों ने अपने सन्देश में ये स्मरणीय शब्द कहे थे जो हमारा पथ प्रदर्शन करते हैं, "वे लेखक आदर के पात्र हैं जो विदेशियों के टुकड़ों पर नहीं दौड़ते, जो दमन से नहीं डरते और एक सच्चे लेखक के समान जनता की सेवा करने के अपने व्रत को निभाते हैं और उसके साथ कन्धे से कन्धा मिलाकर बेहतर ज़िन्दगी की खातिर अपने देश की आज़ादी के लिए लड़ते हैं।" (हंस, अक्टूबर 50 में उद्धृत)

इससे जाहिर है कि प्रगतिशील साहित्य आज़ादी के लिए संघर्ष से अभिन्न रूप से जुड़ा हुआ है। प्रगतिशील साहित्य के कार्यक्रम से राष्ट्रीय स्वाधीनता के उद्देश्य को निकाल देना सही नहीं है।

*   *   *

अप्रैल 1937 के हंस में स्वर्गीय जयशंकर प्रसाद ने लिखा था, ''हिन्दी के वर्तमान युग की दो प्रधान प्रवृत्तियाँ हैं। इन्हें यथार्थवाद और छायावाद कहते हैं।''

सन् 37 तक छायावाद में ह्रास के लक्षण बहुत स्पष्ट हो चुके थे। प्रमुख छायावादी कवि प्रसाद और निराला तितली, देवी, चतुरी चमार आदि यथार्थवाद की अनुपम रचनाएँ दे चुके थे। इन रचनाओं से मालूम होता है कि यथार्थवाद के अन्दर जो शक्तिशाली तत्त्व थे उन्हें अपने में समोकर यथार्थवाद की धारा आगे बढ़ रही है।

यथार्थवाद हिन्दी साहित्य के लिए कोई अनोखी वस्तु नहीं थी। वास्तव में वह जातीय साहित्य के विकास की स्वाभाविक अगली मंजिल था। प्रसाद जी ने ही इसका सम्बन्ध भारतेन्दु युग के साहित्य से जोड़ा था। उन्होंने लिखा था, ''श्री हरिश्चन्द्र ने राष्ट्रीय वेदना के साथ ही जीवन के यथार्थ रूप का भी चित्रण आरम्भ किया था।''

यथार्थवाद की विशेषताओं के बारे में प्रसाद जी ने लिखा है, ''यथार्थवाद की विशेषताओं में प्रधान है 'लघुता की ओर साहित्यिक दृष्टिपात।' इसमें स्वभावतः दुख की प्रधानता और वेदना की अनुभूति आवश्यक है। लघुता से मेरा तात्पर्य है साहित्य के माने हुए सिद्धान्तों के अनुसार महत्ता के काल्पनिक चित्रण से अतिरिक्त व्यक्तिगत जीवन के दुख और अभावों का वास्तविक उल्लेख।''

सामन्ती संस्कृति में किस तरह उच्च वर्गों की ही प्रतिष्ठा थी और किस तरह इतिहास ने उनकी प्रतिष्ठा को उतार दिया, इसका उल्लेख करते हुए प्रसाद जी ने लिखा है, ''किन्तु जन साधारण और उनकी लघुता के वास्तविक होने का एक रहस्य है। भारतीय नरेशों की उपस्थिति भारत के साम्राज्य को बचा नहीं सकी। फलतः उनकी वास्तविक सत्ता में अविश्वास होना सकारण था। धार्मिक प्रवंचनाओं ने पतन में और विवेक दम्भपूर्ण आडम्बरों में कोई रुकावट नहीं डाली। तब राज्यसत्ता कृत्रिम और धार्मिक महत्त्व व्यर्थ हो गया था। और साधारण मनुष्य जिसे पहले लोग अकिंचन समझते थे वही क्षुद्रता में महान दिखलाई पड़ने लग गया। उस व्यापक दुख संवलित मानवता को स्पर्श करनेवाला साहित्य यथार्थवादी बन जाता है। इस यथार्थवादिता में अभाव, पतन और वेदना के अंश प्रचुरता से होते हैं।''

कबीर से लेकर प्रसाद तक हिन्दी साहित्य में वेदना की कमी नहीं रही। यह वेदना मूलतः यथार्थ जीवन से ही उत्पन्न हुई है। इसके साथ ही आनन्द की धारा भी हिन्दी साहित्य में प्रवाहित रही है। प्रसाद जी के निबन्धों में उसका विस्तृत उल्लेख मिलता है। यह आनन्द की धारा इस बात का प्रमाण है कि भारतीय जनता वेदनामय यथार्थ के सामने सर झुकाकर नहीं रहती। उनके हृदय में आनन्द की चाह हमेशा बनी रही है और उसके लिए उसने संघर्ष भी किया है।

भारत में अंग्रेजी राज्य स्थापित होने के बाद यह संघर्ष और तीखा हुआ। वेदना का स्रोत पुरानी, जर्जर, सामन्ती समाज व्यवस्था ही नहीं थी बल्कि सबसे अधिक विदेशी स्वामियों की गुलामी थी। भारतेन्दु हरिश्चन्द्र ने यथार्थ के इस नये तत्त्व की ओर लोगों का ध्यान खींचा। अपने निबन्धों और कविताओं में उन्होंने अंग्रेजी राज्य में रहनेवाले हिन्दुस्तानियों की दशा का मार्मिक वर्णन किया। राधाचरण गोस्वामी, बालकृष्ण भट्ट, बालमुकुन्द गुप्त आदि ने उस परम्परा को आगे बढ़ाया। प्रेमचन्द ने अपने उपन्यासों में अंग्रेजी राज्य और भारतीय रूढ़िवाद की आलोचना ही नहीं की, बल्कि यथार्थ जीवन को बदलने के लिए भारतीय जनता को संघर्ष करते हुए भी दिखलाया। सेवासदन में ही उन्होंने एक ऐसी नारी का चित्रण किया था जो प्रचलित रूढ़ियों से सन्तुष्ट नहीं है और उनके विरुद्ध विद्रोह करती है। प्रेमाश्रम के किसान अपने सम्मान और अधिकारों के लिए जान की बाजी लगा देते हैं। फिर भी इन उपन्यासों में सेवासदन और प्रेमाश्रम बनाकर समस्याओं के काल्पनिक समाधान पेश किये गये हैं। निर्मला और उसके बाद के उपन्यासों में प्रेमचन्द ने यह समाधान शैली छोड़ दी थी। रंगभूमि और कर्मभूमि के किसान बिना समझौता किये हुए संघर्ष करते रहते हैं। निराला और प्रसाद ने जिस यथार्थवाद को विकसित किया, वह इसी तरह का समझौता न करने वाला यथार्थवाद था।

इस यथार्थवाद को अंग्रेज साम्राज्यवादियों के हृदय परिवर्तन में विश्वास न था। उसे कांग्रेसी राम-राज्य के सपनों पर भी भरोसा न था। वह पुरोहितों और सम्प्रदायवादियों के सामने सिर झुकाने वाला नहीं था। सन् 30 से 36 के बीच में प्रेमचन्द, प्रसाद और निराला ने जो कथा-साहित्य रचा, वह समूचे हिन्दी साहित्य के विकास में एक नया क्रान्तिकारी कदम था।

जनवरी सन् 37 के हंस में प्रगतिशील लेखक संघ के घोषणा पत्र का स्वागत करते हुए प्रेमचन्द ने लिखा था, "हम इस संस्था का हृदय से स्वागत करते हैं और आशा करते हैं कि वह चिरंजीवी हो। हमें वास्तव में ऐसे ही साहित्य की जरूरत है और हमने यही आदर्श अपने सामने रखा है। हंस भी इन्हीं उद्देश्यों के लिए जारी किया गया है।"

प्रगतिशील लेखक संघ के जिस घोषणा-पत्र का प्रेमचन्द ने स्वागत किया था और हंस में उद्धृत किया था, उसमें कहा गया था, "इस सभा का उद्देश्य अपने साहित्य और दूसरी कलाओं को पुजारियों, पंडितों और अप्रगतिशील वर्गों के आधिपत्य से निकालकर उन्हें जनता के निकटतम संसर्ग में लाया जाये, उनमें जीवन और वास्तविकता लायी जाये, जिससे हम अपने भविष्य को उज्ज्वल कर सकें। हम भारतीय सभ्यता की परम्पराओं की रक्षा करते हुए अपने देश की पतनोन्मुखी प्रवृत्तियों की बड़ी निर्दयता से आलोचना करेंगे और आलोचनात्मक तथा रचनात्मक कृतियों से सभी बातों का संचय करेंगे जिससे हम अपनी मंज़िल पर पहुँच सकें। हमारी

धारणा है कि भारत के नये साहित्य को हमारे वर्तमान जीवन के मौलिक तथ्यों का समन्वय करना चाहिए और वह है हमारी रोटी का, हमारी दरिद्रता का, हमारी सामाजिक अवनति का और हमारी राजनीतिक पराधीनता का प्रश्न। तभी हम इन समस्याओं को समझ सकेंगे और तभी हममें क्रियात्मक शक्ति आयेगी। वह सब कुछ जो हमें निष्क्रियता, अकर्मण्यता अन्धविश्वास की ओर ले जाता है, हेय है; वह सब कुछ जो हममें समीक्षा की मनोवृत्ति लाता है, जो हमें प्रियतम रूढ़ियों को भी बुद्धि की कसौटी पर कसने के लिए प्रोत्साहित करता है। जो हमें कर्मण्य बनाता है और हममें संगठन की शक्ति लाता है, उसी को हम प्रगतिशील समझते हैं।''

इस घोषणा-पत्र में लेखकों के कर्त्तव्य के बारे में कहा गया है, ''भारतीय साहित्यकारों का धर्म है कि भारतीय जीवन में पैदा होनेवाली क्रान्ति को शब्द और रूप दें और राष्ट्र को उन्नति के मार्ग पर चलाने में सहायक हों।''

यदि अमृतराय, शिवदान सिंह चौहान, रांगेय राघव आदि लेखक अपने आज के वक्तव्यों से इस घोषणा-पत्र की तुलना करेंगे तो उन्हें मालूम हो जायेगा कि उन्होंने सन् 35-36 की तुलना में प्रगति की है या पीछे हटे हैं। अमृतराय इस प्रश्न पर विचार करें कि सन् 36 में दरिद्रता, सामाजिक अवनति और राजनीतिक स्वाधीनता का सवाल उठाकर प्रेमचन्द ने हिन्दी लेखकों में फूट तो न डाली थी।

सन् 38 तक और भी लेखक इस नये मार्ग पर आये। जिन लोगों पर छायावादी कल्पना का रंग सबसे गहरा था उन्होंने भी चोला बदलने की कोशिश की। जुलाई 38 में 'रूपाभ' का पहला अंक निकला। इसमें पन्त जी का सम्पादकीय वक्तव्य ध्यान देने योग्य है। इसमें कहा गया है—

''हमारा विचार रूपाभ में सम्पादकीय देने का नहीं था। हमें विश्वास था कि रूपाभ का वस्तु चयन ही अदृश्य रूप से इस प्रयोजन की पूर्ति कर सकेगा किन्तु कविता के स्वप्न भवन को छोड़कर हम इस खुरदरे पथ पर क्यों उतर आये, इस सम्बन्ध में दो शब्द लिखना आवश्यक हो जाता है। इस युग में जीवन की वास्तविकता ने जैसा उग्र आकार धारण कर लिया है, उसमें प्राचीन विश्वासों में प्रतिष्ठित हमारे भाव और कल्पना के मूल हिल गये हैं। श्रद्धा-अवकाश में पलनेवाली संस्कृति का वातावरण आन्दोलित हो उठा है और काव्य की स्वप्न जड़ित आत्मा जीवन की कठोर आवश्यकता के उस नग्न रूप से सहम गयी है। अतएव इस युग की कल्पना स्वप्नों में नहीं पल सकती। उसकी जड़ों को अपनी पोषण सामग्री ग्रहण करने के लिए कठोर धरती का आश्रय लेना पड़ रहा है और युग जीवन ने उसके चिरसंचित सुख-स्वप्नों को जो चुनौती दी है उसको उसे स्वीकार करना पड़ रहा है।

''अपने इस नवीन प्रयास में हमें जो आदर्श प्रेरित करते हैं उन्हें हम अंशतः अपनी विज्ञप्तियों में प्रकाशित कर चुके हैं, सम्भवतः हमारे पाठक उनसे अभिज्ञ होंगे। हमारा समाज अपनी ही रूढ़िकीतियों के भार से जर्जर हो रहा है। हमारा उद्देश्य इस

इमारत में थूनियाँ लगाने का कदापि नहीं जिसका कि गिरना अवश्यम्भावी है। हम तो चाहते हैं उस नवीन के निर्णय में सहायक होना जिसका प्रादुर्भाव हो चुका है। वह नवीन समाज वैज्ञानिक विचारों और आदर्शों से पुष्टि पाता हुआ असंख्य जनता के कल्याण को ही अपना ध्येय मानता है। यदि हममें सत्य के प्रति वास्तविक उत्साह है तो हम अपने महान उत्तरदायित्व की अवहेलना नहीं कर सकते।

''वर्तमान युग में जो अनेक परस्पर विरोधी ज्ञान-विज्ञान सम्बन्धी विचारधाराओं का संघर्ष चल रहा है हम अपने पाठकों के साथ रूपाभ द्वारा उनका अध्ययन मात्र करना चाहते हैं और उसके फलस्वरूप अपने देश और समाज में व्याप्त अन्ध विश्वास एवं रूढ़ियों के ऊपर उस नवीन वैज्ञानिक दृष्टिकोण को प्रतिष्ठित करना चाहते हैं जिसकी सहायता से हम जाति, वर्ग, देश, राष्ट्र की सीमाओं को तोड़कर तथा धर्म और नीति सम्बन्धी विरोधी भावनाओं को जागृत करने का प्रयत्न कर सकें; और अपने मध्यवर्ग के संकीर्ण व्यक्तिवाद से हृदय को मुक्त कर सामूहिक जीवन की ओर अग्रसर होने का सन्देश दे सकें।

''ऐतिहासिक दर्शन के एक दृष्टिकोण से विश्व जीवन को प्रगति देने के लिए प्रतिक्रिया भी अप्रत्यक्ष रूप से सहायक होती है किन्तु उस दृष्टि से भी प्रतिक्रिया को हम प्रयोजन मात्र समझ सकते हैं अपना इष्ट नहीं। उसके शमन के हेतु यद्यपि हम प्रतिक्रिया का अध्ययन करेंगे और उसकी चुनौती को स्वीकार करेंगे किन्तु हमारा निश्चित ध्येय प्रगति की शक्तियों को सक्रिय सहयोग देना ही होगा। मध्यवर्ग की संस्कृति और साहित्य ने किसी हद तक प्रगति की शक्तियों को सहयोग दिया है। दिया है, फलतः प्रतिक्रिया और अन्धविश्वासों के विरुद्ध प्रगतिशील शक्तियों के संयुक्त मोर्चे में उन्हें भी सम्मिलित किया जा सकता है। इस विषय में हमारी यही नीति होगी।''

कविता का स्वप्न भवन छोड़कर पन्त जी ने यथार्थ के खुरदरे पथ पर आने का विचार करके साहस का परिचय दिया था। जब पन्त जी ने कहा कि इस युग की कविता स्वप्नों में नहीं पल सकती, तब उनके बहुत से प्रशंसक रुष्ट हो गये थे। यह भी संकीर्णतावाद था। पन्त जी ने बैठे-बिठाये हिन्दी काव्य-रसिकों की पत्तल में छेद कर दिया। पन्त जी ने स्वीकार किया था कि पुराना समाज जर्जर होकर गिर रहा है, उसमें थूनियाँ लगाने से कुछ न होगा। उनका विचार था कि मध्ययुगीन भावनाओं का पल्ला छोड़कर वैज्ञानिक दृष्टिकोण अपनाया जाये। आज वह वैज्ञानिक दृष्टिकोण किस तरह अपना रहे हैं, यह सभी जानते हैं। 'संयुक्त मोर्चा' यह भयानक टुकड़ा भी पुराना है। पन्त जी की राय थी कि मध्यवर्ग के साहित्य को प्रगतिशील शक्तियों के मोर्चे में शामिल किया जाये। किमाश्चर्यमतःपरम्।

स्वाधीनता और प्रगतिशील साहित्य के मसले पर सोवियत लेखकों ने भी काफी लिखा है। भारतीय प्रगतिशील साहित्य पर उनके विचार पाठकों के लिए दिलचस्प

होंगे। इसलिए उन्हें यहाँ देकर हम चर्चा समाप्त करते हैं।

कलकत्ते की पत्रिका 'यूनिटी' की आलोचना करते हुए यू. मीस्र्काया ने 'सोवियत लिटरेचर' (4 नव., 1952) में लिखा है, 'यूनिटी' का पहला अंक पिछली मई के शुरू में निकला था जब हिटलर जर्मनी पर विजय की वर्षी थी। 9 मई हिन्दुस्तान में दूसरी तरह की वर्षी भी है। यह उनके महान कवि रवीन्द्रनाथ ठाकुर का जन्मदिन भी है। इसके अलावा उन्हीं दिनों बम्बई में अखिल भारतीय शान्ति सम्मेलन भी शुरु हो रहा था। और पहले अंक के सम्पादकीय, 'रवीन्द्रनाथ' ठाकुर और विश्व शान्ति ने तीनों घटनाओं को सम्बद्ध कर दिया है।

"पत्रिका का कहना है कि रवीन्द्रनाथ का जीवन और कार्य आज के भारत में और भी महत्त्वपूर्ण हो जाता है। प्रतिक्रियावादी लोग लेखकों से कहते हैं कि तटस्थ रहो और 'संघर्ष में किसी का पक्ष न लो' क्योंकि उनके दावे के अनुसार जो ऐसा करेगा वह स्वाधीन या सच्चा कलाकार नहीं है। 'यूनिटी' ने इस गलत प्रचार की निन्दा की कि कलाकार अपने चारों तरफ की ज़िन्दगी में 'दखल न दे।' उसका कहना था कि इस बारे में जरा भी शक नहीं है कि अगर रवीन्द्रनाथ आज जिन्दा होते तो शान्ति के लिए संघर्ष में वह सबसे आगे होते। अपने ज्वलन्त हृदय के तमाम आवेग से वह उनकी भर्त्सना करते जो अपने को रवीन्द्रनाथ का अनुयायी तो कहते हैं लेकिन दावा करते हैं कि कलाकारों को केवल अपने भीतर पैठना चाहिए और जीवन संघर्ष से अलग रहना चाहिए क्योंकि मानव जाति के भविष्य से उसका कोई वास्ता नहीं है।"

*　　　　*　　　　*

"साहित्य जीवन का दर्पण है और संघर्ष के लिए एक अस्त्र है। 'यूनिटी' इस मत का समर्थन करती है और उसमें जो कलात्मक रचनाएँ छपती हैं वे इन सिद्धान्तों को मानती हैं। वह पाठक को वह भारत दिखलाती है जहाँ सात करोड़ रोज भुखमरी से मौत का सामना करते हैं, जहाँ जनता भयानक गरीबी में दिन काटती है, जहाँ दस में से एक लिख-पढ़ सकता है, जहाँ महामारी का हमला होता है और जहाँ करोड़ों को अभी मामूली मानव-अधिकार नहीं मिले क्योंकि वे नीची जाति के हैं। वह भारत जिसे अंग्रेज साम्राज्यवादियों ने दो विरोधी राज्यों में बाँट दिया है और जिन्हें आपसी खूँरेजी की तरफ ढकेला जा रहा है। लेकिन वह पाठकों को नया उदीयमान भारत भी दिखलाती है जो अपनी राष्ट्रीय स्वाधीनता को लड़ने के लिए खड़ा हो रहा है और अपने और दुनिया के लिए शान्ति माँग रहा है।"

कृश्नचन्दर की किताब 'आग और फूल' की आलोचना करते हुए अ. एलिस्त्रातोवा ने 'सोवियत लिटरेचर' (नं. 11, 1951) में लिखा है—"पिछली मई को बम्बई में होनेवाला दूसरा अखिल भारतीय शान्ति सम्मेलन शान्ति के लिए भारत की कोटि-कोटि जनता की उत्कृष्ट अभिलाषा का प्रदर्शन था। हमले के लिए एक भी भारतीय सिपाही नहीं—हजार से ऊपर प्रतिनिधियों और मेहमानों के सम्मेलन ने एक राय से ऐलान किया था।

"सम्मेलन का प्रस्ताव कहता है, 'भारत की जनता को, आज को दुनिया में अपनी जगह देखते हुए युद्ध के खिलाफ शक्तिशाली और निर्णायक भूमिका अदा करना है। अगर बात युद्ध और युद्ध छेड़ने वालों के खिलाफ सभी मसलों पर पूरी तरह सुसंगत नीति अपनाये तो एशिया में शान्ति की रक्षा हो सकती है और निस्सन्देह एशिया में शान्ति का कायम रहना विश्व शान्ति को बहुत बड़ी देन होगी।

"युद्ध के खिलाफ संघर्ष में भारतीय प्रगतिशील लेखक सक्रिय भाग ले रहे हैं। पुलिस के दमन और बहुत बड़ी भौतिक कठिनाइयों के बावजूद वे ऐंग्लो-अमरीकी साम्राज्यवादियों और उनके हिन्दुस्तानी सहायकों की हरकतों के खिलाफ अपनी जनता के सजीव हितों की हिम्मत से रक्षा करते हैं।"

'सोवियत लिटरेचर' (नं. 2, 1953) में 'शान्ति के लिए संघर्ष में भारतीय लेखक' शीर्ष लेखक में ए. पायेव्स्काया ने लिखा है—

"अर्सा हुआ कि भारतीय साहित्य दो राहों के शुरू होने की मंजिल तक पहुँच गया था। प्रगतिशील लेखकों ने उन प्रतिक्रियावादी लेखकों का विरोध किया, जो औपनिवेशिक गुलामी का समर्थन करते थे। उन्होंने इंग्लैण्ड की औपनिवेशिक उत्पीड़न की नीति का जोरों से खण्डन किया जो भारतीय जनता और उनकी जातीय संस्कृति को तबाह कर रही थी। इन दो खेमों के बीच की रेखा रूस की महान अक्टूबर समाजवादी क्रान्ति के बाद और स्पष्ट हो गयी। उसके बाद से जनता की सेवा के लिए लेखनी उठाने वाले प्रगतिशील लेखकों की संख्या बराबर बढ़ती गयी है।

"सन् 30 के बाद की घटनाओं ने (इटली द्वारा अबीसीनिया पर आक्रमण, स्पेन में हस्तक्षेप युद्ध और यूरोप में नाजी आक्रमण के प्रसार ने) फासिज़्म के बढ़ते हुए संकट के खिलाफ प्रगतिशील लेखकों को अपनी शक्ति बटोरने के लिए प्रेरित किया। हिन्दुस्तान के प्रमुख लेखक प्रेमचन्द, मुल्कराज आनन्द और सज्जाद जहीर की पहलकदमी से 1935 में पेरिस में होने वाले संस्कृति की रक्षा के लिए अन्तर्राष्ट्रीय सम्मेलन के बाद भारत में प्रगतिशील लेखक संघ की स्थापना हुई। इसकी पहली कॉन्फ्रेंस अप्रैल 1936 में हुई।

"संघ के प्रारम्भिक घोषणा-पत्र में कहा गया था—

"जो लोग संस्कृति से प्रेम करते हैं, उनका यह पवित्र कर्त्तव्य है कि देश में उन शक्तियों का साथ दें जो हिन्दुस्तान की राजनीतिक स्वाधीनता के लिए लड़ रही हैं और भारतीय जनता के स्वाधीनता संग्राम में अपने तमाम रचनात्मक प्रयास और अपने तमाम भौतिक और नैतिक साधन लगा रही है।" वह कार्यक्रम समय की कठिन कसौटी पर सही उतरा और संघ की कार्यवाही, जैसे कल वैसे आज, सच्चे जनतन्त्र और देश की स्वाधीनता के लिए संघर्ष की तरफ, जनता के दुश्मनों के खिलाफ संघर्ष की तरफ पूरी तरह और अडिग रूप से संचालित है।

"भारतीय लेखकों की प्रगतिशील पहल को रवीन्द्रनाथ ठाकुर ने सक्रिय मदद दी। 1938 में संघ के उद्देश्यों की व्यवस्था करने के लिए बुलाये हुए कलकत्ते के लेख-सम्मेलन में वह स्थापित हुए। सम्मेलन द्वारा स्वीकृत प्रस्ताव में साम्राज्यवादी

प्रतिक्रियावाद के घने होने और फासिज़्म के बढ़ते खतरे की तरफ ध्यान खींचा गया और प्रगतिशील लेखकों से सतर्क रहने के लिए कहा गया।

''दूसरे महायुद्ध के दौर में प्र. ले. संघ की बहुत-सी शाखाएँ देश में थीं। संघ के सदस्यों ने खुलकर विश्व फासिज़्म की शक्तियों का विरोध किया और भारत के 'पाँचवें दस्ते' का पर्दाफाश किया। वे इस बात को अपना एक प्रमुख कर्त्तव्य समझते थे कि हिन्दुस्तानी जनता को सोवियत जनता की जिन्दगी से, रूस के क्लासिक और सोवियत साहित्य से और सबसे पहले गोर्की की रचनाओं से, जिसे वे अपना शिक्षक मानते थे, परिचित करायें।

''उस महान लेखक की 14वीं वर्षी पर भाषण देते हुए भारतीय प्रगतिशील लेखकों में से एक, कृश्नचन्दर ने एक स्मृति सभा में कहा था—''हमें आज गोर्की के ज्वलन्त शब्द याद हैं। हम साम्राज्यवाद के देवताओं से लड़ेंगे, हम इन देवताओं के सामने अपना सिर झुकाने से इंकार करते हैं।....नये साहित्य के झंडे पर गोर्की का हृदय है और इस हृदय में विश्व शान्ति है।''

''भारत का विभाजन होने पर हिन्दुस्तान के प्रगतिशील लेखक कठोर पुलिस दमन का मुकाबला करते हुए ऐंग्लो-अमरीकी साम्राज्यवाद और घरेलू प्रतिक्रियावाद के खिलाफ वीरता से और जमकर संघर्ष करते रहे हैं और जनतन्त्र और स्वाधीनता के लिए भारतीय जनता के अधिकारों का समर्थन करते रहे हैं। 1949 की गर्मियों में प्र. ले. संघ के घोषणा-पत्र में कहा था, ''साम्राज्यवाद के खिलाफ संघर्ष में साहित्य निष्कर्ष नहीं है। पूर्ण स्वाधीनता और जनतन्त्र के लिए जनता के संघर्ष में प्रेरणा देने, नेतृत्व करने और पथ प्रदर्शन करने की अपनी भूमिका उसे कारगर तरह से पूरी करनी चाहिए, उसे जनता की आकांक्षाएँ प्रकट करनी चाहिए जो विदेशी साम्राज्यवाद ही से पीड़ित नहीं है बल्कि भारतीय पूँजीवाद, सामन्तों और जमींदारों भी से पीड़ित है। .....भारतीय साहित्य के लिए देश के जन साधारण से अलग कोई भविष्य नहीं है जो मजदूर वर्ग के नेतृत्व में आज स्वाधीन मानव जीवन के लिए और शोषण के सभी रूप खत्म करने के लिए लड़ रहे हैं। हमारे लेखक जितना ही इस आन्दोलन के नजदीक आयेंगे, उतना ही उनके साहित्य की विषयवस्तु और रूप दोनों ही समृद्ध होंगे।''

''यह स्वाभाविक है कि भारत के आगे बढ़े हुए लेखक एक चक्करदार और कभी-कभी परस्पर विरोधी रास्ते से गुजरे हैं, इसके पहले कि वे पूँजीपतियों के चिन्तन के साँचों को छोड़ें और जनता की सेवा का विचार अपनायें, इसके पहले कि वे यथार्थ के सच्चे चित्रण और ऐंग्लो-अमरीकी साम्राज्यवादियों तथा उनके भारतीय चाकरों की भूमिका का पर्दाफाश करने की माँग करे।''

तुलसी-साहित्य के सामन्त विरोधी मूल्य

दो तरह के लेखकों ने तुलसी-साहित्य के मूल्यांकन को बहुत आसान बना दिया है। पहली तरह के लेखक वे हैं जो समझते हैं कि तुलसीदास ने रामचरितमानस लिखकर इस्लाम के आक्रमण से हिन्दू धर्म की रक्षा कर ली और राम, सीता आदि के चरित्रों द्वारा हिन्दू समाज और हिन्दू संस्कृति के लिए अमर आदर्शों की प्रतिष्ठा कर दी। दूसरी तरह के आलोचक वे हैं जो समझते हैं कि तुलसीदास ने वर्णाश्रम धर्म के छिन्न-भिन्न होने के समय फिर ब्राह्मणवाद का समर्थन किया, नारी की पराधीनता को आदर्श के रूप में रखा और जनता को भक्ति रूपी अफीम की घूँटी देकर सुला दिया।

पहली तरह के आलोचक तुलसीदास को श्रद्धा की दृष्टि से देखते हुए उन्हें हिन्दू धर्म का उद्धारक मानते हैं। दूसरी तरह के आलोचक उन्हें प्रतिक्रियावादी मानते हैं, उनकी कला का महत्त्व स्वीकार करते हुए भी उनकी विचारधारा को प्रगति विरोधी मानते हैं। दोनों तरह के आलोचक– श्रद्धा के बावजूद, एक ही नतीजे पर पहुँचते हैं और वह यह कि तुलसीदास जर्जर होती हुई सामन्ती संस्कृति के पोषक थे, इसलिए आज की जातीय संस्कृति के निर्माण में– 'ऊँची जाति' और 'नीची जाति' के हिन्दुओं, मुसलमानों आदि की मिलीजुली संस्कृति के निर्माण में– उनकी विचारधारा कोई मदद नहीं दे सकती।

दोनों ही तरह के आलोचक भारतीय जनता को– खासकर हिन्दी भाषी जनता को– तुलसीदास की सांस्कृतिक विरासत से वंचित कर देते हैं।

क्या इस तरह की धारणाएँ वैज्ञानिक हैं? क्या वे जनता के हित में, हमारी जातीय संस्कृति के विकास के हित में हैं?

सोलहवीं सदी या उससे कुछ आगे-पीछे भारत में भक्त कवियों की एक बाढ़-सी आ गयी। न सिर्फ ब्रज, अवध आदि हिन्दी प्रदेशों में बल्कि बंगाल, पंजाब, महाराष्ट्र आदि प्रदेशों में भी यह बाढ़ दिखाई दी। सन्त-साहित्य ने एक विराट आन्दोलन का रूप ले लिया। जनता की भाषा में ऐसी रचनाएँ होने लगीं जो गाँवों तक में फैल गयी। इन रचनाओं में प्रेम को सबसे ज्यादा महत्त्व दिया गया, वर्ण और धर्म का भेद प्रेम में बाधक न समझा गया, अक्सर इस तरह के भेद की कड़ी आलोचना भी

की गयी। इन प्रेममार्गी कवियों में हिन्दू, मुसलमान, सवर्ण और अछूत, सभी तरह के लोग हुए। उनमें कुछ सगुणवादी थे, कुछ निर्गुणवादी, कुछ कृष्ण के उपासक थे, कुछ राम के, कुछ यह सब कुछ एक साथ थे। मूल बात यह थी कि वे उपासना में प्रेम को मुख्य चीज मानते थे।

क्या यह भक्ति आन्दोलन आकस्मिक घटना थी? क्या वर्ण-व्यवस्था और धार्मिक कट्टरता के बन्धन तोड़कर प्रेम की इस धारा का बहना दैवेच्छा से हुआ? मार्क्सवाद सिखाता है कि संस्कृति किसी समाज की आर्थिक व्यवस्था का मानसिक प्रतिबिम्ब है। आर्थिक व्यवस्था अगर नींव है तो संस्कृति उसके ऊपर की इमारत है। भक्ति आन्दोलन का आधार क्या था?

जो लोग समझते हैं कि सोलहवीं सदी में सामन्ती समाज का ढाँचा ज्यों का त्यों बना हुआ था, अपने भीतर पैदा होनेवाली नयी शक्तियों के प्रसार से चरमराने न लगा था, वे भक्ति आन्दोलन को या तो पुराने सामन्ती सम्बन्धों का ही प्रतिबिम्ब मानेंगे या फिर उसे शुद्ध कल्पना जन्य आन्दोलन मानेंगे जिसकी जड़ें नये सामाजिक यथार्थ में गहरे न पैठी थीं। दोनों ही हालत में वे भक्ति आन्दोलन के ऐतिहासिक महत्त्व से इंकार करेंगे।

सन्त साहित्य का प्रसार भारतीय संस्कृति के इतिहास में एक अनूठी घटना थी, इस बात से इंकार नहीं किया जा सकता। अचानक संस्कृत का प्रभुत्व, जो सैंकड़ों साल से चला आ रहा था, खत्म होता दिखाई दिया। जनता की संस्कृति जिसे पुरोहितों ने अब तक दबाया था, पुष्पित और पल्लवित होने लगी। जो लोग खुलकर पुरोहितों के खिलाफ एक शब्द न कह सकते थे, अब खुले आम उन्हें चुनौती देने लगे। इसका कारण क्या था? क्या सामन्ती व्यवस्था के कमजोर हुए बिना यह सब सम्भव था?

16वीं सदी के लगभग शेरशाह और अकबर के शासन काल में उत्तर भारत में सामन्ती व्यवस्था काफ़ी कमज़ोर हुई। नहरें खुदने और सड़कें बनने से यातायात में उन्नति हुई; एक ही तरह की मुद्रा के चलन से व्यापार में सुविधा हुई; राज्य और काश्तकार में सीधा सम्बन्ध स्थापित होने से ग्राम पंचायतों का नितान्त अलगाव कम हुआ; बारूद के इस्तेमाल से केन्द्रीय राज्यसत्ता जागीरदारों की स्वच्छन्दता कम करके उन्हें अपने मातहत कर सकी; यूरोप में भारत का व्यापार बहुत बड़े पैमाने पर आगे बढ़ा; उत्तर भारत में शहरों की संख्या ही नहीं बढ़ी, उनकी जनसंख्या और उनका व्यवसायी महत्त्व भी बढ़ा; जगह-जगह अपने अधिकारों के लिए जनता ने संघर्ष किये और इस तरह भी उसकी एकता बढ़ी। इन परिस्थितियों में सामन्ती ढाँचा जर्जर हुआ उस ढाँचे के भीतर व्यापारियों द्वारा पैदा किये पूँजीवादी सम्बन्ध जन्म लेने लगे। पुराने जनपदों का अलगाव काफी दूर हुआ और वे मिलकर एक जाति (नेशन) के रूप में संगठित होने लगे। भक्ति आन्दोलन इस जातीय आन्दोलन का सांस्कृतिक प्रतिबिम्ब था।

इस जातीय आन्दोलन में भाग लेनेवाले व्यापारी, जुलाहे, कारीगर, किसान आदि थे। इनकी एकता की चाह, सामन्ती अलगाव को दूर करके मिलने की चाह भक्ति आन्दोलन में प्रकट हुई। ऊपर से देखने में मालूम होगा कि भक्त कवियों की मूल समस्या संसार से मुक्ति पाने की समस्या थी, उनके सबसे बड़े शत्रु काम, क्रोध, मद, लोभ आदि उनके मनोविकार ही थे। गाँधीवादी विचारक सन्त साहित्य को इसी दृष्टि से महत्त्वपूर्ण मानते हैं, लेकिन मजदूर वर्ग और पूँजीपतियों के संघर्ष के पहले आमतौर से देखा यह गया है कि वर्ग-संघर्ष एक धार्मिक लिबास में सामने आता है। उस लिबास के नीचे छिपे हुए ऐतिहासिक तथ्य को देखना हर वैज्ञानिक विचारक का कर्त्तव्य है।

पुरोहितों और राजाओं से दबे हुए लोगों ने जब सांसारिक बन्धनों से मुक्ति पाने के लिए अपना अधिकार घोषित किया तब शासक वर्ग प्रसन्न नहीं हुआ। मुक्ति और धर्म पर वह अपना इजारा समझता था। हर वर्ण के लिए उसने धर्म-कर्म की व्यवस्था कर रखी थी; उसमें किसी तरह का हेरफेर करने पर कठोर दंड देने की व्यवस्था भी थी। इसलिए सामन्तों और पुरोहितों के खिलाफ़ जनता के संघर्ष ने अगर धार्मिक लिबास पहना तो वह एक अनिवार्य ऐतिहासिक आवश्यकता थी।

16वीं सदी के जातीय आन्दोलन का नेतृत्व बहुधा व्यापारी कर रहे थे। उस आन्दोलन ने जहाँ-तहाँ ही सक्रिय संघर्ष का रूप लिया। इसलिए उसके सांस्कृतिक प्रतिबिम्ब—भक्ति आन्दोलन—पर भी अक्सर निष्क्रियतावाद का रंग चढ़ा दिखाई देता है। क्रान्तिकारी मज़दूर वर्ग और उसके नेतृत्व के अभाव में यह रंग चढ़ना भी एक हद तक अनिवार्य था। आज उसके लिए किसी तरह का ऐतिहासिक समर्थन बाकी नहीं रह गया।

गोस्वामी तुलसीदास किस हद तक भक्ति आन्दोलन का प्रतिनिधित्व करते हैं? किस हद तक उनके विचार हमारे सांस्कृतिक विकास में आज सहायक हो सकते हैं?

रामचरितमानस में जहाँ-तहाँ विप्रपद पूजा को बहुत बड़ा धर्म बतलाया गया है और विशेष रूप से उत्तरकाण्ड में शूद्रों के अपना वर्णधर्म त्यागने पर क्षोभ प्रकट किया गया है। इन पंक्तियों को अलग करके देखने से यह धारणा बन सकती है कि तुलसीदास अपने समय की सामन्त-विरोधी गतिविधि से असन्तुष्ट थे और वे पुरानी व्यवस्था को ही बनाये रखना चाहते थे। क्या हम वर्ण धर्म के समर्थन को तुलसीदास के विचारों की ऐतिहासिक सीमा मानें जिससे उनकी मूल विचारधारा पर आँच नहीं आती?

यथार्थ यह है कि वर्णाश्रम धर्म के समर्थक पुरोहितों ने तुलसीदास को काफी सताया था और तुलसीदास ने भी उनका उचित उत्तर देने में आगा-पीछा न किया था।

तुलसीदास अपने जन्म के बारे में कहते हैं—

''जायो कुल मंगन बधावनो बजायो सुनि,
भयो परिताप पाप जननी जनक को।
बारे तें ललात बिललात द्वार-द्वार दीन,
जानत हौं चारि फल चारि ही चनक को।''

यह समझने का कोई कारण नहीं दिखाई देता कि केवल इतनी दीनता से इष्टदेव को प्रभावित करने के लिए उन्होंने यह लिख दिया है। इसी तरह ''लालची ललात बिललात द्वार द्वार दीन, बदन मलीन मन मिटै ना बिसूरना'' आदि में अत्युक्ति हो सकती है लेकिन तुलसी ने निर्धन और अकुलीन बालक को जो अपमान सहना पड़ता है, उसे स्वयं सहा था इसमें सन्देह नहीं। और यह अपमान बालकपन तक सीमित न था। जैसे-जैसे उनकी लोकप्रियता बढ़ती गयी, वैसे-वैसे उनका विरोध भी बढ़ा। जब लोग उनकी जाति-पाँति की चर्चा करके उनका उपहास करते थे, तब तुलसीदास यही कहकर जवाब देते थे कि जो गोत्र राम का है, वह गोत्र उनके सेवक का है। कभी इन विरोधियों से उदासीन होकर वे कहते—''मेरे जाति-पाँति न चहौं काहू की जाति-पाँति, मेरे कोऊ काम को न हौं काहू के काम को।'' लेकिन कभी-कभी जातिवादियों को चुनौती देते हुए कहते—

''धूत कहौ, अवधूत कहौ रजपूत कहौ जुलहा कहौ कोऊ।
काहू की बेटी सों बेटा न ब्याहब काहू की जाति बिगार न सोऊ।
तुलसी सरनाम गुलाम है, राम कौ जाको रुचै सो कहै कछु ओऊ।
माँगि कै खैबो मसीत को सोइवो, लेबे को एक न देबे को दोऊ।''

इस एक छन्द में तुलसीदास के समूचे जीवन का संघर्ष चित्रित हो गया है। निस्सन्देह उनके कार्यों से पुरोहित वर्ग आतंकित हो उठा था। वह उन्हें तरह-तरह के नाम देने लगा था और तुलसीदास को कहना पड़ा, तुम अपनी जाति लेकर खुश रहो, हमें तुमसे न लेना एक है न देना दो।

जो लोग समझते हैं कि गोस्वामी तुलसीदास शूद्रों पर ब्राह्मणों के प्रभुत्व का समर्थन करते थे, वे भूल जाते हैं कि उन्होंने स्वयं इस प्रभुत्व का कटु अनुभव किया था। कवितावली के इन छन्दों में महाकवि का एक निडर व्यक्तित्व हमारे सामने उभर कर आता है जो रामभक्ति का प्रचार करता हुआ वर्णवादियों के विरोध की जरा भी परवाह नहीं करता। समूचा तुलसी साहित्य इस चित्र की सत्यता प्रमाणित करता है।

वर्ण और जाति की व्यवस्था को चुनौती देता हुआ तुलसी का व्यंग्य स्वर सुनिए—कौन धौं सोममयागी अजामिल अधम कौन गजराज धौं बाजपेयी।

इससे स्पष्ट है कि तुलसी की भक्ति सभी जातियों और वर्णों के लोगों को मिलानेवाली थी।

और जो लोग समझते हैं कि तुलसीदास ने इस्लाम से हिन्दू धर्म की रक्षा का,

वे कृपा कर उस पंक्ति पर विचार करें जिसमें महाकवि ने माँगकर खाने और मस्जिद में सोने की बात कही है। वर्ण-व्यवस्था के रक्षकों ने ही भारतीय जनता के हृदय सम्राट तुलसीदास की यह दशा की थी। यदि तुलसीदास कुलीनता और जातिवाद के समर्थक होते तो उनकी आत्मनिवेदन वाली रचनाओं में बार-बार यह स्वर न सुनाई देता—"लोग कहैं पोचु, सो न सोचु न संकोचु मेरे ब्याह न बरेखी जाति-पाँति न चहत हौं।" तुलसीदास की रामभक्ति का एक प्रमुख कारण यह है कि उनके प्रभु ने जातिहीन व्यक्तियों को अपनाया था। दोहावली का यह दोहा देखिये—

"जातिहीन अघजनम महि, मुकुत कीन अस नारि।
महामन्द मन सुख चहसि, ऐसे प्रभुहिं बिसारि।।"

पार्वती-मंगल में शिव-विवाह का वर्णन करते हुए वर की विशेषताओं में यह भी है—

"कहहु काह सुनि रीझिहु बरु अकुलीनहिं।
अगुन अमान अजाति मातुपितु हीनहिं।।"

अकुलीनता का जिक्र रामचरितमानस में भी है—

"निर्गुन निलज कुबेष कपाली।
अकुल अगेह दिगम्बर ब्याली।।"

भक्त कवियों का मूल मन्त्र था—"जाति-पाँति पूछो नहिं कोई, हरि का भजै सो हरि का होई।" तुलसीदास इस मन्त्र को सिद्ध करने वालों की चर्चा बार-बार करते हैं। वह वाल्मीकि का हवाला देते हैं जो मरा-मरा कहकर भी मुनि हो गये—"जहाँ बालमीकि भये ब्याघ ते मुनीन्द्र साधु, मरामरा जपे सुनि सिष ऋषि सात की।" और भी,—

"जान आदि कवि तुलसी नाम प्रभाउ।
उलटा जपत कोल ते भए ऋषिराउ।।"

इसी तरह सबरी गीध आदि का हवाला सभी सन्तों के साहित्य में मिलता है जिन्हें प्रेम के वश होकर राम ने मुक्ति दी।

"सबरी गीध सुसेवकनि, सुगति दीन्ह रघुनाथ।
नामु उधारे अमित खल, बेद बिदित गुनगाथ।"

तुलसीदास की भक्ति वर्ण, जाति, धर्म आदि के कारण किसी का बहिष्कार नहीं करती। जो 'अत्ति अधरूप' समझे जाते हैं, उन "आभीर जवन किरात खस स्वपचादि" के लिए भी वह कहते हैं कि राम का नाम लेकर वे भी पवित्र हो जाते हैं। इससे उनकी भक्ति का जनवादी तत्त्व अच्छी तरह प्रकट हो जाता है। जिन तमाम लोगों के लिए पुरोहित वर्ग ने उपासना और मुक्ति के द्वार बन्द कर दिये थे, उन सबके लिए तुलसी ने उन्हें खोल दिया। तुलसी की जाति और कुलीनता पर पुरोहितों के आक्षेपों का यही कारण था।

जब राम चित्रकूट पहुँचते हैं, तब तुलसीदास कोल किरातों को नहीं भूलते, —"यह सुधि कोल किरातन्ह पायी। हरषे जनु नवनिधि घर आयी।" बीस पंक्तियों में राम से उनकी भेंट का वर्णन करने के बाद तुलसी यह टिप्पणी देते हैं,—"रामुहिं केवल प्रेम पियारा। जानि लेउ जो जाननिहारा।" जब आप याद करेंगे कि मुगल बादशाहों के जमाने में इन कोलकिरातों का आखेट होता था और जो पकड़े जाते थे, वे काबुल में बेच दिये जाते थे और ब्रिटिश साम्राज्यवाद के शासन में लाखों की तादाद में इन्हें जरायाम पेशा करार दिया गया, तब तुलसीदास की प्रगतिशीलता समझ में आयेगी।

केवट और निषाद के प्रसंग में तुलसीदास ने विशेष रूप से दिखलाया है कि ये 'नीची' जाति के लोग राम को प्यार करके भरत और लक्ष्मण का दर्जा पा जाते हैं। जब निषाद अयोध्या पहुँचता है तब सब लोग उसका इस तरह आदर करते हैं मानो लक्ष्मण आ गये हों।

"कहि निषाद निज नाम सुबानी।
सादर सकल जोहारी रानी।
जानि लखन सम देहिं असीसा।
जिअहु सुखी सम लाख बरीसा।
निरखि निषादु नगर नरनारी।
भए सुखी जनु लखनु निहारी।"

राम के अयोध्या लौटने पर जब निषाद विदा होता है, तब राम स्वयं कहते हैं—

"तुम्ह मम सखा भरत सम भ्राता।
सदा रहेहु पुर आवत जाता।"

वास्तव में तुलसी के राम पर कुछ पक्षपात का दोष भी लगाया जा सकता है कि उच्चवर्णों में से किसी को उन्होंने न तो सखा कहा, न भरत सम भ्राता कहा! यह स्नेह मानो उन्होंने वर्णाश्रम लोगों के लिए ही रख छोड़ा था।

तुलसी का राम-राज्य वर्णहीन नहीं है लेकिन सरयू के राजघाट पर चारों वर्ण एक साथ स्नान जरूर करते हैं।

"राजघाट सब विधि सुन्दर वर।
मज्जहिं तहाँ बरन चारिउ नर।"

इस तरह के राजघाटों का आज भी कितना अभाव है सभी लोग जानते हैं।

इसलिए जब उत्तरकाण्ड में हम तुलसी को इस बात पर क्षोभ प्रकट करते देखते हैं कि शूद्र ब्राह्मणों की बराबरी करने लगे हैं, तब हम इसी नतीजे पर पहुँचते हैं कि या तो उनके विचारों में अन्तर्विरोध है या फिर यह पुरोहितों का चमत्कार है जिन्होंने पहले तो तुलसी का विरोध किया लेकिन जब उनकी लोकप्रियता रोके, न रुकी तब

उन्होंने अपने काम की बातें मिलाकर रामचरितमानस को अपने अनुकूल बनाने की कोशिश की। यह काम उनके लिए कुछ नया भी न था, वह और भी ग्रन्थों के साथ यह काण्ड कर चुके थे। तुलसी की भक्ति पुरोहितों का इजारा तोड़नेवाली थी। वह आभीर, जवन, किरात, खस, स्वपचादि सभी को गले लगाती थी, केवट और निषाद जैसे वर्णाधर्मों पर उसका स्नेह और भी ज्यादा था। वह भक्ति उस व्यवस्था का विरोध करती थी जो मनुष्य-मनुष्य को वर्णों के आचार-बिचार की जंजीरों में जकड़े हुए थी। तुलसी स्वयं उन लोगों में से थे जिन पर जातिहीनता और अकुलीनता का आक्षेप किया जाता था। उन्होंने बड़ाई पाने के लिए पुरोहित वर्ग की खुशामद नहीं की; स्वयं कुलीन बनकर पैर नहीं पुजाये। उन्होंने समाज के इतर जनों का पक्ष लिया और राम के प्रेम के आधार पर उनकी समानता की घोषणा की। उनकी भक्ति का यह सामन्त विरोधी मूल्य है जिसे हमें अपनाना चाहिए और समाज में ऊँच-नीच का भेद, आभीर, जवन, किरात, खस, स्वपचादि का भेद सदा के लिए खत्म कर देना चाहिए। गोस्वामी तुलसीदास ने यह काम भक्ति द्वारा किया था; आज जनता यह काम मानववाद और जातीय पुनर्जागरण के द्वारा करती है।

पुरोहित वर्ग ने जो व्यवहार 'नीची' जातियों के साथ किया था, वही व्यवहार उसने स्त्रियों के साथ किया था। उपासना और उच्च शिक्षा से उन्हें वंचित किया गया था। उनके लिए एक ही धर्म था कि पति की सेवा करें। तुलसीदास ने स्त्रियों के लिए उपासना के द्वार खोल दिये। राम से मिलने, उनका स्वागत-सत्कार करने, उनका स्नेह पाने में स्त्रियाँ सबसे आगे रहती हैं। चाहे जनकपुर हो, चाहे अयोध्या हो, चाहे चित्रकूट का मार्ग हो, हर जगह इनकी भीड़ ही भीड़ दिखाई देती है। जितनी आत्मीयता तुलसी ने परस्पर ग्रामीण स्त्रियों और सीता में दिखायी है उतनी राम, भरत या निषाद में भी नहीं दिखायी। ये ग्रामीण स्त्रियाँ ही पूछ सकती थीं, ''कोटि मनोज लजावन हारे। सुमुखि कहहु को आहिं तुम्हारे।'' और सीता ही उनके प्रश्न का उत्तर दे सकती थीं–

''बहुरि बदन बिधु अंचल ढाँकी।
पियतन चितै भौंह करि बाँकी।
खंजन मंजु तिरीछे नैननि।
निजपति कहेउ तिन्हहिं सिय सैननि।

और लोग राम के पैरों पड़ते हैं, उनसे भक्ति का वरदान माँगते हैं। ये स्त्रियाँ सीता के पैर तो पड़ती हैं लेकिन उल्टा उन्हें आशीष देती हैं।

अति सप्रेम सिय पायँ परि, बहु बिधि देहिं असीस।
सदा सोहागिनि होहु तुम, जब लगि महि अहि सीस।

और जब राम अयोध्या लौटते हैं तो उनके स्वागत करने में स्त्रियाँ सबसे आगे हैं। रामचन्द्र को उदय होते देखकर अयोध्या नगर में समुद्र की तरह ज्वार आ

गया है और इस ज्वार की बढ़ती हुई तरंगें स्त्रियाँ ही हैं। रामचरितमानस में भी यह दोहा अद्‌भुत है–

> ''राकाससि रघुपति पुर, सिन्धु देखि हरखान।
> बढ़ेउ कोलाहल करत जनु, नारि तरंग समान।।''

दूसरी जगह राम के विरह का सूर्य अस्त होने पर तुलसी अयोध्या के सर में स्त्रियों को कुमुद की तरह खिला हुआ देखते हैं। इन सबको तुलसीदास अपावन समझते हों तो इससे ज्यादा आश्चर्य की बात क्या हो सकती है।

सूरदास की तरह तुलसी की स्त्रियाँ भी कृष्ण को देखने के लिए पति को भी छोड़कर भाग आती हैं,–''तुलसीदास जेहि निरखि ग्वालिनी भजीं नात पति तनय बिसारी।'' इससे यह तो नहीं मालूम होता कि पति ही ईश्वर है। लेकिन सामन्ती समाज में पति-भक्ति पर सब से सुन्दर टिप्पणी रामचरितमानस में है जहाँ उमा अपनी माँ से विदा होती हैं।

> ''जननी उमा बोलि तब लीन्ही। लै उछंग सुन्दर सिख दीन्ही।
> करेहु सदा संकर पद पूजा। नारि धरम पति देव न दूजा।
> बचन कहत भरि लोचन बारी। बहुरि लाइ उर लीन्हि कुमारी।
> कत बिधि सृजी नारि जग माहीं। पराधीन सपनेहुँ सुख नाहीं।
> मैं अति प्रेम बिकल महतारी। धीरज कीन्ह कुसमउ बिचारी।''

एक तरफ पति सेवा का उपदेश, दूसरी तरफ़ पराधीन नारी के लिए स्वप्न में भी सुख ने मिलने पर क्षोभ; यह कला तुलसीदास को छोड़कर और कहीं नहीं है। जो लोग ''ढोल, गँवार, शूद्र, पशुनारी'' वाली पंक्ति को वेद वाक्य समझते हैं, वे इस पंक्ति पर विचार करें–

> ''कत विधि रची नारि जग माहीं।
> पराधीन सपनेहुँ सुख नाहीं।''

तुलसीदास स्त्रियों को पराधीन जानते हुए भी उन्हें पशुओं की तरह ताड़न की अधिकारी कहें तो इससे अधिक निर्ममता और क्या हो सकती है? लेकिन जैसा ममतापूर्ण हृदय तुलसीदास ने पाया था, वैसा हृदय और किस कवि ने पाया है? ढोल, गँवार वाली पंक्ति समुद्र की बातचीत में आयी है जहाँ वह जल होने के नाते अपने को जड़ कहता है और इस नियम की तरफ इशारा करता है कि जड़ प्रकृति को चेतन ब्रह्म ही संचालित करता है। वहाँ एकदम अप्रसांगिक ढंग से यह ढोल, गँवार, शूद्रवाली पंक्ति आ जाती है। निस्सन्देह यह उन लोगों की करामात है जो यह मानने के लिए तैयार नहीं थे कि नारी पराधीन है और उसे स्वप्न में भी सुख नहीं है।

सामन्ती व्यवस्था में स्त्रियों के लिए एक धर्म है तो पुरुषों के लिए दूसरा है। तुलसी के रामराज्य में दोनों के लिए एक ही नियम है–

"एक नारिव्रतरत सब झारी।
ते मन बच क्रम पतिहितकारी।"

इस तरह पुरुष के विशेषाधिकारों को न मानकर तुलसीदास ने दोनों को समान रूप से एक ही व्रत पालने का आदेश दिया था। लेकिन विशेषाधिकार वालों ने ढोल, गँवार आदि जैसी पंक्तियाँ तो गढ़लीं, और एक नारिव्रतरत होने की बात चुपचाप पी गये। वर्तमान समाज में भी नारी अधिकार वंचित है। पराधीनता में उसे सुख नहीं है। तरह-तरह की मीठी बातों से उसे भुलावा दिया जाता है लेकिन उसकी दासता ढकी नहीं जा सकती। तुलसीदास के समय में ऐसी परिस्थितियाँ नहीं थीं कि पराधीनता के पाश तोड़े जा सकें। वे केवल इस पराधीनता पर क्षोभ प्रकट कर सकते थे और एक ऐसे समाज का स्वप्न देख सकते थे जिसमें पुरुष भी एक नारीव्रत धारी हो। राम के चरित्र में उन्होंने यही दिखाया। यह दूसरी बात है कि हिन्दी आलोचना में जितनी चर्चा सीता के पतिव्रत की है, उतनी राम के पत्नीव्रत की नहीं। आज हम इस परिस्थिति में हैं कि तुलसी के स्वप्न को सत्य कर दिखायें।

सामन्ती समाज में साधारणतः विवाह पहले हो जाता है, प्रेम बाद में शुरू होता है। तुलसीदास ने राम और सीता के विवाह में यह दिखलाया है कि विवाह प्रेम की परिणति है। यद्यपि सीता की प्रीति पुरातन है, फिर भी लोक व्यवहार की दृष्टि से कंकन किंकिन नूपुरधुनि में राम का मदन दुन्दुभी सुनना, सियमुख की तरफ नयन चकोरों का देखना, और सीता द्वारा राम को हृदय में बिठाकर पलक कपाट लगा देना आदि क्रियाओं का वर्णन तुलसी के मर्मी कवि हृदय का परिचय ही नहीं देता, उनके रूढ़ियों को तोड़नेवाले साहस का भी परिचय देता है। तुलसी केवल भक्त नहीं हैं, वे प्रेम और सौन्दर्य के कवि भी हैं। विवाह मंडप में सीता की तन्मयता का कितना सजीव और बारीक चित्र उन्होंने खींचा है–

"राम को रूप निहारति जानकी कंकन के नग की परछाहीं
याते सबै सुधि भूलि गयी कर टेकि रही पलटारति नाहीं।।"

और अपने बरवै छन्दों में तो मानो तुलसीदास ने अवध के ग्राम गीतों की सारी मिठास उड़ेल दी है–

"का घूँघट मुख मूँदहु नबला नारि।
चाँद सरग पर सोहत यहि अनुहारि।।
गरब करहु रघुनन्दन जनि मन माँह।
देखहु आप्पनि मूरति सिय कै छाँह।।
उठी सखी हँसि मिस करि कहि मृदु बैन।
सिय रघुबर के भये उनींदे नैन।।"

तुलसीदास ने जनसाधारण के सौन्दर्यबोध की जैसी सुकुमार व्यंजना की है, वह हिन्दी साहित्य में अनुपम है। वर्तमान अर्द्ध सामन्ती व्यवस्था में मनुष्य की प्रेम

और सौन्दर्य की कोमल भावनाएँ बुरी तरह कुचली जाती हैं। विवाह का आधार है सम्पत्ति और कुलीनता; प्रेम करने के लिए प्रेयसी अलग होती है, बच्चे पैदा करने के लिए पत्नी अलग। सामन्ती बन्धनों के खत्म होने पर सौन्दर्य और प्रेम की भावनाएँ अपने सहज रूप में पल्लवित होंगी और नारी कवियों की नायिका मात्र न रह जायेगी। वह श्रम करनेवाली, समान अधिकार वाली नागरिक भी होगी।

तुलसीदास ब्रह्मचर्य का पालन करके तपस्या द्वारा ज्ञान प्राप्त करने का आदर्श नहीं रखते। नारद में ब्रह्मचर्य पालन करने का दम्भ पैदा हुआ था, सो वह बन्दर का चेहरा पाकर नारी के पीछे दौड़ते फिरे। और विन्ध्याचल में जो व्रतधारी तप कर रहे थे, वे अहल्या का उद्धार करने वाले राम के आने की बात सुनकर बहुत प्रसन्न हुए कि अब सब शिलाएँ चन्द्रमुखी हो जायेंगी। तुलसीदास के नायक साधारण जनों की तरह विवाह जीवन बितानेवाले हैं। इसलिए तुलसीदास योगवादियों के सहज विरोधी बन जाते हैं। उनके लिए वे कहते हैं—''जागैं जोगी जंगम जती जमाती ध्यान घरैं डरैं उर भारी लोभ मोह कोह काम के।'' काम, क्रोध, मद और लोभ को जीतनेवाले वीर लोग रातभर ध्यान लगाये जागा करते हैं लेकिन ''सोवै सुख तुलसी भरोसे एक राम के।'' सूरदास जैसे कवियों की तरह तुलसीदास भी योग के मुकाबले में सगुण की सरस उपासना की हिमायत करते हैं। कृष्ण गीतावली में तुलसी की गोपियाँ भी कहती है—

''जोग जुगति अरु मुकुति बिबिधि बिधि वा मुरली पर वारौं।''

हिन्दी में अनेक ऐसे पुरातन पन्थी लेखक हैं जो योग के उद्धार में भारतीय संस्कृति का प्रसार देखते हैं, उन्हें याद रखना चाहिए कि तुलसी, सूर आदि कवियों ने चार सौ साल पहले ही भारतीय संस्कृति को चमत्कारवादियों के प्रभाव से मुक्त करने का बीड़ा उठाया था। कुण्डलिनी जगाने की कितनी ही नवीन कोशिशें करें, यह अर्द्ध सामंती समाज व्यवस्था अब कुछ ही दिनों की मेहमान है।

जहाँ तक संसार के प्रति दृष्टिकोण का सम्बन्ध है, तुलसीदास और निर्गुणवादियों में एक सीमा तक कोई अन्तर नहीं है। उनके लिए भी ब्रह्म व्यापक, बिरज, अनीह और अभेद है। वेदान्तियों की तरह एक जगह वह कहते हैं, ''सोहमस्मि इति वृत्ति अखंडा। दीपसिखा सोइ परम प्रचंडा।।'' निर्गुनिये सन्तों की तरह वह कहते हैं, ''सून्य भीति पर चित्र उरेहे, तनु बिन लिखा चितेरे।'' ''द्वैत जनित संसृति दुख'' वह भी दूर करना चाहते हैं। तुलसीदास ने ये धारणाएँ प्राचीन भाववादी दर्शन से ली हैं। लेकिन इन स्थापनाओं पर उन्होंने अपनी तरफ से जो टीका टिप्पणी की है, वह मूल स्थापनाओं को काफी बदल देती है। वह टीका टिप्पणी ध्यान देने योग्य है।

गोस्वामी तुलसीदास नाम और रूप को ब्रह्म की दो उपाधियाँ मानते हैं। इनमें भी वह रूप को नाम के अधीन मानते हैं। उनका कहना है कि नाम के बिना रूप का ज्ञान नहीं होता।

"देखिअहिं रूप नाम आधीना। रूप ज्ञान नहिं नाम बिहीना।
रूप बिसेष नाम बिनु जाने। करतलगत न परहिं पहचाने।।"

नाम के माने भाषा, तुलसी के सिद्धान्त का परिणाम यह निकलता है कि ज्ञान भाषा से परे नहीं है। वाणी और अर्थ की एकता की घोषणा करते हुए वह कहते हैं, "गिरा अरथ जल बीचि सम, कहिअत भिन्न न भिन्न।" भाववादी दर्शन, ज्ञान को भाषा से स्वतन्त्र मानता है; वस्तुवादी दर्शन दोनों की एकता मानता है। तुलसीदास की स्थापना भाववादी दर्शन के प्रतिकूल है।

नाम के बिना निर्गुण पन्थियों को भी निर्गुण ब्रह्म का पता नहीं लगता, इसलिए अगुन और सगुन के बीच तुलसीदास नाम की साखी मानते हैं। नाम के बिना ब्रह्म का ज्ञान नहीं होता, इसलिए वे नाम को ब्रह्म से भी बड़ा मानते हैं, "कहेउँ नाम बड़ ब्रह्म राम तें।" सच्चिदानन्द ब्रह्म नाम-निरूपण से ही प्रकट होता है। इस तरह ब्रह्म को नाम से बाँधकर, नाम को ब्रह्म से भी बड़ा दिखाकर गोस्वामी तुलसीदास जी ने ब्रह्म की अगोचरता पर प्रतिबन्ध लगा दिया है। वास्तव में उनका सारा दर्शन ब्रह्म की गोचरता पर निर्भर है, इसीलिए संसार में उसकी 'लीला' उनके लिए इतनी आकर्षक हो जाती है।

गोस्वामी तुलसीदास ने कई जगह माया की चर्चा की है लेकिन उससे यह नतीजा निकालना कठिन होगा कि वह संसार को मिथ्या मानते थे। उल्टा वह उन लोगों को फटकारते हुए दिखाई देते हैं जो संसार को मिथ्या कहते हैं। अपनी व्यंग्यपूर्ण शैली में वह कहते हैं—

"झूठो है झूठो है झूठो सदा जग,
सन्त कहन्त जे अन्त लहा है।
ताको सहै सठ संकट कोटिक,
काढ़त दन्त करन्त हहा है।
जानपनी को गुमान बड़ो,
तुलसी के विचार गँवार महा है।
जानकी जीवन जान न जान्यो,
तौ जान कहावत जान्यो कहा है।"

संसार को मिथ्या कहकर जो लोग अपने ज्ञान की डींग हाँकते हैं, उन्हें स्पष्ट शब्दों में तुलसी ने गँवार कहा है। यहाँ वह अपने समय के सभी सन्तों से आगे बढ़े हुए हैं क्योंकि किसी ने इतनी स्पष्टता से मायावाद का खण्डन नहीं किया। यहाँ वह वस्तुवादी जीवन दर्शन के बिल्कुल निकट हैं।

हिन्दी साहित्य में जो भाववादी लेखक संसार को मिथ्या कहकर जनता का ध्यान अतीन्द्रिय ज्ञान, अन्तर्चेतना आदि की तरफ ले जाना चाहते हैं, उनकी प्रतिक्रियावादी विचारधारा का विरोध करने में तुलसी की विश्वास भरी वाणी हमें आज भी प्रेरणा देती है।

तुलसीदास की रचनाओं में बहुत-से देवी-देवता मिलते हैं। उनका ऐसा सजीव चित्रण हुआ है कि पाठक यही समझता है कि गोस्वामी जी इन सबके अस्तित्व पर विश्वास करते होंगे। लेकिन वह ''व्यापकु एक ब्रह्म अविनासी'' में भी विश्वास प्रकट करते थे और जहाँ अविनासी ब्रह्म एक है, वहाँ अनेक देवी-देवताओं का अस्तित्व भ्रम ही हो सकता है।

वास्तव में देवताओं को अपना काव्य विषय बनाते हुए तुलसीदास ने पुराणों में बतायी गयी उनकी रूपरेखा में काफी फेरफार किया है। उनका उद्देश्य स्पष्ट है, भिन्न मतवालों को राम की भक्ति के आधार पर एक करना। निर्गुण और सगुणवादियों को वह नाम के आधार पर एक करते है। शैवों, शाक्तों और वैष्णवों को एक करने के लिए शिव को राम का प्रेमी, सीता को जगदम्बा का अवतार आदि कहते हैं। तमिलनाडु के मन्दिरों में जैसे विष्णु और शक्ति की मूर्तियाँ एक साथ दिखाई देती हैं, वैसे ही रामचरितमानस में शैव, शक्ति और वैष्णव तीनों को सन्तुष्ट करने की सामग्री दी गयी है। बहुदेवोपासना का यह रूप लौकिक व्यवहार से ही निश्चित हुआ है। कृष्ण के उपासकों के लिए उन्होंने कृष्ण गीतावली भी लिख दी। उनके समय में जातीय आन्दोलन की जो धारा एकता की तरफ बह रही थी, भिन्न मतवालों के इष्ट देवों के साथ यह उदार व्यवहार उसी का प्रतीक है।

लेकिन तुलसी-साहित्य का मूल्य इससे अधिक है। तुलसी की भक्ति मानववाद में डूबी हुई है। यह कवि मनुष्य का सबसे बड़ा उपासक है। तुलसी ने प्राचीन महाकाव्यों की मानववादी परम्परा को आगे बढ़ाया है। ''न मानुषात् श्रेष्ठतरं हि कंचित्'' पर रामचरितमानस मानो सजीव भाष्य है। अनेक बार तुलसी ने भक्त को भगवान से बड़ा बतलाया है, इससे अधिक वह मानव प्रेम का प्रमाण क्या दे सकते थे? जब भरत चित्रकूट जाते हैं तब बादल उन पर छाया करते चलते हैं, शीतल हवा चलती है और राम को भी मार्ग वैसा सुखद नहीं होता जैसे भरत को। और अन्त में वह स्पष्ट कह देते हैं, ''मोरे मन प्रभु अस बिस्वासा। राम तें अधिक राम कर दासा।''

राम के प्रति तुलसी का सेवक भाव है। दरिद्रता और सामाजिक उत्पीड़न के बीच तुलसी राम की तरफ हाथ उठाते हैं, कितनी व्यथा के साथ, यह कवितावली और विनयपत्रिका के अनेक पदों में देखा जा सकता है। ऐसी पीड़ा, ऐसा उत्कट आत्मनिवेदन हिन्दी साहित्य में और कहीं प्रकट नहीं हुआ। तुलसीदास जानते थे ''नहिं दरिद्रसम दुख जग माहीं।'' उन्होंने अनुभव किया था, ''आगि बड़वागि ते बड़ी है आगि पेट की।'' उन्होंने राम से प्रार्थना की थी कि दरिद्रता के रावण ने संसार को दबा रखा है, आकर रक्षा करो,—''दारिद दसानन दबाई दुनी दीनबन्धु दुरित दहन देखि तुलसी हहा करी।'' इसीलिए वह इतना व्यथित होकर राम से कहते हैं, ''तुम जनि मन मैलो करो, लोचन जनि फेरो।''

लेनिन की मृत्यु पर स्तालिन ने कहा था, ''अतीत काल में बीसियों नहीं सैंकड़ों बार श्रमिक जनता ने कोशिश की है कि अपनी पीठ से उत्पीड़कों को उतार फेंके, और अपनी भाग्य डोर अपने हाथ में ले। लेकिन हर बार परास्त और अपमानित होकर उसे पीछे हटना पड़ा है, हृदय में क्षोभ और लांछन, क्रोध और निराशा भरे हुए उसने किसी रहस्यमय देव की तरफ हाथ उठाये हैं जहाँ से उसे मुक्ति की आशा थी।''

राम की तरफ़ तुलसी के सेवक भाव पर जैसा प्रकाश इन पंक्तियों से पड़ता है वैसा, आलोचना की बीसियों पोथियों से नहीं पड़ता। राम उनके लिए आशाओं का केन्द्र बन गये, अपमान और लांछन का मुकाबला करने के लिए एक अस्त्र बन गये। जब वह लोगों को दूसरों के सामने हाथ फैलाते देखते हैं तो वे मना करते हैं–

''जग जाँचिये कोउ न जाँचिये तो
जिय जाँचिये जानकी जानहिं रे।''

राम उनके लिए 'दारिद दोष दवानल हैं' जो औरों के सामने जाँचना खत्म कर देते हैं। इसी तरह वे ललकारते हुए दिखाई देते हैं, ''जनि डोलहि लोलुप कूकर ज्यों तुलसी भजु कोसलराजहिं रे।'' जब वह सामन्तों को गजशाला और पत्नीशाला से सुशोभित अपनी सम्पत्ति पर गर्व करते देखते हैं तो कहते हैं, ''ऐसे भये तो कहा तुलसी जुपै जानकीनाथ के रंग न राते।''

तुलसी के राम उनकी आशाओं के केन्द्र ही नहीं हैं, मनुष्य में वह जिन तमाम नैतिक गुणों को प्यार करते थे, उनके प्रतीक भी थे। ब्रह्म रूप में भले ही वह निर्गुण निर्विकार हों, मानव रूप में वह किसी देशकाल की सीमाओं में गतिशील समाज के मानव का ही प्रतिबिम्ब हो सकते हैं। तुलसी के राम भारतीय जनता के नैतिक गुणों का प्रतिनिधित्व करते हैं। उनके चरित्र में पितृभक्ति, भ्रातृप्रेम आदि पर बार-बार लिखा गया है लेकिन तुलसीदास का लक्ष्य परिवार में पिता के अधिकार की रक्षा करना न था। राम की मानवीय सहानुभूति माता, पिता, भाई, निषाद सभी के लिए है। विशेषता यह है कि जो जितना त्यागी है, निःस्वार्थ है और दलित है, राम का प्रेम उसके लिए उतना ही अधिक है। भरत और निषाद पर उनका प्रेम इसी कारण है। यह प्रेम पारिवारिक सम्बन्धों पर ही निर्भर नहीं है; उसका आधार व्यापक सामाजिक सम्बन्ध हैं। समाज में दुखी-दीनों और निःस्वार्थ सेवकों को कोई न पूछे, राम उन्हें पूछने वाले हैं।

तुलसी के राम न्याय, अन्याय के संघर्ष में तटस्थ नहीं हैं। वह न्याय का सक्रिय पक्ष लेते हैं। लक्ष्मण के मुकाबले में वे ज्यादा दिखलाते हैं लेकिन उनके धैर्य की एक सीमा है। वह सीमा पार होने पर वह शस्त्र उठाने में जरा भी आगा-पीछा नहीं करते। यह गुण हमारी जनता का विशेष गुण है। वह बड़ी सहनशील है लेकिन एक सीमा तक ही। उस सीमा के पार होने पर वह अन्यायी को दंड देने के लिए

उठ खड़ी होती है। रासलीला वाले कृष्ण की अपेक्षा तुलसी को धनुर्धर राम अधिक प्रिय हैं, इसका यही कारण है, "राजिव नयन घरे धनुसायक। भगत विपत्ति भंजन सुखदायक।"

जब परशुराम का क्रोध सीमा पार कर जाता है, तब राम उन्हें दृढ़ चेतावनी देते हैं–

"देव दनुज भूपति भट नाना। समबल अधिक होइ बलवाना।
जौं रन हमहिं प्रचारै कोऊ। लरहिं सुखेन काल किन होऊ।"

भारतीय जनता में जो कुछ सबसे अच्छा है, जो रक्षा करने लायक है और जिस हम गर्व कर सकते हैं, वह इन पंक्तियों में प्रकट हुआ है। राम की इस धीरता और शूरता का चित्रण करके तुलसी ने हमारे जातीय चरित्र को गढ़ने में अनुपम प्रतिभा का परिचय दिया है।

इसी तरह जब समुद्र राम को रास्ता नहीं देता, समझाने और विनती करने पर भी नहीं पसीजता, तब तुलसी कहते हैं–

"विनय न मानत जलधि जड़, गये तीन दिन बीति।
बोले राम सकोप तब, भय बिनु होय न प्रीति।।
सन्धाने प्रभु विसिख कराला।
उठी उदधि उर अन्तर ज्वाला।"

इसी तरह रावण का अन्याय देखकर पहले दूत द्वारा राम उसे समझाने की कोशिश करते हैं लेकिन जब वह नहीं मानता, तब उसका हृदय परिवर्तन करने के लिए वह सत्याग्रह नहीं करते, उससे युद्ध छेड़ देते हैं। राम का सारा चरित्र आत्मपीड़ा द्वारा निष्क्रिय प्रतिरोध का खंडन करता है। कहना न होगा, यह बहुत ही महत्त्वपूर्ण नैतिक मूल्य है जिसे हमें अपनाना चाहिए।

रामचरितमानस में, विशेषरूप से अयोध्याकाण्ड में जो वेदना का सागर लहराता हुआ दिखाई देता है, वह सामंती समाज में मनुष्य की वास्तविक पीड़ा से ही उत्पन्न हुआ है। माता-पिता से विदा होती हुई लड़कियाँ, घर में पुत्र वियोग सहती हुई माता आदि के चित्र तुलसी ने समाज से ही लिए हैं लेकिन इस करुणा में भी सुख सौन्दर्य की चाह बादलों में बिजली की तरह कौंध जाती है। तुलसी का व्यंग्य और हास्य भारतीय जनता की कभी न मिटने वाली ज़िन्दादिली से पैदा हुआ है। वह कठिनाइयों पर हँसना जानती है। जब कठिनाई बढ़ जाती है, तब व्यंग्य और भी पैना हो जाता है। क्रोधी परशुराम के सामने लक्ष्मण का व्यंग्य, रावण की सभा में राक्षसों से घिरे हुए अंगद का व्यंग्य इसी तरह का है। तुलसी का व्यंग्य अन्यायियों, अत्याचारियों के लिए है; दलितों और पीड़ितों के लिए, स्त्रियों और बालकों के लिए उनके हृदय में केवल सहानुभूति है। राम के बालरूप का वर्णन करके, कौशल्या और भरत के प्रेम का वर्णन करके एक तरह वह हमारी

मानवीय सहानुभूति को और निखारते हैं, तो राम के चरित्र से वह शूरता और धीरता के भावों को पुष्ट करते हैं। इस तरह तुलसी मानव आत्मा के एक कुशल शिल्पी साबित होते हैं।

तुलसी की मानवीय सहानुभूति का आधार सामाजिक यथार्थ है। तत्कालीन समाज का जैसा भरा-पूरा चित्र उनकी रचनाओं में मिलता है, वैसा उस समय के और किसी कवि की रचनाओं में नहीं मिलता। जनता की दरिद्रता, उसके केशों का वर्णन उन्होंने बड़े ही यथार्थवादी ढंग से किया है, ''खेती न किसान को भिखारी को न भीख बलि बनिक को बनिज न चाकर को चाकरी।'' बड़ी स्पष्टता से उन्होंने समाज में सामन्तों के कुशासन का सवाल उठाया है। एक दोहे में वह देवताओं और राजाओं को स्वार्थी बतलाते हुए कहते हैं कि एक को बलि से मतलब है, दूसरे को कर से—

''बलि मिस देखे देवता, कर मिस मानव देव।
मुए मार सुविचार-हत, स्वारथ-साधन एव।।''

राजा और प्रजा के संघर्ष में तुलसी प्रजा के साथ हैं। रामचरितमानस में वह प्रजा को सताने वाले राजाओं के लिए कहते हैं—

''जासु राज प्रिय प्रजा दुखारी। ते नृप अवसि नरक अधिकारी।''

और भी, दोहावली में वह उन राजाओं के पतन की भविष्य वाणी करते हैं जो प्रजा को सताते हैं—

''राज करत बिनु काज ही करैं कुचालि कुसाज।
तुलसी ते दसकन्ध ज्यों, जइहैं सहित समाज।।''

तुलसी ने दुष्ट राजाओं की निन्दा ही नहीं की, भारतीय जनता की आशाओं को मूर्त रूप देते हुए समता के आधार पर एक सुखी समाज की कल्पना भी की है।

''अल्प मृत्यु नहि कबनिऊँ पीरा।
सब सुन्दर सब बिरुज सरीरा।
नहि दरिद्र कोउ दुखी न दीना।
नहिं कोउ अबुध न लच्छन हीना।।''

यह सुखी समाज स्वर्ग में नहीं बना वरन् इसी जीवन में, इस धरती पर बना है। तुलसी का राम राज्य स्वर्ग में नहीं, अवध में है और राम कहते हैं—

''जद्यपि सब बैकुंठ बखाना। वेद पुरान विदित जग जाना।
अवध सरिस प्रिय मोहिं न सोऊ। यह प्रसंग जाने कोउ कोऊ।।''

तुलसीदास ने एक सुखी समाज की कल्पना ही की थी जिसमें दरिद्रता विषमता मिट गयी हो। अब हम अपनी आँखों से देख रहे हैं कि मनुष्य अपने प्रयत्न से ऐसा समाज रच सकता है। तुलसीदास का स्वप्न श्रमिक जनता के लिए एक धरोहर है जिससे प्रेरित होकर वह समाजवाद के लिए मंजिल दर मंजिल बढ़ती जायेगी।

तुलसी का मानव प्रेम उनकी कविता का स्रोत है। उनके लिए साहित्य न तो सामन्तों के मनोरंजन का साधन है, न निरुद्देश्य प्रयोग है। वह ऐसे साहित्य के पक्षपाती हैं जो जनता का हित करे–

"कीरति भनिति भूति भल सोई।
सुरसरि सम सब कहँ हित होई।"

इसलिए उनकी कविता अलंकार शास्त्र के उदाहरण पेश करने के लिए नहीं रची गयी; वह प्रेम और आनन्द की नदी की तरह बह चलती है। लेकिन रोमांटिक कवियों की तरह तुलसीदास कविता को स्वतःस्फूर्त प्रवाह नहीं मानते। उसमें विचार और चिन्तन का योग होता है। उन्होंने एक सुन्दर रूपक में विचारों के महत्त्व की ओर यों संकेत किया है–

"हृदय सिंधु मति सीप समाना।
स्वाती सारद कहहिं सुजाना।।
जो बरखै बर बारि बिचारू।
होंहिं कबित मुक्ता मनि चारू।।"

तुलसीदास की यह स्थापना साहित्य के प्रति सामन्ती विचारधाराओं से ही लड़ने में मदद नहीं देती, वह पूँजीवादी साहित्य सिद्धान्तों से भी लड़ने में मार्गदर्शन करती है। कला कला के लिए या सामाजिक उत्तरदायित्व से मुक्त होकर प्रयोग करने की स्वाधीनता की गुहार मचानेवाले साहित्यकारों का दिल टटोलिए। हृदय सिन्धु की जगह इनका दिल सड़े हुए पानी से भरी हुई गड़ही की तरह है; उसमें जनता से प्रेम के बदले देश की तरफ से उदासीनता और साम्राज्य भक्ति के बगूले उठते हैं। ये लोग 'फार्म' की रट लगाकर साहित्य में उच्चकोटि के विचारों के महत्त्व को अस्वीकार करते हैं। इनकी मति सीप के समान नहीं है जिससे मोती निकले, वह घोंघे की तरह है जो सेक्स के लिए मुँह फैलाकर फिर अपने अन्दर सिमट जाता है। जन संस्कृति, ग्राम गीतों, प्राचीन साहित्य से इनकी सरस्वती नहीं जागृत होती, न विदेश के जनवादी लेखक इन्हें अच्छे लगते हैं। इनकी प्रेरणा का स्रोत एजरा पाउंड, टी.एस. इलियट, स्पेंडर आदि लेखक हैं जो जन-शिविर के विरोधी हैं। ऐसे लेखकों का विरोध करना, जनता के हित में अपनी संस्कृति का विकास करना उन तमाम साहित्यकारों का कर्त्तव्य है जो तुलसी की विरासत पर गर्व करते हैं।

यहाँ मेरा उद्देश्य तुलसी के सभी विचारों का मूल्यांकन करना या उनकी कला का विवेचन करना नहीं है। मेरा उद्देश्य वर्णाश्रम, नारी समस्या, राजा-प्रजा सम्बन्ध को लेकर कुछ वामपन्थी लेखकों में फैली हुई गुमराहियों का निराकरण करना है। कोई भी लेखक अपने समय के सामाजिक यथार्थ को गहराई से देखे और अपनी रचनाओं में उसे प्रतिबिम्बित किये बिना महान साहित्यकार नहीं हो सकता। तुलसी

का साहित्य उनके विचारों को अलग करके महत्त्वपूर्ण नहीं माना जा सकता।

तुलसी के समय का सामाजिक यथार्थ क्या है? उनके समय का सामाजिक यथार्थ जर्जर होती हुई सामन्ती व्यवस्था है। तुलसी इस व्यवस्था के रक्षक नहीं हैं। और सामन्तों के उत्पीड़न के विरुद्ध उनकी सहानुभूति साधारण जनों और स्त्रियों के साथ है। उन्होंने स्वयं इस उत्पीड़न का अनुभव किया था। इसलिए यह धारणा कि तुलसी नारी की पराधीनता के हामी थे, ब्राह्मणों के खिलाफ़ शूद्रों की बगावत में वह ब्राह्मणों के साथ थे, उनके समूचे साहित्य के अध्ययन से सही साबित नहीं होती।

तुलसी की भक्ति समाज के लिए अफ़ीम नहीं थी। वह जन-जागरण का एक साधन थी। भक्त तुलसीदास मूलतः मानववादी हैं और उनके साहित्य की महत्ता वास्तविक सामाजिक सम्बन्धों का वर्णन करने में है, जनसाधारण की वेदना और उससे मुक्ति की कामना का, जनता के नैतिक गुणों का चित्रण करने में है, न कि सेवक भाव से कृपा की भिक्षा माँगने में।

तुलसी का ब्रह्मवाद, बहुदेवोपासना, 'स्वान्तस्तमः शान्तये' रचना करना एक धार्मिक आवरण है जो सामन्ती व्यवस्था के भीतर पुष्ट होनेवाले जातीय आन्दोलनों पर पड़ा हुआ दिखाई देता है। यह आवरण मूल्यवान नहीं है; मूल्यवान है वह सामाजिक तत्त्व जो उसके भीतर छिपा हुआ है।

तुलसी हमारे जातीय जन-जागरण के सर्वश्रेष्ठ कवि हैं। उनकी कविता की आधार शिला जनता की एकता है। मिथिला से लेकर अवध और ब्रज तक चार सौ साल से तुलसी की सरस वाणी नगरों और गाँवों में गूँजती रही है। हमारी जातीय एकता और उसके पुनर्जीवन का काम अभी अधूरा है। साम्राज्यवाद, सामन्ती अवशेष और बड़े पूँजीपतियों के शोषण से हिन्दी भाषी जनता को मुक्त करके उसकी जातीय संस्कृति को विकसित करना है। हमारे जातीय संगठन के मार्ग में साम्प्रदायिकता, ऊँच-नीच के भेदभाव, नारी के प्रति सामन्ती शासक का रुख आदि अनेक बाधाएँ हैं। तुलसी का साहित्य हमें इनसे संघर्ष करना सिखाता है। तुलसी का मूल सन्देश है, मानव प्रेम। मानव प्रेम को सक्रिय रूप देना सहानुभूति को व्यवहार में परिणत करके जनता के मुक्ति-संघर्ष में योग देना हर देशभक्त का कर्त्तव्य है।

तुलसी का साहित्य कला की शिक्षा देने के लिए अक्षय निधि है। उनसे हमें बार-बार सीखना चाहिए, कैसे उनकी वाणी जनता को इतनी गहराई से आन्दोलित कर सकी। उनसे हमें गम्भीर मानव सहानुभूति और उच्च विचारों की शिक्षा लेनी चाहिए जिनसे साहित्य महान होता है।

तुलसी की ऐतिहासिक सीमाओं की बात करके माफी माँगते की ज़रूरत नहीं है। ज़रूरत है तुलसी पर गर्व करने की, इस बात पर दृढ़ विश्वास करने की कि जिस जाति ने तुलसी को जन्म दिया है वह अजेय है, इस बात का रोष करने की कि तुलसी की सन्तान आज संसार की सबसे पिछड़ी हुई, बिखरी हुई, निर्धन और

दलित जातियों में से है। जिस सामन्ती व्यवस्था ने तुलसी जैसे सहृदय कवि को अपार कष्ट दिये थे, उसकी तरफ कभी तटस्थ न रहना चाहिए। जनता की एकता हमारा अस्त्र हो, संघर्ष हमारा मार्ग और ऐसा समाज हमारा लक्ष्य हो जिसमें पीड़ित और अपमानित मनुष्य को हताश होकर रहस्यमय दैव की तरफ फिर हाथ न उठाना पड़े। इस कार्य में एक चिरन्तन प्रेरणा की तरह तुलसीदास हमेशा हमारे साथ रहेंगे।

हिन्दी-उर्दू विवाद और हमारी जातीय भाषा के विकास की समस्या

1. हिन्दी भाषा की प्राचीनता

20 जून सन् 50 के रूसी पत्र प्रावदा में भाषाविज्ञान और मार्क्सवाद के बारे में स्तालिन का लेख प्रकाशित हुआ। दुनिया के भाषाविज्ञान को उससे एक नयी दिशा में बढ़ने की प्रेरणा मिली। अपनी जातीय भाषा के विकास को समझने, ब्रिटिश साम्राज्यवादियों की भाषा सम्बन्धी कूटनीति का पर्दाफ़ाश करने में उस लेख से हमें बड़ी मदद मिलती है।

इस लेख में स्तालिन ने बतलाया है कि भाषा का कोई वर्ग-आधार नहीं है। पूँजीपतियों की एक भाषा हो, मजदूरों की दूसरी,– ऐसा नहीं होता। न भाषा किसी आर्थिक व्यवस्था के आधार पर बनी हुई इमारत है जो व्यवस्था के बदलते ही ढह जाये। इतिहास में ऐसा नहीं होता कि फ्रांस की राज्य क्रान्ति से फ्रांसीसी भाषा बदल जाये या रूसी क्रान्ति से रूसी भाषा बदल जाये। हाँ, वर्गों के व्यवहार में आने वाली भाषा की शैलियों में भेद हो सकता है। प्रेमचन्द के उपन्यासों में पात्रों की विशेषता के हिसाब से इस तरह का शैली भेद दिखाई देता है। और पैदावार का तरीका जब बदलता है, तब नये-नये शब्द भाषा में आकर उसे समृद्ध भी करते हैं। गाँव का किसान जब हल छोड़कर कारखाने में काम करता है, तब उसके शब्दों का खजाना पहले से अधिक बढ़ जाता है। क्या भारतेन्दु हरिश्चन्द्र के ज़माने से हिन्दी में कितने ही नये शब्द नहीं आ गये लेकिन भाषा में कोई बुनियादी तब्दीली नहीं हुई।

तब हिन्दी भाषा कितनी पुरानी है? 19वीं सदी में इसके गद्य का विकास हुआ लेकिन भाषा उससे भी पुरानी है। 19वीं सदी से पहले उसका गद्य ही नहीं मिलता, पद्य भी मिलता है। उसके सहारे हम 13वीं और 14वीं सदी तक पहुँचते हैं। हिन्दी भाषा के इतिहासकार 9वीं 10वीं सदी तक उसका जन्मकाल खींच ले जाते हैं लेकिन नवीं या दसवीं सदी में हमारे यहाँ सामन्ती व्यवस्था थी जो सैकड़ों साल से फल-फूल कर अब जर्जर हो रही थी। अगर स्तालिन की यह बात सही है कि भाषा एक से अधिक समाज-व्यवस्थाओं की सेवा करती है तो हिन्दी भाषा को न सिर्फ उतनी पुरानी होना चाहिए जितनी कि सामन्ती व्यवस्था है, बल्कि उससे पहले ही दास-व्यवस्था

में भी उसका वजूद होना चाहिए। इस तरह साम्राज्यवादी भाषा-वैज्ञानिकों ने हिन्दी के लिए जो जन्मकाल तय किया है, वह सही नहीं ठहरता। उन्होंने संस्कृत, प्राकृत, अपभ्रंश वगैरह की इतनी मंज़िलें गिनायी हैं जितनी मंज़िलें हमने सामाजिक विकास में भी तय नहीं की। हिन्दी भाषा के जन्मकाल को इतनी मंज़िलों के बाद रखने का एक कारण सामन्ती और साम्राज्यवादी भाषा शास्त्रियों में आम जनता की तरफ घृणा का भाव भी था। यह बात उनकी कल्पना ही में न आती थी कि हल और चरखा चलाने वाली जनता की भाषा भी इतनी प्राचीन हो सकती है। स्तालिन के लेख की रोशनी में हिन्दी भाषा के जन्मकाल के बारे में प्रचलित धारणाओं को बुनियादी तौर से बदलना होगा, इसमें सन्देह नहीं।

आधुनिक भाषाओं की प्राचीनता के बारे में स्तालिन कहते हैं–

"हम यह मान लें कि आधुनिक भाषा के मूल तत्त्व की अति प्राचीन काल ही में, दासता के युग से पहले मौजूद थे। यह बहुत कुछ सादी भाषा थी, जिसका शब्द भंडार बहुत ही न्यून था लेकिन जिसकी अपनी व्याकरण-व्यवस्था थी। यह सच है कि यह व्यवस्था आदिम थी, फिर भी वह थी व्याकरण-व्यवस्था ही।"

इसका मतलब यह है कि हिन्दी भाषा के मूल तत्त्व आदिम साम्यवादी व्यवस्था में मौजूद थे, यानी ऋग्वेद की रचना से भी पहले हमारी भाषा हिन्दी के मूल तत्त्व मौजूद थे। उस समय भी उसकी व्याकरण-व्यवस्था का वजूद था, भले ही वह एक आदिम रूप में रही हो।

स्तालिन की शिक्षा हमारी भाषा के इतिहास को और गौरवशाली बनाती है, वह हमारे जातीय अभिमान को और सजग करती है और आज की इस गरीबी और भुखमरी की ज़िन्दगी से मुक्ति पाने के लिए जबर्दस्त प्रेरणा देती है।

2. जातीय भाषा के रूप में हिन्दी का प्रसार

जातीय भाषा बनने से पहले हिन्दी या खड़ी बोली एक जनपद की भाषा थी। ब्रज, अवध, बुन्देलखण्ड आदि जनपदों में ब्रज, अवधी, बुन्देलखण्डी आदि भाषाएँ बोली जाती थीं। इन जनपदों के रहनेवाले छोटी-बड़ी रियासतों में बँटे हुए थे। वे सब किसी जाति में संगठित न हुए थे और इसलिए एक जातीय भाषा के रूप में उनके पास आपसी व्यवहार की कोई भाषा न थी। कुछ पढ़े-लिखे लोग संस्कृत से काम चलाते थे लेकिन उसे आम जनता न तो समझती थी, न बोलती थी।

तब के समाज की दो विशेषताएँ ध्यान देने योग्य हैं। एक तो यह कि समाज चार वर्णों में बँटा हुआ था जिनके अन्तर्गत सैंकड़ों जाति-बिरादरियाँ थीं। दूसरी यह कि गाँव बहुत कुछ खुदमुख्तार थे; ऊपर से आँधी-तूफान निकलते रहे, ये छोटे-छोटे पंचायती राज अपनी जगह बदस्तूर कायम रहते थे।

13वीं और 14वीं सदी में सामन्ती समाज का यह ढाँचा ढीला पड़ने लगा

था, वर्ण व्यवस्था शिथिल हो रही थी और लोग अपने खानदानी पेशे छोड़कर नये पेशे अपनाने लगे थे। तुर्कों के हमलों से यह ढाँचा और कमजोर पड़ा हालाँकि उसे तोड़नेवाली ताकतें उसके भीतर ही पैदा हो रही थीं। तिलक जो हिन्दी और फ़ारसी दोनों जानता था और अबुल हसन और महमूद गजनबी की सेवा में रहा था, एक नाई का लड़का था। रहूप नाम का एक बनिया परिहार राजा से किला छीनकर इल्तमश से लड़ा था (कैम्ब्रिज हिस्ट्री ऑफ इंडिया, खंड 3, पृ. 53)। गुजरात में तगी चमार ने दिल्ली के बादशाह के खिलाफ विद्रोह की अगुवाई की। हेमू, जिसने अकबर का मुकाबला किया था, बनिया था। अकबर का चित्रकार दसवन्त कहार था। रामानन्द के शिष्यों में कबीर जुलाहा, रैदास चमार और सेना नाई थे।

कबीर जी के उत्तराधिकारी धरमदास बनिया थे। दादू के लिए कहा जाता है कि वह मोची थे। उनके शिष्य सुन्दरदास बनिया थे और मलूकदास खत्री थे। इस तरह की और भी मिसालें दी जा सकती हैं। इससे नतीजा यही निकलता है कि संस्कृति पर अब ब्राह्मण पुरोहितों का इजारा न रह गया था; राज्य और धरती पर क्षत्रियों का अधिकार ढीला पड़ रहा था।

तुर्क बादशाहों ने बाजार, तौलने के बाट, सिक्कों आदि के बारे में जो सुधार किये, उससे सौदागरों को फ़ायदा पहुँचा। इस जमाने में नयी-नयी मंडियाँ और नये-नये शहर आबाद हुए। फिरोज तुग़लक के लिए कहा जाता है कि उसने फिरोजाबाद, फतेहाबाद, फिरोजपुर, बदायूँ, जौनपुर आदि शहर बसाये। शेरशाह के ज़माने में पटना शहर फिर व्यापार का केन्द्र बना। उसके समय में जो सड़कें और नहरें तैयार हुईं, उनसे व्यापार बढ़ा। शेरशाह ने सरायें बनवायीं, धार्मिक उदारता की नीति बरती, और खास बात यह कि राज्य और किसान के बीच सीधा सम्बन्ध कायम किया। पहले गाँव का मुखिया मालगुजारी तय करता था, उसका वह हक छिन गया। इस तरह एक तरफ तो सौदागरी और व्यापार के केन्द्रों के तौर पर शहर बढ़ती पर थे, दूसरी तरफ गाँवों की खुद मुख्तारी पर पाबन्दी लगी। अकबर ने बारूद के महत्त्व को समझा। राज्य में शान्ति कायम रखने के लिए उसने खासतौर से बारूद का भरोसा किया। सामन्ती युग के तीर-कमान और तलवार पुरानी चीज़ें बनते जा रहे थे। अकबर ने सारे राज्य में एक-सी मुद्रा-व्यवस्था चलाकर व्यापार की बढ़ती में मदद की। तनख्वाह के लिए उन्होंने जागीरें दी। लेकिन मालगुजारी वगैरह तय करने का हक जागीरदारों को नहीं दिया। कभी-कभी उन्हें जागीर से दूर भी तैनात कर देते थे। इस तरह सामन्तों और जागीरदारों की ताकत कम हुई। धार्मिक मामलों में अकबर ने उदार नीति बरती।

मुगल बादशाहों को खुद भी व्यापार से दिलचस्पी थी। अकबर खुद व्यापार करता था। लखनऊ युनिवर्सिटी के डॉक्टर पन्त के अनुसार गुजरात, आगरा और कश्मीर के बढ़िया उद्योगों का इजारा उसके अपने हाथ था। शाहजहाँ ने नील का

व्यापार अपने हाथ में रखा था और मनोहर दास को राज्य से उधार रकम देकर व्यापार करने की आज्ञा दी थी और मुनाफे में हिस्सा लेता था। नूरजहाँ भी नील और ज़री के वस्त्रों के व्यापार से दिलचस्पी रखती थी। बादशाहों के भाई-भतीजे–सौदागरी से धन कमाते थे। मुगल राज्यसत्ता की आमदनी का जरिया सिर्फ जमीन न थी, बल्कि व्यापार भी था।

व्यापार की इस उन्नति से पुराने जनपदों का अलगाव दूर हुआ। पटना, बनारस, इलाहाबाद, आगरा और दिल्ली जैसे केन्द्र बन गये जिनके चारों तरफ एक कौमी बाजार कायम हुआ। मानरी के अनुसार सन् 1640 में आगरे की आबादी छः लाख थी। मार्क्स ने भारतीय इतिहास पर अपने नोटों में लिखा है कि अकबर के जमाने में दिल्ली दुनिया का सबसे बड़ा शहर था। जो नया बाजार कायम हुआ, उसके सबसे बड़े केन्द्र आगरा और दिल्ली ही थे।

ब्रिटेन में हिन्दुस्तानी कपड़े की माँग बढ़ने से यहाँ का रोजगार और चमका। 17वीं सदी के पहले हिस्से में आगरे से विलायत कपड़ा भेजा जाता था और यह कपड़ा अवध से बनकर आता था। इस तरह ब्रज और अवध एक बाजार में संगठित हुए। खुद अवध में दरियाबाद और खैराबाद अपने उद्योगों के लिए मशहूर हुए। इसी तरह पटना, बनारस, लखनऊ वगैरह ने आसपास के देहातों को अपनी तरफ समेटा और उनका पुराना अलगाव बहुत कुछ दूर किया। फ्रांसीसी यात्री बर्नियर ने जिन मुगल कारखानों का जिक्र किया है, मुमकिन है कि वह पूँजीवादी पैदावार की पहली मंजिल रहे हों। बहरहाल जुलाहों को सौदागर पेशगी रुपया देते थे और उनसे तैयार माल लेते थे। पेशगी लेने पर जुलाहा अपने माल पर अधिकार खो देता था। पेशगी के जरिये सौदागर उसकी श्रम-शक्ति खरीद लेता था। यह पैदावार का पूँजीवादी तरीका था। सन् 1844 में एंगेल्स ने अपनी पुस्तक 'इंग्लैण्ड के मजदूर वर्ग की हालत' में लिखा था, "मशीनें चालू होने से पहले कच्चे माल को कातने और बुनने का काम मजदूर के घर पर होता था।" सत्रहवीं सदी में यह सिलसिला यहाँ भी कायम था। लेनिन ने मिखाइलोव्स्की को जवाब देते हुए बतलाया, कि वह सत्रहवीं सदी में आपसी विनिमय की बढ़ती से, बिकाऊ माल के चलन के धीरे-धीरे तेज होने से और छोटे-छोटे बाजारों के एक बड़े बाजार में सिमटने से रूसी जाति का निर्माण हुआ। 17वीं सदी में इस तरह हमारे यहाँ भी हिन्दुस्तानी जाति का निर्माण शुरू हुआ था।

भाषा और साहित्य के क्षेत्र में हम जनपदों का एक-दूसरे के नजदीक आना और उनका अलगाव दूर होना देखते हैं। रामचरितमानस अवधी में लिखा जाता है, लेकिन ब्रज, भोजपुरी आदि के इलाकों में भी यह अपनाया जाता है। यही नहीं, गोस्वामी जी ब्रज और अवधी दोनों में कविता करते हैं और उनकी भाषा में एक से अधिक बोलियों के शब्द और प्रयोग देखे जा सकते हैं। उधर ब्रजभाषा की कविताएँ–मीरा,

सूर, रसखान और रहीम की रचनाएँ—दूर-देहात तक पहुँच रही थीं। खड़ी बोली में भी खुसरो, कबीर आदि रचनाएँ करने लगे थे। रहीम ने किसी को खड़ी बोली में ही गाते सुनकर लिखा था—झुकझुक मतवाला गावता-रेखता था।

दक्खिन में खड़ी बोली का अलग विकास हुआ, गद्य और पद्य दोनों में। यह प्रदेश मुख्यतः तेलगू भाषी था और खड़ी बोली वहाँ कम तादाद के लोगों की भाषा थी। उत्तर की भाषा पर उसका असर कुछ देर से पड़ा।

शहरों में व्यापार और विनिमय के लिए किस भाषा का उपयोग होता था? यह भाषा खड़ी बोली या हिन्दी थी। इसका सबसे बड़ा सबूत यह है कि देश-विदेश के जो लोग कामकाज के लिए दिल्ली या आगरा आते थे, वे इसी भाषा को सीखते थे। ग्रियर्सन ने लिखा है कि ''उन दिनों के कुछ अंग्रेज सौदागर निस्संदेह धड़ल्ले से हिन्दुस्तानी बोल सकते थे...''(लिंग्विस्टिक सर्वे ऑफ इण्डिया, खंड 1, पृ. 2)। और इतिहासकार सरदेसाई ने लिखा है कि इतालवी यात्री मनुच्ची ने शिवाजी से, बिना किसी दुभाषिये की मदद के, उर्दू में बातचीत की। फारसी के दबाव की वजह से यह भाषा पहले पहल दक्खिन में फली-फूली।

स्तालिन ने मार्क्सवाद और भाषा-विज्ञान वाले लेख में बतलाया है कि वर्गयुक्त समाज में जब दो भाषाएँ बोलनेवाले लोग मिलते हैं, तब उनसे मिलकर कोई नयी भाषा पैदा नहीं होती। हिन्दुस्तान में भी जो तुर्क, पठान, ईरानी, उज़बक आदि जातियों के लोग आये, वे यहाँ किसी नयी भाषा को जन्म न दे सके। उनके बहुत से शब्द यहाँ वालों ने ले लिये, उनके प्रत्यय लगाकर कुछ नये शब्द भी गढ़े। जैसे—चमकदार, पागलखाना, अफीमची (और पिछले दिनों जंगबाज वगैरह)। लेकिन हमारी भाषा की व्याकरण-व्यवस्था, उसके मूल शब्द भण्डार में कोई भारी तब्दीली नहीं हुई। तुर्कों, पठानों, ईरानियों, उजबकों आदि के आने से पहले भी हिन्दी भाषा थी, उनके हिन्दुस्तानी बन जाने के बाद भी रही। इसलिए बादशाहों के लश्करों में नयी जबानें गढ़ने की कल्पना साम्राज्यवादी सामन्ती दिमागों की उपज है।

बाहर से आने वाले लोगों के शब्दों से हमारी भाषा और समृद्ध हुई लेकिन उसने अपने जातीय रूप की रक्षा की। भाषा के बारे में शेरशाह और अकबर की नीति अंग्रेजों की तरह अनुदार नहीं थी। शेरशाह ने तो फारसी के साथ हिन्दी में कामकाज करने की हिदायत दे रखी थी।

ब्रजभाषा, अवधी, खड़ी बोली आदि सभी ने हिन्दुस्तानी जाति के निर्माण में मदद की। हमारी जाति का चरित्र संघर्षों द्वारा और पक्का हुआ। इन संघर्षों के दो पहलू थे—एक तो जातीय, दूसरा जनवादी। यानी एक तरफ तो यहाँ के लोग विदेशी आतताइयों के खिलाफ लड़े, दूसरी तरफ वे सामन्ती उत्पीड़न के खिलाफ, वर्ग-व्यवस्था और पुरोहितों-सामन्तों के विशेष अधिकारों के खिलाफ भी लड़े। भक्ति आन्दोलन में ये दोनों पहलू मौजूद हैं। जुलाहे और किसान इस आन्दोलन को शक्ति देने वाले

हैं। सौदागर उसके सहायक हैं, हिन्दू और मुसलमान, सूफी और सन्त दोनों उसमें शामिल हैं। भक्ति आन्दोलन एक जातीय और जनवादी आन्दोलन है। क्या उस समय हिन्दुओं और मुसलमानों की दो संस्कृतियाँ थीं? कुछ घर्मिक भेदभाव जरूर था लेकिन दो संस्कृतियाँ नहीं थीं। जायसी, रसखान, रहीम, आलम, शेख, पजनेस वगैरह की वही संस्कृति थी जो सूर, मीरा, तुलसी, नन्ददास, दादू, रैदास आदि की थी। यह संस्कृति जातीय और जनवादी थी, इसीलिए कबीर को हिन्दू और मुसलमान दोनों अपनाने के लिए तैयार थे। दरबारों की संस्कृति अलग थी। मुगल राज्यसत्ता इस जनवादी संस्कृति को आश्रय देनेवाली न थी।

हिन्दुस्तानी जाति ने सामन्ती ढाँचा खत्म करके अपना जातीय राज्य, जिसका सारा काम फारसी के बदले हिन्दी में होता, क्यों कायम नहीं किया? इसके कई कारण हैं। यहाँ के सौदागरों और जुलाहों को दो तरह के विरोध का सामना करना पड़ा—एक तो सामन्ती, दूसरा विदेशी शासन का। सौदागरों ने जातीय राज्यसत्ता कायम करने के बदले अक्सर विदेशी हुकूमत से मेलजोल बढ़ाकर अपना वर्गहित साधा। जुलाहों और किसानों ने विदेशी हुकूमत से टक्कर लेकर जातीयता की रक्षा की। उन्होंने सामन्तों से संघर्ष करके अपनी संस्कृति के जनवादी तत्त्वों की रक्षा की और उन्हें विकसित किया। इसके अलावा जब तक पुरानी चाल के घरेलू उद्योगों के बल पर ही सौदागरी पूँजी बढ़े, तब तक सामन्ती ढाँचा पूरी तरह टूटता नहीं है। मशीनों के जरिये बड़े उद्योग धन्धे चालू होने पर ही वह ढाँचा टूटता है।

हिन्दुस्तान के लोग सामन्ती ढाँचा खत्म करके अपनी जातीय राज्यसत्ता कायम कर लेते लेकिन तभी अंग्रेजी की दखलन्दाजी से उनकी ऐतिहासिक प्रगति में बाधा पड़ी।

3. अंग्रेजी राज और जातीय भाषा के विकास में बाधाएँ

19वीं सदी में चरखे और हल का समन्वय तोड़ते हुए अंग्रेजों ने हिन्द प्रदेश को अपने अधिकार में कर लिया। हिन्दुस्तान में ऐसी परिस्थितियाँ थीं जिनसे फायदा उठाकर उन्होंने भाषा और संस्कृति के मामलों में दखल देना और यहाँ के लोगों में फूट डालना शुरू किया।

महाराष्ट्र, आन्ध्र, बंगाल, पंजाब आदि में वे परिस्थितियाँ न थीं जो हिन्दी भाषी इलाके में थीं। महाराष्ट्र में शिवाजी एक जातीय रियासत कायम कर चुके थे। वैसी कोई कोशिश यहाँ न हुई थी। शिक्षा का कोई मिलाजुला जातीय क्रम निश्चित न था। मुल्ला-पण्डितों के हाथ में अब भी शिक्षा की जिम्मेदारी थी। इस धार्मिक शिक्षा की वजह से दो लिपियों का प्रयोग होता था और भाषा की एकता के हिसाब से एक ही लिपि का सब जगह चलन न था। मुगल साम्राज्य के उखड़ने के बाद नवाबों के अड्डे ज्यादातर हमारे इलाके में रहे। बंगाल, महाराष्ट्र, आन्ध्र वगैरह इनसे अपेक्षाकृत

मुक्त रहे। हैदराबाद में उर्दू के असर से तेलगू भाषा में कुछ तब्दीली हुई, लेकिन उस हद तक नहीं कि तेलगू में हिन्दी-उर्दू की तरह दो धाराएँ बह चलें।

अंग्रेजों ने जिस अलगाव से फायदा उठाया और उसे गहरा बनाया, वह यहाँ की धार्मिक शिक्षा और सामन्ती पिछड़ेपन की वजह से था। बहुत से राजदरबारों में ब्रज भाषा के आगे नयी जातीय भाषा हिन्दी की पूछ न थी; नवाबों के यहाँ खड़ी बोली के लोकप्रिय रूप और जनवादी कविता की कद्र न थी। इस तरह खड़ी बोली में दो धाराएँ चल निकलीं—एक तो लोकप्रिय धारा, दूसरी सामन्तों के आश्रयवाली धारा। कुछ कवियों ने साधारण भाषा के शब्दों के बहिष्कार की नीति अपनायी जिससे उनकी शैली बोलचाल की भाषा से अलग मालूम होने लगी।

अंग्रेजों ने इस भेद को और गहरा किया। गिलक्राइस्ट ने हिन्दुओं और मुसलमानों की अलग भाषाओं के सिद्धान्त की रचना की। रिजले ने धर्म के आधार पर दो कौमें गढ़ीं और ग्रियर्सन ने भाषा और संस्कृति के क्षेत्र में फूट के उसूल को धार्मिक रूप दिया। सर सैय्यद ने लश्करों में नयी भाषा बनने की तजवीज पेश की। इकबाल ने मुस्लिम कौम और मुस्लिम संस्कृति का नारा लगाया। 'आज की राजनीति' में राहुल जी ने ऐलान किया कि मुसलमानों ने राष्ट्रीय जीवन में हिस्सा ही नहीं लिया। ये सब साम्राज्यवादी विषवृक्ष के फल थे।

अंग्रेजों के राज में गाँवों की पुरानी व्यवस्था तो टूटी लेकिन उन्होंने सामन्तवाद और सामन्त संस्कृति को मजबूत भी किया। इसी जर्जर सामन्ती संस्कृति पर उन्होंने अपनी तहजीब का ताज रखा। हिन्दी भाषी इलाके को उन्होंने कई सूबों में बाँटा। यहाँ ताल्लुकदारों और नवाबों को पाला-पोसा, और भाषा के मामले में जातीय उत्पीड़न का एक नया तरीका निकाला। कभी हिन्दुओं को दबाया, मुसलमानों को उभारा, कभी हिन्दुओं को उभारा और मुसलमानों को दबाया। कचहरी-अदालत और पुलिस में वह जुबान चलायी कि किसान कभी समझ ही न सकें और उन्हें ठगने और लूटने में उन्हें आसानी हो। इस तरह एक तरफ उर्दू की धारा बही, दूसरी तरफ हिन्दी की। फिर भी भाषा के बुनियादी शब्दों और मूल व्याकरण-व्यवस्था के बिना कोई भी धारा आगे न बढ़ सकती थी।

हिन्दी-उर्दू का भेद 19वीं सदी से पहले नगण्य है। 19वीं सदी में अंग्रेजी राज कायम होता है और तभी यह भेद गहरा होता है। इसलिए उस भेद के लिए सबसे ज्यादा अंग्रेज ही जिम्मेदार हैं। अगर सूफियों और सन्तों की परम्परा जिम्मेदार होती तो इस तरह की दो धाराएँ बंगाल, महाराष्ट्र, गुजरात वगैरह में भी बहती दिखाई देतीं। वहाँ नहीं दिखाई देतीं, यह इस बात का प्रमाण है कि हिन्दी-उर्दू का भेद अस्थायी है जो जनता के स्वाधीनता आन्दोलन की बढ़ती के साथ कम होते-होते मिट जायेगा। आखिर अभी सौ साल भी इस खाई को नहीं हुए!

हिन्दी भाषी इलाके में सामन्ती अवशेष कायम रखकर, हिन्दी-उर्दू के सवाल

से साम्प्रदायिकता उभारकर, एक ही भाषा की दो धाराएँ बहाकर और दोनों पर अंग्रेजी लादकर, आम जनता को अशिक्षित रखकर अंग्रेजों ने हमारे सामाजिक और सांस्कृतिक विकास को भारी नुकसान पहुँचाया है।

फिर भी हर जगह उनकी मनचीती नहीं हुई। हिन्दुस्तानी जनता ने आसानी से उनका जुआ स्वीकार नहीं किया। 1857 में दिल्ली, मेरठ, कानपुर, झाँसी आदि शहरों के अवध, भोजपुरी, बुन्देलखण्ड आदि जनपदों के वीरों ने अंग्रेजों के दाँत खट्टे कर दिये। अगर अंग्रेजों को हिन्दुस्तानियों से ही मदद न मिलती तो देश का इतिहास ही दूसरा होता। हमारे साहित्यकारों ने जनवादी संस्कृति की परम्परा को निबाहा। हिन्दी-उर्दू के लेखकों के सहयोग को अंग्रेज खत्म नहीं कर पाये। भारतेन्दु, प्रताप, नारायण मिश्र, बालमुकुन्द गुप्त जो आधुनिक हिन्दी के निर्माता हैं, उर्दू के भी लेखक थे। प्रेमचन्द ने उस परम्परा को और आगे बढ़ाया।

4. माउंटबेटन योजना और भाषा-समस्या का नया रूप

कांग्रेस और लीग के नेताओं ने क्रान्तिकारी जन आन्दोलन का तो विरोध किया, लेकिन साम्राज्यवादियों की स्वाधीनता-योजना स्वीकार की। भारतीय जनता से भय खाकर अंग्रेजों ने अपना झंडा और अपनी फौज तो हटा ली लेकिन अपने पूँजीवादी पंजे देश में और गड़ा दिये।

अंग्रेजी पूँजी का हित इस बात में है कि बँटवारे के समय कायम की हुई दोनों रियासतें आपस में लड़ें या उनमें तनातनी रहे जिससे कि लोगों का ध्यान छिपे हुए लुटेरों की तरफ न जाय। इसके लिए उन्होंने दंगे कराये, कश्मीर की लड़ाई करायी और साम्प्रदायिक दलों के जरिये तनातनी कायम रखी।

साम्प्रदायिकता से फायदा उठाकर पाकिस्तान के शासकों ने वहाँ की भाषाओं को दबाया और उन पर उर्दू लादी। हिन्दुस्तान के साम्प्रदायिकों ने कहा कि अब तो उर्दू पाकिस्तान गयी और उसकी यहाँ बात करना भी राष्ट्रद्रोह है। राजर्षि टंडन और महापंडित राहुल ने इस विषैले प्रचार का नेतृत्व किया। उत्तर भारत के सूबों में हिन्दी ठीक ही राजभाषा घोषित की गयी लेकिन उर्दू के व्यवहार और शिक्षा आदि में तरह-तरह के अड़ंगे लगाये गये।

हिन्दी के कुछ लेखक इस स्थिति को सन्तोषजनक समझते हैं लेकिन उर्दू को दबाने से हमारी जातीय भाषा के विकास में बाधा पड़ती है, इसलिए इस परिस्थिति को सन्तोषजनक कैसे कहा जा सकता है? उर्दू में लोकप्रिय साहित्य का बहुत बड़ा हिस्सा मौजूद है। उसमें बोलचाल के मुहावरों का निखरा हुआ रूप ही नहीं है, हमारी भाषा और साहित्य का इतिहास उसके बिना अधूरा रहेगा। इसलिए अपनी कौम के सांस्कृतिक इतिहास के लिए, अपनी जातीय भाषा के विकास के लिए हम उर्दू के दबाने का विरोध करते हैं। बाल मुकुन्द गुप्त, पद्मश्री शर्मा और प्रेमचन्द की हिन्दी

में कितनी उर्दू शामिल है, इसे साहित्य का हर विद्यार्थी जानता है लेकिन हिन्दी को संस्कृत गर्भित करने वाले सज्जन उस परम्परा को मिटा रहे हैं। इसमें हिन्दी भाषा और साहित्य का ही नुकसान है। बालमुकुन्द गुप्त पर मेरा एक लेख पढ़कर श्री बनारसी दास चतुर्वेदी ने मुझे लिखा है—"प्रेमचन्द और गुप्तजी की परम्परा का Point बहुत बढ़िया सूझा है—सवा सोलह आने सत्य, पर अब तो वह परम्परा नष्ट-सी हो रही है। उर्दू को हिन्दी की एक शैली बिना माने हम लोग अपनी भाषा का अंग-विच्छेद कर देंगे। 'लक्कड़तोड़' हिन्दी कर्णकटु ही बनी रहेगी।"

अगर बालमुकुन्द गुप्त और प्रेमचन्द की परम्परा नष्ट हो रही है, तो किसी भी हिन्दी लेखक के लिए यह सन्तोष की बात नहीं हो सकती। अपनी भाषा का अंग-विच्छेद करने से वही खुश हो सकते हैं जो भाषा के दुश्मन हैं।

कांग्रेसी नीति के खिलाफ उर्दू के कुछ लेखकों ने विधान की सहायता लेते हुए इलाकाई जबान का सवाल उठाया है। हिन्दी से अलग उर्दू का कोई अलग इलाका नहीं है; हालाँकि उर्दू या हिन्दी को अपनी एकमात्र साहित्यिक भाषा समझने वाले लोग हैं। इसलिए उर्दू के पढ़ने-पढ़ाने और उसे व्यवहार में लाने में जो भी बाधाएँ आती हैं, उन्हें दूर करने के लिए आवाज बुलन्द करना सभी जनवादियों का फर्ज है। उसे अलग इलाकाई जबान मानना गलत है।

हिन्दी भाषी इलाके की जनता के सामने मुख्य सवाल विदेशी पूँजी के शोषण से मुक्ति पाने का है, किसानों की हालत सुधारने का है। यहाँ के जन-आन्दोलन के लिए किसानों में शिक्षा का सवाल भाषा की समस्या के साथ जुड़ा हुआ है। किसानों को आम शिक्षा किस लिपि में दी जाये? अगर किसानों को एकजुट करना है, उनकी राजनीतिक चेतना को विकसित करना है, उनके आन्दोलन को स्वाधीनता-आन्दोलन की धुरी बना देता है तो आम शिक्षा के लिए दो लिपियाँ रखना नुकसानदेह होगा। इसलिए मेरी अपनी राय है कि मजदूर वर्ग को देवनागरी लिपि के जरिये आम जनता में शिक्षा के प्रचार पर जोर देना चाहिए।

हिन्दी भाषी इलाके में कांग्रेसी नेताशाही दूसरे इलाकों के मुकाबले में ज्यादा असर रखती है। जनता का असन्तोष तेजी से बढ़ रहा है। समस्या है, जनवादी शक्तियों को बिखरने न देकर उन्हें संगठित करके आगे बढ़ने की। इसके लिए यह जरूरी है कि हम "सब कुछ अपने आप ठीक हो जायेगा" इस धारणा को छोड़ दें। अपने आप दो लिपियाँ एक न हो जायेंगी। अपने आप किसानों में शिक्षा का प्रचार न हो पायेगा। इसके लिए एक तरफ उर्दू को दबाने का विरोध करना चाहिए, दूसरी तरफ नागरी लिपि के जरिये हिन्दी-उर्दू के लेखकों की चीज़ें जनता तक पहुँचानी चाहिए। बालमुकुन्द गुप्त, पद्मसिंह शर्मा, प्रेमचन्द हिन्दी-उर्दू के एक होने का सपना ही देख सकते थे। उसे सच करने का साधन आज गढ़ा जा रहा है, किसान आन्दोलन के रूप में।

अंग्रेजों ने 1857 से सबक लेकर हमारे इलाके को सबसे ज्यादा टुकड़ों में बाँटा है। सदियों से एकसाथ रहनेवाले आगरा और दिल्ली भी अलग हो गये। हिन्दी भाषी इलाका एक होना चाहिए। इसके बारे में यह बहाना भी नहीं चल सकता कि बड़े सूबे को छोटे सूबे में हम बाँटना चाहते हैं। यहाँ सवाल छोटे सूबों को मिलाकर बड़ा सूबा बनाने का है। अलग-अलग प्रान्तीय सभायएँ और हुकूमतें चलाने का खर्च बचेगा, व्यापार और उद्योग धन्धे की तरक्की में मदद मिलेगी। हमारा सांस्कृतिक आन्दोलन पूरे प्रदेश में जातीय पैमाने पर चलेगा और भाषा भी अपना जातीय रूप निखार सकेगी।

किसान-आन्दोलन की बढ़ती के लिए यह आवश्यक है कि बोलियों में साहित्य रचा जाए। अभी भी वह रचा जा रहा है लेकिन हर जनपद के लिए, अलग सूबा या प्रजातन्त्र बनाने की माँग करना जातीय प्रदेश के बँटवारे को दूसरे रूप में कायम रखना है। उससे सावधान रहना चाहिए।

हिन्दी भाषी लेखकों का हित इस बात में है कि वे भाषावार प्रान्त निर्माण के आन्दोलन को समर्थन करें। दूसरों की मर्जी के खिलाफ उन पर हिन्दी भाषा लादने का विरोध करें। इससे दूसरी भाषा के लोग उनकी जातीय एकता के आन्दोलन का समर्थन करेंगे। उन्हें इस भ्रम में कि संस्कृत-गर्भित होने से हिन्दी दक्षिण में ज्यादा समझी जायेगी, अपनी भाषा को बिगड़ने न देना चाहिए। संस्कृत-गर्भित हिन्दी के पक्षपाती साहित्य सम्मेलन ने दक्षिण भारत में हिन्दी का सबसे ज्यादा अहित किया है। वहाँ पर हिन्दी का प्रचार किया है। 'दक्षिण भारत हिन्दी प्रचार सभा' ने जिसकी नीति सम्मेलन से भिन्न है, लेकिन उसके काम का श्रेय लेना चाहते हैं राजर्षि टंडन जी!

हिन्दी भाषी इलाका भारत का सबसे बड़ा इलाका है। संख्या के लिहाज से हिन्दुस्तानी जाति दुनिया की तीन-चार सबसे बड़ी जातियों में गिनी जायेगी। ऋग्वेद और महाभारत की रचना इसी प्रदेश में हुई है। यहीं की नदियों के किनारे वाल्मीकि और तुलसी ने अपने अनुष्टुप और चौपाइयाँ गायी हैं। तानसेन और फैयाज़ खाँ, हाली, मीर, अकबर, गालिब, भारतेन्दु, प्रेमचन्द, निराला यहीं के रत्न हैं। ताजमहल और विश्वनाथ के मन्दिर यहीं के हाथों ने गढ़े हैं। आल्हा और कजली ने सैंकड़ों साल तक यहीं का आकाश गुँजाया है। अठारह सौ सत्तावन की धरती हिन्दुओं और मुसलमानों के खून से सींची गयी है। जिस दिन वह विशाल हिन्द प्रदेश एक होकर नये स्वाधीन जनजीवन का निर्माण करेगा, उस दिन इसकी संस्कृति एशिया का मुख उज्जवल करेगी। किसानों और मजदूरों की एकता जो जनता के संयुक्त मोर्चे की मुख्य शक्ति है, वह दिन निकट लायेगी। हिन्दी और उर्दू के लेखकों को इस जनता के हितों को ध्यान में रखकर अपनी जातीय परम्पराओं के अनुसार लोकप्रिय भाषा और जनवादी साहित्य के विकास में आगे बढ़ना चाहिए।

मैथिली और हिन्दी

मैथिली स्वतन्त्र भाषा है या हिन्दी की बोली?

इस प्रश्न पर दो मत हैं। एक मत यह है कि वह स्वतन्त्र भाषा है और दूसरा मत यह है कि वह हिन्दी की बोली है।

यह प्रश्न आज की सामाजिक परिस्थितियों में विशेष रूप से महत्त्वपूर्ण हो गया है। सारे देश में भाषा के आधार पर प्रान्त बनाने की माँग उठ रही है। आन्ध्र की जनता ने इस माँग के लिए जोरदार आन्दोलन करके आंशिक सफलता पायी है। पंजाब में इसके लिए आन्दोलन चल रहा है। मराठी, कन्नड़ आदि भाषाएँ बोलनेवाले लोग अपने जातीय इलाकों के पुनर्गठन की माँग कर रहे हैं। हिन्दी भाषी जनता ने अभी इस तरह की माँग संगठित रूप से नहीं उठायी है; लेकिन निकट भविष्य में उस माँग का उठना अनिवार्य है।

हिन्दी-भाषियों में इस माँग के न उठने के अनेक कारणों में दो भाषा सम्बन्धी कारण ये हैं—1. उनका ध्यान जातीय पुनर्गठन की समस्या से हटाकर हिन्दी-उर्दू के विवाद में लगाया गया है। 2. हिन्दी-भाषी प्रदेशों की एकता के सवाल से ध्यान हटाकर, जनपदीय आन्दोलन के नाम पर, बोलियों के अलग-अलग और उनके इलाकों के स्वतन्त्र अस्तित्व की तरफ खींचा गया है।

ऐसी स्थिति में मैथिली स्वतन्त्र भाषा है या हिन्दी की बोली और मिथिला का स्वतन्त्र सूबा बनाना चाहिए या उसे हिन्द प्रदेश का हिस्सा माना जाये, यह समस्या हमारे लिए खासतौर से विचारणीय है।

मैथिली का व्याकरण हिन्दी से भिन्न है। उसके शब्द-भण्डार में जहाँ बहुत से शब्द हिन्दी से मिलते-जुलते हैं, वहाँ काफी शब्द हिन्दी से भिन्न भी हैं। उसका अपना एक समृद्ध साहित्य है और मैथिली में अभी भी गद्य-पद्य का साहित्य रचा जा रहा है।

लेकिन हिन्दी की दूसरी बोलियों का व्याकरण भी हिन्दी से भिन्न है। अवधी, ब्रज, भोजपुरी आदि का व्याकरण हिन्दी से भिन्न है। यह भिन्नता हम दूसरी भाषाओं और उनकी बोलियों में भी देख सकते हैं। मिसाल के लिए बेल्श और अंग्रेजी, प्रोवाँसाल और फ्रेंच, लहँदा और पंजाबी आदि का व्याकरण एक-दूसरे से भिन्न है। इसलिए व्याकरण की भिन्नता से यह साबित नहीं होता कि मैथिली हिन्दी से स्वतन्त्र भाषा होनी ही चाहिए।

मैथिली की तरह ब्रज, अवधी आदि का शब्द-भण्डार हिन्दी से एक हद तक भिन्न है। वेल्श, प्रोवाँसाल, लहँदा आदि का शब्द-भण्डार भी अंग्रेजी, फ्रेंच, पंजाबी आदि से एक हद तक भिन्न है। यहाँ एक ध्यान देने की बात है कि मैथिली और हिन्दी की क्रियाएँ अधिकतर समान हैं। क्रियाओं की समानता मैथिली और हिन्दी की समानता का बहुत बड़ा कारण है। मैथिली के लिए अक्सर यह कहा जाता है कि वह बंगला के निकट है या कि वह हिन्दी की अपेक्षा बंगला के निकट है। लेकिन बंगला की पच्चीसों क्रियाएँ, जो हिन्दी के लिए गैर हैं, मैथिली के लिए भी गैर हैं। इसलिए केवल धातु-रूपों में कुछ समानता होने पर मैथिली हिन्दी की अपेक्षा बंगला के अधिक निकट नहीं हो जाती। इस सिलसिले में मूल क्रियाओं के समूचे भण्डार पर नज़र डालना आवश्यक होगा।

मैथिली में क्रियाओं के कुछ प्रयोग देखिए। ये उदाहरण डॉ. जयकान्त मिश्र की पुस्तक 'मैथिली साहित्य का इतिहास' (अंग्रेजी) के दूसरे खण्ड से लिए गये हैं—

1. ज्ञान शृंगारादि सम्बन्धी कविता पराकाष्ठा धरि पहुँचि गेल अछि। आव राष्ट्रीये विषयक कविताक प्रकाश होएब परमावश्यक अछि। कहवाक तात्पर्य जे अन्याय विषयक काव्य रस में हमर भारतवर्ष पूर्ण अवगाहित भए चुकल। (पृ. 99)

2. जानकि जननि देवि मिथले विजय हो। (पृ. 100)

3. भगवन् हमर ई मिथिला सुख शान्ति करे घर हो। (उप.)

4. शिव की सकितथि विष पचाए यदि लितथि न माथे।
जएतथि सिन्धु सुखाए बाड़वानलहिक हाथे।
की न ठिठुरि हिमवान मरण शय्यागत रहितथि।
यदि न अमरधुनि! अहँक अमृत रस भाग्यें पिबतथि।
शत-शत ज्वालामुखी मुख, जरि जैतथि भूदग्ध भए।
जौं न जुड़वितन्हि सुधामयि, अहँक सुधाधिक विमल पय।। (पृ. 104)

5. जगतहित लए माथ मथि मथि हम स्वयं उन्मन रहै छी।
संकलित कए कुसुम जग लए कंटक (क) बन्धन सहै छी।
हमर वीणाकेर आलोड़न सुनै अछि चाव सँ जग।
किन्तु रे क्यों पहुँचि सकइत जौं हमर जर्जर हृदयलग।
हम अपन क्रन्दनहुँ सँ जगक विनोद गान दै छी।
भीख माड़ी, पटहु नहि भेटओ, मुदा हम उएह शंकर।
सहि विषक अभिशाप अपने, सुधाधारक दैछ जे वर। (पृ. 108)

6. फाटल चीटल खड़की पहिरी रुख सुख रोटी फाँका अधार।
अन्हरौखे सँ भरि साँझ कतहु श्रम करी श्रमिक छी हम बाबू। (पृ. 109)

7. तास सतरंज छोड़ू, भाड. केर गंज छोड़ू,
देखू निज काज धाज आव तिरहुतिया।
जूम पर जूम छोड़ू, गप्प केर धूम छोड़ू,
बढ़बाक यत्न करू आव। (पृ. 109)

8. पुरजन परिजन सब छोड़ि छाड़ि
पहिलुक परिचय कै तोड़ि ताड़ि
अहिबातक पातिल फोड़ि फाड़ि
हम जाय रहल छी आन ठाम।
माँ मिथिले! ई अन्तिम प्रणाम। (पृ.110)

9. उठह कवि! तों दहक ललकार कने
गिरि शिखर पर पथिक दल चढ़तैक रे। (पृ. 110)

10. भोजनक विन्यास आ वाक् चातुर्य जनिका सिखबाक होइन्हि से तिरहुत आवि कऽ सीखथि। एहन सुन्दर सीटल गप्प, कटगर विनोद, सरस परिहास आर कतय भेटत? (पृ. 128)

इन उदाहरणों में पहुँचना, होना, कहना, चुकना, सकना, लेना, जाना, आना, ठिठुरना, रहना, पीना, जलना, जुड़ाना, करना, सहना, सुनना, देना, माँगना, भेंटना, पहनना, छोड़ना, देखना, बढ़ना, तोड़ना, फोड़ना, उठना, चढ़ना, सीखना आदि हिन्दी की सामान्य क्रियाएँ हैं। इसलिए धातुओं की दृष्टि से मैथिली हिन्दी के बहुत ही निकट है।

साधारण शब्द भण्डार में सुख, शान्ति, घर, विष, माथा, हाथ, रस, जग, बन्धन, चाव, हृदय, गान, विनोद, भीख, पट, वर, रूखी-सूखी, रोटी, साँझ, बाबू, ताश, शतरंज, भाँग, काज, गप्प, धूम, ठाम, प्रणाम, कवि, ललकार, भोजन इन्यादि शब्द हिन्दी के सामान्य शब्द हैं।

बोलचाल के शब्दों के अलावा जो गैर बुनियादी शब्द हैं, वे भी हिन्दी के सामान्य शब्द भण्डार में है। ज्ञान, शृंगार, कविता, पराकाष्ठा, विषय, प्रकाश, परमावश्यक, तात्पर्य, अवगाहित, जननी, विजय, सिन्धु, बाड़वानल, हिमवान, मरण शय्या, अमृतरस, ज्वालामुखी, भूदग्ध, सुधामयी, विमल, वय, संकलित करना, कुसुम, कंटक, आलोड़ना, जर्जर, अभिशाप, आधार, श्रम, श्रमिक, पुरजन, परिजन, परिचय, अन्तिम, गिरि, शिखर, विन्यास, वाक्चातुर्य, परिहास आदि शब्द हिन्दी के सामान्य शब्द भंडार के हैं।

इसलिए व्याकरण की भिन्नता होते हुए भी क्रियाओं और शब्द भंडार की दृष्टि से मैथिली हिन्दी के इतनी निकट है जितनी कि कोई बोली किसी भाषा के हो सकती है।

मैथिली का साहित्य समृद्ध है। ब्रजभाषा का साहित्य भी कम समृद्ध नहीं है।

प्रोवाँसाल, लहँदा आदि का साहित्य भी समृद्ध है; लेकिन इससे ये बोलियाँ फ्रेंच और पंजाबी से स्वतन्त्र भाषाएँ नहीं हो जातीं।

मैथिलों को हिन्द-प्रदेश की जनता का ही एक अंग बनाने में ब्रज, अवधी और खड़ी बोली के साहित्य ने महत्त्वपूर्ण भूमिका पूरी की है। मिथिला में सूर और मीरा के गीत वैसे ही गाये जाते रहे हैं, जैसे ब्रज या अवध में। वहाँ तुलसी की रामायण वैसे ही पढ़ी जाती रही है, जैसे भोजपुरी या बुन्देलखण्डी क्षेत्रों में। यह मिथिला और दूसरे जनपदों (ब्रज, अवध आदि) की जनता की भाषागत और सांस्कृतिक एकता का प्रमाण है। ध्यान देने की बात है कि सूर, मीरा और तुलसी इस तरह बंगाल या पंजाब की जनता के कवि नहीं हुए। उन्होंने मिथिला के लोगों को एक ही जातीय संस्कृति की धारा में खींचकर हिन्दी जनता के जातीय संगठन और विकास में सहायता दी।

इस सिलसिले में डॉ. जयकान्त मिश्र ने मैथिल साहित्य के इतिहास में कुछ रोचक तथ्य दिये हैं। डॉ. मिश्र मैथिली को स्वतन्त्र भाषा मानते हैं, लेकिन उन्होंने क्रियाओं और शब्द भंडार की छानबीन करके यह नतीजा नहीं निकाला। मैथिली साहित्य के इतिहास से मिथिला और बाकी हिन्दी प्रदेश की जहाँ भी एकता सिद्ध होती थी, उससे उन्हें क्षोभ होता है। लेकिन सवाल क्षोभ या प्रसन्नता का नहीं है; सवाल है, ऐतिहासिक विकास की गति समझने का।

मिथिला में अवधी और ब्रजभाषा में रचे हुए भजनों के प्रचार का कारण बतलाते हुए डॉ. मिश्र ने लिखा है कि शुद्ध मैथिली में वैष्णव भजन प्रायः नहीं हैं और लोगों को जरूरत होती है तो दूसरी भाषाओं से उन्हें ले लेते हैं। उनका विचार है कि मैथिल वैष्णव अपने को सब बन्धनों से मुक्त समझता है, इसलिए शायद भजनों के लिए दूसरी जगह की भाषा को भी माध्यम मान लेता है। वह राम और कृष्ण की जन्मभूमि अवध और मथुरा की भाषाएँ अपनाता है।

मैथिल वैष्णव जितने बन्धन-मुक्त होते हैं, उतने ही बन्धन मुक्त बंगाली वैष्णव भी हो सकते हैं। लेकिन बंगाली वैष्णवों ने अवधी और ब्रज के भजनों से प्रभावित होते हुए भी उन्हें मैथिलों की तरह अपनाया नहीं। मैथिलों द्वारा ब्रज और अवधी के भजन अपनाने का कारण बन्धन मुक्ति नहीं है बल्कि शेष हिन्दी जनता से उनकी भाषागत और सांस्कृतिक समानता है।

साधारण जनता में किसी दूसरी 'भाषा' के भजनों का प्रचार होना अम्सभव सा है। भजन जैसी लोकप्रिय रचनाओं का चलन उन्हीं बोलियों के क्षेत्रों में हो सकता है, जो एक-दूसरे के बहुत ही निकट हैं, जिनके बोलने वाले एक सामान्य जाति में घुल-मिलकर एक हो रहे हों।

यदि अवधी और ब्रज की अपेक्षा बंगला मैथिली के ज्यादा निकट होती तो मिथिला में बंगला के गीतों का ही चलन होता। भौगोलिक दृष्टि से बंगाल जहाँ मिथिला का पड़ोसी है, वहाँ ब्रज और अवध उससे कोसों दूर है। बंगला के

वैष्णव भजनों के बदले मिथिला में ब्रज के भजनों का प्रचार मैथिली-हिन्दी जनता की बढ़ती हुई जातीय एकता के कारण ही सम्भव हुआ।

लार्ड कॉर्नवालिस द्वारा पक्का बन्दोस्त चालू होने पर मिथिला में ब्रज साहित्य का प्रचार और भी बढ़ा।

महाराज राघव सिंह के बाद यानी 18वीं सदी के उत्तरार्द्ध में ब्रजभाषा का प्रचार बढ़ा। मिथिला के अनेक कवि ब्रजभाषा में लिखते रहे। यह क्रम बीसवीं सदी तक चलता रहा। वास्तव में ब्रजभाषा और खड़ी बोली के विवाद में जब पद्य के लिए खड़ी बोली को माध्यम बनाने वाले जीत गये, तब मिथिला के कवि भी ब्रजभाषा छोड़कर पद्य के लिए खड़ी बोली अपनाने लगे। डॉ. मिश्र ने ब्रजभाषा में लिखनेवाले कवियों में लोचन के अलावा, लक्ष्मीनारायण मैथिल, हलधरदास, बलवीर, सीताराम, मैथिल रमापति, शंकरदत्त, गुमान कवि, सोन कवि, हेम कवि, ईशा कवि, गोपाल, कृष्ण, लच्छिराम, चिरंजीव, लालदास, रघुनन्दन दास, हर्षनाथ झा, सोने कवि, गोपीश्वर सिंह, बुद्धिलाल, फतुरालाल, साहेबराम, लक्ष्मीनाथ आदि कवियों के नाम दिये हैं। ये कवि ब्रजभाषा में वैसे ही कविता करते थे जैसे अवध या भोजपुर के कवि।

मैथिल कवियों ने ब्रजभाषा में रचनाएँ ही नहीं कीं, वरन् मैथिली में लिखते हुए उससे प्रभावित भी हुए। मिसाल के लिए एक लोकप्रिय कवि के गीतों को डॉ. मिश्र ने "Slightly contaminated by Brajbhasha" बतलाया है। (उप. पृ. 431) अर्थात् उसके गीतों को थोड़ी-बहुत ब्रजभाषा की छूत लग गयी थी। यही नहीं 18वीं सदी के उत्तरार्द्ध में तुलसी और सूर के अनुकरण पर गीत लिखना फैशन हो गया।

मिथिला में अवधी के प्रचार का एक कारण वहाँ अवधी बोलनेवाले मुसलमानों का रहना था। डॉ. मिश्र ने ग्रियर्सन के एक लेख से जो उद्धरण दिया है, उसमें कहा गया है कि मिथिला के सभी मुसलमान मैथिली नहीं बोलते; उनकी बोली अवधी से मिलती-जुलती है। (उप. पृ. 41)। 'बिहारी' हिन्दी के सिलसिले में डॉ. मिश्र ने लिखा है कि इससे हिन्दुस्तानी के मिश्र रूप का बोध होता है, जिसे बिहार के अवधी बोलने मुसलमानों ने चालू किया है। (उप. पृ. 56)

मिथिला में भोजपुरी का प्रवेश भी ध्यान देने योग्य हैं। डॉ. मिश्र के अनुसार किसी समय समूचा चम्पारन मिथिला में था। लेकिन अब वहाँ मध्य देश की बोली या ब्रजभाषा का चलन हो गया है।

डॉ. मिश्र के अनुसार चम्पारन में भोजपुरी ने मैथिली की जगह ले ली; लेकिन इससे यह आश्चर्यजनक परिणाम निकाला गया है कि भोजपुरी मुख्य भाषा मैथिली की बोली है। यही नहीं, मगही भी मैथिली की बोली समझी जा सकती है और मगध विशाल मिथिला का अंग बन जायेगा। आश्चर्य यही है कि डॉ. साहब ने हिन्दी को भी मैथिली की बोली नहीं कहा और विशाल मिथिला में ब्रज और अवध

को मिलाने का आग्रह नहीं किया। लेकिन मिथिला से बाहर डॉ. मिश्र ने भोजपुरी को पछाहीं बोली माना है और भोजपुरी प्रदेश को यू.पी. में मिला देने की सिफारिश की है। (उप. पृ. 57-59)

भोजपुरी के अलावा मगही की भी समस्या है जिसका सम्बन्ध खड़ी बोली से प्रायः वही है जो अवधी का। डॉ. सुनीति कुमार चटर्जी ने डॉ. मिश्र को यह सुझाव दिया था कि मैथिली का नाम छोड़कर बिहारी नाम अपनाने से मगही बोलनेवाले उसकी तरफ ज्यादा आकर्षित होंगे। मैथिली और मगही दोनों से बिहारी भाषा बनेगी। इसके लिए पटना के मैथिल बुद्धिजीवी मगही बुद्धिजीवियों से तुरन्त सम्पर्क कायम करें और दोनों मिलकर मगही-मैथिली को एक ही भाषा 'बिहारी' कहने लगें।

डॉ. सुनीति कुमार चटर्जी ने एक बहुत बड़े अगर की बात कही है—अगर मगहिये मैथिली को अपनी साहित्यिक भाषा मान लेते! लेकिन मगहिये बुद्धिजीवी खड़ी बोली का बराबर प्रयोग करते रहे हैं और उनका साथ देनेवालों में बहुत से मैथिली बुद्धिजीवी भी मिल गये। डॉ. चटर्जी को बिहार की भाषा-परिस्थिति पेचीदा मालूम होती है; उसे वह 'बिहारी' भाषा से हल करना चाहते हैं। बिहारी भाषा भी उनका आविष्कार नहीं है; इसका श्रेय स्वनाम धन्य ग्रियर्सन को है। बिहार में मगही, मैथिली और भोजपुरी बोलियाँ बोली जाती हैं और इनके बोलनेवाले राजनीतिक और सांस्कृतिक कार्यों के लिए अधिकाधिक खड़ी बोली को काम में लाते रहे हैं, यह ऐतिहासिक सत्य है। लेकिन पेचीदा परिस्थिति को खड़ी बोली द्वारा हल करने का यह तरीका कुछ विद्वानों को पसन्द नहीं है।

ऊपर इस बात का उल्लेख हो चुका है कि ग्रियर्सन के अनुसार बिहार के मुसलमान अवधीमिश्रित हिन्दुस्तानी का प्रयोग करते हैं। 19वीं शताब्दी के उत्तरार्द्ध में मिथिला में उर्दू को राजभाषा का दर्जा दिया गया। पटना शहर ने हिन्दी के विकास में योग दिया और वह मैथिली का साहित्यिक केन्द्र न बन पाया। मैथिली के लिए देवनागरी लिपी का चलन हुआ। देवनागरी लिपि का चलन क्यों हुआ, यह बतलाते हुए डॉ. मिश्र ने एक कारण यह भी दिया है कि मिथिला में सरकारी और गैर-सरकारी तौर पर उपन्यास, पत्रिकाएँ और मनोरंजक साहित्य का चलन हिन्दी में हुआ और मैथिली लिपि में उसका अभाव था।

किसी समय अवधी और ब्रज के भजन मिथिला में पैठ गये थे; वैसे ही नये ज़माने में वहाँ खड़ी बोली के साहित्य का प्रवेश हुआ। डॉ. मिश्र ने इस बात पर खेद प्रकट किया है कि देवनागरी ने मैथिली लिपि को पदच्युत कर दिया (लेकिन यह काम भी मैथिली-हिन्दी जनता के जातीय विकास में सहायक हुआ)। डॉ. मिश्र इस बात से असन्तुष्ट हैं कि हिन्दी के विद्वानों ने विद्यापति को हिन्दी का कवि मान लिया है लेकिन मिथिला और शेष हिन्दी प्रदेश के सांस्कृतिक सम्बन्ध देखते हुए उनका ऐसा न करना ही आश्चर्यजनक होता।

मैथिल कवियों की भाषा पर जैसे ब्रज का असर पड़ा था, वैसे ही खड़ी बोली का असर भी पड़ा। डॉ. मिश्र इस तरह के असर को दुर्भाग्य की बात समझते हैं। एक आधुनिक लेखक रघुनन्दन दास के 'सुभद्राहरण' काव्य का जिक्र करते हुए वह लिखते हैं "Unfortunately, as in many of the words of Raghunandandas, the influence of Hindi is write large in the language and the handling of the plot of this Kavya." (उप. दूसरा खण्ड, पृ. 86)। लेकिन इसमें दुर्भाग्य की क्या बात है? ब्रज, अवधी, खड़ी बोली, मैथिली न जाने कब से एक-दूसरे को प्रभावित करती रही हैं और परस्पर प्रभावों को ग्रहण करके ही उनका साहित्य विकसित हो सका है।

मिथिला में नाटक हिन्दी में रचे गये और खेले गये हैं। इसमें डॉ. मिश्र ने पारसी कम्पनियों के हिन्दी नाटकों का जिक्र किया है(उपन्यास पृ. 115)। उन्होंने 'मिथिला नाटक' की भूमिका से जो उद्धरण दिया है, उसमें कहा गया है कि 'मिथिलहु में त अनेक गोटे नाटक मण्डली स्थिर कर शकुन्तला, हरिश्चन्द्र इत्यादि करैत छथि जाहि नाटक सबहित आधार हिन्दी भाषामय थोड़ मूल्यक किताबै होयत।'' (उप. पृ. 119)

मिथिला में हिन्दी नाटकों का चलन मैथिली-हिन्दी एकता का दूसरा प्रमाण है।

मिथिला में हिन्दी के चलन पर नागार्जुन के उपन्यासों में कुछ दिलचस्प बातें मिलती हैं।

दरभंगा मिथिला का सांस्कृतिक केन्द्र है लेकिन वहाँ भी जन साधारण में खड़ी बोली का व्यवहार चलता है। बलचनमा, इसी नाम के उपन्यास में, दरभंगा के 'प्लाट फारम' पर लोगों का मुआयना करके कहता है, 'रूप रंग के साथ यहाँ लोगों की बोली भी बदली थी। यह काह-कुहे सुनने का पहला मौका था मेरे लिए।'' (पृ. सं. 45)। 'काह कुहे' पर लेखक का नोट है—''का-को वाली बोली, हिन्दी-उर्दू।''

बलचनमा आगे कहता है, ''अब तो मुझे भी इसी बोली की लत पड़ गयी है। अपनी बोली भूलता जा रहा हूँ। बबुनी की तो बात छोड़ो, चार बरष का मेरा ननकिरवा परदिपवा फर-फर हिन्दी बोलता है।''

इससे सिद्ध होता है कि मिथिला के बुद्धिजीवियों ने ही हिन्दी नहीं अपनायी, साधारण लोगों में भी बोलचाल के लिए हिन्दी का प्रयोग बढ़ रहा है।

दरभंगा की तरह गया में लोगों की बोली के बारे में यथार्थदर्शी बलचनमा कहता है, ''कुली भी पक्की बोली बोलते हैं, सिगरेट बेचने वाले भी काहे-कुहे करते हैं।'' (पृ. सं. 134)

इससे यह साबित होता है कि मगध और मिथिला में जिस सामान्य जातीय भाषा का प्रसार हो रहा है, वह हिन्दी है। इसके पहले कि पटना के मगहिये बुद्धिजीवी डॉ. सुनीतिकुमार चटर्जी का फार्मूला मानकर बिहारी भाषा का चलन करें,

गया के कुलियों और सिगरेट बेचनेवालों ने पक्की बोली अपना ली है। यह पक्की बोली मगहियों और मैथिलों की जातीय भाषा ही नहीं है, वह उन्हें शेष हिन्दी जनता से मिलाने का साधन भी है।

पटना की बोली पर बलचनमा की टिप्पणी यह है—"पटना की तरफ शहरूपन ज्यादा है। उधर जिसको रखना कहेंगे, इधर उसको हम धरना कहेंगे। उधर के लोग साफ जबान बोलते हैं। यहाँ गाड़ी में बाबू लोगों के मुँह से 'किहिस-दिहिस' निकलता है, तो उधर तुम लोगों के मुँह से 'किया-दिया' सुनोगे।" (उप. पृ. 134)

इसका मतलब यह है कि बिहार का सांस्कृतिक केन्द्र पटना है। वहाँ की हिन्दी बिहार के दूसरे इलाकों के लिए आदर्श भाषा है। इस ऐतिहासिक क्रम को उलटकर मगही को मैथिल की बोली मानने और पटना को मैथिल का सांस्कृतिक केन्द्र बनाने का ख्वाब देखना बेमानी है।

नागार्जुन के दूसरे उपन्यास रतिनाथ की चाची में हम साधारण गृहस्थों के यहाँ तुलसी रामायण का पाठ होते देखते हैं। (पृ. 36) रतिनाथ खुद ही नहीं पढ़ता, वरन् अक्षर-ज्ञान कराने के बाद अपनी चाची को भी रामायण पढ़ने लायक बना देता है। (पृ. सं. 96)। 'रतिनाथ की चाची' में ब्रजभाषा का यह गीत देहात में सुना जाता है, "जागहु हो बृजराज, लाज मोर राखहु हो बृजराज" (पृ.सं. 62)।

'नयी पौध' का दिगम्बर साहित्य-सम्मेलन की परीक्षा के लिए गाँव की लड़की शकुन्तला को हिन्दी पढ़ाता है (पृ.सं. 65)। दिगम्बर के नाना अवधी और ब्रज में कविता करते थे। दिगम्बर ने मीरा के पद मस्त होकर सुने हैं—"मीरा के वे अनमोल पद बहुधा दिगम्बर को अपनी लय में बहा ले जाते थे" (पृ.सं. 111)। मीरा के गीतों के अलावा 'चुपके-चुपके बोल मैना', "काली कमली वाले तुमको लाखों परनाम" आदि गीत भी वहाँ प्रचलित है। अदालत के नजदीक मिथिला के बुकसेलर हिन्दी की ये किताबें बेचते हैं "किस्सा तोता-मैना, किस्सा सवा चार यार, सत्य नारायण कथा, सुन्दरकाण्ड, रामायण (तुलसीदास)" (पृ.सं. 96)।

इससे सिद्ध होता है कि मैथिल जनता के सांस्कृतिक जीवन पर बहुत कुछ उन्हीं रचनाओं का असर पड़ता रहा है जिनका असर अवध या ब्रज की जनता पर पड़ा है। निस्सन्देह 'किस्सा तोता मैना' और 'किस्सा सवा चार यार' जैसे सस्ते मनोरंजक साहित्य ने भी मिथिला में खड़ी बोली के प्रचार में सहायता दी है।

ऊपर के तथ्यों से हम ये परिणाम निकाल सकते हैं।

मैथिल का व्याकरण हिन्दी से भिन्न है; लेकिन इससे वह स्वतन्त्र भाषा नहीं हो जाती। हिन्दी की दूसरी बोलियों का व्याकरण भी हिन्दी से भिन्न है। दूसरे देशों की भी भाषाएँ और उनकी बोलियाँ व्याकरण से भिन्न हैं। मैथिल और हिन्दी की क्रियाएँ अधिकतर समान हैं। यह हिन्दी-मैथिली समानता का बहुत बड़ा कारण है। इस कारण से हम मैथिली को बंगला की अपेक्षा हिन्दी के अधिक निकट पाते

हैं। मैथिली साहित्य में प्रयुक्त शब्द-भण्डार अधिकतर हिन्दी के समान हैं। मैथिल साहित्य समृद्ध है जैसे ब्रज और अवधी का साहित्य समृद्ध है। साहित्य का समृद्ध होना उसका पृथक अस्तित्व सिद्ध नहीं करता।

मिथिला का सांस्कृतिक इतिहास यह साबित करता है कि वहाँ के लोग शेष हिन्दी प्रदेश की जनता का ही अंग हैं। मिथिला में ब्रज और अवधी के भजनों का प्रचार हुआ। मिथिला के पच्चीसों कवियों ने ब्रजभाषा में रचना की। मैथिल और ब्रज भाषा का असर पड़ा। तुलसी और सूर के अनुकरण पर वहाँ सैकड़ों पद बनाये गये।

मैथिल की पड़ोसी बोलियाँ– भोजपुरी और मगही– एक-दूसरे से घुलती-मिलती रहीं। उन पर हिन्दी का असर पड़ा और उनके बोलने वालों ने जातीय भाषा के तौर पर हिन्दी अपनायी। चम्पारन में मैथिल की जगह भोजपुरी ने ली। मिथिला में मुसलमानों ने अवधीमिश्रित हिन्दुस्तानी का चलन किया। मनोरंजक साहित्य का प्रसार हिन्दी के माध्यम से हुआ। मैथिली पर हिन्दी का असर पड़ा, बहुत से लेखक मैथिली छोड़कर हिन्दी में लिखने लगे या मैथिली और हिन्दी में लिखते रहे, मिथिला में हिन्दी नाटकों का यथेष्ट प्रचार हुआ। ब्रजभाषा के गीत शहरी पढ़े-लिखों तक सीमित नहीं रहे, उनका प्रचार गाँवों तक में हुआ। गाँवों में तुलसी रामायण के साथ खड़ी बोली के सस्ते मनोरंजक साहित्य और हिन्दी गीतों का प्रवेश भी हुआ। बिहार के शहरों की भाषा हिन्दी है। गया, पटना और दरभंगा के कुली तक खड़ी बोली का प्रयोग करते हैं ये सब तथ्य जातीय निर्माण में बोलियों के निकट आने के प्रमाण हैं।

सामाजिक विकास-क्रम में मिथिला का अलगाव टूट चुका है। मिथिला की जनता सिमटकर विशाल हिन्दी जनता की भागीरथी में शामिल हो रही है। वृहत्तर मिथिला के निर्माण का खयाल, मैथिली को स्वतन्त्र भाषा और मगही को उसकी बोली समझने का विचार, हिन्दी से अलग बिहारी भाषा की कल्पना (और हिन्दुस्तानी जाति से अलग बिहारी जाति की कल्पना) आदि अवैज्ञानिक धारणाएँ हैं जो ऐतिहासिक विकास के प्रतिकूल सिद्ध होती हैं।

अब बिहार की राजभाषा हिन्दी है। फिल्म, साहित्य, अखबारों आदि के जरिये हिन्दी का प्रचार और भी बढ़ रहा है। राजनीतिक आन्दोलन मिथिला का अलगाव खत्म करके हिन्दी के माध्यम से उसे बिहार के सार्वजनिक जीवन में खींच रहा है। इसका यह मतलब नहीं कि मैथिली की कोई उपयोगिता नहीं है। किसानों का सांस्कृतिक स्तर ऊँचा करने के लिए उसकी आवश्यकता आज भी है और बहुत दिनों तक आगे भी रहेगी। लेकिन इस काम में हिन्दी भी हाथ बँटा रही है, आगे और भी बँटायेगी। हिन्दी के मुकाबले में मैथिली का महत्त्व अब बोली का है और मिथिला में सामन्ती अवशेष खत्म होने पर, वहाँ उद्योग-धन्धों की उन्नति होने पर, मैथिली का बोली मात्र रहना और भी स्पष्ट हो जायेगा–मैथिलों की जातीय भाषा हिन्दी और भी दृढ़ता से प्रतिष्ठित होगी।

इसलिए मिथिला के अलगाव का नारा छोड़कर हमें समूचे हिन्दी भाषी प्रदेश को एक करने की कोशिश करनी चाहिए। मिथिला की उन्नति का मार्ग शेष हिन्दी प्रदेश से घुल-मिलकर आगे बढ़ने में ही है। साहित्य और समाज का इतिहास इसी दिशा की ओर संकेत करता है।

❑❑